南方电网公司出资企业
外部董事监事履职指南

中国南方电网有限责任公司法规部
南方电网能源发展研究院有限责任公司 组编

中国电力出版社
CHINA ELECTRIC POWER PRESS

图书在版编目（CIP）数据

南方电网公司出资企业外部董事监事履职指南 / 中国南方电网有限责任公司法规部，南方电网能源发展研究院有限责任公司组编. —北京：中国电力出版社，2024.7（2024.9重印）

ISBN 978-7-5198-8766-7

Ⅰ.①南… Ⅱ.①中…②南… Ⅲ.①电力工业－工业企业管理－中国－指南 Ⅳ.①F426.61-62

中国国家版本馆 CIP 数据核字（2024）第 069073 号

出版发行：中国电力出版社
地　　址：北京市东城区北京站西街 19 号（邮政编码 100005）
网　　址：http://www.cepp.sgcc.com.cn
责任编辑：岳　璐（010-63412339）
责任校对：黄　蓓　郝军燕　于　维
装帧设计：赵丽媛
责任印制：石　雷

印　　刷：三河市万龙印装有限公司
版　　次：2024 年 7 月第一版
印　　次：2024 年 9 月北京第二次印刷
开　　本：787 毫米 ×1092 毫米　16 开本
印　　张：33.25
字　　数：552 千字
定　　价：198.00 元

编 委 会

前　言

建立健全外部董事监事制度是推动中国特色现代企业制度建设，完善国有企业公司治理机制的关键举措。2020 年以来，中国南方电网有限责任公司（以下简称“南方电网”或“公司”）二级子企业外部董事监事逐步配置到位，外部董事在董事会实现多数占比，子企业的治理结构上发生了根本性变化。2022 年5 月，孟振平董事长在南方电网公司出资企业外部董事监事座谈会上指出，“董事会监事会高质量运行，关键是要打造一支政治过硬、素质优良、结构合理的董事监事队伍。”这些变化和要求，充分体现了提升外部董事监事履职能力的重要性、必要性和紧迫性。

本书第一部分《南方电网公司出资企业外部董事监事履职指南》（简称《指南》）从“外规 + 内规”两类视角出发，围绕外部董事监事履职通识、履职重点、上市公司特殊规定、典型案例四个方面，形成战略规划、重大投资、产权变动、重大财务事项、基金管理等 12 类董事会议案的审核重点和要件清单，明确外部董事监事应当“做什么”“怎么做”“做不好怎么办”，为外部董事监事履职提供有力的支撑。

本《指南》适用于南方电网公司系统内各级子企业外部董事监事，大集体企业可参照适用。本《指南》重点梳理南方电网公司制度，因此《指南》所称“公司”指“中国南方电网有限责任公司”。外部董事监事派出单位或所任职企业对指南引用的法律、行政法规、国资监管规定及公司制度已作本地化修编的，在不违反上级管理要求的前提下，按照派出单位或所任职企业本地化修编后规定执行。

本书第二部分《南方电网公司出资企业外部董事监事履职清单》（简称《清单》）全面梳理法律法规、行政法规、国资监管规定及公司制度，系统汇编外部董事监事行权履职依据，旨在为外部董事监事提供便捷索引，降低信息获取成本，提高行权履职效率。《清单》包含外部董事监事履职任务清单和履职知识清单两个部分，任务清单归纳 42 项外部董事监事履职内容和要求；知识清单总结 589 项外部董事监事履职应知应会知识点，具体包含履职通识 89 项、履职重点 386 项及上市公司特殊规定 114 项。

本《清单》汇编的法律、行政法规、国资监管规定及公司制度如有更新，以最新发布的版本为准。外部董事监事应用清单履职的同时，应密切关注相关政策文件的变化，确保履职依法合规。

编　者

2024 年 7 月

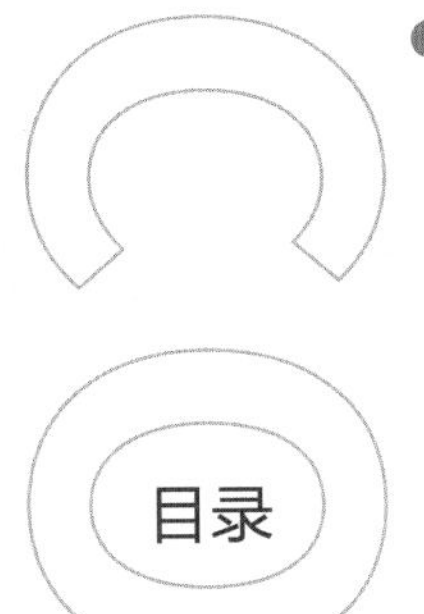

CONTENTS

03

第三章　上市公司独立董事、外部董事监事履职的特殊规定 131

第一部分

南方电网公司出资企业外部董事监事履职指南

01 第一章

外部董事监事履职通识

第一节　外部董事监事履职原则

本节包括外部董事监事的含义、履职基本原则、与相关方的关系三个方面内容。

一、外部董事监事的含义

外部董事监事，是指由股东依法委派或推荐到出资企业担任董事或监事，且在所任职企业不担任董事、监事以外其他职务的人员（不含独立董事）。

二、外部董事监事履职基本原则

（一）依法依规

依据国家法律、行政法规、国资监管规定、公司章程等制度文件要求，忠实、勤勉履行职责。

（二）代表股东

贯彻落实国务院国资委和股东的决策部署，维护国有资本权益、股东和所任职企业利益，充分论证，独立判断，真实准确表达意见。

（三）勤勉敬业

保证投入足够时间和精力，充分体现职业精神和专业水准，推动所任职企业依法、科学、规范决策，促进国有资产保值增值。

（四）廉洁自律

严格遵守国有企业领导人员廉洁从业规定以及公司关于外部董事监事管理的有关制度要求，不得与任职企业或其出资的下级企业进行违规关联交易，不得利用职务牟取任何不正当利益。

三、外部董事监事与相关方关系

（一）外部董事与内部董事

按是否在企业任职或是否为本企业员工，可分为外部董事与内部董事。外部董事不在所任职企业担任除董事和董事会专门委员会有关职务外的其他职务，不负责执行层的事务。内部董事要具备所任职企业的员工身份，可以是公司高级管理人员，也可以是普通员工，和公司之间形成身份属性关系。

（二）外部董事和独立董事

外部董事是指由公司作为股东依法委派或推荐到出资企业担任董事，且在所任职企业不担任董事以外其他职务的人员（不含独立董事）。独立董事是指不在所受聘企业担任除董事和董事会专门委员会委员外的其他职务，并与所受聘企业及其股东、实际控制人不存在可能妨碍其进行独立客观判断关系的董事。

（三）外部董事和经理层

外部董事属于决策机构董事会成员，依法在董事会行权履职、发挥作用。经理层属于执行机构，执行董事会决策，负责公司生产经营和运营管理。外部董事不得超越董事会权限，干涉经理层正常履职。

（四）外部监事和内部监督机构

外部监事为非任职企业员工，根据《中华人民共和国公司法》等法律、行政法规规定履行监督职责、发挥监督作用。企业内部监督机构包含纪检、审计、法律、合规、内控、风险管理等部门，依据党内法律法规和公司管理制度进行事前、事中和事后监督，实现全过程监督管控。

第二节　外部董事监事主要工作职责

本章节包括外部董事监事主要工作职责、外部董事召集人主要工作职责、监事会主席主要工作职责三个方面内容。

一、外部董事监事主要工作职责

（1）贯彻执行党和国家方针政策、战略部署，落实公司发展战略、治企理念，落实公司关于出资企业改革发展的各项决策部署。

（2）外部董事应当积极出席所任职企业董事会会议和相关董事会专门委员会会

议，深入研究会议议案和相关材料，对会议讨论决定事项独立、客观、审慎地发表明确意见，对董事会决议承担相应责任；跟踪、检查、督促、协调董事会会议决议事项的实施情况；关注所任职企业长期发展目标与核心竞争力培育，加强对所任职企业发展战略的研究，围绕业务发展、管理变革和改进董事会运行等，提供有价值的意见建议。

（3）外部监事在监事会领导下开展监督工作，认真检查所任职企业财务情况，重点查验所任职企业财务会计报表的真实性、合法性；对所任职企业董事、高级管理人员执行职务行为的合法性、合理性进行监督，当其行为损害公司和所任职企业利益时，提请监事会要求其予以纠正；对所任职企业重大经营决策程序的合法性、合规性进行监督。未设监事会企业的外部监事独立开展上述监督工作。

（4）认真、及时了解所任职企业改革发展和经营管理情况，对于可能损害公司、所任职企业利益和职工合法权益的情况，及时向董事会、监事会提出警示，必要时向公司报告。

（5）推动所任职企业建立权责法定、权责透明、协调运转、有效制衡的法人治理结构，推动完善中国特色现代企业制度建设。

（6）根据安排参加公司和所任职企业召开的有关重要会议，参加公司和所任职企业组织的相关培训。

（7）遵守法律、行政法规和公司有关规定，以及所任职企业公司章程和规章制度，保守国家秘密和企业商业秘密、技术秘密。

（8）承担公司交办的其他工作。

二、外部董事召集人主要工作职责

（1）根据工作需要，代表所任职企业中公司派出的外部董事就有关事项与公司有关部门，以及所任职企业董事长、监事会主席（或未设监事会企业的监事）、总经理沟通。

（2）代表所任职企业中公司派出的外部董事参加公司召开的有关会议，并及时将公司要求及意图传达给其他外部董事。

（3）每年至少组织召开 1 次所任职企业中公司派出的外部董事研讨会，重点围绕宏观经济形势、行业发展动态、企业经营情况，以及企业战略发展、风险管控等重大问题进行研讨。

（4）提出所任职企业中公司派出的外部董事的调研计划。涉及重大问题的调研，应当组织撰写专题调研报告，提交所任职企业董事会，并抄送公司人力资源部门。

（5）承担公司交办的其他工作。

三、监事会主席主要工作职责

监事会主席是监事会的召集人，是监事会规范建设和有效运作的主要责任人，享有监事的各项权利，承担监事的各项义务和责任。监事会主席应履行下列职责：

（1）主持监事会日常工作。

（2）召集、主持监事会会议并组织实施监事会决议。

（3）组织开展监督检查。

（4）列席或指派其他监事列席会议。

（5）审定、签署监事会有关文件和监事会报告。

（6）向股东（会）报告工作。

（7）法律、行政法规和公司章程规定的其他职权。

第三节　外部董事监事履职权利

本节主要介绍外部董事监事履职的权利。外部董事监事享有《中华人民共和国公司法》、国务院国资委和公司关于外部董事监事管理制度规定的各项权利，主要包括知情权、参会权、表决权、提案权、建议权、质询权、调研权、列席权及监督权等。外部董事监事应在权利范围内开展工作，外部董事不得超越职权范围干预或指挥属于经理层的事务，外部监事不得参与或干预企业正常经营决策和经营管理活动。

一、知情权

外部董事监事享有按时获取履职所需信息的权利。除国家另有规定外，所任职企业内部信息系统应当对外部董事监事开放。出资企业应每月定期向外部董事监事报送企业内部信息，内容包括但不限于：财务报表、相关决策会议纪要、企业内部文件、信息通报等。

二、参会权

外部董事享有出席所任职企业董事会及其专门委员会会议的权利，外部监事享有出席所任职企业监事会的权利。外部董事监事享有列席公司涉及出资企业改革发展、经营管理或履职事项的相关会议的权利。外部董事监事应当按时出席所任职企业的董事会、监事会及相关董事会专门委员会会议，不得无故缺席。因故不能出席时，应当事先认真审阅会议材料，形成明确意见，并按规定向所任职企业办理请假、委托他人出席等手续，原则上受托人应当为公司派出的其他外部董事监事。

三、表决权

外部董事监事享有对任职企业董事会、监事会具体决策事项陈述意见、表明态度和投票的权利。外部董事按要求出席任职企业董事会会议或所任职专门委员会会议，会议中应充分表达意见和建议并对会议审议事项进行表决。投票意见应明确，投票表决分为“同意”“反对”“弃权”三种意见。外部监事对监事会拟审议的议题，结合专业判断提出意见并独立表决。对于可能损害公司、出资企业利益和职工合法权益情况，及时向公司报告，公司股东行权归口管理部门做好记录。

四、提案权

外部董事监事享有向所任职企业提出相关决策会议议案的权利。

五、质询权

外部董事监事享有对所任职企业行为质询并要求说明情况的权利。被质询对象应当给予书面答复。外部董事监事认为所任职企业董事会、监事会违法违规决策或董事会、监事会决议明显损害公司、所任职企业利益或职工合法权益的，或者发现重大决策风险和生产经营重大问题，特别是可能发生的重大损失、重大经营危机的，应当及时、明确地向董事会、监事会提出反对意见、警示或质询，予以制止或要求纠正，并向公司股东行权归口管理部门、人力资源管理等有关部门进行独立报告，必要时提供专项分析报告。

六、建议权

外部董事监事享有对任职企业提出建议的权利，并可视情况要求被建议对象正式答复处理结果。外部董事应当将董事会专门委员会作为发挥作用的重要平台，根据董事会安排积极参与并推动董事会专门委员会相关工作，为董事会重大决策提供咨询、建议。

七、调研权

外部董事监事根据履职需要，有采取走访或调查等方式，对企业有关情况进行了解的权利。在不违反法律、行政法规的情况下，外部董事监事根据履职需要，以走访或调查等方式了解任职企业情况，被调研对象应当予以积极配合。外部董事监事 1 年内在同一任职企业至少开展 1 次专题调研，并形成调研报告，报公司人力资源部门。调研应根据董事会决策需要，聚焦企业改革发展重大项目、重点工作、难点问题调研。调研原则上不作指示，意见建议应向董事会、经理层反馈后由所任职企业统一部署。外部董事召集人每年至少组织召开 1 次全体外部董事参加的研讨会，并围绕董事会决策合理提出全年调研计划。

八、列席权

监事可以列席董事会会议，并对董事会决议事项提出质询或者建议。监事列席董事会会议的，出资企业应当提前 3 个工作日通知外部监事列席，并提供会议议题有关材料。对未列席的董事会会议，外部监事可以在会后查阅相关上会材料、会议记录、纪要等文件材料。

九、监督权

外部监事重点围绕出资企业财务、重大决策、运营过程中可能涉及国有资产流失的事项和关键环节，以及董事会和经理层依法依规履职等情况，实行当期和事中监督。外部监事可通过现场、报送、协同、远程等监督检查方式开展监督工作，必要时，外部监事开展监督检查可聘请会计师事务所等中介机构协助，相关费用由所任职企业承担。

第四节　外部董事监事履职义务

本节主要介绍外部董事监事履职的义务。外部董事监事应当遵守法律、行政法规、国资委监管规定、公司及派出单位管理制度及任职企业公司章程等规定，履行忠实、勤勉、报告、保密等义务。

一、忠实义务

忠实义务是指外部董事监事忠实履行职责，维护出资人和所任职企业利益，不利用职权为自己或他人牟利。

（1）贯彻执行公司改革发展等方面的决议或有关决策部署。

（2）维护出资人利益和所任职企业的合法权益，保护所任职企业资产安全，反对和制止有损出资人利益或者所任职企业合法权益的决策行为。

（3）严格在出资人、董事会、监事会授权范围内行权。未经法定授权，外部董事监事个人不得行使相关权利。

（4）不能擅自挪用所任职企业资金借贷给他人或为他人债务提供担保。未经所任职企业章程、制度规定程序，未经出资人或所任职企业董事会同意，不得将所任职企业资金借贷给他人；不得将所任职企业资金以个人名义或者以其他个人名义开立账户存储；不得以所任职企业的有形资产或无形资产为他人提供担保。

（5）不得利用职务之便收受贿赂或者其他非法收入，不得侵占所任职企业财产；不得接受他人与所任职企业交易的佣金归为己有。

（6）不得利用所任职企业机会为本人或他人谋取便利。外部董事监事不得利用职务便利为自己或者他人谋取所任职企业的商业机会，不得自营或者为他人经营与所任职企业同类的业务。

（7）不得违反公司有关规定接受所任职企业或其所出资企业，以及与所任职企业有业务往来的企业的报酬、津贴和福利待遇等任何收入。

（8）不得让所任职企业或者与所任职企业有业务往来的企业承担应当由个人负担的费用，不得接受所任职企业或与所任职企业有业务往来企业的馈赠。

（9）遵守领导人员廉洁从业的规定。

（10）履行法律、行政法规和公司章程规定的其他忠实义务。

二、勤勉义务

勤勉义务是指外部董事监事须勤勉履行职责的义务。外部董事监事须按时出席董事会、监事会，对决策事项研究和表决，对所任职企业改革发展提出意见建议。外部董事监事应勤勉履行职责，投入足够时间和精力履行董事监事职责。

（一）履职时间保障

投入足够的时间和精力履职，满足最低履职时间和参会次数等要求。外部董事1年内在同一任职企业履职时间原则上不得少于60个工作日、出席董事会会议的次数不得少于会议总数的3/4。外部监事1年内在同一任职企业履职时间原则上不得少于30个工作日、出席监事会会议的次数不得少于会议总数的3/4、列席董事会会议的次数不得少于会议总数的1/2。未设监事会企业的外部监事列席同一任职企业董事会会议的次数不得少于会议总数的3/4。按时出席所任职企业的董事会、监事会会议，不得无故缺席。

（二）关注企业发展

外部董事监事在履职中应持续关注所任职企业的战略规划、改革发展、公司治理等情况，及时向所任职企业提出建议和意见，通过调研、查阅所任职企业财务报告和相关资料、参加企业有关会议，及时了解和掌握企业改革发展和经营管理等情况，必要时及时向公司报告。外部董事监事履行监督职责应关注“三个方面”[1]。外

[1] “三个方面”包括：1. 监督决策合规性。外部董事发现董事会和所任职的专委会违规决策，或者决策将损害出资人和公司利益、职工合法权益的，应当明确提出反对意见。加强对董事会授权决策的监督，防止“一授了之”；2. 监督执行有效性。督促企业建立完善董事会决议跟踪执行的有效机制，及时了解掌握决议执行情况和执行结果，对执行中出现的问题，提醒经理层改进；3. 监督风险可控性。关注公司经营风险，识别揭示重大风险，向所任职企业董事会或董事长提出警示，向出资人报告公司重大问题和重大异常情况，做到知情必报、准确报告。

部董事监事应建立履职台账，每半年集体向公司报告履职情况，及时向公司报告所任职企业重大问题和重要情况。

三、报告义务

报告义务是指外部董事监事在履职过程中及时向股东报告的义务。外部董事监事定期向公司报送工作日志、工作报告等日常履职情况。除常规报告外，外部董事监事还应通过独立报告等方式，及时、直接向公司有关部门报告所任职企业发生的重大事项或风险。

（1）外部董事监事认为所任职企业董事会、监事会违法违规决策或董事会、监事会决议明显损害公司、所任职企业利益或职工合法权益的，或者发现重大决策风险和生产经营重大问题，特别是可能发生重大损失、重大经营危机的，应当向公司股东行权归口管理部门、人力资源管理部门等有关部门进行独立报告，必要时提供专项分析报告。对紧急、突发的重大情况，可先口头报告，再书面报告。

（2）外部董事监事在撰写以上情况报告时可与有关方面加强沟通，但报告无须经所任职企业董事会、监事会或董事长、监事会主席审定。外部董事监事本人对报告内容负责。

（3）外部董事监事应当将履职工作情况形成工作日志和工作报告，定期提交公司股东行权归口管理部门及人力资源管理部门。

四、保密义务

保密义务是指外部董事监事对任职企业的商业秘密和出资人的审核意见负有保密义务。外部董事监事履职过程中应严格遵守法律、行政法规、公司制度，以及所任职企业公司章程和规章制度，保守国家秘密和企业商业秘密、技术秘密，自觉接受监督。外部董事监事泄露企业秘密，损害企业合法权益的，任职企业可依法追究其责任。

五、其他义务

外部董事监事应当研究制定年度履职工作计划，结合所任职企业实际合理确定履职工作任务。外部董事监事应当强化组织观念，非外出履职期间应当在指定地点坐班，离开坐班地点所在地应当事先告知公司股东行权归口管理部门及人力资源管理部门及所任职企业。

第五节　外部董事监事履职责任

本节主要介绍外部董事监事履职的责任。外部董事监事的责任是指其在履行职务过程中或履行义务时，因单独或共同作为或不作为而导致公司或所任职企业遭受损失或损害第三方利益，按照法律、行政法规或所任职企业章程等规定应当承担相应责任，包括民事责任、行政责任和刑事责任。

一、民事责任

外部董事监事执行职务时违反法律、行政法规或所任职企业章程等规定，给所任职企业造成损失，应当承担赔偿责任。但经证明在表决时曾表明异议并记载于会议记录的，可以免除责任。承担民事责任的常见情形：

（一）董事监事因利用其关联关系损害公司利益，而对公司承担责任

关联交易是指关联方之间的交易。而关联关系，是指公司控股股东、实际控制人、董事、监事、高级管理人员与其直接或者间接控制的企业之间的关系，以及可能导致公司利益转移的其他关系，但是，国家控股的企业之间不仅因为同受国家控股而具有关联关系。

不当关联交易行为即使已经履行法定程序（如公司披露程序、股东表决程序等），也不能豁免该交易行为所产生的法定赔偿责任，即是否构成“不当关联交易”的核心判断标准并非“是否履行法定程序”，而是要从公平角度（包含实质公平与形式公平）予以分析判断。

（二）董事监事因违反对公司的忠实义务所取得的收入，归公司所有

董事、监事、高级管理人员对公司负有忠实义务，忠实义务是指董事、监事、高级管理人员在执行公司事务时，应当始终忠于公司并以公司利益为最高准则，不得实施损害公司利益的行为。董事、高级管理人员违反《中华人民共和国公司法》

第 181-184 条规定的禁止行为，以及利用职务便利为自己或者他人谋取属于公司的商业机会，未经决议通过自营或者为他人经营与其任职公司同类的业务，董事、监事、高级管理人员及其近亲属违法与公司进行关联交易所取得的收入应归公司所有，亦即“公司归入权”。

（三）董事监事因执行公司职务时违反法律、行政法规或者公司章程规定给公司造成损失，应对公司承担责任

董事监事违反相关规定，给公司造成损失时，进而产生的公司损害赔偿请求权。

（四）董事因对股权转让后未及时办理股权变更登记有过错，而对股权受让方承担责任

一般情况下，股权转让方与受让方依法签订股权转让协议后，受让方依据该生效协议约定取得受让股权，即受让方成为该转让股权的实质性所有权人。股权变更登记属于行政管理行为，其本质上属于宣示性登记，旨在使公司股东登记具有公示效力。即股权变更登记手续，并非受让方取得股权的法定前置程序。原股东将公司股权转让给受让股东、尚未办理股权变更登记，在办理股权变更登记前原股东又擅自处分该转让股权，致使受让股东损失，如董事对于该未及时办理股权变更登记事项存在过错，受让股东有权要求该过错董事承担相应赔偿责任。

（五）董事因未履行对股东的出资情况进行核查、催缴的义务，应对公司股东或债权人承担责任

董事对公司负有忠实勤勉义务，应当了解、关注并监督公司的日常经营情况、财务状况以及（可能）对公司产生重要影响的事项。董事应核查股东出资情况、向股东催缴出资，未及时履行前述规定的义务，给公司造成损失的，负有责任的董事应当承担赔偿责任。

（六）董事监事因对股东抽逃出资负有责任，而对公司其他股东、债权人承担责任

抽逃出资是指公司股东已经向公司履行出资义务后，又通过制作虚假财务会计报表虚增利润进行分配、虚构债权债务关系、利用关联交易以及其他未经法定程序将出资抽回的行为。股东抽逃出资，给公司造成损失的，负有责任的董事、监事、高级管理人员应当与该股东承担连带赔偿责任。

（七）董事因未履行法定职责导致公司未制作或保存《中华人民共和国公司法》规定的公司文件材料，给股东造成损失，而对公司股东承担责任

董事对公司负有忠实勤勉义务，应当要求公司相关部门制作和保管公司相关文件。如公司未能制作或者保存相关文件进而给股东造成损失，公司的董事应当承担赔偿责任。

（八）董事因参与的董事会决议违法，而对公司承担责任

董事应当对董事会的决议承担责任。董事会的决议违反法律、行政法规或者公司章程、股东会决议，给公司造成严重损失的，参与决议的董事对公司负赔偿责任；经证明在表决时曾表明异议并记载于会议记录的，该董事可以免除责任。

（九）董事监事对公司违法分配利润负有责任，而对公司承担责任

公司违反法律规定向股东分配利润的，股东应当将违反规定分配的利润退还公司；给公司造成损失的，股东及负有责任的董事、监事、高级管理人员应当承担赔偿责任。

（十）董事监事对违法减资负有责任，而对公司承担责任

违反法律规定减少注册资本的，股东应当退还其收到的资金，减免股东出资的应当恢复原状；给公司造成损失的，股东及负有责任的董事、监事、高级管理人员应当承担赔偿责任。

（十一）董事作为清算义务人未及时履行清算义务，而对公司或者债权人承担责任

董事为公司清算义务人，应当在解散事由出现之日起十五日内组成清算组进行清算。清算义务人未及时履行清算义务，给公司或者债权人造成损失的，应当承担赔偿责任。

（十一）发行人董事监事因不履行公开承诺给投资者造成损失，而对投资者承担责任。

（十二）董事监事因违规披露信息致使投资者遭受损失，而对投资者承担责任。

（十三）董事监事因未尽忠实勤勉义务致使企业破产而承担民事责任。

二、行政责任

行政责任是指外部董事监事违反有关行政管理的法律法规规定，但尚未构成犯罪的行为所依法应当承担的法律后果。责任形式包括警告、罚款、没收违法所得、没收非法财物、行政拘留等。承担行政责任的常见情形主要包括：欺诈发行证券被处以罚款；擅自改变募集资金的用途被要求责令改正、给予警告、处以罚款；采取程序化交易影响证券交易所系统安全或正常交易秩序被给予警告、处以罚款；内幕交易被没收违法所得、处以罚款；短线交易被给予警告、处以罚款；限制期内转让证券被要求责令改正、给予警告、没收违法所得、处以罚款；操纵市场给予警告、处以罚款；拒不配合监管调查被责令改正、处以罚款；未按规定保存文件和资料被给予警告、处以罚款。

三、刑事责任

刑事责任是指外部董事监事在履职过程中因触犯国家刑事法律导致需要承担的法律责任。主要刑事责任包括：贪污、受贿的刑事责任；职务侵占的刑事责任；非法经营同类营业的刑事责任；为亲友非法牟利的刑事责任；失职、滥用职权的刑事责任；违规披露、不披露重要信息以及背信损害上市公司利益的刑事责任；其他如破坏金融秩序、金融诈骗等方面的刑事责任等。

四、责任追究

外部董事监事责任追究坚持依纪依法、实事求是、失责必究、追责必严。外部董事监事履职中有下列情形之一的，应当追究责任，具体责任追究方式，按照有关规定执行。

（1）所任职企业董事会、监事会决议违反法律、行政法规、国资监管规定、公司有关制度，以及所任职企业章程和内部管理规定，出现重大决策失误，造成国有资产损失、明显损害公司和所任职企业利益或者其他严重不良后果，本人表决时投赞成票或者未表明异议投弃权票的。

（2）在所任职企业董事会、监事会决策中不担当、不作为，消极行使表决权，无充分理由多次投反对票或者弃权票的。

（3）利用职务便利接受或谋取不正当利益，泄露国家秘密以及公司和所任职企业商业秘密、技术秘密，损害国家、公司或所任职企业利益的。

（4）未尽到勤勉尽责义务造成工作失误，对重大情况、重大问题应发现而未发现，或发现了但未及时向公司报告的，或者报告的重大情况、反映的重大问题严重失实的。

（5）违反规定接受所任职企业的馈赠以及报酬、津贴和福利待遇的。

（6）其他应当追究责任的情形。

五、减免责任

鼓励外部董事监事在推动所任职企业改革发展中担当作为。对董事会、监事会的违规决策，外部董事监事本人表决时投赞成票或者未表明异议投弃权票，但不属于有令不行、有禁不止、不当谋利、主观故意等，且决策过程中尽职尽责或者事后采取有力措施挽回、减少损失，消除、减轻不良影响的，可根据有关规定和程序，予以从轻、减轻或者免除处理。

第六节　外部董事监事履职保障

本章节主要介绍外部董事监事履职的保障。公司依法依规制定外部董事监事履职管理制度，明确履职保障措施，加强外部董事监事履职支持和保障。所任职企业和原任职单位应按照外部董事监事履职保障工作措施和履职指引明确的工作权责，为外部董事监事履职提供必要的经费、办公条件等支撑和服务保障，确保外部董事监事行权履职高效优质。

一、公司（股东）方面

（一）做好履职支撑保障

加强职能部门和子企业外部董事监事的工作联动，建立完善外部董事监事“企情问询”、参会阅文、信息通报、履职指导和沟通调研机制等。按需召开外部董事监事沟通会、董事会建设协调会，第一时间向外部董事监事通报履职所需工作信息及重大项目情况，畅通“上情下达”“下情上达”通道，助力外部董事监事领会公司意图，形成良性互动。

（二）建立重要会议列席机制

公司有关部门在组织召开年度工作会议、务虚会、座谈会等重要会议时，可根据需要安排外部董事监事列席会议。在组织召开与出资企业董事会、监事会职责相关的业务专题会、工作部署会时，根据会议具体内容，一般应当邀请相关企业外部董事召集人、担任有关专门委员会召集人（主任）的外部董事，或者担任监事会主席的外部监事等参加。

（三）建立政策指导机制

公司相关部门应当将上级、公司和部门发文中涉及出资企业战略规划、改革发展、公司治理、风险管控等外部董事监事履职所需的政策制度文件及时传递相关企业外部董事监事，积极为外部董事监事提供相应的政策指导。外部董事监事征询意见的，公司有关部门反馈意见仅供外部董事监事参考。

（四）畅通日常沟通渠道

公司相关部门在研究涉及出资企业改革发展、投资决策、风险管控等重大问题，或者制定涉及出资企业董事会、监事会履职行权需要把握的相关制度政策时，应当注意听取该出资企业外部董事监事的意见建议；在需要出资企业董事会、监事会贯彻落实公司对某项工作的明确意图时，应当与外部董事召集人或担任监事会主席的外部监事（或未设监事会企业的外部监事）等沟通商洽；在需要向外部董事监事了解相关企业重要情况时，可直接与相关外部董事监事联系。公司牵头建立外部董事监事意见反映、工作例会等机制，加强与外部董事监事的沟通联络，及时听取意见和建议，持续完善相关管理机制。

（五）建立信息流转机制

公司有关部门对于外部董事监事上报的独立报告等事项，应当按部门职责进行办理，处理意见应当及时反馈至外部董事监事本人，以及出资企业董事长和外部董事召集人或担任监事会主席的外部监事。

（六）建立外部董事监事履职支撑工作台账

公司各部门应当明确外部董事监事履职支撑对口联系人，建立外部董事监事履职支撑工作台账，汇总外部董事监事与本部门进行沟通联系、提请政策指导、提供独立报告、反映重大问题等情况，作为外部董事监事以及董事会、监事会评价的重要依据，于每年底向公司股东行权归口管理部门、人力资源管理部门提供。

（七）建立履职情况汇报机制

公司定期对外部董事监事履职工作情况进行汇总、统计、分析。

（八）加大外部董事监事培训力度

公司应当结合实际组织开展外部董事监事培训，持续提升董事监事履职能力，相关费用从干部教育培训经费中列支。

二、所任职企业方面

（一）完善法人治理结构

明确各治理主体职责边界，制定权责清单，优化议事规则，健全各治理主体之间的沟通协调机制，持续完善法人治理结构，为外部董事监事履职创造良好的制度基础。

（二）明确工作支持部门

明确为董事会及其专门委员会、监事会（或未设监事会企业的监事）提供工作支持的具体部门，为外部董事监事提供履职必需的相关资源，提供必要的工作支持和服务，全力支持和配合外部董事监事工作。

（三）提供必要工作条件

为外部董事监事履职提供必要的办公条件，向外部董事监事开放协同办公、运营管控等内部信息系统，为外部董事监事履职提供差旅等必要的经费保障。

（四）提供履职信息保障

规范信息报送的内容、频率、方式、责任主体、保密要求等，保障外部董事监事对企业各项生产经营管理情况的知情权。

（五）认真做好会议安排

及时将董事会、监事会会议通知、议案及相关材料提前送达外部董事监事，协调做好相关工作安排。定期会议通知、议案及相关材料应当在会议召开 15 日前送达外部董事监事；除特别紧急的情况以外，临时会议通知、议案及相关材料，应当至少在会议召开 5 日前送达外部董事监事。企业高级管理人员对提交董事会、监事会审议的议案及相关材料的真实性、准确性负责。在召开工作会、务虚会、经营分析会等重要会议时，应当视情况邀请外部董事监事参加。

（六）安排必要履职培训

可根据实际需要安排外部董事监事参加提高其履职能力的必要培训，相关费用由所任职企业承担。

（七）建立履职工作台账

对在本企业任职的外部董事监事履职行为进行登记，建立履职工作台账并存档备查。台账记录应当及时、完整、真实、准确。根据实际需要，记录对象可扩大至所有董事监事。

三、原任职单位方面

（1）为专职董事监事安排专门办公场所，负责做好其薪酬福利发放、社会保险办理、党员活动组织、工会活动组织，保障其为所任职企业履职外的差旅、会议等日常工作经费，协助做好领导人员个人有关事项报告、因私出国（境）、请假等日常管理工作，协调安排专职董事监事参加相关重要会议。

（2）配合专职董事监事所任职企业协调安排参加所任职企业相关会议等日常服务工作。

02 第二章

外部董事监事履职重点

第一节　外部董事监事参会履职提示

本章节包括外部董事参会履职提示、外部监事参会履职提示两部分，具体包括出席或列席党组织会议、股东会[1]、董事会、监事会、总经理办公会等，如各级企业章程及议事规则规定的具体参会情形和程序与本指南不尽一致，但相关内容严格贯彻落实公司不同治理结构、公司治理范本的，可按照本企业章程及议事规则执行。

一、外部董事参会履职提示

（一）列席党组织会议

因工作特殊需要，外部董事召集人可以列席企业党组织会议前置研究讨论有关议题。

（二）出席（列席）股东会

1. 参与议案讨论

外部董事应及时了解所任职企业股东或股东会议案安排，认真参与议案讨论，推动做好议案的起草和准备工作。

2. 列席或出席会议

外部董事可以列席所任职企业股东会会议。对于上市公司，公司召开股东会时，全体董事、监事和董事会秘书应当出席会议，经理和其他高级管理人员应当列席会议，董事、监事、高级管理人员在股东会上应就股东的质询作出解释和说明。

3. 主持召开会议

所任职企业设立董事会的，股东会会议由董事会召集，董事长主持；董事长不能履行职务或者不履行职务的，由副董事长主持；副董事长不能履行职务或者不履行职务的，由过半数董事共同推举一名董事主持。

---

[1] 《中华人民共和国公司法（2023 年修订）》删除了股东大会的表述，统一为股东会。

4. 会前酝酿

所任职企业股东或股东会议案需先经董事会审核的，在董事会召开前，外部董事召集人可召集外部董事对议案进行集体研究、充分酝酿。对于制度规定需由董事会专门委员会审议的事项，应由董事会专门委员会研究并提出审议意见。

5. 依托治理型行权管控[1]事项议案报送

对提交股东会前，需提交董事会制订的事项，即属于《南方电网公司法人层级权责清单》中列示的需要依托股东权利管控的事项，外部董事应督促所任职企业董事会工作部门在召开董事会之前按治理型行权要求，将依托治理型行权管控事项议案、外部董事意见建议、党组织会议纪要、董事会专门委员会会议纪要（如有）等支撑材料报送至公司股东行权归口管理部门进行分发办理。公司履行审核程序和决策程序后，由公司股东行权归口管理部门反馈审核意见至外部董事召集人，同时通知出资企业董事会工作部门已完成审核。

外部董事应严格按照公司审核意见在董事会表决，并认真审核会议记录和决议，确保客观、真实、准确。

6. 股东代表接收股东表决意见

对于全资子公司，出资企业董事会工作部门应当在董事会会议结束后 5 个工作日内，将董事会制订结果反馈至公司股东行权归口管理部门，公司股东行权归口管理部门出具股东决定。

对于控股子公司，出资企业董事会工作部门应当在董事会会议结束后 5 个工作日内，将董事会制订结果反馈至公司股东行权归口管理部门，董事会未对公司审核意见进行重大修改的，由公司股东行权归口管理部门出具股东表决意见。董事会对公司审核意见进行重大修改的，需再次履行股东审核流程后出具

[1] 依托治理型行权管控事项包括依托股东权利管控、依托外部董事管控事项两种类型。其中，依托股东权利管控是指公司基于股东地位管控的行权方式。出资企业履行董事会决策程序后，提交股东或股东会议案至公司，公司履行审核程序后，反馈表决意见至股东代表、外部董事，通过股东批复或股东会、董事会表决的方式行权；依托外部董事管控是指公司依托外部董事管控的行权方式，对应董事会清单内事项，在出资企业董事会召开前，外部董事召集人汇总外部董事意见，及时将议案及审议建议报送公司，公司履行审核程序后，反馈表决意见至外部董事召集人，外部董事根据公司意见在出资企业董事会上表决。

股东表决意见。

7. 股东代表发表意见

作为股东代表的外部董事召集人应严格按照公司反馈表决意见在股东会发表。

8. 形成股东会决议

控股子公司董事会工作部门应当在股东会会议结束后5个工作日内，按照会议审议结果，起草股东会决议，并报送至公司股东行权归口管理部门履行股东签字、盖章程序。

（三）出席董事会

1. 会前准备阶段

（1）做好董事会会议计划。所任职企业在上年年底之前确定董事会定期会议计划，会议计划应细化事项至具体月份，减少临时开会情形，避免临时传签，每年一般至少召开4次董事会定期会议。一般情况下，董事会应当采取现场会议形式进行决策。除不可抗力等特殊情况外，董事每年度出席董事会会议次数不得少于会议总数的四分之三。按照规定提前将董事会通知和所需文件、信息及其他资料送达全体董事及其他列席人员。

（2）强化日常沟通。所任职企业要加强董事长与外部董事召集人之间沟通。董事长定期就企业改革发展、董事会建设等重大问题与外部董事召集人进行专门沟通。涉及外部董事需掌握的日常经营管理中出现的重要情况等，与外部董事召集人保持及时沟通。

（3）加强会前沟通协调。外部董事应及时了解董事会议案安排，认真参与议案讨论，推动做好议案的起草和准备工作。所任职企业加强与外部董事的会前交流，进入董事会的党组织领导班子成员或经理层成员、董事会秘书应按照党组织意见和建议方案与董事会成员进行充分沟通。对于重大复杂决策事项，可在酝酿阶段邀请外部董事提前介入，一般需要召开外部董事沟通会，深入研究、科学论证。其他决策事项可以根据实际情况，灵活采用“一对一”等多种方式沟通，做到“不沟通不上会、沟通不充分不上会”。

（4）会前酝酿。在董事会召开前，外部董事召集人可召集外部董事对议案进行集体研究、充分酝酿。所任职企业董事会工作部门应及时收集汇总各外部董事对议案的意见建议。需董事会专门委员会提供咨询和建议的，董事会议案应当包含专委会咨询和建议内容。与职工切身利益相关的事项，应提前征求职工董事的意见，并经过职工代表大会审议或者以其他形式听取职工群众的意见和建议。

（5）合法合规性审查。董事会议案涉及法律问题的，总法律顾问或法律管理部门负责人应列席并提出法律意见，合规审查意见应由总法律顾问（合规官）或未设总法律顾问（合规官）单位的法治建设第一责任人签字，并对决策事项的合规性提出明确意见。

（6）提高议案规范完整性。董事会议案应当准确对应本企业治理主体权责清单条款上会。会议议案材料应当完整齐全、不缺页漏页。重大投资项目议案应当包含公司投资管理规定列明的项目投资决策材料，董事发现议案材料缺失的，可以要求暂缓上会。提交董事会审议的重大事项必须列示党组织前置研究讨论意见，确保董事会准确理解把握党组织意图，在大方向、大原则上与党组织保持一致。

（7）议案缓议。外部董事收到所任职企业拟召开董事会会议通知及议案后，应当开展必要的研究论证工作。认为所任职企业董事会待议议案未经必备程序、会议资料不充分或论证不充分时，可经 2 名（含）以上外部董事联名提出缓开董事会或缓议相关议案的建议。

（8）依托治理型行权管控事项议案报送。对属于《南方电网公司法人层级权责清单》中列示的需要依托外部董事管控和依托股东权利管控的事项，外部董事应督促所任职企业董事会工作部门在召开董事会之前按治理型行权要求，将依托治理型行权管控事项议案、外部董事意见建议、党组织会议纪要、董事会专门委员会会议纪要（如有）等支撑材料报送至公司股东行权归口管理部门进行分发办理。公司履行审核程序和决策程序后，由公司股东行权归口管理部门反馈审核意见至外部董事召集人，同时通知出资企业董事会工作部门已完成审核。

外部董事应严格按照公司审核意见在董事会表决，并认真审核会议记录和决议，确保客观、真实、准确。股东与其子企业应当按照股东法人层级权责清单要求，共同评估子企业董事会议案的审核时长，子企业应当给股东预留充足审核时间，批量议案应形成科学合理的议案审核计划表，共同确保股东在董事会会议前完成议案审核并向外部董事反馈意见。

对于依托股东权利和依托外部董事管控事项的议案，原则上子企业董事会工作部门应当收到股东通知后，方能发布董事会会议通知，组织召开董事会。

2. 会中审议阶段

（1）明确议案决策程序。董事会会议议案一般由经理层成员汇报。董事会“双过半出席”[1]“委托出席”[2]等会议程序合法合规，董事会审议议案应当“一事一议”，按照会议通知列明的议案顺序逐项审议表决。坚持专业意见优先、外部董事优先、董事长最后发言的原则，全体董事均应当对议案发表具体意见。议案应区分普通决议、特别决议并按章程规定的比例表决，存在利益回避情形时应当按要求履行回避程序。根据需要，“科改企业”首席技术专家、技术总监等核心科技骨干可以列席企业重要决策会议，提高企业科技创新战略研判水平。

（2）突出议案审议重点。董事会决策重点聚焦“四个研判”[3]和“三个是否”[4]审议科技创新、战略性新兴产业等方面议案时，相比一般项目有更大风险容忍度，站在企业战略发展的高度和科研长周期规律的角度分析研判。董事会决策应平衡好国家长期利益和企业经营短期风险，围绕事关全局性问题，在采取有效的风险防范措施的同时，紧密围绕国家战略需要，提升局势研判、危机应变和动态调整能力。

（3）参会表决。外部董事按照会议通知列明的议案顺序逐项参与审议，对董事会各项议案发表明确的意见，充分行使发言权。外部董事对依托治理型行权管控事项，应严格按照公司审核意见表决。对依托治理型行权管控事项以外的事项，根据公司文化、战略规划和决策部署等，按照独立判断发表意见并表决。

（4）表决机制。董事会会议表决实行一人一票，可采用举手表决或记名式投票表决。外部董事对提交董事会审议的议案可以表示同意、反对、弃权，表示反对或弃权的，必须说明具体理由并记载于会议记录。

（5）议案复议。董事会认为需要进一步研究或作重大修改的议案，应当在对议案进行修改、完善后复议，复议的时间和方式由董事会会议决定。特别重大的事

---

[1] 董事会会议应当有过半数董事且过半数外部董事出席。

[2] 未出席董事会会议的董事已按要求履行请假及委托手续。外部董事不得委托非外部董事代为出席。受托董事在授权范围内行使董事权利。出席会议的董事因故中途退席，向主持人申明请假并书面委托其他董事代为行使剩余议案表决权。

[3] “四个研判”是指研判决策事项的合法合规性、与出资人要求的一致性、与企业发展战略的契合性、风险与收益的综合平衡性。

[4] “三个是否”是指是否有利于提高企业核心竞争力和增强核心功能，是否有利于促进中央企业在建设现代产业体系、构建新发展格局中发挥科技创新、产业控制、安全支撑作用，是否能够推动企业实现高质量发展。

项，应当向任职企业股东会或股东报告。

（6）表决回避。外部董事与董事会决议事项所涉及的企业等相关主体有关联的，应当进行回避。董事会审议和表决利益回避事项应遵守以下规定：董事会审议利益回避事项时，相关董事应当回避表决，也不得代理其他董事行使表决权；相关董事可以参加利益回避事项的审议，并就公平、合法问题作出解释和说明；董事会会议由过半数的非相关董事出席方能举行，存在关联关系的董事，不计入董事会研究决策该议案所需出席的董事人数；董事会就该议案作出决议，按照普通决议、特别决议不同类别，需经董事会全体成员（不含存在关联关系的董事）过半数或者三分之二以上同意。

（7）委托表决。外部董事因故不能出席董事会会议时，应当事先认真审阅会议材料，形成明确意见，并按规定向所任职企业办理请假、委托他人出席等手续。受托人出席会议时应当出具授权委托书，所出具的授权委托书中需载明委托人、受托人、委托事项、委托表决意见，以及所任职企业要求说明的其他事项等。原则上受托人应当为公司派出的其他外部董事。出席会议的外部董事因故中途退席，应当向主持人申明请假并书面委托其他董事代为行使剩余议案表决权；如不委托，对剩余议案表决视为弃权。

3. 会后执行阶段

（1）会后反馈。董事会会议记录应当规范、完整、真实、准确，出席会议的董事、董事会秘书应当在会议记录上签字。董事会决议应当列明会议召开时间、地点、董事出席情况、决议内容和具体投票表决结果，并附出席会议的全体董事签字。外部董事应认真审核会议记录和决议，做好签署和存档，确保客观、真实、准确。外部董事对会议记录有不同意见的，可以在签字时作出书面说明。董事既不按上述规定进行签字确认，又不对其不同意见作出书面说明的，视为完全同意会议记录的内容。对依托治理型行权管控事项，所任职企业董事会工作部门要在董事会会议结束后 5 个工作日内，将董事会审议结果反馈至公司股东行权归口管理部门。

（2）决议执行监督。董事会作出决议后，由公司经理层负责组织实施，并将执行情况向董事会报告。董事长或董事会委托的其他董事、董事会秘书有权检查和督促董事会决议执行情况。如遇特殊情况，需对已决策事项作重大调整，或因外部环境出现重大变化不能执行决议的，应当督促重新按照规定履行决策程序。建立决议跟踪落实及决策后评估（含投资项目综合评价）机制，可以采取定期听取报告、建立督办台账、现场检查等多种方式进行跟踪检查，确保闭环管控。建立董事会年度工作报告和重大事项报告制度机制，完善董事长、总经理向董事会负责、报告工作制度机制。

（3）加强董事会文化建设。落实公司关于加强子公司董事会文化建设的有关指导意见，培育“忠实尽责、民主平等、开拓进取”的董事会文化。用好董事会“一人一票”机制，决策时保持独立性和战略定力，充分行使民主权利。加强内外部董事沟通，充分听取吸收外部董事意见，防止决策以偏概全。

（四）出席董事会专门委员会

1. 依规任职

董事会专门委员会是董事会的专门工作机构，由董事组成，为董事会决策提供咨询和建议，对董事会负责。董事会一般设战略与投资委员会、薪酬与考核委员会、审计委员会、提名委员会。经董事会批准，可调整或设立其他专门委员会。战略与投资委员会由 3~5 名董事组成，其他专门委员会分别由 3 名董事组成。战略与投资委员会、提名委员会中，外部董事应当占多数，主任由董事长担任。薪酬与考核委员会由外部董事组成。符合有关专业要求的职工董事可以成为审计与风险委员会成员。

董事会专门委员会委员任期与董事任期一致，委员任期届满，连选可以连任。期间如有委员不再担任公司董事职务，自动失去委员资格，董事会应尽快选举产生新的委员。

2. 召集和主持会议

董事会专门委员会会议的召开由董事会秘书结合董事会工作计划和运作需要提议，由委员会主任确定；会议通知由董事会办公室以书面形式发出，通知内容应当包括会议时间、地点、召开方式、主持人、参加人员、议题议程等；会议材料应与会议通知一并送达全体委员和有关列席人员；委员收到会议通知后，应当将是否出席及是否由本人出席的情况，提前告知董事会办公室。

董事会专门委员会会议应有三分之二以上成员出席方可举行。委员会会议由主任主持，主任因特殊原因不能履行职务时，应委托其他委员代为主持会议。委员会会议一般应当以现场会议方式召开，也可采取视频方式召开。

3. 邀请列席人员

董事会专门委员会可根据工作需要，邀请公司其他董事、高级管理人员及有关部门列席会议，高级管理人员及有关部门对涉及的议案进行解释、提供咨询意见。董事会秘书应列席会议。

4. 发表意见

董事会专门委员会会议研究审议议案或其他事项时，委员应明确、独立地发表同意、反对或弃权的意见（反对、弃权时，必须说明具体理由），实行主持人末位表态制，可采用口头、举手、投票等方式进行。董事会专门委员会会议对审议事项应有明确的结论，包括通过、原则通过，但内容有重大调整或设置限制性执行条件、缓议、否决等，经全体应出席会议的委员过半数同意为通过或原则通过。委员会会议确实存在不同意见的，应向董事会逐一作出说明。

委员因故不能出席的，可委托他人参会并宣读本人签署的书面意见（应载明同意、反对、弃权的意见，反对、弃权时，必须说明具体理由）。当委员会所议事项与委员会委员存在利害关系时，该委员应当回避。

5. 形成会议审议意见

董事会专门委员会召开会议后，应形成会议审议意见，明确委员会对审议事项的意见和建议，经出席会议的委员确认签署后提交董事会。

二、外部监事参会履职提示

（一）出席监事会

1. 参加会议

外部监事应当按时出席所任职企业的监事会会议，不得无故缺席。因故不能出席时，应当事先认真审阅会议材料，形成明确意见，并按规定向所任职企业办理请假、委托他人出席等手续。受托人出席会议时应当出具授权委托书，所出具的授权委托书中需载明委托人、受托人、委托事项、委托表决意见，以及所任职企业要求说明的其他事项等。原则上受托人应当为公司派出的其他外部监事。

2. 进行表决

外部监事对监事会拟审议的议题，结合专业判断提出意见并独立表决。监事会决议的表决，实行一人一票。监事因故不能出席，可以书面委托其他监事表决，委托书中应载明授权。不出席，也不委托其他监事表决的，视为弃权。监事会决议应当经全体监事过半数监事通过。

3. 签署会议记录

监事会会议形成的有关决议，应当以书面形式予以记录，出席会议的监事应当在决议文件上签字。

4. 会后反馈跟踪

监事会每一项决议均应指定监事执行或由监事会监督执行。被指定的监事应将决议的执行情况记录在案，并将最终执行结果报告监事会。

5. 日常监督

外部监事在监事会领导下开展监督工作，认真检查所任职企业财务，重点查验所任职企业财务会计报表的真实性、合法性；对所任职企业董事、高级管理人员执行职务行为的合法性和妥当性进行监督，当其行为损害公司和所任职企业利益时，提请监事会要求其予以纠正；对所任职企业重大经营决策程序的合法性、合规性进行监督。未设监事会企业的外部监事独立开展上述监督工作。

（二）列席股东会

1. 提议召开临时股东会

监事会、不设监事会的公司的监事在董事会不履行法律规定的召集和主持股东会会议职责时，召集和主持股东会会议。

2. 提出提案

外部监事可向股东会会议提出提案。

3. 列席会议

外部监事可以列席股东会会议。

（三）列席董事会

1. 列席会议

外部监事可列席董事会会议，并对董事会决议事项提出质询或者建议。出资企业召开董事会时，应当提前 3 个工作日通知外部监事列席，并提供会议议题有关材料。对未列席的董事会会议，外部监事应当在会后查阅相关上会材料、会议记录、纪要等文件材料。

2. 特殊情况报告

外部监事认为所任职企业董事会、监事会违法违规决策或董事会、监事会决议明显损害公司、所任职企业利益或职工合法权益的，或者发现重大决策风险和生产经营重大问题，特别是可能发生的重大损失、重大经营危机的，应当及时、明确地向董事会、监事会提出反对意见、警示或质询，同时向公司有关部门进行独立报告并抄送公司人力资源部门，必要时提供专项分析报告。对紧急、突发的重大情况，可先口头报告，再书面报告。外部监事发现所任职企业经营情况异常，可以进行调查；必要时，可以聘请会计师事务所等协助其工作，费用由所任职企业承担。

3. 提起诉讼

董事执行公司职务时违反法律、行政法规或者公司章程的规定，给公司造成损失的，应当承担赔偿责任，有限责任公司的股东、股份有限公司连续 180 日以上单独或者合计持有公司百分之一以上股份的股东，可以书面请求监事会或者不设监事会的公司的监事向人民法院提起诉讼。

（四）列席总经理办公会

1. 列席会议

监事可以列席总经理办公会会议，了解和掌握所任职企业的各项业务情况。

2. 提起诉讼

高级管理人员执行公司职务时违反法律、行政法规或者公司章程的规定，给公司造成损失的，应当承担赔偿责任，有限责任公司的股东、股份有限公司连续 180 日以上单独或者合计持有公司百分之一以上股份的股东，可以书面请求监事会或者不设监事会的公司的监事向人民法院提起诉讼。

第二节　外部董事监事议案审议履职提示

本节主要介绍外部董事在战略规划、重大投资、产权变动等 12 类常见议案审议，外部监事在履行监督职责过程中的管理要求、履职关注和议案要件清单，其中管理要求包括法律法规及政策规定、南方电网公司规定两个部分。

一、战略规划

（一）定义

企业发展战略和规划是指企业根据国家发展战略和产业政策，在分析外部环境和内部条件现状及其变化趋势的基础上，为企业的长期生产和发展所作出的未来一定时期内的方向性、整体性、全局性的定位、发展目标和相应的实施方案。

（二）管理要求

1. 法律法规及政策规定

战略规划类议案主要涉及以下法律法规及政策规定，具体条款内容详见《外部董事监事履职知识清单》（附录 2）：

（1）《中央企业发展战略和规划管理办法》（国资令第 10 号）；

（2）《国务院关于印发〈改革国有资本授权经营体制方案〉的通知》（国发〔2019〕9 号）；

（3）《关于中央企业落实子企业董事会职权有关事项的通知》（国资厅发改革〔2021〕32 号）；

（4）《关于印发〈中央企业董事会和董事评价办法〉的通知》（国资党发干一规〔2021〕81 号）；

（5）《关于印发〈董事会试点中央企业董事会规范运作暂行办法〉的通知》（国资发改革〔2009〕45 号）。

2. 南方电网管理要求

（1）战略导向。公司发展战略和战略管理应当立足新发展阶段，完整准确全面贯彻新发展理念，积极服务和融入新发展格局构建，按照中国式现代化的本质要求，聚焦主责主业，坚持高质量发展，推动公司加快建设产品卓越、品牌卓著、创新领先、治理现代的世界一流企业，在全面建设社会主义现代化国家、实现第二个百年奋斗目标进程中实现更大发展、发挥更大作用。

（2）战略管理体系。公司推动构建具有南方电网特色的 POCA 战略管理体系，涵盖战略制定、战略分解、战略实施、战略回顾四个环节。对应战略管理全过程，应当明确战略管理的核心流程，以及流程对应的管理制度、形成的管理文件、依托的管理架构，促进企业目标、行动、资源、组织、文化等有机统一。

管理流程是战略管理的核心，通过环环相扣的步骤推动规划、计划、预算、评价、考核、监督、审计等环节做好对公司发展战略的有效承接，以及各步骤之间的有效衔接，以战略为中心牵引企业各项经营活动。公司战略管理核心流程包括：①制定（修订）公司发展战略，并配套制定重点领域的战略指导性文件；②编制公司战略分解图谱；③构建公司战略管理指标体系；④编制公司发展规划，非管制业务子公司制定本企业发展战略，各分子公司编制本企业发展规划；⑤按年度编制公司战略实施计划；⑥管控战略实施年度计划执行；⑦开展以战略为导向的评价考核；⑧开展战略审计；⑨评估战略规划执行情况。

（3）战略制定。公司发展战略是战略管理的基准，是公司根据国家战略部署、发展规划和产业政策，基于战略环境、战略定位和资源能力等情况分析，对未来一段时期内公司可持续发展作出的方向性、基础性、全局性谋划。公司发展战略内容包括战略环境分析、战略目标、战略定位、战略原则、战略取向、战略路径、战略步骤、业务布局、竞争策略、战略指标、战略举措等，推动提升价值创造能力和核心竞争力，塑造差异化竞争优势，促进公司长期可持续发展。公司发展战略由总经理拟订、党组织前置研究讨论、董事会制订后，提请股东（会）决定。公司发展战略制订过程中，应当发挥公司专家委、董事会专门委员会作用，广泛听取各方意见。

（4）战略分解。公司编制战略分解图谱，明确推动战略展开的主题主线和重要举措，构建公司战略实施的清晰指引，夯实战略组织实施基础。建立健全战略管理指标体系，逐级分解、量化评价战略目标。公司发展规划体系包括公司中长期发展规划、业务发展规划、职能发展规划、分子公司发展规划等，从不同领域、不同层级推动战略落地具体化、协同化。制定发展规划管理制度，规范企业发展规划管理。

管制业务公司不需编制本企业发展战略，在本企业发展规划中做好公司发展战略的承接落实。非管制业务子公司应当制定本企业发展战略，系统做好公司发展战略在本企业的承接落实。非管制业务子公司发展战略由本企业党委前置研究讨论、董事会制订后，提交股东（会）决定。在本企业董事会制订前，需按照公司依托股东权利管控事项清单要求，先履行公司总部审核程序。各子公司应当按照公司审核意见修订完善本企业发展战略并做好议题上报、备案等工作，公司依托股东权利加强管控，确保公司发展战略部署得到有效承接。

（5）战略实施。公司应当建立健全制度化、简明化、规范化的战略实施机制，突出战略实施主题主线，发挥各方主动性、创造性，形成推动战略落地的合力。公司以战略分解图谱为基础，组织制定战略实施年度计划，加强公司发展规划、年度计划预算、年度工作要点、专业工作计划、专项行动等工作统筹，发挥战略对公司各项活动的牵引作用。战略实施年度计划应当统筹上级部委要求和公司发展战略部署，合理安排公司年度生产经营目标，远近结合做好年度间综合平衡，实现公司生产经营活动对发展战略部署的有效承接。战略实施年度计划明确的年度指标纳入公司计划预算进行管控，重点任务纳入工作要点做好督查督办。

公司深化项目机制运用，策划实施“四类项目”（灯塔、标志、标杆、试点），强化战略重点管控，推动战略转化为可衡量、可评估、可管控的具体行动。建立健全规范化的报告报表体系，加强战略实施的过程管控和结果分析。依托战略运行管控平台，开展多层次、多维度、多主题的战略监控，实现对公司战略实施及运营状况的全方位监测、分析与展示。构建以战略为导向的约束激励机制，深化分类考核、差异化考核。

（6）战略回顾。公司应当定期检查战略阶段性实施情况，分析战略执行偏差，管控战略实施风险，确保公司发展战略部署与内外部环境协调一致。常态化开展同业对标，建立战略审计机制。以公司年度工作总结、年度运营分析报告、集团对标报告为基础，每年编制公司战略规划执行评估报告，对战略环境、组织结构、阶段性目标完成情况、世界一流企业建设成效等进行全方位审视，及时总结经验、分析问题、找准差距、提出建议，作为检讨战略执行、优化战略实施、开展战略修订、完善战略管理的基本依据。公司董事长应当定期组织开展战略研究，每年至少主持召开 1 次由董事会和经理层成员共同参加的战略研讨或者评估会。各分子公司应当每年编制本企业战略规划执行评估报告，并按照公司治理主体权责清单要求做好报备。

（三）履职关注

1. 外部董事在公司战略制定中的关注点

对于公司战略制定外部董事至少应当关注“五个一致性”：

（1）与国家战略、上级单位战略的一致性。是否符合党中央重大决策部署，是否符合国有经济布局优化和结构调整方向，是否符合国家发展规划和产业政策，是否符合国资央企总体规划部署，是否符合上级单位战略。

（2）与高质量发展要求的一致性。是否有利于质量变革，促进产业转型升级，发展先进制造业、战略性新兴产业和现代服务业；是否有利于效率变革，破除无效供给，优化资本布局和资源配置，提高资本回报和全要素生产率；是否有利于动力变革，促进科技创新和管理创新、商业模式创新，掌握关键核心技术，提高核心竞争力；是否有利于推动创建世界一流企业。

（3）与行业发展趋势的一致性。是否系统分析了本公司的优势和劣势、行业发展前景和生命周期、外部环境变化带来的机遇和风险，是否有利于抢占或巩固行业优势地位。

（4）与做强做优实业主业的一致性。是否聚焦实业，主业调整是否经充分研究论证，是否契合本公司或上级单位发展战略，是否符合行业发展趋势，是否与国资委或上级单位沟通一致；发展非主业是否符合国资委或上级单位规定的主业与非主业比例控制要求等。

（5）与出资人利益关切的一致性。是否把国资委或上级单位重点考核的关键业绩指标纳入战略规划目标体系；是否从公司功能定位出发合理设置分类指标、个性化指标等。

2. 外部董事在公司战略执行中的关注点

战略执行主要由经理层承担，外部董事应当跟踪了解战略执行情况，外部董事可以采取与公司有关部门沟通、向董事会提出建议、向经理层质询等方式，促进战略实施。外部董事应当重点关注：

（1）责任匹配。是否按规定制定与本公司或上级单位战略紧密衔接的业务发展规划和职能规划，是否明确了责任主体，目标任务是否层层分解落实。

（2）资源匹配。本公司预算和资源配置方案是否适应于战略目标达成。

（3）管理匹配。集团管控、组织架构、经营管理水平是否满足战略实施需要，考核激励机制是否利于调动积极性、保证执行力。

（4）文化匹配。是否形成支持本公司或上级单位战略的企业文化。

3. 外部董事在公司战略管控中的关注点

外部董事要推动董事会适时对战略规划执行情况进行评估，重点关注以下内容：

（1）制度规范。是否建立了完善的战略管理制度，对战略管理的内容、组织结构和职责以及战略研究、战略制定、战略执行、战略管控等战略管理活动进行规范。

（2）环境变化。制定战略时的条件和预判是否出现重大变化，实施过程中的环境变化是否会导致战略失效。是否确有必要对战略进行调整。

（3）执行结果。战略实施是否偏离了战略方向和目标，战略执行结果与国资委或上级单位要求是否一致等。

（4）偏差分析。战略控制系统和战略控制手段是否能有效发挥作用，公司组织在战略实施过程中（如组织设计、研发、资本运作、营销等环节）是否发挥推动作用。

（5）纳入考核。是否将企业发展战略和规划的目标和实施，纳入对出资企业负责人经营业绩考核的内容。

（四）议案要件

因法律法规和制度未规定战略规划类议案上会要件，各单位在该类议案提交上会时，可参考提供以下要件资料：

（1）公司战略管理制度。

（2）公司发展战略或发展规划。

（3）公司战略回顾及规划评估报告。

（4）公司战略实施年度计划。

（5）其他议案材料。

（五）主要风险点

（1）战略规划风险。由于战略的内容不完整或程序不当，或子分战略未能有效承接总体战略，导致业务或职能领域缺乏具体有效的战略规划作为指导。

（2）战略分解风险。未对战略项目与指标科学分解，管控不力，导致无法实现战略目标，重点战略任务无法落地的风险。

（3）战略实施风险。由于战略实施计划未能与战略有效衔接，战略实施脱离战略目标、资源不配套、信息不充分等原因，导致战略不能执行或执行不到位的风险。

（4）战略评价风险。企业战略、各业务部门计划由于战略监控与评估机制不完善，激励机制偏离战略规划，导致执行不力、过程不通畅，导致效率低下或者战略与目标无法执行而战略经营失败。

二、重大投资

（一）定义

投资活动是实现企业战略目标的重要手段。一般分为固定资产投资、股权投资等。

（二）管理要求

1. 法律法规及政策规定

重大投资类议案主要涉及以下法律法规及政策规定，具体条款内容详见《外部董事监事履职知识清单》（附录 2）：

（1）《中央企业投资监督管理办法》（国务院国有资产监督管理委员会令第 34 号）；

（2）《中央企业境外投资监督管理办法》（国务院国有资产监督管理委员会令第 35 号）；

（3）《中央企业境外国有资产监督管理暂行办法》（国务院国有资产监督管理委员会令第 26 号）。

2. 南方电网管理要求

（1）投资定义。投资包含固定资产投资与股权投资（不含金融工具）。

（2）投资主体。开展投资业务的各级法人单位是投资项目的决策主体、执行主体和责任主体，直属机构和分公司在法人单位授权下履行责任。

（3）投资原则。投资应遵循依法合规、战略引领、规模适度、程序规范、风险可控等原则。

（4）投资规划周期。投资规划在公司总部、分子公司两级开展。投资规划与国民经济发展五年规划周期的年限一致，规划周期内有特殊需要时滚动修编。

（5）投资负面清单。投资项目负面清单依据国资委发布的中央企业投资项目负面清单，结合实际，由投资统筹管理部门牵头编制。投资项目负面清单设置禁止类和特别监管类投资项目，实行分类监管：列入负面清单禁止类的项目，一律不得投资；列入负面清单特别监管类的项目，按相关规定报上级单位履行审核把关程序。各分子公司可在上级单位印发的负面清单基础上，结合本单位实际，制定更为严格、具体的投资项目负面清单。

（6）投资策略。投资策略每年由投资统筹管理部门牵头制定，可跟随公司计划预算一并下达。各分子公司在统一执行公司总部印发的投资策略基础上，可结合本单位实际，提出差异化投资策略需求。公司总部组织制定境外、新兴、产业金融业务投资项目回报率标准，原则上作为商业性投资项目准入的否决性底线标准，边界条件发生重大变化时适时调整。

（7）投资规模结构。投资规模结构由计划与财务管理部门会同投资统筹管理部门、专业部门研究提出建议，报公司决策机构决策。各单位在总部下达的规模内可自行制定或调整专业结构和项目投资安排，并报上级单位备案。

（8）投资计划。投资计划包括前期费投资计划和年度投资计划。投资规模结构以及重大投资项目跟随公司计划预算一并下达。明细项目计划由投资统筹管理部门依据公司计划预算，通过信息系统组织下达。投资计划结合年度计划预算进行调整。

投资计划下达前，各投资主体可根据实际需要、依据项目决策权限开展项目计划预下达工作。

投资主体可在年初投资规模内预留一定额度的预备费，非主业投资原则上不得预留没有明确投资对象的预备费。

（9）投资决策。公司投资项目内部决策管理层级原则上不超过三级，省（级）电网公司的非管制业务发展性投资项目不得授权地市供电局决策。各级决策机构作出决策时，应形成决策文件，参与决策的人员所发表意见应记录存档并签字备查。

公司对总部直接投资项目，直属机构、分公司提出的重大投资项目及其重大变更进行决策；对子公司提出的重大投资项目履行出资人审核把关程序。

重大投资项目标准按照“三重一大”决策管理规定、公司治理主体权责清单和授权清单、公司法人层级权责清单执行。

列入公司各级单位投资项目负面清单特别监管类的项目，由各单位按照项目决策权限履行决策程序后，列入投资计划前报上一级单位审核把关。列入国资委投资项目负面清单特别监管类的项目和需要国务院和相关部委核准（备案）的项目，在公司履行决策程序后，实施前按规定报国资委审核把关或相关部委核准（备案），国家另有规定的从其规定。各单位原则上不得开展本单位主营业务外投资。为适应新业态发展确需在主营业务范围外开展的投资项目，参照前述规定执行。

（10）投资项目实施及变更。项目经投资决策后，由项目实施主体组织实施，应当做好项目验收、结算、决算和形成资产（产权）等关键节点管控。项目需政府核准（备案、审批）但未取得核准（备案、审批）前，禁止对外签订、报送不可撤回的约束性协议或申请，禁止生效工程建设、设备招标等相关合同或发生工程建设费用。

任何因素导致超计划投资都要遵循"先审批、后实施"的原则强化管理。项目发生重大变更时，原则上要重新开展前期工作或调整可研，如项目变更导致决策权限提级，按变更后的权限审批，否则按原决策权限审批。

项目实施管理的要素和具体管理要求，按照专业项目管理办法的有关规定执行。

出现重大不利变化时，项目实施主体应当及时报项目原决策机构启动项目中止、终止或退出机制。项目终止或退出时，项目实施单位（部门）对已签订合同、已购置物资、已形成的资产等提出处理建议，由专业部门组织研究提出处置方案，报相关决策机构审批。对造成资产损失的项目，要严格按照公司相关规定要求办理处置手续。

（11）投资风险管理。管制和共享服务业务重点管控投资有效性和收益、质量、健康、安全、环保、进度、内控、合同、法律风险。新兴、产业金融和国际业务还要注重政策、政治、财务、规模扩张和业务扩展风险。

严格执行国务院国资委关于加强中央企业 PPP 业务风险管控要求。PPP 项目纳入公司年度投资计划管理，由公司总部统一审核和下达。

严格执行国务院国资委关于中央企业加强参股管理的有关要求。禁止为规避主业监管要求通过参股等方式开展负面清单禁止类业务，禁止选择与参股投资主体及各级控股股东领导人员存在特定关系的合作方，禁止以"名股实债"方式开展参股合作。非重大对外参股投资项目由二级单位审议或决定，不得向下授权（授权对象为控股上市公司、金融机构和基金公司除外）。

严格执行国务院国资委关于中央企业在并购投资中运用对赌模式有关要求。科学评估转让方对赌履约能力和财务风险，对可承受风险制定应对方案。审慎开展业绩预测和资产评估，并作为后期跟踪审计的重要内容。未经合法合规性审查或审查不合法不合规的，不得提交集体决策。

（12）管制业务和共享服务业务固定资产投资项目管理。开展前期工作的项目应当来源于前期项目储备库。已纳入规划项目，由项目实施主体优选纳入前期费投资计划，组织开展前期工作。单一购置类、科技、信息化、紧急项目以及经常性投资项目可不编制前期费投资计划。

规划外项目由项目实施主体履行纳规审批程序后方可纳入前期费投资计划，具体由各单位按权限分级决策。

开展投资决策的项目应当来源于投资项目储备库。实施主体提出申请，专业管理部门审核后按照权限决策。各单位根据公司下达的年度经营目标编制项目投资需求，根据公司下达的年度投资规模、结构、策略等，精准编制项目投资计划。

投资统筹管理部门和专业管理部门应当加强对本级和下级单位投资计划执行监控和项目实施管控。如果出现影响投资目的实现的重大不利变化、导致已决策项目无法推进或者不必继续推进，实施主体应当深入分析具体原因、项目状态，重新评估项目紧迫性、必要性和可行性。对于影响安全、新增负荷供电等急需项目，应当提级督办，全力推进。对于非急需项目，应当研究启动中止、终止或者退出机制。

（13）管制业务和共享服务业务股权投资项目管理。股权投资项目原则上均应当编制项目建议书，作为项目前期立项的重要依据。项目建议书应当明确投资主体、投资规模、资金用途，分析股权投资的初步必要性和初步可行性。

项目建议书完成后列入前期项目储备库，入库信息包括项目名称、实施目的、投资主体、股比、其他投资方信息、投资规模、收益率、风险、交割时间等。

列入前期项目储备库的项目，按照权限经前期立项后列入股权项目投资计划，出资单位组织开展前期工作。完成前期工作后，列入投资项目储备库。项目前期工作包括：尽职调查、取得法律意见书和风险评估报告、项目估值和资产评估、商务谈判、编制新建公司的组建方案和章程、编制可行性研究报告等。

开展投资决策的项目应当来源于投资项目储备库。项目经投资决策后，方可实施。股权项目投资计划编报与下达的流程、时间等要求与固定资产项目投资计划一致。

股权投资应当满足国资委和公司有关管理层级和法人层级控制在四级以内的要求。其中，公司四级及以下子企业原则上不得作为管制业务和共享服务业务股权投资项目的出资单位（经批准设立的特殊目的公司除外）。

从严规范参股投资行为。除了增量配电网、公司系统单位合计持股比例超过20%的股权投资项目，各级单位不得投资占股比例低于20%的参股项目；因企业经营发展，经研究确需投资占股比例低于20%的非重大参股项目，须由二级单位进行决策、不得向下授权（授权对象为控股上市公司除外）。

项目实施过程中发生重大变更时，原则上要重新开展前期工作或者调整可研，并按照规定履行决策程序。对于项目重大变更导致审批权限发生变化的，原则上要重新开展前期工作或调整可研，如项目变更导致决策权限提级，按变更后的权限审批，否则按原决策权限审批。出资单位在股权交割后，应当及时办理企业国有资产产权变动、注销、占有登记、股权变动工商变更登记等手续。

已列入项目投资计划的项目，如果出现影响投资目标实现的重大不利变化，导致项目不必继续实施的，应当及时分析研究启动项目终止机制。确定终止项目的，应当报原决策单位履行审批程序，并妥善处置已签订合同、已发生费用。

（14）境外投资项目管理。国际业务平台公司应当根据公司国际业务发展战略和规划，研究提出年度投资计划预算（含前期费用计划预算）安排建议，经公司审批后下达投资规模、结构、策略以及重大投资项目。根据项目开发情况，年中可调整年度投资计划预算。针对不可预见的项目机会，国际业务平台公司可在年度投资规模内预留一定额度的主业投资预备费，非主业投资原则上不得预留没有明确标的的预备费。

在前期立项前，应当对项目所在国投资环境、法律法规、监管政策、项目基本情况、竞争形势等进行初步调查，初步分析项目可达到公司投资回报率标准，形成项目建议书，作为前期立项的依据。境外项目前期费用不得超出年度前期费用计划预算总额。

境外非主业投资项目前期立项及调整由国际业务平台公司依托外部董事向公司总部提出申请，经公司审核同意后实施，原则上应当提前10个工作日向总部正式报送立项审核材料。境外主业投资项目前期立项及调整由国际业务平台公司决策。境外投资项目前期费用总额应符合公司控制标准。

国际业务平台公司可根据项目实际需要选取合作伙伴，组成联合体或成立合资公司。合作前应当对合作伙伴进行考察评估或尽职调查，并组建联合工作团队，签署联合投资合作等协议，并对合作可能产生重大影响的风险事项提前制定预案。选取合作伙伴应当注重战略伙伴合作关系和协同效应。

在投资决策前，应当完成项目有关尽职调查或可行性研究工作，全面评估风险并制定应对措施，按照估值相关要求测算预期投资回报可达到公司投资回报率标准，形成投资决策材料，作为投资决策的依据。针对存在重大风险的事项，应当制定强制性风险防控措施，并在投资决策后刚性执行。

对外提交约束性报价或主要投资合同正式签署前应当完成投资决策程序；由公司董事会决策的境外重大投资项目应提前 20 个工作日、其他境外重大投资项目提前 10 个工作日向总部正式报送完整的投资决策材料；特殊情况下，经公司总部审批同意后，可带生效条件提交约束性报价或签署投资合同。

境外重大投资项目投资决策由国际业务平台公司履行内部程序后，依托外部董事提交公司总部审核，公司专业管理部门组织研究后，依次提交公司投资审查委员会审查、党组会前置研究、董事会或者董事长专题会决策并出具审核意见，国际业务平台公司按照审核意见履行决策程序；境外非重大投资项目由国际业务平台公司自行决策。

境外重大投资项目提请公司总部审核前应当由第三方机构开展投资咨询评估，重点对项目依法合规、商业计划、财务模型、投资回报率、技术方案、风险防控以及投资决策材料和程序完整性等进行评估。必要时，可邀请公司专家委和内外部专家参与项目评估论证。咨询评估费用纳入项目开发成本。

境外投资项目投资地点、投资规模、投融资结构、国际政治经济和市场环境、绿地项目基础设计和建设方案等发生重大变化，对项目收益和风险产生重大影响，超出投资决策审议事项范围的，应当重新报送相应决策机构审批。

在投资决策时应当考虑风险等因素，明确退出条件、制定退出方案，对未形成控制的参股项目应充分考虑投后风险并制定相应控制措施。在项目建成或完成股权交割后，应当结合外部环境和项目本身情况变化，动态评估调整退出条件和退出方案。退出方案应征询法律、风险管理部门和相关专家意见并履行审批程序。退出条件触发后，应及时启动退出方案。涉及资产和产权处置的，按照公司有关规定执行。

境外投资项目风险管理应当涵盖投资事前、事中、事后全过程。在境外投资项目前期立项、前期工作、投资决策、项目实施、投后管理各阶段应当结合境外投资风险库，全面识别和评估政治、经济、社会、文化、政策、合规、技术、市场、财务、安全、疫情、廉洁等各类风险，制定有效风险防控措施并充分考虑其可操作性和执行成本，纳入经济可行性分析综合测算。

境外投资项目实行风险动态管理，国际业务平台公司应当每年度更新风险防控报告，如有重大突发风险应当及时上报。外派董事和管理人员必须严格履职尽责，重大事项应当及时报告。

（15）境外非投资项目管理。境外非投资项目按照“统筹管理、分级负责”的原则进行管理，对特别关注项目加强管控。原则上不得带资建设境外工程承包项目。严控赴国家明确的高风险、与我国无外交关系的国家或地区开展业务。

开展境外非投资项目应坚持“依法合规、能力匹配、回报合理、风险可控”的原则，满足以下条件：遵守国家和项目所在国（地区）有关法律法规、国际条约、国际惯例、银行等机构行业规则、项目合同，确保项目开展全过程依法合规；必须与企业自身业务能力和业绩资质相匹配；必须取得合理回报，不得以不正当低价承揽项目；必须开展风险评估，并具备有效的合规管理与风险防控措施。

境外工程承包项目前期工作主要包括可行性研究或尽职调查、经济性分析、提交资格预审、编制标书或实施方案、合同澄清或谈判、按规定履行国家商务主管部门投标（议标）备案，取得项目所在国政府许可等。其他境外非投资项目前期工作结合实际参照执行。项目前期工作应重点收集、辨识和分析项目的政治、经济、社会、文化、市场、法律、廉洁、政策、合规、监管等风险，并提出初步对策，编制风险防控报告。项目前期工作应掌握关于投标管理、合同管理、项目履约、劳工权利保护、环境保护、连带风险管理、债务管理、捐赠与赞助、反腐败、反贿赂等方面的具体要求，依法合规开展工作。

境外非投资项目与其他企业通过组成联合体等方式合作开展的，要对合作伙伴的业绩、资质、履约能力等进行全面调研，优先选择实力雄厚、具有较高信誉的企业，并应签订联合体协议，明确双方权利义务，做好风险管控。

境外非投资项目实施单位应规范建立项目决策机制，明确管理流程和决策权限，并按国家规定办理投标前的备案、许可等，决策前需按要求完成前期工作。

分子公司必须对所属单位开展的特别关注项目进行审核把关，并结合自身实际明确其他要审核把关的项目，相应建立境外非投资项目管控机制。境外非投资项目中标后 5 日内向公司报告。

开展境外非投资项目对外应公平、有序竞争。严禁以明显低于成本价或当地市场合理价格水平承揽境外项目，扰乱市场秩序。严禁违背招投标程序，在未通过资格审查或项目已签约等情况下违规介入。严禁在议标项目中相互压价，恶性竞争。严禁超出权限擅自对外许诺，形成倒逼。严禁串标围标、恶意诋毁对手、虚假宣传业绩或采取其他不正当竞争手段。

（16）新兴和产业金融业务投资项目管理。原则上，规划经决策机构审批后，规划内的投资项目可以直接列入前期费计划，开展前期工作。规划外的投资项目需要经过项目建议书审批等前期立项后，方可列入前期费计划。前期费的比例及使用范围、规划外投资项目前期立项的审批流程按照《中国南方电网有限责任公司投资管理规定》执行。

各新兴业务、产业金融业务公司原则上不得进行主营业务范围以外的项目投资；为了业务发展需要在主营业务范围外开展的投资项目，应当在项目前期立项前征求公司意见，并将项目建议书留存备查。

公司新兴业务、产业金融业务公司在主营业务范围内的对外收购受让股权（或者产权）、股权（或者产权）置换、增资扩股等股权投资，原则上需要以控股为目的；若参股需具有股东否决权，持股比例可以为公司系统单位单一持股或合计持股。

非重大对外参股投资项目由二级单位决策，不得向下授权，授权对象为控股上市公司、金融机构和基金公司除外；二级单位应当将授权范围内按照内部程序由其董事会决策的对外参股事项，在项目前期立项前征求公司意见，并将项目建议书留存备查。股权投资项目的管理层级应当控制在四级以内。基金管理公司参股投资另有规定的，从其规定。

重大项目由公司投资审查委员会审议后，提交公司董事会（或董事长专题会、总经理办公会）决策（或提出审核意见），其他项目由各单位按照决策权限，分级决策后实施，禁止把投资项目分拆上报或者其他规避审查的行为。

项目建设发生重大变更时，原则上要重新开展前期工作或调整可研，并履行审批手续。对于由于项目重大变更导致审批权限发生变化时，项目按照变更后的权限审批，否则按原决策权限审批。

公司新兴和产业金融业务投资项目的财务内部收益率应当满足公司明确的投资项目回报率要求，原则上作为投资项目准入的否决性底线标准，边界条件发生重大变化时适时调整。若新兴业务、产业金融业务公司整体投资收益达到预期，容许个别经公司认定的示范性、品牌宣传，或者业务前瞻性布局的项目适当调低收益率要求，但是不得低于五年期国债利率，在投资决策材料中应当对此专项说明。

（17）信托产品投资项目管理。公司总部开展信托产品投资，由发起部门按照公司“三重一大”规定提请决策。公司金融业务企业在年度资金运作方案范围内，由各单位根据内部程序决策并报公司总部备案后执行。

信托产品投资基本要求：信托产品投资方向应当符合国家宏观政策、产业政策和监管政策；拟投资的信托产品，需符合国家有关部门关于信托投资的规定，并已经按照相关法律法规完成审批或者核准程序；基础资产被列入国家有关部门及公司负面清单，禁止类投资领域、行业或者产业的信托项目，一律不得投资；融资主体须承诺资金不用于国家及监管机构明令禁止的行业或者产业；信托产品投资需由符合条件的信托公司对项目进行受托管理。

投资行为规范：投资信托产品，应当在信托合同中明确约定权责义务，禁止将资金信托作为通道；信托投资产品应当由受托人自主管理，并承担产品设计、项目筛选、尽职调查、投资决策、实施及后续管理等主动管理责任；信托公司管理资金信托聘请第三方提供投资顾问服务的，应当遵守监管有关规定，不得将主动管理责任让渡给投资顾问等第三方机构，不得为信托投资提供通道服务；对于结构化的信托产品，不得投资劣后级受益权；投资信托产品，不得发生涉及利益输送、利益转移等不当交易行为，不得通过关联交易或者其他方式侵害公司利益；涉及关联交易的，应当符合合规、诚信和公允的原则，不得偏离市场独立第三方的价格或者交易条件，应当建立健全内部审批机制和评估机制，并及时进行信息披露；投资信托产品，应当加强法律风险管理，由专业律师就投资行为、信托目的合法合规性以及投资者权益保护等内容出具相关法律意见书。

信托投资产品预期收益率，不得低于同期限、同等评级的中债企业债到期收益率水平。

依据各投资主体资产负债匹配及收益风险匹配原则，在规模允许范围内，信托产品最长投资期限原则上不超过 10 年。公司金融业务企业投资信托产品期限，需满足公司最低资本、资产负债、流动性管理等要求，并按照国家有关部委及监管机构对投资期限的管理规定执行。

除信用等级为 AAA 级的信托产品外，公司总部及分、子公司投资同一信托产品的投资金额，不得高于该产品实收信托规模的 50%；公司总部及分、子公司及其关联方投资同一信托产品的投资金额，合计不得高于该产品实收信托规模的 80%；公司金融业务企业投资的信托产品集中度管理，应当根据相关监管机构规定及公司内控要求执行。

（18）参股项目再投资管理。参股公司再投资等业务由投资主体管理，由派出的股东代表、董事、监事、相关委员会委员等根据投资主体审查意见或相关授权进行表决。

战略投资类参股项目对再投资事项应根据是否符合公司战略发展方向、是否有利于发挥我方协同效应、是否有利于提升我方资产价值及投资收益等因素综合权衡进行表决。原则上再投资项目收益率应达到公司投资回报率要求。

财务投资类及金融资产类参股项目对再投资事项应根据是否有利于提升我方资产价值及投资收益进行表决（如有表决权）。原则上再投资项目收益率应达到公司投资回报率要求。

战略投资类参股项目对引战扩股事项应根据是否符合公司战略发展方向、是否有利于发挥我方协同效应、是否有利于提升我方资产价值及投资收益等因素综合权衡进行表决。如表决不同意引战扩股，应避免我方股比被动稀释导致投资权益受损。

财务投资类及金融资产类参股项目对引战扩股事项应根据是否有利于提升我方资产价值及投资收益进行表决（如有表决权）。如表决不同意引战扩股，应避免我方股比被动稀释导致投资权益受损。

战略投资类参股项目如参股公司在战略协同、资产价值和投资收益等方面均符合公司要求应予增资，并应当积极争取增持股份直至取得控制权。如在战略协同方面不符合公司要求，应当行使我方权利要求其及时调整；如因我方战略调整等因素导致参股公司偏离战略方向，则不予增资或增持股份。如在资产价值及投资收益方面不符合公司要求，应当结合战略协同和对未来展望等因素综合权衡进行决策。如决策不予增资，应避免我方股比被动稀释导致投资权益受损。

财务投资类参股项目如评估原有资产价值和已分配收益，以及增资或增持股份的投资价值均达到公司投资回报率要求，应予增资或增持股份；否则不予增资或增持股份。如决策不予增资，应避免我方股比被动稀释导致投资权益受损。

金融资产类参股项目如评估原有资产价值和已分配收益，以及增资或增持股份的投资价值均达到公司投资回报率要求，应予增资或增持股份；否则不予增资或增持股份。

符合公司企业国有产权管理办法中除战略性持有或处于培育期外，满 5 年未分红、长期亏损或非持续经营的企业股权，原则上应当减持股份或退出（如参股股权流动性较差，应当制定退出方案，明确退出的时间表和路线图）。

战略投资类参股项目，除因国家相关政策要求，或我方战略调整等因素导致参股公司偏离战略方向外，原则上不考虑减持股份或退出。

财务投资类参股项目如投资价值评估结果为未来展望负面，通过减持股份或退出可以实现原预期投资收益，应当减持股份或退出。如投资价值评估结果为未来展望负面，通过减持股份或退出无法实现原预期投资收益，资产价值和已分配收益低于原投资价值 70%（或差额 5000 万元以上）且持续一定时间（上市公司一年，非上市公司连续三个财年），应当减持股份或退出（如股权流动性较差，应制定退出方案，明确退出时间表和路线图）。如投资价值评估结果为未来展望正面，评估退出可以实现原预期投资收益，则结合市场情况及资金需求等因素综合权衡决策是否减持股份或退出以及减持股份或退出时机。

金融资产类参股项目如投资价值评估结果为未来展望负面，通过减持股份或退出可以实现原预期投资收益，应当减持股份或退出。如投资价值评估结果为未来展望负面，通过减持股份或退出无法实现原预期投资收益，资产价值和已分配收益低于原投资价值 70%（或差额 5000 万元以上）且持续一定时间（上市公司一个月，非上市公司连续两个财年），应当减持股份或退出（如股权流动性较差，应制定退出方案，明确退出时间表和路线图）。如投资价值评估结果为未来展望正面，评估退出可以实现原预期投资收益，则结合市场情况及资金需求等因素综合权衡决策是否减持股份或退出以及减持股份或退出时机。

战略投资类及财务投资类参股项目境外投资性股东贷款参照境外股权投资项目管理，并按照国家部委相关要求完成审批或备案，重大事项由公司总部决策，非重大事项由国际业务平台公司决策后报公司总部备案。原则上不得开展境内及跨境投资性股东贷款。投资性股东贷款纳入公司计划预算统一管理。提供投资性股东贷款应满足以下条件，并在依法合规前提下争取提高贷款利率：能够提升原有项目的预期投资收益率；通过协议条款或治理机制等能够确保股东贷款本息按期偿还；项目现金流能够支撑股东贷款本息偿还；股东贷款比例不得超过我方股比；不得对参股企业其他股东的股东贷款出资提供垫资。如决策不提供投资性股东贷款，应避免我方因无法获取分红等导致投资权益受损。经营性股东贷款按照公司资金管理规定执行。金融资产类参股项目原则上不提供股东贷款。

（三）履职关注

1. 外部董事在投资目标管控中的关注点

外部董事要重点关注投资方向与国家政策、政府产业政策是否相符。关注投资量化指标和目标值，包括主业资产规模占企业总资产合理比重、非主业投资占总投资的合理比重、资产负债率的控制指标、投资效益指标、各类投资活动中自有资金的合理比重、境外投资占总投资的合理比重、股权投资中股权结构控制指标等。定量管理指标应当纳入企业的投资管理制度。

2. 外部董事在审议投资项目时的关注点

（1）重点把握以下投资决策环节：

1）项目立项关。关注投资项目立项的权限、标准和条件。

2）项目评审可行性论证关。关注评审责任主体的独立性和资质能力、评审标准的科学性、评审内容的合理性、评审程序的合规性等。

3）征求意见关。关注征求意见情况，关注不同视角讨论的情况等。

4）董事会专门委员会审核关（如有）。需董事会专门委员会提供咨询和建议的，董事会议案应当包含专委会咨询和建议内容。

（2）重点关注以下方面：

1）资料完整性。投资项目资料一般包括议案、可行性研究报告、高级管理人员意见、按规定需要提供的论证报告等，涉及环境评价、投资主体资格、投资项目准入条件，以及国家法律法规和政策有限制性规定的，逐一说明情况。

2）方案可行性。投资项目是否符合国家产业政策和企业投资管理制度规定；是否符合企业发展战略和中长期发展规划；资金来源是否确有保障；投资收益水平是否达到国资委和股东规定的标准；投资是否会导致企业资产负债率超出控制目标值；投资方案对风险的揭示是否充分，应对风险的措施是否有力；投资风险与收益的综合平衡性、投资的机会成本、项目评审过程中的分歧意见等。外部董事认为有必要，可以对项目进行现场调研，或聘请专家、中介机构提供咨询意见；对于重大投资项目，应要求法律顾问全程参与，加强法律审核把关，防范法律风险。

3）决策合规性。投资项目决策流程一般包括项目初选、立项审议、方案设计和可行性研究、项目评审、按权限上会决策、按规定报批或报备。

3. 外部董事在审议固定资产投资项目时的关注点

针对固定资产投资项目，外部董事在把握投资项目审议关注点的基础上，还需重点关注投资对资产结构的影响，产能投资与社会化生产协作的优劣，固定资产投资对供电服务水平的提升作用等。

4. 外部董事在审议并购类投资项目时的关注点

针对并购类投资项目，外部董事在把握投资项目审议关注点的基础上，还需重点关注以下内容：①尽职调查工作的安排及尽职调查报告、估值机构的资格和能力、估值报告的合理性、拟并购企业与本公司的协同价值、并购后的整合安排和管控措施、法律风险、隐性风险（如担保、抵押和质押、承诺事项、文化冲突等）、重要业务合同与劳动合同、无形资产接收与实际控制、关键岗位人员的稳定性及核心人才的去留、与本公司及其所控股上市公司是否存在同业竞争，以及并购所承担的资本投入以外的其他义务（如承接债务和担保、承诺投资、承诺收益、承诺税收、承诺就业、承诺发展）、历史遗留问题等。②涉及国有企业划转项目的，还应关注目标企业冗员情况、企业办社会情况、离退休人员潜在成本等。

5. 外部董事在审议非主业投资项目时的关注点

针对非主业投资项目，外部董事在把握投资项目审议关注点的基础上，还需重点关注国资委、上级单位对非主业投资规模的限定，非主业投资对主业投资能力的影响以及非主业投资与主业投资经验增加值的贡献对比等。

6. 外部董事在审议境外投资项目时的关注点

针对境外投资项目，外部董事在把握投资项目、并购类投资项目审议关注点的基础上，还需重点关注国际条约和国际惯例、投资所在国（地区）相关法律法规，关注投资所在国（地区）政治、经济、社会、文化、市场、法律、政策等风险，关注员工（尤其是高级管理人员）聘用合同的补偿风险，工会组织的影响，以及是否涉及敏感国家（地区）、敏感领域、敏感时机等。

（四）议案要件

根据《中国南方电网有限责任公司投资管理规定》，各单位在投资类议案提交上会时，应具备以下要件资料：

1. 境内管制业务固定资产投资项目

（1）开展项目投资的报告。

（2）投资单位有关决策文件。

（3）项目可行性研究报告及评审意见（含风险评估防控分析），可研批复文件。

（4）其他必要的材料。

2. 境内非管制业务固定资产投资项目

（1）开展项目投资的报告（含项目预期投资收益分析）。

（2）投资单位有关决策文件。

（3）项目可行性研究报告及评审意见（含风险评估防控分析），可研批复文件。

（4）商务及投融资方案（若有）。

（5）合作方签署的意向书或框架协议等文件（若有）。

（6）项目财务模型。

（7）其他必要的材料。

3. 境内股权投资项目

（1）开展项目投资的报告（含投资预期收益率分析）。

（2）投资单位有关决策文件。

（3）项目可行性研究报告（含风险评估防控分析）。

（4）财务、法律尽职调查报告（新设独资公司不作要求），法律意见书及涉法重大经营决策事项法律审核表。

（5）资产评估（估值）报告（股权收购类）。

（6）对不同类型的股权投资项目，应提供以下材料：以非货币资产出资的，应提交经初步审核通过的有关资产评估报告；新设立公司的，应提供新设立公司组建方案、拟定的公司章程；与其他法人主体共同出资开展股权投资的，应提供拟定的投资合作协议；收购股权的，应提供拟定的股权收购协议；涉及企业改制重组、厂办大集体改革、分离企业办社会职能等重大改革事项的，应提供社会稳定风险评估及应对报告；与系统外单位合作的，应提供有关合作单位经营及资信状况说明；以增资扩股的方式开展股权投资的，应提供被投资单位的营业执照复印件、近三年财务报表、利润分配情况说明及有关资信情况说明。

（7）项目财务模型。

（8）其他必要的材料。

4. 境外绿地投资项目

（1）开展项目投资的报告。

（2）投资单位有关决策文件。

（3）项目可行性研究报告（即决策材料，含投资预期收益率分析）。

（4）项目建设可行性研究报告（或技术方案）及评审意见。

（5）法律尽职调查报告、法律意见书及涉法重大经营决策事项法律审核表。

（6）商务及投融资方案。

（7）风险评估防控报告。

（8）拟签的主要投资合同。

（9）项目财务模型。

（10）其他必要的材料（如重大投资项目必备材料为投资咨询评估报告；跨境联网项目国内段必备材料为相关单位书面意见和有关支持性文件）。

5. 境外股权投资项目

（1）开展项目投资的报告。

（2）投资单位有关决策文件。

（3）项目可行性研究报告（即决策材料，含投资预期收益率分析）。

（4）资产评估（估值）报告（股权收购类）。

（5）商务及投融资方案（可合并纳入项目可行性研究报告）。

（6）税务尽职调查报告（或投资架构分析材料，可合并纳入商务及投融资方案）。

（7）法律尽职调查报告、法律意见书及涉法重大经营决策事项法律审核表。

（8）风险评估防控报告。

（9）拟签的主要投资合同。

（10）项目财务模型。

（11）其他必要的材料（如重大投资项目必备材料为投资咨询评估报告）。

（五）主要风险点

（1）项目前期管理风险。未建立明确的与公司发展战略相匹配的投资项目目标，投资项目的可行性分析工作不充分或无效，对拟建设项目潜在风险预判不足，项目储备库入库与清理工作管理不善等，前期工作不到位，不能为项目投资决策提供项目储备和决策条件。

（2）投资决策失误风险。由于信息收集或论证不充分，决策程序不当，未能充分考虑项目技术、收益、成本与风险因素，导致公司投资决策失误，投资项目失败，公司利益受损。

（3）投资实施风险。由于投资环境发生变化、投资计划不合理、组织方式不合理或管控不到位等原因，导致投资实施受阻，未能达到预期投资目标。

三、产权变动

（一）定义

企业国有产权变动是指国家出资企业及其所属全资控股和参股企业国有产权转让，划转，资本金增减，股权回购，公司合并、分立、解散等引起国有产权权属变动或比例增减的行为。

（二）管理要求

1. 法律法规及政策规定

产权变动类议案主要涉及以下法律法规及政策规定，具体条款内容详见《外部董事监事履职知识清单》（附录 2）：

（1）《企业国有资产交易监督管理办法》（国务院国有资产监督管理委员会、中华人民共和国财政部令第 32 号）；

（2）《关于企业国有资产交易流转有关事项的通知》（国资发产权规〔2022〕

39 号）；

（3）《企业国有产权无偿划转管理暂行办法》（国资发产权〔2005〕239 号）；

（4）《中央企业境外国有产权管理暂行办法》（国资委令第 27 号）。

2. 南网公司管理要求

（1）产权转让的方式。产权转让包括采用进入产权市场公开挂牌交易（简称“进场交易”）和非公开协议转让两种转让方式。产权转让原则上应当通过进场交易方式实施。

（2）产权非公开协议转让的情形。

1）涉及主业处于关系国家安全、国民经济命脉的重要行业和关键领域企业的重组整合，对受让方有特殊要求，企业产权需要在国有及国有控股企业之间转让的，经公司总部决策后报国资委批准，可以采取非公开协议转让方式。

2）公司及各级全资、控股企业或实际控制企业之间因实施内部重组整合进行产权转让的，经公司总部决策批准，可以采取非公开协议转让方式。

3）涉及政府或国有资产监督管理机构主导推动的国有资本布局优化和结构调整，以及专业化重组等重大事项，企业产权在不同的国家出资企业及其控股企业之间转让，且对受让方有特殊要求的，可以采取非公开协议转让方式。

（3）产权转让的可行性研究。产权转让前，转让方应当做好可行性研究，编制可行性研究报告与转让方案，明确转让方式、金额等。

可行性研究报告，一般应当载明包括但不限于以下七类内容：①产权转让的必要性和可行性；②产权转让的数量、转让方式和定价方法；③产权转让的成本效益分析；④职工安置措施；⑤债权人保护措施；⑥风险评估分析；⑦风险应对措施。

（4）产权转让的方案。产权转让方案，一般应当载明包括但不限于以下十类内容：①转让标的企业国有产权的基本情况（协议转让应写明转让方、转让标的、受让方三方基本情况）；②企业国有产权转让行为的有关论证情况，转让标的企业涉及的职工安置方案；③转让标的企业涉及的债权、债务（包括拖欠职工债务）及担保的处理方案；④企业国有产权评估基准日至工商变更完成之日（含）的损益处理方案；⑤企业国有产权转让收益处置方案（包括分析产权转让对企业税负的影响）；⑥企业国有产权转让公告的主要内容（涉及进场交易的情况）；⑦转让企业国有产权导致转让方不再拥有控股地位的，应当附送经债权金融机构书面同意的相关债权债务协议、职工代表大会审议职工安置方案的决议等；⑧风险评估报告；⑨风险应对方案。

（5）产权转让的决策权限。国有产权转让事项按照公司治理主体权责清单及法人层级权责清单有关要求执行。

其中：①对主业处于关系国家安全、国民经济命脉的重要行业和关键领域，主要承担重大专项任务子企业的产权转让，由公司总部决策后报国务院国资委审批；②公司系统境外国有产权转让等涉及国有产权变动的事项，由公司总部决策后按国家有关法律和法规办理相关手续；③国有产权转让经审议批准后，如转让标的企业经营管理状况发生重大变化、转让方调整产权转让比例或者转让方案有其他重大变动的，应当按照规定程序重新审议报批。

（6）产权转让价格的确定。

1）采取非公开协议转让方式转让企业产权，转让方和受让方均为公司内部同一单位控制下直接或间接全资拥有的子企业的，或者转让方、受让方均为国有独资或全资企业的，可以不进行资产评估，协议转让价格可以最近一期审计报告确认的净资产值为基准确定，且不得低于经审计的净资产值。

2）采取非公开协议转让方式转让企业产权，转让方或受让方不属于公司内部同一单位控制下直接或间接全资拥有的子企业的，或者不适用前述第一种情形的，协议转让价格以资产评估报告确认的净资产值为基准确定。

3）采取进场交易方式转让企业产权，首次转让底价披露不得低于经核准或备案的转让标的评估结果，最终转让价格在产权交易所中公开竞价形成。在产权交易过程中，当挂牌价格低于评估结果时，应当暂停交易，转让方必须对交易价格重新进行决议；当挂牌价格低于评估结果 90%时，转让方应当决议通过并报产权转让行为批准单位批准同意后，方可履行交易程序。

（7）产权无偿划转的可行性研究。产权无偿划转前，应当做好可行性研究并编制报告，报告一般应当载明包括但不限于以下六类内容：①被划转企业所处行业情况及国家有关法律法规、产业政策规定；②被划转企业主业情况及与划入、划出方企业主业和发展规划的关系；③被划转企业的财务状况及或有负债情况；④被划转企业的人员情况；⑤划入方对被划转企业的重组方案，包括投入计划、资金来源、效益预测及风险对策等；⑥其他需说明的情况。

（8）产权无偿划转的限制。公司内部单位之间无偿划转企业国有产权，原则上只允许在同一单位控制下直接或间接 100%持股的企业之间实施。有下列七种情况之一的，不得实施国有产权无偿划转（含划入、划出）：①被划转企业主业不符合划入方主业及发展规划的；②中介机构对被划转企业划转基准日的财务报告出具否定意见、无法表示意见或保留意见审计报告的；③无偿划转涉及的职工分流安置事项未经被划转企业的职工代表大会审议通过的；④被划转企业或有负债未有妥善解决方案的；⑤划出方债务未有妥善处置方案的；⑥被划转企业产权权属关系不明确或存在权属纠纷的；⑦社会稳定风险评定不允许实施的，或者未落实社会稳定风险消除措施的。

（9）企业增资的途径与要求。企业增资主要途径有吸收新资本，以及公积金、利润转增资本。其中，吸收新资本包括引入新股东或原股东追加投资。各级单位向下属子企业增资和企业公积金、利润转增资本，应当作为股权投资，列入年度计划预算管控。

企业增资应当符合公司发展战略，增资前做好可行性研究，制定增资方案，明确募集资金方式、金额、用途等。引入公司系统外的战略投资者，原则上通过产权交易机构公开征集，事前明确投资方应具备的条件、选择标准和遴选方式。

投资方以非货币资产出资的，应当经增资企业董事会制订，股东（会）决定，并委托具有相应资质的评估机构进行评估，确认投资方出资金额。

（10）企业增资的决策权限。

企业增资的决策权限包括：①不设股东会的子企业增资，应由增资企业按照治理型行权流程履行相关程序，经股东单位履行内部决策与报批程序，股东单位出具股东决定由增资企业按照依托股东权利管控事项决策流程履行相关程序后，由股东单位直接出具股东决定，增资企业按照治理型行权流程履行相关程序，经股东单位履行内部决策与报批程序后，委派股东代表行使表决权，由增资企业股东会决策后实施；②管制类子公司因增资致使公司不再拥有企业控股权的，须经公司总部同意；③引入公司系统外部的战略投资者的，按照治理主体权责清单有关要求逐级履行决策程序并报公司总部同意。

（11）企业减资的途径与要求。企业减资包括股东同比例减资和个别股东定向减资等。企业减资应当做好可行性研究，编制减资方案，明确减资方式、金额、各股东相应承担的减资份额及公司债务等。公司减资后，注册资本不得低于法定最低限额。

（12）企业减资的决策权限。企业减资应当由减资企业股东（会）作出决议或决定。内容包括：减资后的公司注册资本；减资后的股东利益、债权人利益安排；有关修改章程的事项；股东出资及其比例的变化等。企业减资的决策权限包括：①不设股东会的子企业减资，应由减资企业按照治理型行权流程履行相关程序，经股东单位履行内部决策与报批程序，股东单位出具股东决定由减资企业按照依托股东权利管控事项决策流程履行相关程序后，由股东单位直接出具股东决定，照治理型行权流程履行相关程序，经股东单位履行内部决策与报批程序后，委派股东代表行使表决权，由减资企业股东会决策后实施；②管制类子公司因减资致使公司不再拥有企业控股权的，须经公司总部同意。

（13）清算回收的情形。公司各单位出现以下四类情形之一的，应当进行清算回收：①公司章程规定的营业期限届满或者公司章程规定的其他解散事由出现；②股东会决议解散的；③依法被吊销营业执照、责令关闭或者被撤销；④出现《中华人民共和国公司法》规定的其他解散事由。

（14）清算回收的处置方案。清算回收前，出资单位（或清算方）应当制定清算回收的处置方案，按照内部决策程序进行审议，形成书面决议。清算回收处置方案包括但不限于以下五项内容：①处置的必要性与可行性；②处置数量、处置方式、定价方法；③处置的成本效益分析；④涉及职工安置的股权投资处置，应列明职工安置具体措施；⑤风险分析与应对措施。

（15）清算回收的决策权限。清算回收的决策权限按照公司法人层级权责清单、治理主体权责清单有关要求执行。

（16）境外投资的可行性研究。出资单位应当开展财务可行性研究并形成书面报告，报告包括但不限于以下六项内容：①项目基本情况，包括出资背景、被投资标的财务情况、合作单位财务情况、出资规模、出资方式、出资期限和资金来源等；②投资财务必要性和可行性分析；③项目盈利模式，投资估值和收益测算，包括估值方法确定、未来收入成本预测及依据、融资安排、财务预测期间、折现率、终值预测、投资回报率比较等，并形成书面估值报告或资产评估报告；④项目融资安排，考虑投资项目现金流情况，分析融资方式、融资币种、融资金额、融资期限、融资成本、再融资安排以及监管审批，研究汇率、利率风险及风险防范措施，重点分析通过项目自身现金流偿还融资本息的能力，严防债务风险；在充分分析研究的基础上，形成融资方案；⑤交易架构分析，包括分析收购环节、股息及利息分配环节产生的税负，针对不同投资架构、融资安排等开展税务筹划，并形成交易架构分析报告；⑥关键要素敏感性分析，包括关键商品价格、利率、汇率、税率等因素变动影响境外投资企业（项目）盈利情况进行敏感性分析，结合企业发展战略和财务战略，评估相关财务风险，并提出应对方案，并形成风险分析报告。

（17）境外投资的决策权限。境外投资决策应当符合以下四类管理要求：①因重组、上市、转让或经营管理需要设立离岸公司等特殊目的的公司的，应当报公司总部同意，并由公司书面报告国资委；②公司系统持有的各级境外国有产权转让等涉及境外国有产权变动的事项，均应由出资单位按照上级法人层级权责清单和本级治理主体权责清单逐级履行决策程序，未经公司总部同意，各单位不得擅自处置所持有的境外国有产权；③公司境外企业由国有独资转为绝对控股、绝对控股转为相对控股或者失去控股地位的，由公司报国资委审核同意后办理，资产评估情况由公司审核后，报国资委备案或者核准；④公司系统独资或者控股的境外企业在境外首次公开发行股票，或者公司系统所持有的境外注册并上市公司的股份发生变动的，按照国资委上市公司国有股权监督管理办法、公司上市管理等相关规定执行。

（三）履职关注

1. 外部董事对产权变动的关注点

对于产权变动外部董事应当重点关注“四个是否”：

（1）产权变动是否有利于国有经济布局优化和结构调整。

（2）是否服务公司战略发展和主业发展需要。

（3）公司股份比例的变化是否科学。

（4）产权或资产的转让价格是否合理，产权交易是否合规，确保产权变动决策的规范性，有效防止国有资产流失。

2. 外部董事对并购上市公司控股权项目的关注点

外部董事对于此类项目，应当审慎把握，重点关注以下方面：

（1）并购项目的投向及必要性。并购标的要符合企业主责主业范畴，鼓励中央企业围绕传统产业升级改造、发挥主业优势发展战略性新兴产业、解决关键核心及薄弱环节等实施并购，严控非主业领域上市公司并购项目、高风险高溢价并购事项以及只扩大规模不提升核心竞争力的并购项目。

（2）方案设计的合理性。制定科学完善的并购方案，充分考虑收购成本控制、控股权稳固、业绩对赌履约、核心团队稳定等方面情况，有效保障国有权益。

（3）充分研判风险。做好融资、投资、管理、退出全过程研究论证，通过尽职调查、估值等多种手段，深入开展技术、市场、财务、法律等方面的可行性研究与论证，充分研判项目战略价值、揭示风险，并制定切实可行的风险防范措施。

3. 外部董事对产权变动中股份比例的关注点

对于产权变动中股份比例外部董事应当重点关注“三个匹配”：

（1）与公司发展相匹配。股权比例是否有助于完善公司治理机制，激发活力，提高效率，促进公司高质量发展。

（2）与公司战略相匹配。股权变动导致公司失去控股地位或股权地位发生实质改变的，是否符合公司战略发展需要，还应关注由此带来债权债务、经营管控等风险。

（3）与资金配置相匹配。股权转让所获资金，是否有明确用途；股权受让资金筹集，是否会导致公司财务杠杆、财务费用明显增加。

4. 外部董事对产权变动的价格关注点

对于产权变动的价格外部董事应当重点关注以下方面：

（1）产权变动事项应当评估的是否评估，是否按照有关规定开展了清产核资、资产审计和资产评估，是否进行了核准或备案，核准或备案是否在有效期内。

（2）产权变动事项应当进场的是否进场，符合产权市场公开转让条件的产权项目是否公开转让，符合竞价条件的是否通过竞价方式交易，是否按规定公开披露产权转让信息、广泛征集受让方，交易机构是否在国资委或上级单位选择确定名单范围内。

（3）产权变动事项价格是否公允，是否充分考虑市场热度、行业周期等因素，选择合适的时间节点进行交易，实现公司效益最优。

5. 外部董事对产权变动中交易合规性的关注点

对于产权变动合规性外部董事应当重点关注两个方面：

（1）涉及交易主体资格审查、反垄断审查、特许经营权、国有划拨土地使用权、探矿权和采矿权等政府审批事项的，是否符合相关规定。

（2）股权变动是否存在将企业国有产权拆细后连续交易行为等。

6. 外部董事对产权无偿划转的关注点

对于产权无偿划转外部董事应当重点关注以下方面：

（1）无偿划转前，是否做好可行性研究，是否编制划转方案，涉及职工安置事项的，是否通过被划转企业职工代表大会审议。

（2）划转双方是否组织被划转企业开展审计或清产核资，以中介机构出具的审计报告或经国资委批准的清产核资结果作为无偿划转的依据。

（3）划出方是否就无偿划转事项通知本单位债权人，并制订相应的债务处置方案。划转双方经协商达成一致后，签订国有产权无偿划转协议。无偿划转事项审批通过后划转协议生效；划转协议生效以前，划转双方不得履行或者部分履行。

（4）无偿划入企业国有产权，是否符合国资委有关减少企业管理层次的要求。

7. 外部董事对产权增减资的关注点

对于产权增减资外部董事应当重点关注以下方面：

（1）增资事项是否列入年度计划预算管控。

（2）增资是否符合公司发展战略，增资前是否做好可行性研究，是否制定增资方案，明确募集资金方式、金额、用途等。

（3）引入公司系统外的战略投资者，是否通过产权交易机构公开征集，是否事前明确投资方应具备的条件、选择标准和遴选方式。

（4）增资是否聘请法律中介机构出具法律意见书，是否委托具有相应资质的中介机构开展审计和资产评估，确定企业资本及股权比例。其中，增资企业原股东同比例增资，或对独资子企业增资的，可以依据最近一期审计报告确定企业资本及股权比例。

（5）投资方以非货币资产出资的，是否经增资企业董事会制订、股东（会）决定，并委托具有相应资质的评估机构进行评估，确认投资方出资金额。

8. 外部董事对境外投资财务管理的关注点

对于境外投资财务管理外部董事应当重点关注以下方面：

（1）境外投资计划的财务可行性；

（2）增加、减少、清算境外投资等重大方案涉及的财务收益和风险等问题；

（3）境外投资企业（项目）首席财务官或财务总监人选的胜任能力、职业操守和任职时间；

（4）境外投资企业（项目）绩效；

（5）境外投资企业（项目）税务合规及税收风险管理；

（6）其他重大财务问题。

9. 外部董事对境外投资财务风险的关注点

对于境外投资财务风险外部董事应当重点关注以下方面：

（1）目标企业（项目）所在国（地区）的宏观经济风险，包括经济增长前景、金融环境、外商投资和税收政策稳定性、物价波动等。

（2）目标企业（项目）存在的财务风险，包括收入和盈利大幅波动或不可持续、大额资产减值风险、或有负债、大额营运资金补充需求、高负债投资项目等。

（3）目标企业（项目）存在的税务风险，包括投资目的国相关税制和征管要求与国内区别、税收优惠政策的可持续性、历史税务合规性、欠缴税款情况、未决税务事项等。

（四）议案要件

因法律法规和制度未规定产权变动类议案上会要件，各单位在该类议案提交上会时，可参考提供以下要件资料：

1. 产权转让议案要件清单

产权转让审批申报材料主要包括：

（1）企业国有产权转让的有关转出方决议文件。

（2）企业国有产权转让方案及可行性研究报告。

（3）转让方和转让标的企业国有产权登记证 / 表（协议转让需同时提供受让方产权登记证 / 表）。

（4）专项审计报告或最近一期年度审计报告。

（5）转让标的产权的资产评估报告及其核准或备案文件。

（6）受让方应当具备的基本条件。

（7）转让方和受让方草签的协议（协议转让需提供）。

（8）法律风险尽职调查报告、法律意见书、法律审核表。

（9）社会稳定风险评估和应对报告。

（10）职工安置方案（如有）。

（11）债务处置方案（如有）。

（12）公司章程修正案。

（13）采取非公开协议方式转让产权的必要性（如需）。

（14）其他需提供的材料。

2. 产权无偿划转议案要件清单

产权无偿划转审核和审批材料主要包括：

（1）无偿划转的申请文件。

（2）相关决议或批准文件。

（3）划转双方及被划转企业的产权登记证。

（4）无偿划转的可行性研究报告。

（5）划转双方签订的无偿划转协议。

（6）中介机构出具的被划转企业划转基准日的审计报告或同级国资监管机构清产核资结果批复文件。

（7）划出方债务处置方案。

（8）被划转企业职代会通过的职工分流安置方案。

（9）法律风险尽职调查报告、法律意见书、法律审核表。

（10）社会稳定风险评估和应对报告。

（11）公司章程修正案。

（12）其他需提供的材料。

3. 清算回收议案要件清单

清算回收处置审批（备案）申报材料包括：

（1）股权处置申请（备案）文件。

（2）出资单位的内部决策文件。

（3）股权处置方案。

（4）法律风险尽职调查报告、法律意见书、法律审核表。

（5）社会稳定风险评估和应对报告。

（6）其他需提供的材料。

4. 公司增资、减资类议案要件清单

（1）可行性研究报告、增资、减资方案。

（2）审计报告、资产评估报告及其核准或备案文件，其中属于增资企业原股东同比例增资的、履行出资人职责的机构对国家出资企业增资的、国有控股或国有实际控制企业对其独资子企业增资的、增资企业和投资方均为国有独资或国有全资企业的，可以仅提供企业审计报告（增资事项需提供）。

（3）公司章程修正案。

（4）法律风险尽职调查报告、法律意见书、法律审核表。

（5）增资协议、减资协议（减资协议可视情况提供）。

（6）资产负债表及财产清单（减资事项需提供）。

（7）增资企业的国家出资企业产权登记表（证）（增资事项需提供）。

（8）其他需提供的材料（如投资方的情况）。

（五）主要风险点

（1）产权登记违规风险。未及时办理产权登记，导致合规风险，不利于企业管理的需要。

（2）产权权属不清晰风险。因产权转让处置未经备案和审核，产权无偿划转缺乏合理论证等原因，导致产权不清晰的风险。

四、重大财务事项

（一）定义

重大财务事项主要包括财务预决算、资产处置与核销、债券发行、抵押、质押、担保、捐赠及金融衍生业务等公司日常会计核算和财务决策中相对重大的事项。

（二）管理要求

1. 法律法规及政策规定

重大财务事项类议案主要涉及以下法律法规及政策规定，具体条款内容详见《外部董事监事履职知识清单》（附录 2）:

（1）《中央企业财务预算管理暂行办法》（国资委令第 18 号）;

（2）《中央企业财务决算报告管理办法》（国资委令第 5 号）;

（3）《国有企业清产核资办法》（国资委令第 1 号）；

（4）《关于印发〈国有企业、上市公司选聘会计师事务所管理办法〉的通知》（财会〔2023〕4 号）；

（5）《中央企业账销案存资产管理工作规则》（国资发评价〔2005〕13 号）；

（6）《中央企业债券发行管理办法》（国资发产权规〔2023〕34 号）；

（7）《关于加强中央企业融资担保管理工作的通知》（国资发财评规〔2021〕75 号）；

（8）国务院国有资产监督管理委员会《关于加强中央企业对外捐赠管理事项的通知》（国资发评价〔2009〕317 号）；

（9）《关于进一步加强金融衍生业务管理有关事项的通知》（国资厅发财评〔2021〕17 号）；

（10）《关于推动中央企业加快司库体系建设进一步加强资金管理的意见》（国资发财评规〔2022〕23 号）。

2. 南方电网公司管理要求

（1）计划预算管理的原则。公司计划预算管理遵循“战略引领、考核约束，统筹兼顾、远近结合，价值导向、抓实风控，统一管理、分类管控”原则。

1）坚持战略引领、考核约束的原则。主要是贯彻党中央重大决策部署，落实公司发展战略纲要，承接分解发展规划的指标目标、重点任务、规划项目，通过计划预算、工作要点的安排及实施，推动战略规划落实落地。以完成国资委任期和年度经营业绩考核目标为硬约束，逐级层层分解，统筹安排经营目标。

2）坚持统筹兼顾、远近结合的原则。主要是统筹各业务板块的发展布局和规模，兼顾公司经营活动各专业领域，实现公司各业务协同发展。平衡长远发展与短期目标，按照“看三年定一年”，滚动分析预测企业未来三年的计划预算关键指标变化趋势，据此提出年度计划预算安排。

3）坚持价值导向、抓实风控的原则。主要是以全要素价值创造为纲，以投入产出机制建设为核心，建立精准投资管控体系，实施最优成本管控策略，推动资源要素集中投向生产经营的关键环节和重点领域，实现企业价值最大化。坚持量入为出，综合平衡发展需求和资源投入能力，统筹安排发展的节奏和力度，确保不发生重大经营风险，不发生重大违规经营投资损失事件。

4）坚持统一管理、分类管控的原则。主要是公司所有生产经营活动纳入计划预算管理，实现统一编制、统一上报、统一下达、统一调整、统一考核。依据公司总部和子企业权责清单实施分类管控，管制业务以满足监管规定下的价值最大化为核心，实施经营型管控；非管制业务以效益贡献和价值创造为核心，实施差异化战略型管控。

（2）计划预算的统筹平衡机制。聚焦计划预算统筹平衡作用，建立经营目标核定、投资需求与能力匹配、投资与效益挂钩、项目储备管理、标准成本管理、资源统筹配置等六项机制，科学设定经营目标与投资规模，优化资源配置，提升投入产出效益，有效支撑公司高质量发展。

（3）计划预算编制的管理要求。

1）收入预算。收入业务要落实“持续增长”的经营理念，聚焦主营业务，大力增供扩销增加收入，保持收入增速与经营活动增速同步。其中，管制业务要全力确保政府核定准许收入足额兑现，非管制业务发展要不断扩大非股东业务收入。

2）成本预算。实施最优成本策略，持续推进成本规划与业务规划深度融合，从严管控成本费用总额，优化成本结构，严控消耗性成本，突出成本使用效益。其中，管制业务建立适应输配电价形成机制、符合成本信息公开透明监管要求的成本费用精益管理体系，成本开支与电网资产规模挂钩，原则上核心业务不得外委；非管制业务坚持“以收定支”，生产性成本与营业收入规模挂钩，力促业务成本达到行业领先水平。

3）投资预算。投资业务要落实党中央、国务院决策部署，以及公司发展战略落地的阶段性目标要求，在满足经营约束的基础上合理安排项目。其中，管制业务统筹好电量增长、安全风险及隐患防治、供电质量提升、现代化电网建设等关键任务，非管制业务要依据公司业务布局和实施主体，严格落实项目投资回报率管控要求。为满足不可预见的投资需要，可预留一定比例的投资预备费，各专业投资预备费的具体比例按公司投资管理相关制度执行。非主业投资不得预留无具体使用对象的预备费，国际业务非主业投资不得预留预备费。

（4）计划预算编制的主要内容与相关要求。

1）计划预算关键指标。依据公司发展规划年度分解目标，结合本年度指标完成情况，滚动分析未来 3 年主要经营指标发展趋势，研究提出年度计划预算关键指标安排。

2）资源配置方案。以公司财务承受能力为约束，以提高投入产出效益为核心，在科学评估本年度资源投入有效性的基础上，统筹安排次年度各细分领域的资本性、费用性投入规模和效益指标安排。

3）业务计划。以业财融合为切入点，承接分解公司计划预算关键指标安排，进一步明确各业务领域发展目标及经营规模，推动业务计划和财务预算紧密衔接。

4）资金预算。统筹资金使用需求、自有资金来源和资金支付时点要求，合理制定年度资金预算。资本性资金支付安排依据项目概算、工程结余、合同约定、预计进度与归集成本以及往年销号项目等情况确定，原则上不得超过年度投资规模。年度融资方案和财务费用依据存量债务偿还、新增融资需求、融资期限、市场利率、财务承受能力等因素统筹确定。

5）财务预算。汇总业务计划、资源配置方案和资金预算，统筹制定利润表、现金流量表、资产负债表，集中表征经营期内的财务状况和经营成果。财务预算要满足总体经营目标要求，依据企业会计准则及应用指南有关规定编制。

（5）计划预算编制的流程规定。计划预算按“两上两下，先上后下”流程制定：

1）每年 9 月底，各分、子公司统筹平衡长短期目标、需求和能力，研究提出后三年经营目标建议，经各单位审议后上报公司总部，经公司总部审核后研究提出公司次年度经营预控目标并分解至各单位。

2）每年 11 月底，各分、子公司根据公司下达的年度经营预控目标，制定年度计划预算建议方案，根据计划预算编制管理要求，按照治理型行权要求履行报送及决策程序。

3）每年 12 月底，公司对所属单位的计划预算建议方案进行审查和统筹平衡，制定公司计划预算建议方案，按照治理型行权要求履行报送及决策程序。

4）次年 1 月底，公司下达年度计划预算方案。具体包括：关键指标、资源投入规模和结构、网级决策的重大投资项目、重要成本支出、上缴投资收益等。

5）次年 2 月底，各分、子公司依据公司下达的计划预算方案，按照计划预算报表制定各单位的年度计划预算方案，履行内部决策程序。

6）各分、子公司应当组织将公司下达的年度计划预算方案进行差异化的逐级分解，履行决策程序后下达，并报公司总部备案，确保网省市县各级承接落实。

（6）计划预算执行与管控。计划预算一经下达，公司各部门和所属各单位需严格按照计划预算安排组织开展生产经营活动，加强过程管控。涉及投资和成本费用开支必须严格执行公司投资和成本管理的制度规定，按决策权限由各级履行决策程序纳入计划预算后方可实施。

（7）计划预算调整的情形。计划预算下达后原则上不作调整。若国家政策法规、监管考核要求、市场形势发生重大变化，或公司发生分立、合并等重大资产重组行为或其他不可抗力因素，导致原计划预算编制基础不成立，或执行结果与年度目标产生重大偏差时，可以进行调整。

（8）计划预算调整的决策权限与操作程序。每年 7 月底前，各分子公司可结合半年计划预算执行情况分析，提出调整申请，根据计划预算调整管理要求，按照治理型行权要求履行报送及决策程序，公司收到议案后，组织审核各单位的调整申请，统筹制定公司及各单位计划预算调整方案，履行内部决策程序后下达。其中，涉及投资调整和净利润变动、分子公司计划预算年中利润目标调整的决策权限，以公司法人层级权责清单规定为准。

各单位依据公司下达的计划预算调整方案，制定各单位的年度计划预算调整方案，子企业由本企业董事会审议，未设董事会的企业及分公司由经理层审议后执行。

（9）财务决算报告的编制原则。年度财务决算报告包括年度财务决算报表、会计报表附注、财务情况说明书、其他生产经营管理有关资料、会计师事务所出具的审计报告。

编制财务决算报告应当遵循会计全面性、完整性原则，并符合下列规定：①财务决算报告应当以经营年度内发生的全部经济业务事项及会计账簿为基础进行编制，全面、完整反映企业各项经济业务的收入、成本（费用）以及现金流入（出）等状况，不得漏报。②不得存有未反映在财务决算报告中的财务、会计事项，不得有账外资产或设立账外账，不得以任何理由设立“小金库”。③各单位应当按规定将各级子企业全部纳入年度财务决算报告编制范围，以全面反映企业的财务状况。④各单位所属经营性事业单位应当按照规定要求执行统一的企业会计制度。⑤各单位所属基建项目应当按照规定纳入合并报表范围；暂未并账的，应当将基建项目的相关财务决算内容一并纳入企业财务决算合并范围，以完整反映企业的资产状况。

编制财务决算报告应当遵循会计真实性、准确性原则，并符合下列规定：①财务决算报告应当以经过核对无误的相关会计账簿进行编制，做到账实相符、账证相符、账账相符、账表相符。②编制财务决算报告应当根据真实的交易事项、会计记录等资料，按照规定的会计核算原则及具体会计处理方法，对各项会计要素进行合理确认和计量。③应当严格遵守会计核算规定，不得应提不提、应摊不摊或者多提多摊成本（费用），造成企业经营成果不实，影响企业财务决算报告的真实性。④不得采取利用会计政策、会计估计变更，以及减值准备计提、转回等方式，人为掩饰企业真实经营状况；不得计提秘密减值准备，影响企业财务决算报告的真实性。⑤应当客观地反映实际发生的资产损失，以保证财务决算报告的真实、可靠。各单位应当遵循会计稳健性原则，按有关资产减值准备计提的标准和方法，合理预计各项资产可能发生的损失，定期对计提的各项资产减值准备逐项进行认定、计算。

各单位编制财务决算报告应当遵循会计可比性原则，编制基础、编制原则、编制依据和编制方法及各项财务指标口径应当保持前、后各期一致，各年度期间财务决算数据保持衔接，如实反映年度间企业财务状况、经营成果的变动情况。年度会计报表至少应当反映两个年度或者相关两个期间的比较数据。

除国家另有规定外，各单位所执行的会计制度应当按照国家和公司有关规定和要求保持一致，因特殊情形不能保持一致的，应事先报公司备案，并陈述相关理由。

各单位各项会计政策、会计估计一经确定，不得随意变更。因特殊情形发生较大变更的，应当事先报公司备案，并陈述相关理由。

（10）财务决算的审计。根据法律和国家有关规定，各单位年度财务决算报告接受公司统一委托的注册会计师进行审计，并将注册会计师出具的审计报告连同已审会计报表按照规定报送有关部门。

公司统一选聘会计师事务所，按照“公开、公平、公正”的原则，采取公开招标或者邀请招标等方式进行。

年度财务决算审计内容应当包括财务决算报表中的资产负债表、利润表、现金流量表、所有者权益变动表等相关指标数据和报表附注，以及公司要求的其他重要财务指标有关数据。编制财务决算合并报表的企业，其财务决算合并报表应当纳入审计范围。

各单位应当根据会计师事务所及注册会计师提出的审计意见进行财务决算调整；各单位对审计意见存有异议且未进行财务决算调整的，应当在年度决算会审时向公司汇报说明。

各单位应当为会计师事务所及注册会计师开展财务决算审计、履行必要的审计程序、取得充分审计证据提供必要的条件和协助，不得干预会计师事务所及注册会计师的审计业务，以保证审计结论的独立、客观、公正。

境外子企业年度财务决算审计工作按照所在国家或地区的规定进行。为适应境外子企业的特殊性，各单位应当建立和完善对境外子企业的内审制度，并出具内审报告，保证境外子企业财务决算数据的真实性、完整性。

（11）资产无偿划转。因业务重组等需要，确实需在总部、分子公司之间进行无偿划转资产的，应将涉及债权、债务及劳动力同时进行划转。公司各单位向公司系统外单位无偿划转资产行为，应充分说明无偿划转的必要性和可行性，并按照治理型行权要求履行报送及决策程序。

（12）资产转让的方式。资产公开转让推荐采用在产权交易机构公开进行，也可以场外采取拍卖、招标等公开竞价方式转让。因业务重组等需要，可以在公司、分子公司之间采用非公开协议转让资产。

（13）资产转让实行进场交易的情形。单件净值或评估价值两者较低者超过100万元的下列十类资产转让，原则上实行进场交易：① 30万kW及以上发电类资产。② 500kV及以上变电类、输电类固定资产。③配电类及仪器仪表类（不含电子计算机等信息类）固定资产。④检修维护设备类和生产管理用工具类（不含电子计算机等信息类）固定资产。⑤在建工程。⑥存货、仓储物资。⑦服务器、网络安全设备、存储设备、桌面终端设备等信息类硬件资产及成熟套装软件、自主开发软件系统等信息类软件资产。⑧保护类、安全自动类、电力通信类、自动化类（含二次系统安全防护）资产。⑨专利权、著作权等无形资产。⑩其他适合公开转让的资产。

（14）资产转让可以不进场交易的情形。资产转让可以不进场交易的情形具体包括以下五类：①公司系统内部转让的资产。②地方政府征收 / 拆迁 / 置换房屋和建筑物、土地。③地方政府有指定交易场所或交易方式的资产。④纳入《国家危险废物名录》范围内的危险废物。⑤符合进场交易条件，但受客观因素影响并经审批采用协议转让方式的资产。

（15）资产非公开协议转让价格的确定。资产非公开协议转让价格原则上不低于资产评估价值。公司、公司所属全资子企业（直接或间接持股 100%）之间的资产非公开协议转让，转让价格原则上以账面净值为基础、参考市场价格平等协商确定。

（16）资产公开转让价格的确定。资产公开转让挂牌价格原则上不低于评估价值，如低于评估价值，应当暂停交易，转让方须对挂牌价格重新进行决议；当挂牌价格低于评估价值 90%时，转让方应按照治理型行权要求履行报送及决策程序后，方可履行交易程序。

（17）资产转让的审批程序。资产转让的审批程序：①向集团外公开转让资产评估价值 1 亿元及以上的资产，所属各层级管制类单位按照治理型行权要求履行报送及决策程序。②向集团外公开转让资产评估价值 1 亿元以下但 1000 万元以上（含 1000 万元）的资产，须向分、子公司报送相关议案；向集团外公开转让资产评估价值 1000 万元以下（不含 1000 万元）的资产，由分、子公司所属各层级管制类单位自行决策。③向集团外协议转让资产评估价值 5000 万元及以上的资产，应逐级按照治理型行权要求，履行报送及决策程序，5000 万元以下的由分、子公司自行决策。④公司总部向内部单位协议转让资产，应当履行内部签批程序。集团内部协议转让资产，由分、子公司内部履行决策程序后报公司总部备案。

（18）资产损失核销。各单位应严格依照《资产损失分类认定规则》，对不同性质的资产损失进行分类认定。对数额较大、影响较大的资产损失项目，应逐项做出专项说明，承担专项财务审计业务的中介机构应重点予以核实。

（19）资产损失核销决策权限与操作程序。资产损失核销的决策权限。资产损失决策权限由分、子公司自行制定，并按年度随决算资料报公司总部备案。

资产损失核销的操作程序。各单位应当按照以下管理要求履行内部审核程序：①资产使用保管部门根据损失状况，提出资产损失核销申请，说明损失资产基本情况、损失原因、清理追索过程等情况，并逐笔逐项提供符合规定的证据。②资产统筹管理部门、法律管理部门、审计管理部门、纪检监督部门根据资产损失状况，提出审核意见。③计划与财务管理部门对资产损失核销申请报告和核销证据材料等进行复核，提出复核意见。④资产损失单位资产统筹管理部门和计划与财务管理部门根据本单位审议或上级审核意见，按规定分别开展实物处置和账务核销。上述程序以本单位治理主体权责清单和法人层级权责清单规定为准。

（20）资产销案的决策程序。经批准已完成账务核销但尚未形成最终事实损失的资产，应建立专门档案，进行专项管理。①单项损失金额 50 万元及以上的账销案存资产销案，由分、子公司审核。②单项损失金额 50 万元以下的账销案存资产销案，由分、子公司所属单位自行决策，并按年度随决算资料报分、子公司备案。③正常回收的账销案存债权性资产可直接进行销案，无需另行报批。

除债权性账销案存资产因实际全额或部分收回而对收回部分进行销案的情形，所有账销案存资产销案必须经内部决策机构审议通过并经单位负责人签字确认。

（21）融资管理的原则。融资管理应当坚持以下管理原则：①统筹管控原则。实施全面统一融资管理，分类施策，计划管控，提高融资效率。未经公司总部审核同意，所属各单位不得办理对外融资。②风险控制原则。密切关注宏观经济金融环境变化，坚持稳字当头，保持合理债务规模，优化债务结构，控制流动性风险，加强债务全生命周期管理，定期分析统一融资资金投向、到期还本付息情况，严格防范违约风险。③综合成本最优原则。充分盘活公司内部资金，优先采用财务公司贷款、南网融资租赁资金、委托贷款等内部资金；积极拓展融资渠道，尝试多元化融资手段，拓宽资金来源，降低融资成本。④规范运作原则。严格按照国家法律法规和公司融资管理流程开展融资工作，确保各项融资活动做到事前申请审核、事中监督控制、事后检查评价。

（22）融资管理的要求。融资管理应当坚持以下管理要求：各单位应当根据国家法律法规及公司资金管理规定开展各项融资业务，严格按照募集用途使用资金、专款专用。公司实施全面统一融资管理，原则上全部融资业务由总部统借统还，部分特殊业务实施差别管理策略。具体管理要求如下：①国家重大投资项目、并购类等业务，由总部统筹组织，项目实施主体单位落实具体融资过程管理。其中，国际业务公司可以根据业务需求发行境外债券。②上市公司、拟上市公司、金融业务公司、房地产等受政策监管的融资业务，可以根据经营需要选择适当的融资方式，并纳入融资计划管控。其中，金融业务公司可以根据业务需求发行债券。③其他各级子公司经公司总部审核同意后，可以选择除直接融资和法人账户投资以外的其他合适的外部融资方式。县级子公司原则上只能采取长短期借款、委托贷款、票据贴现等融资方式。④超高压公司经公司总部授权批准后可以自主开展外部间接融资业务。其他各级分公司本部原则上不得自行开展外部融资业务，分公司融资需求由上级单位统一安排解决。⑤各分子公司及其所属单位根据经营需要可以优先通过公司金融业务平台开展内部贷款、委托贷款、票据贴现、融资租赁、应收保理等内部融资业务。

（23）资金运作的决策权限与操作程序。各分子公司资金原则上需纳入公司资金集中管理体系，在公司统一调度下依托资本控股公司、南网财务公司、鼎和保险公司和南网国际金融公司等金融平台开展集中运作。金融平台年度资金运作方案经过本单位“三重一大”有关管理规定的程序集体决策通过后，上报公司总部备案。除上述金融平台外的其他单位原则上不开展理财、信托、债券投资等资金运作业务。如确需开展，需按照治理型行权要求履行报送及决策程序后方可实施。其他开展经批准的资金运作，开展情况须在两个工作日内向公司总部报备。

（24）委托贷款的决策权限与操作程序。各单位原则上只能对公司集团内并表单位发放委托贷款，并原则上要求依托财务公司开展。金融平台外的其他单位原则上不得开展跨单位委托贷款业务，金融平台公司向集团内部单位提供融资必须符合监管要求。公司归集账户内部投资产生委托贷款业务纳入月度资金计划，由公司总部审核同意后执行。除内部投资业务外，各单位对集团内并表单位开展委托贷款业务，须经过本单位集体决策机构审议同意后，纳入月度资金计划，由公司总部审核同意后执行。若因客观原因需对集团外单位发放委托贷款，需按照治理型行权要求履行报送及决策程序后方可实施。若借款人为非中央企业，公司需按规定将该委托贷款业务事前报国资委备案。

（25）担保的基本要求。严禁对集团外无股权关系的企业提供任何形式担保。各单位原则上只能对具备持续经营能力和偿债能力的子企业或参股企业提供担保。不得对不具备持续经营能力的子企业或参股企业提供担保，不得对金融子企业提供担保，集团内无直接股权关系的子企业之间不得互保，以上三种情况确因客观情况需要提供担保且风险可控的，需按照治理型行权要求履行报送及决策程序后方可实施。

各单位应当根据自身财务承受能力合理确定担保规模，原则上公司总担保规模不得超过上年度经审计合并报表期末净资产的 40%。各单位提供的担保金额累计不得超过其上年度经审计单体报表期末净资产的 50%；对单个担保申请人提供的担保不得超过担保人上年度经审计单体报表期末净资产的 10%。

各单位应当严格按照持股比例对子企业和参股企业提供担保。严禁对参股企业超股比担保。对子企业确需超股比担保的，需按照治理型行权要求履行报送及决策程序后方可实施；同时，对子企业超股比担保额应由小股东或第三方通过抵押、质押等方式提供足额且有变现价值的反担保。对所控股上市公司、少数股东含有员工持股计划或股权基金的企业提供超股比担保且无法取得反担保的，需按照治理型行权要求履行报送及决策程序后方可实施，在符合担保监管等相关规定的前提下，采取向被担保人依据代偿风险程度收取合理担保费用等方式防范代偿风险。

担保方式优先选择一般保证担保；确有需要的情况下，可以适当采用连带责任保证、抵押、质押的担保方式。两个以上保证人对同一债务同时或者分别提供保证时，各保证人与债权人应当约定保证份额以降低风险。

（26）担保的决策程序。各级分公司、设执行董事的子公司以下担保事项须经本单位经理层审议后，逐级上报公司总部决定。设董事会的子公司以下担保事项须按照治理型行权要求履行报送及决策程序后方可实施。①对其子企业或参股企业担保且单笔（或因同一事项）担保金额 5000 万元人民币及以上的；②对子企业确需超股比担保的；③对金融子企业提供担保；④对集团内无直接股权关系的单位担保；⑤对境外融资担保；⑥因对外投资或接收新单位时承接的担保；⑦确因客观情况需要对不具备持续经营能力的子企业或参股企业提供担保，但风险可控的。

除上述担保事项外，各级子公司其他担保事项由党组织前置研究讨论、董事会决定，未设董事会的子公司及分公司其他担保事项由党组织前置研究讨论、经理层决定，结果逐级报告至公司总部。

（27）不得担保的情形。被担保人出现以下情形的，各单位不得提供担保：①担保项目不符合国家法律法规和本企业担保政策的。②不具备持续经营能力的，包括但不限于：已进入重组、托管、兼并或破产清算程序的；财务状况恶化、资不抵债、连续三年及以上亏损且经营净现金流为负的。③管理混乱、经营风险较大的。④与其他企业存在较大经济纠纷，面临法律诉讼且可能承担较大赔偿责任的。⑤与本单位已经发生过担保纠纷且仍未妥善解决的。

（28）捐赠的管理要求。

1）受益人要求。对外捐赠的受益人应当为公司系统外部的单位、集体、社会弱势群体或者个人。

2）支出范围要求。对外捐赠的资产应当权属清晰，应为有权处分的合法财产，不得将单位拥有的财产以个人名义对外捐赠。公司系统内生产经营需用的主要固定资产、持有的债权、国家特准储备物资、国家财政拨款、受托代管财产、已设置担保物权的财产、权属关系不清的财产，或者变质、残损、过期报废的物资，不得用于对外捐赠。

3）捐赠预算管理。各单位捐赠预算应当结合年度计划预算方案一并提出，履行本单位内部决策程序，经股东会决定后下达。

4）实施方式要求。各单位对外捐赠原则上应当通过依法成立的接受捐赠的慈善机构、其他公益性机构或者县级（含县级）以上政府部门实施，国家有特殊规定的捐赠项目除外。

5）应当拒绝捐赠的情形。政府有关部门、机构、团体或者个人强令的不合理赞助、摊派应当拒绝。

6）准入要求。公司所属各级子公司年度对外捐赠不得超过本单位上年末净资产的万分之五，资产负债率超过 70%的要从紧控制对外捐赠，资产负债率超过 85%的原则上不得对外捐赠。

7）决策程序。各单位根据公司捐赠管理规定权限，按照治理型行权要求履行报送及决策程序后方可实施。单笔（或因同一事项）账面价值 3000 万元（含）以上的捐赠，按照前述规定履行相应程序后，报国务院国资委备案后实施。

（29）金融衍生业务的权限。其他单位未经批准不得擅自开展金融衍生业务。如有相关业务需要，各分子公司可参照制定承接制度。金融衍生业务纳入公司年度预算和月度资金计划由公司总部实施集中统一管理。

（30）金融衍生业务的可行性研究。拟开展金融衍生业务的单位，应当进行可行性研究，提出经严密论证的金融衍生业务操作方案。可行性研究包括但不限于以下内容：①基本面分析，包括对宏观经济、必要性分析等；②可行性分析，包括技术分析、财务分析和流动性、期限分析等；③保值测算依据、方法和结果；④风险评估和风险防范策略，包括政策、市场、汇率风险等，以及对冲策略、投资组合策略等。

（三）履职关注

1. 外部董事对财务与经营协同衔接的关注点

对于财务与经营协同衔接外部董事应当至少关注“四个关系”：

（1）年度预算与公司战略的关系。年度预算方案是否对各项基本假设前提进行了充分估计和判断，是否充分考虑了与公司发展规划的衔接，将预算制定和执行同公司战略结合起来，使有限的资源得以支持关键战略的实施。

（2）财务决算与经营目标的关系。决算报告是否与各年度期间财务决算数据保持衔接，如实反映年度间公司财务状况、经营成果及变动情况；是否建立一套科学、完整的战略财务评价体系，将公司自身的当期指标与历史同期指标、年度预算指标、竞争对手指标进行比较，综合反映公司的发展能力、竞争能力和管理能力。还应重点关注异常指标、非经常性损益项目和金额等。

（3）发行债券与偿债能力的关系。发行债券是否充分考虑了信用评级、发债余额与净资产的比例关系、项目收益率与债券利率的比较关系，是否分析了债券发行对公司财务状况和经营业绩的影响，是否研判了可能出现的风险并制定应对方案。发行可转换债券的，是否考虑了股权设置。

（4）担保责任与担保风险的关系。对外担保是否认真审议分析被担保人的财务状况、营运状况、行业前景和信用情况，抵押、质押物的所有权属是否在法律允许抵押的资产范围和权利质押范围，抵押、质押物价值是否与被担保主债权金额相匹配，是否按规定制定反担保措施，严格控制担保风险。

2. 外部董事对财务关键指标控制的关注点

对于财务关键指标控制外部董事应当重点关注以下方面：

（1）成本费用控制。是否明确成本费用控制标准，做到预算管理、目标计划、分析评价和管理控制的有效衔接，推动各预算单位采取有效措施压缩可控费用。

（2）投资项目控制。是否遵循效益优先和资金保障原则，充分考虑各项资本性支出项目，合理安排投资计划，严控亏损或低效投资，严控资金难以落实的投资，严控超越财务承受能力、过度依赖负债的投资。

（3）现金流量控制。是否充分考虑资金平衡，合理制定现金流量和融资预算，提升现金保障能力。

（4）债务结构控制。财务预算是否设定了合理的资产负债率、带息负债比率等指标目标控制线；财务决算是否存在当期或有事项、或有负债、预计负债。

3. 外部董事对计划预算方案议案的关注点

对于计划预算方案议案外部董事应当重点关注以下方面：

（1）计划预算方案是否坚持战略引领、考核约束的原则，是否贯彻党中央重大决策部署，落实公司发展战略纲要，承接分解发展规划的指标目标、重点任务、规划项目，通过计划预算、工作要点的安排及实施，推动战略规划落实落地。

（2）计划预算方案是否坚持统筹兼顾、远近结合的原则，是否统筹各业务板块的发展布局和规模，兼顾公司经营活动各专业领域，实现公司各业务协同发展。是否平衡长远发展与短期目标，按照“看三年定一年”原则，滚动分析预测企业未来三年的计划预算关键指标变化趋势，据此提出年度计划预算安排。

（3）计划预算方案是否坚持价值导向、抓实风控的原则，是否以全要素价值创造为纲，以投入产出机制建设为核心，建立精准投资管控体系，实施最优成本管控策略，推动资源要素集中投向生产经营的关键环节和重点领域，实现企业价值最大化。是否坚持量入为出，综合平衡发展需求和资源投入能力，统筹安排发展的节奏和力度，确保不发生重大经营风险，不发生重大违规经营投资损失事件。

（4）是否坚持统一管理、分类管控的原则，公司所有生产经营活动是否均纳入计划预算管理，实现统一编制、统一上报、统一下达、统一调整、统一考核。依据公司总部和子企业权责清单实施分类管控，管制业务以满足监管规定下的价值最大化为核心，实施经营型管控；非管制业务以效益贡献和价值创造为核心，实施差异化战略型管控。

4. 外部董事对财务决算议案的关注点

对于财务决算议案外部董事应当重点关注以下方面：

（1）编制财务决算报告是否遵循会计全面性、完整性原则，并符合下列规定：①财务决算报告应当以经营年度内发生的全部经济业务事项及会计账簿为基础进行编制，全面、完整反映企业各项经济业务的收入、成本（费用）以及现金流入（出）等状况，不得漏报。②不得存有未反映在财务决算报告中的财务、会计事项，不得有账外资产或设立账外账，不得以任何理由设立“小金库”。③各单位应当按规定将各级子企业全部纳入年度财务决算报告编制范围，以全面反映企业的财务状况。④各单位所属经营性事业单位应当按照规定要求执行统一的企业会计制度。⑤各单位所属基建项目应当按照规定纳入合并报表范围；暂未并账的，应当将基建项目的相关财务决算内容一并纳入企业财务决算合并范围，以完整反映企业的资产状况。

（2）编制财务决算报告是否遵循会计真实性、准确性原则，并符合下列规定：①财务决算报告应当以经过核对无误的相关会计账簿进行编制，做到账实相符、账证相符、账账相符、账表相符。②编制财务决算报告应当根据真实的交易事项、会计记录等资料，按照规定的会计核算原则及具体会计处理方法，对各项会计要素进行合理确认和计量。③应当严格遵守会计核算规定，不得应提不提、应摊不摊或者多提多摊成本（费用），造成企业经营成果不实，影响企业财务决算报告的真实性。④不得采取利用会计政策、会计估计变更，以及减值准备计提、转回等方式，人为掩饰企业真实经营状况；不得计提秘密减值准备，影响企业财务决算报告的真实性。⑤应当客观地反映实际发生的资产损失，以保证财务决算报告的真实、可靠。各单位应当遵循会计稳健性原则，按有关资产减值准备计提的标准和方法，合理预计各项资产可能发生的损失，定期对计提的各项资产减值准备逐项进行认定、计算。

（3）编制财务决算报告应当遵循会计可比性原则，编制基础、编制原则、编制依据和编制方法及各项财务指标口径应当保持前、后各期一致，各年度期间财务决算数据保持衔接，如实反映年度间企业财务状况、经营成果的变动情况。年度会计报表至少应当反映 2 个年度或者相关 2 个期间的比较数据。

5. 外部董事对资产损失核销议案的关注点

对资产损失核销议案外部董事应当重点关注以下方面：

（1）资产损失认定是否按照《国有企业清产核资办法》（国资委令第 1 号）《公司资产价值管理办法》规定的工作程序和工作要求，对不同性质的资产损失进行分类核实和认定。

（2）各项资产损失是否取得足以说明损失事实的合法证据，具体包括具有法律效力的外部证据、社会中介机构的经济鉴证证明和特定事项的企业内部证据；

其中:

外部证据主要包括:①司法机关的判决或者裁定。②公安机关的立案结案证明、回复。③工商管理部门出具的注销、吊销及停业证明。④企业的破产清算公告及清偿文件。⑤政府部门的公文及明令禁止的文件。⑥国家及授权专业技术鉴定部门的鉴定报告。⑦具有法定资质的中介机构的经济鉴定证明。⑧经济仲裁机构的仲裁文书。⑨保险公司对投保资产出具的出险调查单、理赔计算单等。⑩符合法律条件的其他证据。

企业内部证据主要包括:①会计核算有关资料和原始凭证。②资产盘点表。③相关经济行为的业务合同。④企业内部技术鉴定小组或内部专业技术部门的鉴定文件或资料。⑤企业的内部核批文件及有关情况说明。⑥对责任人由于经营管理责任造成损失的责任认定及赔偿情况说明。⑦法定代表人、企业负责人和企业财务负责人对特定事项真实性承担法律责任的声明。

(3)对数额较大、影响较大的资产损失项目,是否逐项作出专项说明,承担专项财务审计业务的中介机构是否已重点予以核实。

(4)各项资产损失,虽取得外部法律效力证明,但其损失金额无法根据证据确定的,或者难以取得外部具有法律效力证明的有关资产损失,是否已由社会中介机构进行经济鉴证后出具鉴证意见书。

6. 外部董事对债券发行议案的关注点

对于债券发行议案外部董事应当重点关注以下方面:

(1)是否突出主业发展的原则,做好债券发行事项的可行性研究。可行性研究报告应当包括下列主要内容:①宏观经济环境、债券市场环境、公司所处行业状况、同行业企业近期债券发行情况;②公司产权结构、生产经营、财务状况和发展规划,本公司已发行债券情况;③筹集资金的规模、用途和效益预测,发行债券对公司财务状况和经营业绩的影响,公司偿债能力分析;④风险控制机制和流程,可能出现的风险及应对方案。

(2)是否制定债券发行方案,在可行性研究基础上制订债券发行方案。

(3)是否出具审计报告。具有相应资质的会计师事务所出具的近3个会计年度的审计报告。

7. 外部董事对融资担保议案的关注点

对于金融担保议案外部董事应当重点关注以下方面：

（1）担保是否坚持量力而行、权责对等、风险可控原则，依法担保，规范运作，严格执行监管规定，控制担保业务风险。

（2）各单位担保事项纳入年度计划预算管理。

（3）严禁对集团外无股权关系的企业提供任何形式担保。各单位原则上只能对具备持续经营能力和偿债能力的子企业或参股企业提供担保。不得对不具备持续经营能力的子企业或参股企业提供担保，不得对金融子企业提供担保，集团内无直接股权关系的子企业之间不得互保，不得为他人取得本公司或者其母公司的股份提供赠与、借款、担保以及其他财务资助，公司实施员工持股计划的除外。以上情况确因客观情况需要提供担保且风险可控的，需上报公司总部审批。

（4）是否根据自身财务承受能力合理确定担保规模，原则上公司总担保规模不得超过上年度经审计合并报表期末净资产的 40%。各单位（含公司本部）提供的担保金额累计不得超过其上年度经审计单体报表期末净资产的 50%；对单个担保申请人提供的担保不得超过担保人上年度经审计单体报表期末净资产的 10%。

（5）是否严格按照持股比例对子企业和参股企业提供担保。严禁对参股企业超股比担保。对子企业确需超股比担保的，需上报公司总部审批；同时，对子企业超股比担保额应由小股东或第三方通过抵押、质押等方式提供足额且有变现价值的反担保。对所控股上市公司、少数股东含有员工持股计划或股权基金的企业提供超股比担保且无法取得反担保的，经公司总部审批后，在符合担保监管等相关规定的前提下，采取向被担保人依据代偿风险程度收取合理担保费用等方式防范代偿风险。

（6）担保方式是否优先选择一般保证担保；确有需要的情况下，可以适当采用连带责任保证、抵押、质押的担保方式。两个以上保证人对同一债务同时或者分别提供保证时，各保证人与债权人应当约定保证份额以降低风险。

8. 外部董事对捐赠议案的关注点

对于捐赠议案外部董事应当重点关注以下方面：

（1）是否符合预算管理原则。是否将捐赠纳入年度预算管理，严禁预算外的捐赠支出。公司所属各级子公司年度对外捐赠不得超过本单位上年末净资产的万分之五，资产负债率超过 70%的要从紧控制对外捐赠，资产负债率超过 85%的原则上不得对外捐赠。

（2）是否符合权属清晰原则。捐赠方用于对外捐赠的资产应当权属清晰，应为有权处分的合法财产，不得将单位拥有的财产以个人名义对外捐赠。

（3）是否符合自愿无偿原则。捐赠方不得要求受赠方在融资、市场准入、行政许可、占有其他资源等方面创造便利条件，不得以捐赠为名从事营利活动，不得以任何借口向受赠人或者受益人索要或者收受回扣、佣金、信息费、劳务费等财物，但有权要求受赠人落实自己正当的捐赠意愿。

（4）对外捐赠的受益人应当为公司系统外部的单位、集体、社会弱势群体或者个人。

9. 外部董事对金融衍生业务操作方案的关注点

对于金融衍生业务操作方案外部董事应当重点关注以下方面：

（1）业务开展的客观需求和必要性；

（2）业务管理制度、风险管理机制的健全性和有效性；

（3）机构设置的合理性、人员专业胜任能力，审核交易品种、规模、风险应对措施、止损限额、人员权限等内容。

（四）议案要件

因法律法规和制度未规定重大财务类议案上会要件，各单位在该类议案提交上会时，可参考提供以下要件资料：

1. 计划预算议案要件清单

（1）计划预算关键指标。

（2）资源配置方案。

（3）业务计划。

（4）资金预算。

（5）财务预算。

（6）其他必要文件。

2. 财务决算议案要件清单

（1）年度财务决算报表。

（2）会计报表附注。

（3）财务情况说明书。

（4）其他生产经营管理有关资料。

（5）会计师事务所出具的审计报告。

（6）其他必要文件。

3. 资产损失议案要件清单

（1）证明各项资产损失的合法证据，包括：具有法律效力的外部证据和特定事项的单位内部证据。

（2）资产损失核销申请报告。

（3）其他必要文件。

4. 债券发行议案要件清单

（1）可行性研究报告。

（2）债券发行方案。

（3）发行企业债券申请书。

（4）年度债券发行计划表。

（5）企业章程及产权登记证。

（6）具有相应资质的会计师事务所出具的近 3 个会计年度的审计报告。

（7）其他必要文件。

5. 融资担保议案要件清单

（1）担保申请书，包括不限于以下内容：①担保原因、合法性及必要性。②担保金额、担保期限。③拟采取的担保方式。④被担保单位与本单位的关联关系。⑤担保可行性，包括对被担保人还款能力、资产债务等财务状况分析，经营情况、信用情况、市场及行业前景分析。⑥被担保人的还款计划、方式及资金来源。⑦担保风险评估。⑧担保风险防范措施，如反担保、担保费用等。

（2）被担保单位营业执照、机构信用代码证、法人代表身份证等复印件并加盖公章。

（3）被担保单位最近一期审计报告。

（4）被担保项目的主债权债务合同及其他有关文件。

（5）能证明反担保人资信与履约能力的相关证明文件。

（6）《法律意见书》《法律尽职调查报告》。

（7）《担保协议》（模板）以及相关附件材料。

（8）其他必要文件。

6. 捐赠议案要件清单

（1）捐赠方案。

（2）年度计划预算管理。

（3）其他必要文件。

7. 金融衍生业务操作方案要件清单

（1）金融衍生业务操作方案。

（2）其他必要文件。

8. 资产转让、无偿划转议案要件清单

参照产权转让、产权无偿划转的要件清单执行。

（五）主要风险点

1. 计划预算管理风险

计划预算全过程管理风险。由于指标体系级次设计混乱，计划预算编制与分解不合理、执行与管控不到位、分析与调整不及时、评价与考核不科学等，导致公司资源配置不合理，资金管理不善。

2. 资金管理风险

（1）资金链断裂风险。资金计划与实际经济业务脱节，缺乏适当审批或越权审批，导致重大差错造成资金损失；融资预算及方案制订与公司全面预算脱节，导致融资过度或融资不足；公司应收账款管理不善，账龄过长，导致公司坏账积增，流动资金不足，影响公司的经营收益，甚至造成资金链断裂。

（2）资金低效风险。库存现金保管不当，资金未及时归集，资金调度不合理、营运不畅，造成资金冗余，降低资金使用效率。

（3）资金损失风险。由于资金内部控制体系不健全、未执行资金管理制度和资金内部控制标准、缺乏有效监督管理，导致资金损失的风险。

3. 成本费用管理风险

（1）成本费用违规风险。由于重复列支支出内容、预算外支出、擅自转拨资金、虚假票据套取资金等，带来违规支付的风险。

（2）汇率风险。由于投融资决策、商业交易时未考虑外汇风险应对措施、未按照经批准的金融衍生工具方案开展套期保值业务、外汇收入未及时结汇、未及时跟

进汇率风险变化等，导致的汇率波动损失。

4. 会计核算管理风险

会计核算基础管理风险。会计核算不规范或审核不严，运用会计政策不当，导致信息不准确、不真实；信息收集不及时造成信息时效滞后。

5. 税务管理风险

（1）税务筹划不当风险。税务统筹事前审核不足，执行中不能及时识别异常变化和风险，采取有效控制措施，整体管控不当，不能充分获取节税收益。

（2）税务违规风险。由于发票管理、税务处理、纳税行为不符合税收相关法律法规，导致企业面临补税、罚款、加收滞纳金等处罚。

6. 担保风险

担保损失风险。由于担保授权和审批制度不健全，担保申请人资信调查不深入、不透彻，担保业务后评估机制及责任追究制度不完善等，导致担保管理不善造成经济损失。

7. 资产管理风险

（1）资产价值流失风险。由于资产缺乏维护、使用和保管不善，处置不当等原因，导致资产价值流失。

（2）账实不符风险。由于资产登记不全面、不及时，盘点机制不健全等原因，导致资产账实不符。

8. 资本运作风险

（1）并购重组失败风险。在上市公司重大资产重组过程中，由于未达到相关要求、信息披露不当、市场环境变化等原因导致重组失败的风险。

（2）内幕信息泄露风险。资本运营内幕信息知情人员在内幕消息尚未公开前，利用内幕消息从事有关交易、泄露相关信息、或明示及暗示他人从事有关交易。

（3）市值波动风险。信息披露违规导致市值异常波动，资本运作项目运作失败，或收益回报不佳，对公司利益造成损失。

（4）上市失败风险。在企业上市过程中，由于自身运营不规范、风险应对能力不足，导致上市失败的风险。

9. 金融衍生业务管理

金融衍生业务亏损的风险。金融平台资金运作方案制定不当，业务开展未经适当程序决策，可能导致资金被挪用或出现亏损造成资金损失。

五、基金管理

（一）定义

中央企业管理基金是指中央企业设立和管理（实际控制基金管理人），主要投资于非公开交易企业股权的股权投资基金和创业投资基金，不含中央企业所属持牌金融机构、地方资产管理公司设立的基金。

（二）管理要求

1. 法律法规及政策规定

基金管理类议案主要涉及以下法律法规及政策规定，具体条款内容详见《外部董事监事履职知识清单》（附录 2）：

《中央企业基金业务管理暂行办法》

2. 南方电网管理要求

（1）开展基金业务的决策权限。公司所属基金管理公司发起设立基金，在额度授权范围内的，自行决策并报公司备案；在额度授权范围外的，应逐级上报公司总部决策。二级单位及其所属单位进行基金投资，在年度投资计划内的，在额度授权范围内自行决策，并报公司备案；年度投资计划外的，需相应调整计划预算，超过额度授权范围的，需逐级上报总部决策。并表基金进行项目投资，决策程序按一般控股企业管理。

（2）基金投资。开展基金投资业务应当严格遵守国家有关法律法规，符合国家有关部门关于基金投资的规定，符合国家宏观政策、产业政策和监管政策，符合公司发展战略和中长期规划，并按照相关法律法规履行备案程序。

开展基金投资业务应当严格控制投资风险，严格执行公司投资项目负面清单，谨慎参与政府基金和其他央企基金，原则上不参与其他外部机构发起设立的基金。各级单位不得违规提供担保或承担其他形式的连带责任，不得替基金其他出资人垫资，不得承诺回购原出资人的份额。

（三）履职关注

对于开展基金业务议案外部董事应当重点关注以下方面：

（1）基金投资是否符合国家宏观政策、产业政策和监管政策。

（2）基金投资是否符合公司发展战略和中长期规划。

（3）基金投资是否严格遵守国家有关法律法规，是否符合国家有关部门关于基金投资的规定，并按照相关法律法规履行备案程序。

（4）是否严格控制投资风险，严格执行公司投资项目负面清单，谨慎参与政府基金和其他央企基金，原则上不参与其他外部机构发起设立的基金。

（5）是否有效实施风险隔离。各级单位不得违规提供担保或承担其他形式的连带责任，不得替基金其他出资人垫资，不得承诺回购原出资人的份额。

（四）议案要件

因法律法规和制度未规定基金类议案上会要件，各单位在该类议案提交上会时，可参考提供以下要件资料：

（1）工作方案。

（2）其他必要文件。

（五）主要风险点

（1）基金投资项目违规实施的风险。投资项目未按照法律法规履行核准或审批、备案等手续，导致项目存在法律瑕疵的风险。

（2）基金投资风险监管不善风险。投资项目风险监管缺乏或不到位，不能及时发现风险隐患并妥善处理，可能导致投资项目失败，损害公司利益。

六、内控及合规风险管理

（一）定义

合规是指企业经营管理行为和员工履职行为符合国家法律法规、监管规定、行业准则和国际条约、规则，以及公司章程、相关规章制度等要求。合规风险是指企业及其员工在经营管理过程中因违规行为引发法律责任、造成经济或者声誉损失以及其他负面影响的可能性。合规管理是指企业以有效防控合规风险为目的，以提升依法合规经营管理水平为导向，以企业经营管理行为和员工履职行为为对象，开展的包括建立合规制度、完善运行机制、培育合规文化、强化监督问责等有组织、有计划的管理活动。其中，国家出资公司应当依法建立健全内部监督管理和风险控制制度，加强内部合规管理。

（二）管理要求

1. 法律法规及政策规定

重大风险管理类议案主要涉及以下法律法规及政策规定，具体条款内容详见《外部董事监事履职知识清单》（附录 2）：

（1）《中央企业全面风险管理指引》（国资发改革〔2006〕10 号）。

（2）《关于印发〈关于加强中央企业内部控制体系建设与监督工作的实施意见〉的通知》（国资发监督规〔2019〕101 号）。

（3）《中央企业合规管理办法》（国务院国有资产监督管理委员会令第 42 号）。

（4）《关于印发〈关于深化中央企业内部审计监督工作的实施意见〉的通知》（国资发监督规〔2020〕60 号）。

（5）《关于做好 2023 年中央企业内部控制体系建设与监督工作有关事项的通知》（国务院国有资产监督管理委员会办公厅国资厅监督〔2023〕8 号）。

2. 南方电网管理要求

（1）内控体系建设总体要求。建立以合规管理为基础，以风险管理为重点的内部控制体系，形成高度融合、动态的、系统的一体化防御体系。

（2）内控管理组织体系。内控管理组织体系包括公司治理层、专业委员会，以及由业务部门、内控管理部门、内部审计部门组成的“三道防线”。其中，董事会发挥定战略、作决策、防风险作用，主要履行以下职责：①审议批准基本制度、体系建设方案和年度报告等。②研究决定内控风险合规管理重大事项。③推动完善内控管理体系并对其有效性进行评价。④决定内控管理部门设置及职责。

（3）内控体系管理内容和对象。公司内控体系建设以“三融”（融入体系、融入业务、融入岗位）为主线，以“三重”（重点领域、重点环节、重点人员）为抓手，在全面覆盖各级组织、各业务领域、全体员工的基础上，突出重点领域、重点环节和重点人员，切实防范风险。

（4）内控体系工作流程。公司内控工作流程主要包括计划制定、风险评估、控制活动、信息与沟通、监督评价五个环节。

（5）内控体系计划制定环节要求。每年年初应当制定内控体系建设工作计划。每年应当定期更新法律法规等外部监管要求，结合公司规章制度、上年度缺陷整改和风险应对措施，修编《内控管理手册》等文件，并报上级内控管理部门备案。

（6）内控体系风险评估环节要求。

1）每年定期开展年度风险评估工作，通过对影响公司经营目标实现的制度流程缺陷以及外部潜在因素予以全面识别，运用定性与定量相结合的方法，自下而上评估出年度重大风险。

2）在投资并购、改革改制重组等重要经营决策前应当开展具体项目风险评估。管理层应充分考虑评估结论和管理建议，对超出企业风险承受能力或风险应对措施不到位的决策事项不得组织实施。

3）涉及规章制度制定、重要经营决策、合同签订等经营行为，业务部门负责合规审查并签署意见，将法律合规要求融入拟订的制度、合同或者项目建议书中；法律管理部门对上述事项进行法律合规审核，由首席合规官（合规官）签字，未设首席合规官（合规官）的由法治建设第一责任人签字，对决策事项的合规性提出明确意见。其中：

制度审核的主要内容包括：制度内容是否符合国家法律法规规定；制度制定程序是否符合国家法律法规规定；制度条款是否完备、严密、准确。

重要经营决策审核的事项包括：①对外投资、融资。②对外担保或重大资产处置。③产权、股权变动或处置。④重组改制、上市。⑤发行债券。⑥企业设立、合并、分立、破产、解散、清算或变更公司形式。⑦增加或减少注册资本。⑧制定或修改公司章程。⑨其他法律、法规、规章或公司章程规定应提交股东会或董事会表决的对企业发展有重大影响的经营决策事项。①～⑥项所列事项，内控管理部门应当组织业务部门开展法律风险尽职调查，出具《法律风险尽职调查报告》《法律意见书》，对确实无法消除的法律风险，应在《法律意见书》或审核意见中提示，具体要求详见《公司重大经营决策法律审核业务指导书》及相关工作标准或指引。①～⑥项之外的其他重大经营决策事项，应进行法律合规审核，并出具《法律意见书》。

（7）内控体系控制活动环节要求。针对运营风险，综合运用不相容岗位分离、授权审批、会计系统、预算控制和绩效考评等控制措施，并将其嵌入制度流程、信息系统，有效减少人为违规操纵因素，降低业务活动中的风险。针对系统性、整体性风险，选择规避风险、降低风险、转移风险、接受风险等风险应对策略，制定专项应对方案。针对重要经营决策中识别的具体项目风险，由业务部门按照“三重一大”事项决策程序，牵头组织编制风险评估报告（可行性分析报告），制定风险管控措施、落实责任部门，并提出管理建议。

（8）内控体系信息与沟通环节要求。在经营管理和履职过程中，对公司的战略目标、运营效率、资产安全、合法合规、企业声誉等产生或可能产生重大影响的重大风险事件，事件发生单位应在 3 个工作日内报上级内控管理部门。其中，涉及资产损失、法律合规、国际业务、舆情等四个方面的重大经营风险事件，按照《中国南方电网有限责任公司重大经营风险事件报告管理细则》（Q/CSG 2213002—2021）报告或备案。

报告类重大经营风险事件包括：①资产损失风险。由于承担担保责任、重大资产处置不当、投资（含固定资产和股权投资）决策失误、土地使用权处置不当、应收电费款项无法收回、固定资产损失、工程项目非正常损失、重大物资非正常损失等原因，重大资产损失值涉及公司年度净利润目标值的 5%及以上或损失额在 5000 万元及以上的事件。②法律合规风险。银行账户、存货物资、生产设备、房屋和建筑物、土地等主要资产被司法机关或监管机构查封、扣押、冻结，涉及金额在 5000 万元及以上或占本单位资产总额 5%及以上的事件；被行政管理部门或监管机构作出吊销营业执照或许可证、责令停产停业等行政处罚，被采取市场准入限制、信用惩戒措施等监管措施的事件。③国际业务风险。获知南方电网公司及所属分、子公司可能被境外国家、地区或国际组织列入经济制裁、出口管制等名单的事件；因触犯反海外腐败、反洗钱、知识产权保护等规定，被境外国家、地区政府处罚或调查的事件；因境外工程建设或项目经营违规操作，被境外国家、地区政府介入或通报引发不良影响的事件。④舆情风险。对监测发现的舆情，按照《中国南方电网有限责任公司舆情工作管理办法》（Q/CSG 2223009—2022），从事件性质、影响层级、出现平台、网民参与度、时间背景五个维度进行评估，经研判为一级舆情的事件。

备案类重大经营风险事件包括：①资产损失风险。由于承担担保责任、重大资产处置不当、投资（含固定资产和股权投资）决策失误、土地使用权处置不当、应收电费款项无法收回、固定资产损失、工程项目非正常损失、重大物资非正常损失等原因，重大资产损失值涉及公司年度净利润目标值的 3%及以上、不满 5%，或损失额在 1000 万元及以上、不满 5000 万元的事件。②法律合规风险。银行账户、存货物资、生产设备、房屋和建筑物、土地等主要资产被司法机关或监管机构查封、扣押、冻结，涉及金额在1000万元及以上、不满5000万元，或占本单位资产总额3%及以上、不满5%的事件；被行政管理部门或监管机构立案调查的事件。③舆情风险。对监测发现的舆情，按照《中国南方电网有限责任公司舆情工作管理办法》（Q/CSG 2223009—2022），从事件性质、影响层级、出现平台、网民参与度、时间背景五个维度进行评估，经研判为二级舆情的事件。④认为应该报告的其他重大经营风险事件。

事件发生后报告要求：①报告类重大经营风险事件发生单位应在风险事件发生1个工作日内（特别紧急的重大经营风险事件，事件发生单位应第一时间以电话等方式报告公司总部法律管理部门），将相关情况书面报告公司总部法律管理部门，经法律管理部门组织相关业务部门审核后，在2个工作日内书面报告国资委综合监督局。②备案类重大经营风险事件发生后，分子公司负责对所属各单位备案类重大经营风险事件组织审核，并报公司总部法律管理部门备案。

事件处置中报告要求：①定期报送。针对需要长期应对或处置的重大经营风险事件，应每季度填写《重大风险事件季度跟踪监测表》。②不定期报送。相关风险事件出现重大变化或处置工作取得重要进展的，2个工作日内及时填写《重大风险事件季度跟踪监测表》。

事件处置后报告要求：重大经营风险事件采用销号管理。每个风险事件处置工作或问题解决后2个工作日内，将专项报告报公司总部相关业务部门审核，并报公司总部法律管理部门备案。公司在5个工作日内报送国资委综合监督局。

（9）内控体系监督评价环节要求。每年定期组织开展“上对下”内控监督评价工作并形成评估报告，确保每3年覆盖全部子企业。各分子公司根据评价结果形成自评报告，按照本公司议事规则经决策机构批准后报上级单位内控管理部门备案。公司总部在各分子公司全面自评的基础上，围绕重点业务、关键环节和重要岗位，对内控体系建设运行有效性、自评整改效果进行抽查评价，并按国资委要求编制年度工作报告。

（10）境外项目风险管理要求。

1）相关分子公司应建立境外项目风险评估流程，结合开展的境外项目类型，建立境外项目风险库，至少覆盖境外疫情风险、安全风险、营商环境风险、债务风险、战略博弈风险、廉洁风险、法律合规风险、环境风险、舆情风险等境外项目重点风险领域。

2）相关分子公司应结合风险库和风险评估标准，对开展的境外项目进行风险识别和评估。对评估出的重大风险应形成清单、建立管理台账，并上报公司。公司国际业务管理部门根据分子公司上报的重大风险情况，组织评估公司境外项目重大风险，制定和滚动更新境外项目重大风险清单。

3）相关分子公司应每年编制年度风险管理报告，对境外项目风险管理情况进行回顾，总结上年度风险管理工作成效经验，分析当年度风险管理内外部形势，开展当年度重大风险评估，形成年度重点工作安排和本单位境外项目重大风险清单。公司国际业务管理部门基于相关分子公司报送材料，编制印发公司境外项目风险管理年度报告，形成公司年度重点工作安排和公司境外项目重大风险清单。

（11）内部审计工作管理规定。各级审计机构应当在所在单位党组织、董事会（或者主要负责人）直接领导下开展内部审计工作，向其负责并报告工作。定期向所在单位党组织、董事会汇报内部审计工作，重点事项包括党和国家关于审计工作部署要求的落实情况、内部审计工作规划、年度审计计划、审计发现问题整改及成果运用、年度审计工作报告、审计资源配备及队伍建设等。每年应向所在单位党组织、董事会全面汇报一次内部审计工作。

（12）违规经营投资责任追究管理。违规经营投资资产损失不满 500 万元的为一般资产损失，500 万元及以上且不满 5000 万元的为较大资产损失，5000 万元及以上为重大资产损失。涉及违纪违法和犯罪行为查处的损失标准，遵照相关党内法规和国家法律法规的规定执行。企业经营管理有关人员任职期间违反规定，未履行或者未正确履行职责造成国有资产损失或者其他严重不良后果的，应当追究其相应责任。违规经营投资责任根据工作职责划分为直接责任、主管责任和领导责任。企业有关经营决策机构以集体决策形式作出违规经营投资的决策或者实施其他违规经营投资的行为，造成资产损失或者其他严重不良后果的，应当承担集体责任，有关成员也应当承担相应责任。

（三）履职关注

1. 外部董事履职过程中的关注点包括：

（1）所任职企业是否按照不相容职务分离控制、授权审批控制等要求，严格规范重要岗位和关键人员在授权、审批、执行、报告等方面的权责。

（2）所任职企业在采购、销售、投资管理、资金管理和工程项目、产权（资产）交易流转、质量管理、安全生产等关键领域，是否建立健全业务流程控制。

（3）所任职企业对境外资产、金融及其衍生业务、重大经济合同和节能减排等特殊业务，是否建立健全风险预警与应急机制，是否制定和落实应急预案。

（4）投资并购、改革改制重组等重大经营管理事项是否开展专项风险评估，将风险评估（含风险应对措施和处置方案）作为董事会决策的必要支撑材料。

（5）是否全面开展内控体系监督评价，做到自评当年全覆盖（新设立不足1年、处于破产清算等特殊情况除外）。

2. 外部董事参与企业风险管理框架下的内部控制

外部董事主要是通过董事会及其审计与风险委员会对企业内部控制的评价来参与。重点关注：企业内控实施措施的有效性；内控机制的有效性，董事会、监事会、管理层在决策、执行和监督等方面的分工和制衡现状；国资委等监管机构对企业内控的评价意见及整改情况等。

3. 外部董事应了解内部控制自我评价工作的主要原则

（1）全面性原则。包括内部控制的设计和运行，涵盖企业及所属企业的各种业务和事项。

（2）重要性原则。在全面评价的基础上，关注重要业务单位、重大业务事项、可能存在的高风险领域、环节和事项。

（3）客观性原则。应当准确揭示经营管理的风险状况，如实反映内部控制设计与运营的有效性。

4. 外部董事应熟悉内部控制评价工作重点内容

（1）设计全面评价指标。围绕内部环境、风险评估、控制活动、信息与沟通、内部监督等要素，对内部控制制度设计与运行情况进行全面评价。

（2）组织开展内部环境评价。对内部环境的设计及实际运行情况进行认定和评价。

（3）组织开展风险评估机制评价。对经营过程中的风险识别、风险分析、应对策略等进行认定和评价。

（4）组织开展控制活动评价。对相关控制措施的设计和运行情况进行认定和评价。

（5）组织开展信息与沟通评价，对信息收集、处理、传递的及时性、反舞弊机制的健全性、财务报告的真实性、信息系统的安全性，利用信息系统实施内部控制的有效性进行认定和评价。

（6）组织开展内部监督评价。对内部监督机制的有效性进行认定和评价，重点关注监事会、审计委员会、内部审计机构等是否在内部控制设计和运行中有效发挥监督作用。

（7）内部控制评价工作应当形成工作底稿。做到评价工作底稿设计合理、证据充分简便易行、便于操作。

5. 外部董事应了解内控评价工作程序

内部控制评价程序一般包括：

（1）制订内控评价控制方案。明确评价范围、工作任务、人员组织、进度安排和费用预算等相关内容，报经董事会决策后实施。

（2）组织评价工作组。评价工作组应当吸收企业内部相关机构熟悉情况的业务骨干参加。评价工作组成员对本部门的内部控制评价工作应当实行回避制度。企业可以委托中介机构实施内部控制评价。

（3）实施评价工作与测试。对被评价单位进行现场测试，充分收集被评价单位内部控制设计和运行是否有效的证据，按照评价的具体内容，如实填写评价工作底稿，研究分析内部控制缺陷。

（4）初步认定控制缺陷。评价工作组根据现场测试获取的证据，对内部控制缺陷进行初步认定，按其影响程度分为重大、重要和一般缺陷，经交叉复核确认后，提交企业内控评价部门。

（5）汇总评价结果。最终认定内控缺陷。编制内部控制缺陷认定汇总表，由内控评价部门进行综合分析后提出认定意见，企业应按照规定的权限和程序进行审核后予以最终认定。重大缺陷由董事会予以最终认定。

（6）编报内控评价报告。根据企业内部控制评价报告编制程序和要求，按照规定的权限报经批准后对外报出等。

6. 外部董事应了解内控评价报告主要内容

（1）董事会对内部控制报告真实性的声明。董事会及全体董事对报告内容的真实性、准确性、完整性承担个别及连带责任，保证报告内容不存在任何虚假记载、误导性陈述或重大遗漏。

（2）总体评价情况。明确评价工作的组织、领导体制、进度安排等。

（3）内控评价依据。说明开展评价工作所依据的法律法规和规章制度。

（4）内控评价范围。体现评价所涵盖的被评价单位，以及纳入评价范围的业务事项，及重点关注的高风险领域。

（5）内控评价的程序和方法。描述评价工作遵循的基本流程，以及评价过程中采用的主要方法。

（6）内控缺陷及其认定情况。描述适用本企业的内部控制缺陷具体认定标准，并声明与以前年度保持一致或做出的调整及相应原因，确定评价期末存在的重大缺陷、重要缺陷和一般缺陷。

（7）内控缺陷的整改情况及重大缺陷拟采取的整改措施。针对评价期末存在的内部控制缺陷，公司拟采取的整改措施及预期效果。

（8）内控评价有效性的结论。董事会出具评价期末内控有效性与否的结论。

7. 外部董事了解国资委对企业风险管控的总体要求

外部董事可通过学习国务院国资委出台的《中央企业全面风险管理指引》简称《指引》（国资发改革〔2006〕10 号），熟悉了解《指引》对中央企业开展全面风险管理工作的总体原则、基本流程、组织体系、风险评估、风险管理策略、风险管理解决方案、监督与改进、风险管理文化、风险管理信息系统等方面内容，结合实际有效贯彻执行。

8. 外部董事参与建立并完善企业风险管控体系

（1）参与董事会并推动完善企业的风险管理体系建设。

（2）了解风险管理组织架构中各组织机构和部门的风险管理职责和作用，按照国务院国资委《中央企业全面风险管理指引》（国资发改革〔2006〕10 号）中列出的董事会 10 项职责，关注并督促各组织机构和部门履行职责，发挥作用。

（3）了解和掌握企业面临的各项重大风险及其风险管理现状，关注有效控制风险的决策和措施。

（4）关注风险管理体系的有效实施，参与检查监督。

（5）关注重大决策风险评估报告等。

9. 外部董事在企业风险管控中应当发挥几点作用

（1）外部董事应发挥预警作用。关注董事会定期会议是否把审议风险管控类议案作为年度或季度定期会议的内容；提交董事会审议的投资类、内控类对相关风险管控的描述是否到位（主要体现在风险识别、风险偏好、风险预判、风险评估等）并提醒预警。

（2）外部董事应发挥专家作用。①把经验和体会传授给企业管理层。②帮助发现系统性风险。

（3）外部董事应发挥助推作用。①对已经认识到的风险，了解其相应的管控落实情况。②对无法预知的风险，帮助企业建立突发重大风险应急管理制度和流程。

10. 外部董事对企业风险管控体系进行评估

评估企业风险管控体系主要包括：制度健全、组织落实、措施到位等三方面。

（1）关注风险管控体系所涉及的制度是否健全和完善，尤其是制度是否有操作流程相配套。

（2）关注风险管控的组织机构是否健全，其权威性如何？是否建立了网格化组织机构，权责明确，责任清晰。

（3）开展经常性培训和典型案例研讨，本单位、同行业间交流等是否形成氛围和制度等。

11. 外部董事参与企业合规体系建立和完善

（1）了解国资委对企业合规体系建立的要求，国资委提供外部董事有关文件。

（2）外部董事担任主任委员会（与合规管理相关专门委员会）主任委员或委员，应当定期研究组织开展与合规管理相关事项的讨论，并与内控管理、风险管理相结合。

（3）外部董事应当与企业董事会和管理层分享合规管理的典型案例，帮助企业完善合规体系的制度建设，在企业内形成合规管理的基本理念和文化。

12. 外部董事指导企业开展合规管理

学习熟悉国务院国资委《中央企业合规管理指引（试行）》（国资发法规〔2018〕106号）文件要点，了解出资人对企业合规管理的要求，从明确合规管理职责、关注合规管理重点、重视合规管理运行、建立合规管理保障等方面并运用自身的专业特长指导企业开展合规管理。主要可关注以下几方面内容：

（1）董事会是否明确企业合规管理体系建设的监督责任，合规经营理念在企业章程中是否写入，企业文化中是否体现诚信合规的价值观。

（2）企业发展战略中是否纳入合规战略，监督企业合规管理建设是否纳入预算。

（3）是否将合规管理负责人向董事会汇报方式及汇报频率进行制度化，确保企业合规管理负责人工作的独立性。

（4）重点关注海外投资经营行为的合规管理，是否明确海外投资经营行为的红线、底线；是否健全海外合规经营的制度、体系、流程，重视开展项目的合规论证和尽职调查，加强对境外机构的管控，是否建立定期排查梳理海外投资经营业务风险状况的机制。

（5）重点关注重大决策、重大合同、大额资金管控和境外子企业公司治理等方面存在的合规风险，是否及时报告，防止扩大蔓延。

（四）议案要件

因法律法规和制度未规定重大风险管理类议案上会要件，各单位在该类议案提交上会时，可参考提供以下要件资料：

（1）涉法重大经营管理事项，应当按要求出具《法律风险尽职调查报告》《法律意见书》《法律审核表》。

（2）投资并购、改革改制重组等重大经营管理事项应当按照要求出具风险评估报告（含风险应对措施和处置方案）。

（3）其他必要文件。

（五）主要风险点

内控体系不健全风险。公司内部监督管理机制不健全，内控合规管理要求未融入全部岗位，影响员工对内控管理要求的执行力度；重大内控缺陷跟踪监测机制不完善，可能存在缺陷不能及时被发现并整改；内控体系评价工作不到位，未定期对内控控制有效性进行评价，不利于内控体系的持续改善。

七、高级管理人员业绩考核与薪酬管理

（一）定义

1. 经理层成员业绩考核权

经理层成员业绩考核坚持服务企业高质量发展的正确导向，突出质量效益、服

务国家战略、创新驱动和深化改革；定量考核与定性评价相结合，年度考核与任期考核相结合，考核结果与薪酬、奖惩、聘任相挂钩。

2. 经理层成员薪酬管理权

经理层成员薪酬管理坚持依法合规与市场调节相结合，探索完善中长期激励机制，建立与经理层成员选任方式相匹配、分类管理相适应的差异化薪酬分配体系；坚持激励与约束相统一，经理层成员薪酬水平要同经营责任、经营风险相适应，与经营业绩密切挂钩，充分调动经理层成员的工作积极性。

（二）管理要求

1. 法律法规及政策规定

薪酬类议案主要涉及以下法律法规及政策规定，具体条款内容详见《外部董事监事履职知识清单》（附录 2）：

《关于中央企业加强子企业董事会建设有关事项的通知》（国资厅发改革〔2021〕25 号）

《关于中央企业落实子企业董事会职权有关事项的通知》（国资厅发改革〔2021〕32 号）

《中央企业负责人经营业绩考核办法》（国务院国有资产监督管理委员会令第 40 号）

2. 南方电网管理要求

（1）制定任期制和契约化管理方案。分公司党委、子公司董事会结合实际，组织制定本公司经理层成员任期制和契约化管理工作方案，方案一般包括任期制和契约化管理以及监督管理的主要举措、组织保障和进度安排等内容。分公司方案由党委审定，子公司方案由党委审议、董事会审定，报上级单位人力资源部门备案后实施。

（2）完善权责管控机制。分子公司应明确经理层成员的岗位职责及工作分工，合理划分权责界面，确保权责明确、运转高效。可以采用岗位说明书等方式，明确经理层成员的岗位职责和任职资格；采用制定权责清单等方式，合理界定各治理主体权责界面，规范子公司董事会与经理层、总经理与其他经理层成员之间的权责关系。

（3）签订岗位聘任协议。经公司授权，分公司企业负责人代表企业与经理层成员签订岗位任职协议；子公司董事长代表董事会与经理层成员签订岗位聘任协议，明确经理层成员任期期限、岗位职责、权利义务、薪酬待遇、退出规定、责任追究等内容。岗位聘任（任职）协议一般自经理层成员任职之日起一个月内完成签订。

（4）明确任期期限。经理层成员的任期期限一般为 3 年，从任职或其董事会聘任之日起算。在同一单位担任总经理满 6 年的，原则上应当交流；担任经理层副职满 6 年的，应当交流或轮岗。任期期限一经确定，不得随意延长。

分子公司经理层成员任期期满，满足续聘条件的，应重新履行聘任程序并签订岗位聘任协议。未能续聘的，自然免职（解聘），其在任职企业的其他职务原则上应一并免除。

（5）签订经营业绩责任书。根据岗位聘任（任职）协议，签订年度和任期经营业绩责任书，经营业绩责任书一般包括双方基本信息、考核内容及指标、考核指标的目标值和确定方法及计分规则、考核实施与奖惩、其他需要约定的事项等内容。

经公司授权，分公司企业负责人代表企业与总经理签订经营业绩责任书；子公司董事会授权董事长与总经理签订。分子公司均可授权总经理与经理层副职签订。

自经理层成员任职之日起 1 个月内或公司下达分子公司经营指标后 1 个月内，签订当年年度和任期经营业绩责任书。经理层任期中，发生经理层成员分工调整、经营业绩指标调整、生产经营情况变化等情况，可以根据实际情况对岗位聘任（任职）协议、经营业绩责任书进行调整，履行相关程序后重新签订。任期内一般应保持经理层成员岗位稳定，如发生变动，新聘任的经理层成员应当重新签订岗位聘任协议和经营业绩责任书，原则上考核内容、指标和目标值等不作调整。经理层成员岗位聘任（任职）协议以及经营业绩责任书签订后，应于 10 个工作日内报公司人力资源部门备案。

（6）确定考核内容及指标。按照定量与定性相结合、以定量为主的导向，根据每位经理层成员的岗位职责和工作分工，结合实际确定考核内容及指标。年度和任期经营业绩考核内容及指标应当适当区分、有效衔接。分公司由公司确定，子公司由其董事会确定。

考核指标的目标值应科学合理、具有一定挑战性，一般根据企业发展战略、经营预算、历史数据、行业对标情况等设置，其中承接公司下达的经营指标的，需参照公司下达的分子公司年度、任期经营业绩责任制考核方案相关内容。

（7）经营业绩考核实施。年度经营业绩考核以年度为周期进行考核，一般在当年年末至次年年初进行。任期经营业绩考核在任期期满后进行。考核期末，公司对分公司总经理年度和任期经营业绩责任书履行情况进行考核；子公司董事会对子公司总经理年度和任期经营业绩责任书履行情况进行考核。经授权后分子公司总经理牵头组织对经理层副职年度和任期经营业绩责任书履行情况进行考核。考核结果报公司人力资源部门备案。

（8）经营业绩考核结果反馈。分公司党委、子公司董事会应组织开展经营业绩考核结果反馈工作，将考核结果向被考核人和总经理反馈，对经营业绩考核结果未达到目标要求的应指出问题和不足，限期改进。被考核人对考核结果有异议的，可以及时反映。最终确认的经营业绩考核结果可以在一定范围内公开。

（9）薪酬管理。建立以岗位职责为基础、与经营业绩紧密挂钩的薪酬激励机制。

薪酬结构。经理层成员薪酬结构一般由基薪、绩效薪金和任期激励收入三部分组成。基薪是年度基本收入，按月发放；绩效薪金是浮动收入，与经理层成员年度经营业绩考核结果挂钩，原则上占年度薪酬（基薪与绩效薪金之和）的比例不低于60%；任期激励是与经理层成员任期经营业绩考核结果挂钩的收入，根据任期经营业绩考核结果于任期结束后兑现。鼓励有条件的分子公司探索建立经理层成员中长期激励机制，条件成熟的可以实施股权和分红激励等。

薪酬兑现。应根据经营业绩考核结果，合理拉开经理层成员薪酬差距。年度考核不合格的，扣减全部绩效薪金；任期考核不合格的，扣减全部任期激励。应建立健全薪酬追索扣回或延期支付制度，在岗位聘任协议中予以明确并严格执行。薪酬兑现方案报公司人力资源部门备案后实施。

（10）退出管理。加强对经理层成员任期内的经营业绩考核和管理，经考核认定不适宜继续任职并履行相关审批程序的，应当中止任期、免去现职。一般包括以下情形：年度经营业绩考核结果未达到完成底线（按不低于百分制 70 分设置），或年度经营业绩考核主要指标未达到完成底线（按不低于完成率 70%设置）的；连续两年年度经营业绩考核结果为不合格或任期经营业绩考核结果为不合格的（按不低于百分制 80 分设置）；经年度和任期综合考核评价认定不胜任或不适宜继续任职的；对违规经营投资造成国有资产损失负有责任的；因其他原因，公司党组、子公司董事会认为不适合在该岗位继续工作的。

对不胜任或不适宜担任现职的经理层成员，不得以任期未满为由继续留任，应当及时免职、解聘。经理层成员主动提出辞职未批准前，应当继续履行职责。不再续聘、解聘、免职或者辞职后，继续对原岗位的商业秘密负有保密义务并应遵守竞业禁止要求。未能履行保密义务、违反竞业禁止要求的，分子公司应依法追究其责任。

（11）履职监督。健全完善对经理层成员在经营管理过程中的事前预警、事中监督、事后评价的全方位监督体系，党组织、董事会、监事会等治理主体，以及纪检监督、巡视、审计等部门根据职能分工，做好履职监督工作。坚持以预防和事前监督为主，建立健全提醒、诫勉、函询等制度办法，及早发现和纠正其不良行为倾向。

（12）业绩考核原则。分子公司负责人业绩考核遵循以下原则：

一是坚持经营业绩和党建工作融为一体。坚持把贯彻落实党中央决策部署放在首位，持续完善“经营业绩＋党建工作”的业绩考核架构，以高质量党建引领企业高质量发展。

二是坚持质量第一效益优先。完整准确全面贯彻新发展理念，坚持以供给侧结构性改革为主线，大力推动创新驱动发展，建立健全投入产出机制，加快推动质量变革、效率变革、动力变革，不断做强做优做大国有资本。

三是坚持短期目标与长远发展有机统一。强化战略引领，构建年度考核与任期考核相结合，结果考核与过程评价相结合，立足当前、着眼长远的考核体系，突出发展的可持续性，加快培育具有全球竞争力的世界一流企业。

四是坚持分类考核精准考核。落实公司业务布局，划分管制、市场竞争、共享服务三类公司，统筹考虑分子公司的功能定位、行业特点和发展阶段，结合国际对标、行业对标，“一企一策”构建差异化考核方案，合理设置考核指标及权重。南网总调单独划为一类进行考核。

五是坚持业绩考核与激励约束紧密结合。坚持权责利相统一，强化正向激励和考核结果运用，建立与企业工资总额，以及企业负责人选任方式相匹配、与企业功能性质相适应、与经营业绩相挂钩的差异化激励约束机制。

（13）年度考核和任期考核。年度业绩考核由经营业绩考核、党建工作考核两部分构成。党建工作考核有关办法另行制定。年度经营业绩考核包括关键指标、约束指标、重点任务、奖励加分和红线事项五部分。年度经营业绩考核综合得分＝关键指标得分＋重点任务得分－约束指标扣分＋奖励加分。其中，关键指标考核权重70%，重点任务考核权重 30%。

任期考核以三年为考核期，包括任期关键指标、任期约束指标、任期内年度经营业绩考核结果三部分。任期考核得分＝任期关键指标得分—约束指标扣分＋任期内年度经营业绩考核得分。其中，关键指标考核权重 70%，任期内年度经营业绩考核结果权重 30%

（14）考核结果确定及应用。年度经营业绩、党建考核结果和任期考核结果均分为 A、B、C 三个级别，采用强制分布的方式确定考核等级。若得分评价为同等级的公司出现红线事项，综合得分排名下一位公司替补。其中，年度业绩考核结果根据年度经营业绩、党建考核结果综合评定，分为 A、B+、B、C 四个级别。经营业绩和党建等级一致的，综合结果评为该等级；有一个 C 级，综合结果直接评为 C 级；其他情况，综合结果评为 B+。

年度业绩考核工作流程与计划预算工作相衔接，任期业绩考核工作流程与国资委任期经营业绩考核工作相衔接。各分、子公司本周期考核指标完成情况和次周期考核指标目标值建议经本单位业绩考核管理议事机构或经理层研究后，报公司总部备案。公司总部组织对各单位上报的方案进行审查，确定本周期经营业绩考核结果得分和下一周期经营业绩考核方案建议，经业绩考核小组研究通过后，审批程序按照公司治理主体权责清单履行。

（15）出资企业主要负责人薪酬管理。年度工资按年薪方式进行管理，由基薪和绩效薪金两部分构成，其中：管制业务和共享平台企业负责人基薪占 40%、绩效薪金占 60%，新兴、国际、金融业务企业负责人基薪占 30%、绩效薪金占 70%。基薪＝公司员工平均工资水平 x 工资倍数 x 基薪占比。绩效薪金＝公司员工平均工资水平 x 工资倍数 x 绩效薪金占比 x 调节系数 x 业绩考核系数。工资倍数由公司根据收入分配情况合理确定。调节系数综合考虑企业规模、非股东业务利润占比等因素后统筹确定。业绩考核系数＝组织绩效系数 x 个人绩效系数。按副职级管理的出资企业，基薪在正职级出资企业主要负责人基薪水平上，按工资分配曲线确定的比例关系核定，绩效薪金按正职级出资企业主要负责人标准核定。

根据党建工作责任制考核结果，给予出资企业主要负责人一定比例的年度工资奖罚，具体如下：考核结果为“好”的，按年度工资的3%给予奖励；考核结果为“较好”的，不予奖励；考核结果为“一般”的，给予年度工资的0.5%扣罚；考核结果为“差”的，给予年度工资的3%扣罚。

建立延期支付和薪酬追索机制，任期激励收入与任期组织及个人业绩考核情况挂钩。任期激励收入=任期激励基数×任期调节系数×任期业绩考核系数。任期激励基数按任期内全网年度人均工资水平的一定倍数确定，任期调节系数与绩效薪金调节系数一致，任期业绩考核系数与任期内组织、个人业绩考核结果相关。具体参照绩效薪金及业绩考核系数计算方法执行。

根据企业输配电收入、高质量发展对标、超额利润等完成情况，可实施年度专项奖励，奖励方案另行制定。根据年度重点工作任务及重要科技成果完成情况，经公司集体审议决策后，可实施特殊贡献奖励。

（16）总部部门负责人薪酬管理。总部部门负责人工资结构占比与管制业务企业保持一致，其年度工资、党建责任制奖励、任期激励收入计算办法参照管制业务出资企业主要负责人方式管理。

一是公司总部部门主要负责人绩效薪金与部门绩效考核结果和个人综合考核评价结果挂钩，并根据支部工作考核评价结果调整，部门绩效系数、个人绩效系数和任期业绩考核系数计算办法参照出资企业主要负责人有关规定执行。

二是公司总经理助理等总师级党组管理干部，基薪按总部部门主要负责人水平核定，绩效薪金和任期激励基数按总部部门主要负责人标准的1.05倍核定。

三是公司副总工程师等副总师级党组管理干部，基薪按总部部门主要负责人水平核定，绩效薪金、任期激励基数按总部部门主要负责人标准的1.02倍核定。公司总部部门主要负责人同时担任公司总信息师、总审计师、安全总监等同类型职务的，其待遇参照执行。

四是公司总部部门副职负责人基薪、绩效薪金、任期激励基数参照部门主要负责人管理，并根据工资分配曲线确定。

五是公司总师级党组管理干部，组织绩效系数按协管或兼任部门绩效系数平均值计算，并根据所在党委（支部）考核结果调整。

六是公司党组管理的专职董事、专职监事及相当于这一级别的其他人员，由公司党组管理干部平级转任的，年度工资维持原水平不变，组织绩效系数按所任职企业组织绩效系数平均值计算。

七是管理类职员，基薪按同职级管理岗位人员水平核定，绩效薪金原则上可按同职级管理岗位人员和下一层级管理岗位人员薪点标准的均值确定。

（17）薪酬管理程序。认真落实出资企业董事会职权，出资企业经理层成员及其他公司党组管理干部薪酬管理细则和年度薪酬兑现方案，由出资企业结合实际制定，报公司备案后实施。公司主要从以下方面审核出资企业分配方案：

一是薪酬结构和比例要与企业主要负责人保持总体一致，应建立健全延期支付和薪酬追索机制。

二是基薪、绩效薪金、党建责任制奖励和任期激励收入等总体水平不超过公司统一核定的标准。

三是经理层成员绩效薪金与任期制和契约化考核结果刚性挂钩，考核结果不合格的，要扣减全部绩效薪金；考核结果优秀的，绩效薪金水平原则上不低于平均水平的 1.2 倍。任期激励收入要根据其任职岗位、业绩考核结果、承担责任和风险等因素，合理拉开分配差距。

四是管理类职员基薪和绩效薪金可参照公司总部执行，具体由所在企业董事会自主研究确定。

（18）职业经理人薪酬管理。鼓励市场化业务成熟、内部协调运转机制健全、具备外部对标环境、实行市场化薪酬的出资企业，按照“市场化选聘、契约化管理、差异化薪酬、市场化退出”原则，制定职业经理人薪酬管理方案。

职业经理人的薪酬结构一般由基薪、绩效薪金和任期激励收入三部分组成，报人力资源部门备案后执行。出资企业应按照内部治理结构及各治理主体分工，充分发挥薪酬委员会等议事机构的职责，严格履行相关程序，加强对职业经理人薪酬管理。

出资企业应当建立健全业绩考核管理制度，职业经理人因未完成目标任务、严重违纪违法等考核不合格的，不得兑现相应考核周期内的绩效薪金、任期激励和其他中长期激励收入。

（三）履职关注

1. 外部董事在审议经理层业绩考核时的关注点

（1）经理层成员业绩考核是否落实党中央决策部署，考核指标以及权重设置是否与企业战略规划和年度预算相衔接，体现国资委或上级单位的经营业绩考核导向。

（2）聚焦企业发展和管理“短板”“弱项”，考核目标值是否具有针对性和挑战性，是否体现公司在行业发展的定位。

（3）经理层成员业绩考核指标应当坚持少而精、易量化、可操作等原则，突出高质量发展导向并聚焦其岗位职责和分管业务，既落实出资人要求，又体现个性化考核。

2. 外部董事在审议经理层成员薪酬管理时的关注点

（1）经理层成员薪酬管理制度及执行，是否符合国家关于国有企业负责人薪酬管理制度改革的相关政策和国资委、上级单位工作要求。

（2）经理层成员薪酬结构、水平和增长速度，是否与公司在行业中的地位、企业发展质量和效益相适应。

（3）经理层成员薪酬分配是否与公司功能定位相适应、与选任方式相匹配、与经营业绩考核结果紧密挂钩，体现“业绩升薪酬升、业绩降薪酬降”。

（4）薪酬分配是否合理拉开差距，体现不同岗位的责任、风险和价值贡献。

（四）议案要件

因法律法规和制度未规定高级管理人员业绩考核、薪酬管理类议案上会要件，各单位在该类议案提交上会时，可参考提供以下要件资料：

（1）经理层成员任期制和契约化管理工作方案。

（2）岗位聘任协议。

（3）年度和任期经营业绩责任书。

（4）经理层成员业绩考核结果。

（5）薪酬分配方案。

（6）职业经理人薪酬管理方案。

（7）经营业绩考核办法、薪酬管理办法。

（8）其他必要文件。

（五）主要风险点

（1）业绩考核指标体系风险。业绩考核指标体系不完善，指标设置未能与公司年度综合计划、全面预算及发展规划充分衔接，缺乏科学性，影响考核工作的开展。

（2）激励机制偏离战略规划的风险。组织绩效考核、员工绩效考核等约束激励机制缺乏科学性和合理性，降低了业绩考核的有效性，不利于战略规划的执行落地。

八、工资收入分配

（一）定义

工资总额是指企业在 1 个会计年度内直接支付给与本企业建立劳动关系的全部职工的劳动报酬总额，包括工资、奖金、津贴、补贴、加班加点工资、特殊情况下支付的工资等。

中央企业应当落实国家政策，根据经营目标、经济效益情况和人力资源管理要求，对工资总额的确定、发放和职工工资水平的调整，作出预算安排，并进行有效控制和监督。

（二）管理要求

1. 法律法规及政策规定

工资收入分配类议案主要涉及以下法律法规及政策规定，具体条款内容详见《外部董事监事履职知识清单》（附录 2）：

（1）《中央企业工资总额管理办法》（国务院国有资产监督管理委员会令第 39 号）；

（2）《〈关于中央企业落实子企业董事会职权有关事项〉的通知》（国资厅发改革〔2021〕32 号）附件《中央企业落实子企业董事会职权操作指引》；

（3）《关于中央企业规范实施企业年金的意见》（国资发考分〔2018〕76 号）；

（4）《关于印发〈关于国有控股混合所有制企业开展员工持股试点的意见〉的通知》（国资发改革〔2016〕133 号）；

（5）《关于印发〈国有科技型企业股权和分红激励暂行办法〉的通知》（财资〔2016〕4 号）；

（6）《关于印发〈中央企业控股上市公司实施股权激励工作指引〉的通知》（国资考分〔2020〕178 号）。

2. 南方电网管理要求

（1）工资总额预算管理范围。

一是各企业支付给员工（不含劳务派遣人员，下同）的岗位工资、绩效工资、辅助工资等工资性支出应当纳入工资总额预算管理范围。

二是工资总额预算管理环节包括预算编制与申报、批准、执行与监控、清算与评价。

（2）工资总额预算分类管理。

一是根据公司战略发展需要、产业布局以及各分子公司功能定位等情况，公司工资总额预算实行动态分类管理。

二是管制业务及共享平台企业执行工资总额预算核准制。工资总额预算核准制是指依据企业经济效益情况和人力资源管理要求，按申报、预控、核准、清算方式进行全过程管理，并进行有效控制和监督的活动。

三是新兴、国际、金融业务企业及“科改示范企业”可以申请执行工资总额预算备案制。工资总额预算备案制是指企业围绕本企业发展战略及规划，参照行业业绩与薪酬对标情况，自行安排工资总额预算，报公司备案同意，并接受公司进行制度预防、事中监控、事后问责的活动。

四是申请执行工资总额预算备案制的企业应当同时满足以下条件：企业法人治理结构健全、三项制度改革到位、收入分配制度健全、管理规范，企业经济效益良好；严格执行公司有关管理制度要求，近 3 年未因财务、税收等违法违规行为受到行政、刑事处罚；未因内部薪酬管理问题，致使有关人员受到处分；企业所在行业市场竞争较为充分，且每年积极开展业绩与薪酬对标分析，企业典型岗位人员薪酬与经营业绩所处行业水平适应，不超过所处行业 75 分位水平。

（3）工资总额预算主要内容。工资总额预算以上年度工资总额清算为基础，根据企业功能定位以及当年经济效益预计情况为基础进行编制。

一是管制业务企业。坚持以电网高质量发展和效益效率为导向。工资总额预算主要包括工资总额基数、基本增量工资、效益工资、高质量发展工资及单列工资五大部分。

建立工资总额基数动态调整机制，加大向收入水平相对偏低企业倾斜力度。

二是新兴、国际、金融业务企业。严格执行效益决定机制，工资总额预算根据利润增长及对标情况确定。

三是共享平台企业。坚持体现支撑服务定位，参照管制业务企业管理，其中高质量发展考核指标实施“一企一策”，突出精准激励导向。

四是“科改示范企业”。可以根据自身功能定位、发展情况，自主选择参照管制业务企业或新兴、国际、金融业务企业管理，一经确定原则上 3 年内保持不变。

（4）工资总额预算编制与上报要求。

一是各企业应根据经济效益等有关指标编制工资总额预算，确保填报各项指标数据真实可靠，确保工资总额预算符合公司有关政策要求。

二是各企业应根据公司计划预算时间安排，按照公司工资总额预算编制要求上报工资总额预算方案。

三是各企业预算年度存在特殊事项需要说明的，应在上报预算编制方案时说明具体情况，提出测算依据。

四是工资总额预算编制中使用的各项主要指标均为预算年度指标。

五是企业有特殊情况的，经公司研究同意后，可实行“一事一议”。

（5）工资总额预算批准。

一是执行工资总额预算备案制企业。

1）根据本企业战略规划和年度实施计划，结合企业经济承受能力、劳动力市场价格变化等实际情况，统筹编制年度工资总额预算，由本企业董事会（未设董事会的经理层）决定，于每年 9 月前报公司备案审核同意。

2）因公司收入分配政策、经营业绩等发生变化，确需调整企业年度内工资总额预算的，经沟通协商一致，由本企业董事会（未设董事会的经理层）决定后，报公司备案同意执行。

二是执行工资总额预算核准制企业。

1）根据本企业战略规划和年度实施计划，结合企业经济承受能力、劳动力市场价格变化等实际情况，统筹编制年度工资总额预算，报公司核准，根据公司核准建议由本企业董事会（未设董事会的经理层）决定后执行。

2）在国务院国资委未正式批复工资总额预算方案之前，公司根据国家有关政策统一确定工资总额预控数，各企业按照工资总额预控数进行管理，原则上优先用于安排岗位工资、辅助工资和月度绩效工资的支付。

3）公司根据国务院国资委正式批复的工资总额预算，按分级管理原则，核准各企业当年工资总额预算。各企业应严格按照核准的工资总额预算数，逐级落实预算执行责任。

（6）工资总额预算清算与评价要求。

一是各分子公司要按照清算工作要求，于每年6月前上报清算资料。清算资料包括工资总额清算报告及相关表格，清算报告内容应与预算情况相对应。工资总额清算结果按照工资总额预算批准有关程序确定。

二是各分子公司依据清算结果、经审批的财务决算报告及经认定的经济效益指标，对所属企业工资总额预算进行综合分析评价，出具评价意见，确定清算结果。

三是各企业应根据工作需要，开展工资性支出专项检查，监督工资总额预算执行情况。

（7）工资结构。职工工资由岗位工资、绩效工资、辅助工资组成。

岗位工资占工资收入的30%~50%，按月支付，实行薪点制，共设30个岗级，每个岗级设9个薪级。岗位工资计算公式如下：岗位工资＝职工个人执行岗级、薪级对应薪点数x岗位工资点值。

绩效工资包括月度绩效工资、年度绩效工资和其他绩效工资，各单位各直线经理可根据自身实际情况，自主决定绩效工资基数和选择绩效工资分配方式。其中，各级管理人员绩效工资占比不低于工资收入的60%。

辅助工资主要包括反映职工工作经历的工资以及支付给职工的津补贴。

职工的工资点值在工资总额预算控制范围内，由各单位根据经济效益和用人水平综合考虑确定。按照分级管理原则，分子公司所属单位点值确定与调整的管理程序由分子公司确定。公司对公司总部、分子公司本部管理人员实行工资调控，分子公司本部各层级人员点值须报公司审定。

（8）有关人员的工资支付。新进人员（包括新招聘毕业生、新聘用复员或退伍军人、市场公开招聘人员、系统外调入人员等）工资支付应符合国家及地方法律法规要求。

管理类职员、副职主持全面工作等人员的工资支付依照以下规定：①副职主持全面工作的人员，岗位工资按副职岗位岗级薪级执行（执行岗级高于岗位岗级的除外）。副职执行岗级薪级高于或等于正职岗位岗级1薪的，月度和年度绩效工资按副职执行岗级薪级执行；副职执行岗级低于正职岗位岗级的，月度和年度绩效工资按正职岗位岗级的 1 薪标准执行。岗位工资和绩效工资的执行岗级、薪级调整均按《中国南方电网有限责任公司工资支付管理办法》第三章有关规定执行。②副职享受正职待遇的人员，其岗位工资按正职的岗位工资确定，绩效工资按正职绩效工资的 95%确定。③管理类职员的岗位工资按同级别管理人员的岗位工资确定，绩效工资可参照其同级别管理人员与下一级别人员（或下一岗级人员）薪点标准的均值确定，具体由分子公司结合实际确定，但原则上不得高于同级别管理人员绩效工资的 90%。因不适宜担任现职改任同职级职员的，绩效工资标准应当差异化设置。

被聘任为公司专业技术专家、技能专家的人员，聘任期间的工资标准根据相关规定确定。其中，超出其聘任专家期间所上岗位工资标准的部分作为专家激励收入，应当与年度及任期考核结果挂钩，具体由分子公司研究确定。

各单位支付给职工的工资须在本单位的工资总额中列支。公司出资企业负责人和公司党组管理的其他干部工资支付同时按照《中国南方电网有限责任公司出资企业负责人薪酬管理办法》进行管理。对核心骨干人才、稀缺人才、职业经理人等，可执行协议工资，工资兑现按照相关协议执行。

（9）企业年金的建立。建立企业年金的基本条件：依法参加基本养老保险并履行缴费义务；具有相应的经济负担能力；建立集体协商机制。

建立企业年金的基本原则：①量力、自愿的原则。企业年金的建立要与企业经济效益相适应，与企业人工成本承受能力相适应；建立企业年金应体现职工个人意愿，尊重职工的选择权与参与权。②绩效优先、兼顾公平的原则。建立企业年金应体现即期激励作用，与职工个人贡献挂钩；坚持公平、公正、公开，合理确定年金保障水平，让职工共享企业改革发展的成果，体现年金的激励保障作用。③统筹平衡原则。企业年金的缴费和分配应充分考虑各类人员薪酬福利保障水平的总体平衡，以企业利益和职工利益为本。④规范化管理的原则。应按照年金市场化管理要求，建立、运行和发展企业年金，明晰委托代理关系，履行民主程序，完善工作机制，促进企业年金可持续发展。

公司鼓励所属各单位建立企业年金，新注册成立企业、新接收企业需建立企业年金的，提交年金实施细则（方案）和资金预算方案，报经上级主管部门备案无异议后即可实施。

（10）企业年金缴费管理。企业年金缴费由企业和职工个人按规定共同缴纳，包括企业缴费和职工个人缴费两部分。

企业缴费总额与企业经济效益挂钩。企业缴费总额按不超过本单位年度职工工资总额的 8%计提，在成本中列支。企业因经营性原因导致合并报表亏损或未能实现国有资产保值增值的，应当中止缴费。

职工企业缴费分配综合考虑职工贡献大小、工资水平、工龄长短等因素确定，按月记入企业年金个人账户。

（11）企业年金基金管理。根据《企业年金基金管理办法》（人力资源和社会保障部第 11 号令）（以下简称“11 号令”）等规定，从企业年金缴费归集完成起始，分别进行委托、受托、基金财产托管、基金投资运营等管理环节的运作，到年金投资收益分配至个人账户为止，形成一个完整年度的企业年金基金管理链条。

（12）科技成果分红激励。以下类型科技型企业或职务科技成果转化项目可以优先开展分红激励：

1）符合国家科技创新规划战略布局和公司科技创新研发方向，承担国家科技创新重大专项、重大工程、国家重点研发计划的；

2）收入和利润来源于公司系统外部市场占比较高的；

3）符合公司建设世界一流企业战略目标方向的；

4）自主创新能力较强、成果技术水平较高、市场前景较好的。

（13）科技成果分红激励方式、实施条件及审批程序。

激励方式包括：①科技型企业实施分红激励，激励方式包括岗位分红激励和项目收益分红激励。科技型企业应当结合自身实际，科学选择分红激励方式。原则上同一企业应当采取一种分红方式，对同一激励对象就同一职务科技成果或产业化项目，给予一次激励。②其他企业只能实施项目收益分红激励。鼓励向公司系统外单位转化科技成果。向公司系统内单位转化科技成果的，应当在项目实施后，由转化双方出具该项科技成果产生的经济效益、实施效果评估报告，并经公司认可同意。

实施条件包括：实施分红激励的企业应当制定明确的发展战略，主业突出、成长性好；内部治理结构健全并有效运转，管理制度完善，人事、劳动、分配制度改革取得积极进展；具有发展所需的关键技术、自主知识产权和持续创新能力。

各单位要按照有关要求履行中长期激励计划的报批报备程序：企业实施科技型

企业股权和分红激励，或新兴国际金融业务企业开展超额利润分享等激励资金单列的，激励方案须报公司审批；企业统筹工资总额预算开展虚拟项目收益分红和虚拟跟投的，实施方案可视同为专项工资分配方案，按有关规定履行决策程序。

（14）科技成果分红激励对象及额度。企业应当考虑职工岗位价值、实际贡献、承担风险和服务年限等因素确定分红激励对象，激励对象应当与本企业签订劳动合同。

实施分红激励的企业，应当以推动科技成果转化、提升企业经营效益为目标，坚持增量激励、效益导向的原则，统筹考虑企业经营发展战略、自身效益状况以及人工成本承受能力等因素合理确定分红激励额度。

实施项目收益分红的企业，除遵循国家有关规定外，还应注意把握以下几点：

1）项目收益分红激励对象必须是项目参与人员。

2）总体激励额度应当结合项目来源、项目级别、项目规模、发展阶段以及创新贡献等因素约定。对于国家立项、创新贡献较大的项目可以适当加大激励力度。对于项目所在企业成立时间不满 3 年或实施当年未盈利的，应当结合项目收益情况控制总体额度，或采取分批分次的方式兑现。

3）激励分配方案由实施该科技成果转化工作的负责人组织编制，个人激励水平应当结合激励对象人数、薪酬水平、市场对标等因素，根据激励对象个人在职务成果完成和转化过程中的贡献以及绩效考核结果约定，激励对象应提供其在完成、转化科技成果中所作贡献的证明材料，具体要求由实施项目收益分红的单位提出。科技成果完成人员、科技成果转化技术人员参与项目收益分红比例原则上应不低于80%，对于关键科研任务、重大开发项目、主导产品或核心技术的主要完成人、负责人等可以适当提高分配比例。对于个人收入明显高于市场水平或同时参与多个项目激励的人员，应当合理控制个人激励标准或项目分红总收入。

4）企业制定项目收益分红激励相关规定，应当充分听取技术人员的意见，有关规定或约定事项应当在本企业公开。出现实施激励当年项目所在企业处于亏损状态、项目分红激励总额偏大、单个激励对象水平偏高等特殊情况的，应当向公司报备。

5）实施项目收益分红激励的企业未建立有效规定或未及时与重要技术人员约定的，按照《中华人民共和国促进科技成果转化法》等国家有关制度执行，并在激励方案有效期内制定相关制度，在实施下一期项目分红激励计划时从其约定。

（15）科技成果分红激励方案有效期及考核要求。岗位分红激励方案有效期原则上不超过 3 年（自制定方案当年起）。项目收益分红激励方案有效期应当结合职务科技成果转化方式合理确定，原则上最长不超过 5 年。

企业应当建立完善的业绩考核体系和考核办法，在激励方案中明确激励实施的有关考核指标。

实施分红激励的企业应当同时建立健全与分红激励配套的员工绩效考核评价体系，全面、客观、准确地评价激励对象业绩贡献。

实施分红激励的企业（或科技成果转化项目）的考核结果应当与分红激励总额度挂钩，个人绩效考核评价结果应当应用于个人分红激励兑现。

公司负责制定总体工作方案和推进计划，统筹规划分红激励工作，并在实施前向国资委报备。

（16）科技成果分红激励财务及工资管理。企业实施分红激励应当严格执行财务会计及税收处理等有关规定。激励方案涉及的财务数据和资产评估结果，应当经具有相关资质的会计师事务所审计和资产评估机构评估，并按有关规定办理核准和备案手续。

分红激励纳入工资总额预算管理。实施分红激励的企业要按照有关规定申报年度分红激励预算，结合企业生产经营和科技创新实施情况进行预算调整，并根据财务决算结果兑现额度、开展预算执行情况清算评价工作。

符合规定条件的科技型企业经公司审批同意实施分红激励且向国资委备案的，所需资金在工资总额预算中单列，不纳入本单位工资总额基数，不作为企业职工教育经费、工会经费、社会保险费、企业年金及补充医疗保险费、住房公积金等的计提依据。

其他企业经南方电网公司审批同意实施项目收益分红且向国资委备案的，所需资金可在南方电网公司奖励基金中统筹解决，不纳入本单位工资总额基数，不作为企业职工教育经费、工会经费、社会保险费、企业年金及补充医疗保险费、住房公积金等的计提依据。

（17）新兴国际金融业务企业超额利润分享。企业推行超额利润分享，一般应当具备以下条件：经营状况较好；企业战略清晰，中长期发展目标明确；实施超额利润分享当年已实现利润及年初未分配利润为正值；法人治理结构健全，人力资源管理基础完善；建立了规范的财务管理制度，明确市场化业务核算规则，近 3 年没有因财务、税收等违法违规行为受到行政、刑事处罚。

超额利润分享激励对象一般应当为与本企业签订劳动合同，在该岗位上连续工作 1 年以上，对企业经营业绩和持续发展有直接重要影响的管理、技术、营销、业务等核心骨干人才，且一般每一期激励人数不超过企业在岗职工总数的 30%。其中：

1）企业控股股东相关人员在本企业兼职的，按其主要履职的岗位职责、实际履职时间等因素综合确定是否可参与本企业超额利润分享，合乎条件的，仅可在一家企业参与。

2）企业外部董事、独立董事、监事不得参与超额利润分享。

3）企业在同一时期已经对核心骨干人员实施股权激励或岗位分红的，原则上不再实施超额利润分享。

4）实施超额利润分享的企业，同一时期不对同一对象开展分红激励等其他现金类中长期激励。

企业在设定目标利润时，应当与战略规划充分衔接，年度目标利润原则上不低于以下利润水平的孰高值：企业的利润考核目标；按照企业上一年净资产收益率计算的利润水平；企业近 3 年平均利润；企业设定目标利润时，可以根据实际情况选取净利润、归母净利润等指标。

年度超额利润为企业当年实际利润大于目标利润的部分。确定时应当考虑剔除以下因素影响：重大资产处置等行为导致的本年度非经营性收益；并购、重组等行为导致的本年度利润变化；会计政策和会计估计变更导致的本年度利润变化；外部政策性因素导致的本年度利润变化；公司认定的其他应当予以考虑剔除因素。

计算超额利润时，当年研发投入增量可视同利润予以加回。企业完成当年利润目标，但净资产收益率出现以下情况的，对超额利润进行折算认定，包括：净资产收益率达不到行业 50 分位水平，原则上超额利润认定为 0；企业处于初创期，净资产收益率达不到行业 50 分位水平，但分位值同比上年有显著提升的，超额利润可根据分位值提升情况认定；净资产收益率达到行业 50 分位水平，但分位值同比上年下滑 10 分位以上的，超额利润按 80%进行折算认定。

年度超额利润分享总额 = 超额利润 x（市场利润占比 x 市场利润提取比例 + 股东利润占比 x 股东利润提取比例）其中：市场利润提取比例不超过 20%，股东利润提取比例不超过 5%。超额利润分享总额最高不得超过当年度实际发放工资总额的 5%。

（三）履职关注

对于工资总额管理外部董事应当至少关注“四个导向”：

（1）政策导向。公司的工资总额管理制度是否符合国家政策。

（2）效益导向。是否根据公司经济效益、人工成本承受能力等因素，合理确定职工工资总额和工资水平，体现与效益联动。

（3）市场导向。职工工资水平是否与劳动力市场价位相衔接，并体现行业特点和业绩薪酬双对标导向。

（4）改革导向。工资总额的形成机制是否符合改革要求，是否与国有企业劳动、人事、分配三项制度改革相协同。

（四）议案要件

因法律法规和制度未规定工资收入分配类议案上会要件，各单位在该类议案提交上会时，可参考提供以下要件资料：

（1）工资总额预算管理办法。

（2）工资总额年度预算方案。

（3）年度工资总额清算结果。

（4）其他必要文件。

（五）主要风险点

薪酬与福利管理违规风险。工资总额实际发放数超过上级批复的预算额度、未按要求缴纳年金等，导致薪酬与福利无法按期发放或发放不足等风险。

九、组织机构管理

（一）定义

组织机构管理包括机构评估、机构定期统计分析、机构设立、调整或撤销等内容。其中：机构设立包括新设机构、收购公司等；机构调整包括机构合并（含兼并）、分设、更名、改变隶属关系、调整规模划分、职责调整等。为了加强对某项重要工作的统筹领导和组织协调，或为了完成某项跨领域、跨部门的综合性、临时性、阶段性任务，依据一定程序设立的工作协调机构，不属于本办法中的组织机构管理范畴。公司议事协调机构管理按照《公司议事协调机构管理细则》执行。

（二）管理要求

1. 法律法规及政策规定

组织机构管理类议案主要涉及以下法律法规及政策规定，具体条款内容详见《外部董事监事履职知识清单》（附录 2）：

（1）《中华人民共和国公司法》；

（2）《国资委多元投资主体中央企业股东会工作规则（试行）》；

（3）《中央企业董事会授权管理指引（征求意见稿）》；

（4）《董事会试点中央企业董事会规范运作暂行办法》（国资发改革〔2009〕45 号）；

（5）《中央企业党委（党组）前置研究讨论重大经营管理事项清单示范文本（试行）》；

（6）《企业国有资产法》（中华人民共和国主席令第五号）。

2. 南方电网管理要求

（1）组织机构设立、调整或撤销的前提条件。

组织机构设立、调整或撤销的前提条件包括：①企业发展战略发生调整，或者企业内外部环境发生较大变化，现行组织机构难以支撑企业发展战略的有效实施；②科技进步促使企业生产组织模式或生产方式发生较大变化，现行组织机构难以适应新技术发展的要求；③所辖业务范围或管理规模等变动较大，现行组织机构难以适应企业正常生产经营发展需要。④现行组织机构职责分工不清晰，内部运作不协调，或者人员结构不合理，组织运作效率低，影响组织目标的实现。

（2）组织机构管理原则。

组织机构管理原则包括：①承接战略、适应发展原则。组织机构应能承接企业发展战略，适应企业持续发展的需要。②精简效能、统一规范原则。组织机构应设置精简，层级扁平，运作高效；公司系统内同类型组织机构应尽量统一设置，规范管理。③持续优化、协同高效原则。优化就是要科学合理、权责一致，协同就是要有统有分、有主有次，高效就是要履职到位、流程通畅。④适应业务、快速反应原则。组织机构设置应积极主动服务业务发展，适应业务架构调整，快速应对市场变化，有效促进和引领业务变革。

（3）组织机构管理要求。

组织机构管理要求包括：①科学设定机构职责和权限，原则上，一类事项由一个部门统筹、一件事情由一个部门负责。机构设置不要求“上下对口”，不搞“上下一般粗”。②坚持将全员劳动生产率作为并购预期收益的重要评估指标，统筹好规模扩张与效率提升的关系，除输配电业务外，原则上不并购全员劳动生产率低于公司整体或行业平均水平的企业。③非管制业务单位组织机构管理应以资本回报为约束，以创造价值为核心。对经营效益、人均利润、劳动生产率等指标低于预期的，要遵循市场化规律，采用积极有效的手段提升经营业绩；远低于预期的，要按照规定及时调整、撤销相应组织机构。④从严管控内设机构层级、数量，科学配置管理人员职数，合理控制管理人员比例。⑤组织机构的设立、调整或撤销，应按照有关规定履行相关程序，做好风险评估，确保设立、调整或撤销过程中各类风险可控，确保企业生产经营及员工队伍稳定。

（4）二级单位设立、调整或撤销程序。

二级单位设立、调整或撤销程序：编制建议草案；经人资审核、征求部门意见形成建议方案；管制类二级单位及重要子企业设立、调整或撤销方案需经公司党组前置研究讨论、董事会审议 / 决定，非管制类二级单位（不含重要子企业）设立、调整或撤销方案，经公司董事会授权后，由董事长专题会审议 / 决定；履行决策程序后由人资部统一行文发布或由法规管理部门进行议案答复；对公司研究决定设立二级单位需成立筹备组的，还应组建筹备组开展筹备工作。

（5）三、四级单位的设立、调整或撤销。

三、四级单位的设立、调整或撤销程序：二级单位组织编制建议草案，履行内部决策程序后上报公司；经人资审核、征求部门意见形成建议方案；三级单位的设立、调整或撤销经公司董事会授权后，由董事长专题会审议 / 决定；四级单位的设立、调整或撤销一般由公司领导审定；履行决策程序后由人资部统一行文批复或由法规管理部门进行议案答复；对三、四级单位更名、职责调整的，由二级单位组织制定具体方案，履行内部决策程序后组织实施，并报公司备案。

（6）管制业务单位内设机构的设立、调整或撤销。

1）二级单位内设机构。一般由二级单位制定内设机构的设立、调整或撤销方案，履行内部决策程序后上报公司，由人力资源管理部门组织对方案进行审核，报公司领导审定后组织实施。

2）二级单位职能部门、直属机构调整（不涉及同类机构总数增加），以及内设科室（业务团队）的设立、调整或撤销，由二级单位履行内部决策程序后组织实施，并报公司备案。

3）三、四级单位内设机构。二级单位按照公司机构管理有关原则和要求，明确三、四级单位内设机构设置。

（7）非管制业务单位内设机构的设立、调整或撤销。

二级单位内设机构由二级单位制定内设机构的设立、调整或撤销方案，履行内部决策程序后组织实施，并报公司备案。三、四级单位内设机构由二级单位明确三、四级单位内设机构设立、调整或撤销的管理内容和方法，报公司备案。

（三）履职关注

外部董事对组织机构管理的关注点包括以下方面：

（1）组织机构是否能承接企业发展战略，适应企业持续发展的需要。

（2）组织机构是否设置精简，层级扁平，运作高效；公司系统内同类型组织机构应尽量统一设置，规范管理。

（3）组织机构是否科学合理、权责一致，是否有统有分、有主有次，是否履职到位、流程通畅。

（4）组织机构设置是否积极主动服务业务发展，适应业务架构调整，快速应对市场变化，有效促进和引领业务变革。

（5）组织机构的设立、调整或撤销，是否按照有关规定履行相关程序，做好风险评估，确保设立、调整或撤销过程中各类风险可控，确保企业生产经营及员工队伍稳定。

（四）议案要件

因法律法规和制度未规定组织机构管理类议案上会要件，各单位在该类议案提交上会时，可参考提供以下要件资料：

（1）工作方案。

（2）可行性研究报告。

（3）《法律尽职调查报告》《法律意见书》《法律审核表》等。

（4）涉及职工安置的，应制定职工安置方案。

（5）相关协议。

（6）资产负债表及财产清单（合并、分立时）。

（7）债权债务处置方案。

（8）公司章程草案（子公司）。

（9）清算方案（结算清算时）。

（10）其他需要提交的文件。

（五）主要风险点

（1）组织机构设置不科学的风险。组织机构设置不科学不合理，各机构职责权限划分不当，影响组织运行效率。

（2）岗位设置不合理的风险。因岗位设置、权责设计不合理或不清晰，定员定编执行不到位，未设置不相容岗位等，导致企业运营效率低下、出现安全事故或导致舞弊的风险。

（3）人员配置管理机制不恰当、劳动用工管控效率低下风险。人员配置管理机制不完善，人员配置失衡，导致企业冗员与结构性缺员并存，影响员工队伍建设和组织绩效，不能满足公司高质量发展的需要。

（4）定员管理不合理的风险。企业定员管理机制缺失或不合理，导致企业人员数量臃肿或难以支持运作、人员结构失衡，不利于优化队伍结构、提高人员效率。

十、章程管理

（一）定义

国有企业公司章程一般应当包括但不限于以下主要内容：总则；经营宗旨、范围和期限；出资人机构或股东、股东会；公司党组织；董事会；经理层；监事会（监事）；职工民主管理与劳动人事制度；财务、会计、审计与法律顾问制度；合并、分立、解散和清算；附则。

（二）管理要求

1. 法律法规及政策规定

章程管理类议案主要涉及以下法律法规及政策规定，具体条款内容详见《外部

董事监事履职知识清单》(附录2):

《国有企业公司章程制定管理办法》(国资发改革规〔2020〕86号);

《中央企业公司章程指引》(国资发改革〔2019〕111号);

《关于进一步完善国有企业法人治理结构的指导意见(国办发〔2017〕36号)》;

《关于扎实推动国有企业党建工作要求写入公司章程的通知》(组通字〔2017〕11号);

《中国共产党国有企业基层组织工作条例》(2019)。

2. 南方电网管理要求

(1)章程制定(修改)内容。《公司章程示范文本》规范了章程各治理主体权责条款内容并对范本实施动态管理，各控股上市公司、保险等子公司应当根据《公司出资企业章程管理规定》，结合监管要求，参照《公司章程示范文本》制定或修改公司章程；其他子公司原则上应当严格按照《公司章程示范文本》制定或修改公司章程。

(2)章程制定(修改)程序。

1)制定公司章程的程序。子公司完成章程制定草案征求意见及合法性审查后，应当按照《公司法人层级权责清单》以及本单位《治理主体权责清单》的有关规定，履行章程制定预沟通、审核或审批程序(具体程序则以设立时股东的实际管理要求为准)。

2)修改公司章程的程序。全资子公司的章程修改草案经党委前置研究讨论后，依次履行提交章程修改议案、召开董事会、办理股东决定等程序；参股、控股子公司的章程修改草案经党委前置研究讨论后，依次履行提交章程修改议案、召开董事会、召开股东会(股东会)、签署股东决议等程序。

子公司外部董事应当按照《公司法人层级权责清单》《公司出资企业外部董事监事行权履职管理细则》的有关规定，履行章程修改所涉及的有关职责。

3)应当及时修改章程的情形。发生以下情形之一的，出资企业应当及时修改章程：章程规定的事项与现行的法律、行政法规相抵触；公司生产经营状况(或实际情况)发生变化，与章程记载事项不一致；股东决定修改章程；发生应当修改公司章程的其他情况。

（三）履职关注

1. 外部董事对章程制定（修改）程序的关注点

对于章程制定（修改）程序外部董事应当重点关注以下方面：

（1）议案是否经党组织前置研究讨论。

（2）是否存在未按治理型行权要求向股东报送议案就直接召开董事会情形。

（3）是否存在向股东报送议案后，未收到反馈意见即召开董事会情形。

（4）参控股子公司董事会审议情况如与股东反馈的审核意见存在重大差异的，外部董事应当及时向股东反馈，由股东重新履行内部决策程序后再向股东代表反馈审核意见。

2. 外部董事对章程制定（修改）内容的关注点

外部董事应当重点关注是否依法合规、条款完备、维护出资人利益、符合公司实际经营需要。具体内容如下：

（1）是否严格适用公司章程范本。

（2）未严格适用公司章程范本，存在与范本或监管规定不一致条款的，修改依据是否充分合理或存在被认定无效或被撤销情形，涉及修改各治理主体的相关权责条款的，是否符合我方股东利益以及出资企业利益，如多元股东的出资企业涉及股权转让、增减资、分红、股东对董事监事的推荐或委派、董事会对高级管理人员聘任或解聘、股东会、董事会特别决议事项等条款，是否符合我方利益，再如董事会权责条款是否落实董事会重点职权管理要求，包括不限于以下六类职权：中长期发展决策权、经理层成员选聘权、经理层成员业绩考核权、经理层成员薪酬管理权、职工工资分配管理权、重大财务事项管理权等。

（3）董事会授权董事长、总经理条款是否符合《公司法》、国务院国资委等有关部委以及公司授权管理规定，如董事会行使的法定职权及公司依托股东权利管控事项、依托外部董事管控事项等不可授权，包括不限于以下十四类事项：①召集股东会会议，并向股东会报告工作；②执行股东会的决议；③决定公司的经营计划和投资方案；④制订公司利润分配方案和弥补亏损方案；⑤制订公司增加或者减少注册资本方案、发行公司债券方案；决定工资总额和预算与清算方案；⑥制订公司合并、分立、解散或者变更公司形式的方案；⑦决定公司内部管理机构的设置；⑧聘任或者解聘公司总经理、副总经理、总会计师以及董事会秘书、总法律顾问等高级管理人员，制定经理层成员经营业绩考核和薪酬制度，组织实施经理层成员经营业绩考核，决定考核方案、考核结果和薪酬分配事项；⑨制订公司章程草案或者公司章程修改方案，制定公司基本管理制度（党的建设、纪检监督、干部管理、人才管理等基本制度除外）；⑩决定公司高风险投资、计划外投资等投资项目；⑪批准公司担保事项；⑫批准公司的风险管理体系、内部控制体系、法律合规体系方案，聘任或者解聘公司内部审计机构的负责人，依法批准年度审计计划和重要审计报告；⑬批准可开展的金融衍生业务类型；⑭法律、行政法规或者公司章程规定不得授权的其他事项。

（4）授权董事长、经理层（总经理）的事项是否存在授权过度，导致架空董事会等问题，如投资额度类事项不得全部授权，董事会决策金额应当超过各治理主体上会决策总金额的 20%。

（5）涉及上市公司章程的，关注是否明确现金分红事项的具体内容，利润分配的形式、决策程序和机制，特别是现金分红政策作出调整的具体条件、决策程序和机制等应当明确的内容。

（四）议案要件

因法律法规和制度未规定章程类议案上会要件，各单位在该类议案提交上会时，可参考提供以下要件资料：

出资企业向股东提交章程制定（修改）议案，应当附上以下材料：

（1）章程制定（修改）草案。

（2）提交章程制定（修改）议案前，就章程制定（修改）事项应当履行的相关会议审议纪要。

（3）章程制定草案与章程示范文本逐条对照表或修改草案与原章程、章程示范文本逐条对照表，外部董事关于章程制定（修改）事项的意见或建议汇总表。

（4）章程制定（修改）法律意见书、法律审核表。

（5）应当提交的其他材料。

（五）主要风险点

（1）公司章程制定风险。公司章程条款与现行法律法规和政策规定等相冲突，公司章程涉及股东会、党组织、董事会等重要条款不够明确或者遗漏重要内容，影响公司正常运行，损害公司利益。

（2）公司章程修改风险。公司章程的修改管控不严谨、未按法定程序修改或者出现应当修改的情形时未及时修改等，损害公司利益。

十一、公司治理

（一）定义

公司治理的内涵，从狭义上理解，指所有者（股东）对经营者的一种监督与制衡机制，即通过一种制度安排，合理地配置所有者和经营者之间的权利和责任，主要通过股东会、董事会、监事会、经理层所构成的公司治理结构来实现的内部治理。其目标是保证股东利益的最大化，防止经营者对所有者利益的背离，以有效调节和平衡所有者与经营者的关系。广义的公司治理，不局限于所有者对经营者的制衡，还涉及广泛的利益相关者，如雇员、债权人、供应商和政府等与公司有利害关系的集体或个人。通过一套包括正式或非正式的、内部或外部的制度或机制来协调公司与所有利益相关者之间的关系，以保证公司决策的科学性与公正性，从而最终维护各方的共同利益。

（二）管理要求

1. 法律法规及政策规定

公司治理类议案主要涉及以下法律法规及政策规定，具体条款内容详见《外部董事监事履职知识清单》（附录 2）：

《国务院办公厅关于进一步完善国有企业法人治理结构的指导意见》（国办发〔2017〕36 号）；

《中央企业董事会授权管理指引（征求意见稿）》（暂无文号）。

2. 南方电网管理要求

（1）总体要求。坚持以习近平新时代中国特色社会主义思想为指导，紧紧围绕贯彻落实习近平总书记“两个一以贯之”重要论述，进一步健全完善权责法定、权责透明、协调运转、有效制衡的公司治理机制，打造中国特色现代企业制度“南网样板”。2025 年前，中国特色现代企业制度成熟定型，基本实现公司治理体系和治理能力现代化；2030 年前，中国特色现代企业制度优越性充分显现，全面实现公司治理体系和治理能力现代化。

（2）完善制度文件体系。持续更新公司治理制度文件体系。根据应用情况和外部法律法规、政策文件变化情况，统筹做好公司治理主体权责清单、不同治理结构公司治理范本的修订工作。推动治理范本落地实施，提升各层级公司治理水平。做好公司治理顶层设计前沿研究。

（3）坚持和加强党的全面领导。董事会要坚决贯彻习近平总书记重要指示批示精神和党中央、国务院重大决策部署，把握好与党委的权责关系，支持企业党委充分发挥把方向、管大局、保落实的领导作用，推动党的领导党的建设政治优势与现代企业制度优势更好地结合起来。董事要自觉用习近平新时代中国特色社会主义思想武装头脑，把握“两个确立”决定性意义，不断增强“四个意识”、坚定“四个自信”、做到“两个维护”，牢记“国之大者”。

1）完善“双向进入、交叉任职”领导机制。董事长、党委书记由一人担任的，要切实把两个岗位的职责都挑起来，推动实现管党治党与治企兴企的有机统一。进入董事会的党委班子成员在董事会会议前要与其他董事进行沟通，根据议题内容听取董事会专门委员会的意见，会议上要按照党委会形成的意见发表建议。完善分公司治理结构，科学配置党委和经理层成员，实现党委与经理层成员适度交叉、相对独立、配备科学。完善设党支部企业治理结构，一般由党员负责人担任书记和委员。

2）厘清党组织决定和前置研究讨论事项范围。严格落实《中央企业党组（党委）前置研究讨论重大经营管理事项清单示范文本》，修订党组织权责清单。党的建设等重大事项由党组织决定，重大经营管理事项经党组织前置研究讨论后再由董事会等其他治理主体按照职权和规定程序作出决定。

3）建立党组织前置研究讨论事项分类清单。综合运用制度审议、综合审议和一事一议三种前置研究讨论方式，建立分类清单，推动党组织更加聚焦谋大事、议重点。

4）规范党组织议事程序及要求。党组织前置研究讨论时，重点把“四个是否”（“四个是否”指决策事项是否符合党的理论和路线方针政策，是否贯彻落实党中央决策部署和国家发展战略，是否有利于促进企业高质量发展、增强企业竞争实力、实现国有资产保值增值，是否有利于维护社会公众利益和职工群众合法权益）作为判断标准，上会材料应充分体现把关定向职能，避免党组织直接成为生产经营决策的指挥中心。完善前置研究讨论程序，明确党组织会议一般应由党组织班子成员汇报。

（4）加强董事会建设。

1）履行法定职责。执行出资人或股东会决定，维护出资人、企业利益和职工的合法权益。严格落实向出资人或股东会报告的要求，做到知情必报、及时报告，既要反映问题又要提出解决问题的办法，不得向出资人瞒报、延报有损出资人利益和企业合法权益的信息。董事要自觉践行契约精神，投入足够时间和精力履职，积极承担董事会及其专门委员会的工作，准确理解并表达出资人意图，自觉站在出资人立场决策，为董事会运作和企业运营提供有价值的建议。外部董事要积极沟通，重点对依托外部董事管控清单内事项做好汇报，严格按照出资人意见进行表决。

2）落实董事会职权。董事会要围绕职责定位，规范董事会依法行权。以落实中长期发展决策权、经理层成员选聘权、经理层成员业绩考核权、经理层成员薪酬管理权、职工工资分配管理权、重大财务事项管理权等六项职权为重点，进一步完善治理主体权责分配，不断增强董事会的独立性和权威性。

3）规范董事会授权。科学评估董事会授权情况，根据企业经营规模、决策频率及效率、风险承担能力等合理确定授权额度标准，原则上董事会审议投资项目的金额不低于本企业治理主体审议投资项目总金额的 20%，防止过度授权。严禁对负面清单事项授权，防止违规授权。建立健全董事长、总经理向董事会报告工作机制，董事长一般以对董事会授权事项的行权报告的形式，总经理一般以工作报告的形式，向董事会报告工作。

（5）加强经理层行权履职，激发经理层活力动力。

1）完善董事会向经理层的授权制度。进一步完善经理层权责清单，在符合“三重一大”制度的基础上，通过章程合理赋权、加大董事会授权，支持经理层发挥谋经营、抓落实、强管理的经营管理作用。

2）落实总经理报告制度。严格落实总经理对董事会负责的工作机制，至少每半年总经理向董事会报告工作，董事会闭会期间向董事长报告工作。

（6）优化法人层级授权。

1）做好因企施策精准授权。针对不同行业、不同层级、不同股权结构、不同发展阶段的子企业，进一步评估授权放权需求，修订公司法人层级权责清单，实施精准化授权放权，激发子企业发展活力。

2）推进治理型行权常态化运转。严格按照公司法人层级权责清单上报议案，原则上均采用协同办公系统决策会议模块议题上报功能进行议案报送，并提前与总部部门充分沟通，预留充足审核时间。

3）推动公司治理信息化。健全完善决策会议模块，实现重大事项议案在系统中报送流转。

（三）履职关注

外部董事对公司治理相关工作的关注点包括：

（1）坚持和加强党的领导相关举措，完善“双向进入、交叉任职”领导机制。厘清党组织决定和前置研究讨论事项范围。建立党组织前置研究讨论事项分类清单。重点把握党组织前置研究讨论“四个是否”。

（2）规范董事会建设相关举措，依法落实董事会重点职权，规范董事会授权的范围、对象和负面情形，重点把握董事会决策“四个研判”和“三个是否”。

（3）推动经理层依法履职举措，完善董事会向经理层授权制度；落实总经理报告制度。

（4）优化法人层级授权举措，做好因企施策精准授权；推进治理型行权常态化运转；公司治理型行权决策系统落地应用。

（四）议案要件

因法律法规和制度未规定公司治理类议案上会要件，各单位在该类议案提交上会时，可参考提供以下要件资料：

（1）治理主体权责清单和授权清单。

（2）董事会授权制度、方案及清单（授权情况说明）。

（3）总经理向董事会报告制度。

（4）落实董事会职权方案。

（5）法人层级权责清单。

（6）董事会、监事会年度工作报告。

（7）外部董事监事行权履职工作报告。

（8）其他必要文件。

（五）主要风险点

（1）授权管理失误的风险。授权决策机制不健全，可能导致管理效率及协同能力低下，甚至丧失竞争优势及发展机会。

（2）党的领导作用弱化风险。由于理论武装工作不到位，抓全面从严治党主体责任落实不到位，党员领导干部脱离群众等，使得党执政重要物质基础和政治基础削弱，导致党的领导作用弱化、虚化。

（3）议事决策风险。由于决策规则不完备、议事决策程序违规、决策事项执行不力、决策事项监督管理不到位，导致决策事项遗漏、决策失误等，使企业受损。

十二、重大法律案件管理

（一）定义

法律案件是指以公司或所属单位作为当事人一方，由人民法院、仲裁机构或行政机关通过法定程序处理的各种争议，包括民事诉讼、劳动争议仲裁、行政复议或行政诉讼、民商事仲裁、生效法律文书执行等。

（二）管理要求

1. 法律法规及政策规定

《中央企业法律纠纷案件管理办法》（国资委令第 43 号）

2. 南方电网管理要求

（1）案件类别。根据法律案件的管辖法院层级、涉案金额和社会影响性等因素分为重大法律案件和一般法律案件。重大法律案件是指具有以下情形之一的法律案件：①一审由高级及以上人民法院受理的。②涉案金额超过 1000 万元人民币（含本数）的。③涉外金额折合人民币超过 500 万元（含本数）的。④涉及 5 个以上单位或个人、可能引发群体性纠纷或者系列案件的。⑤其他对公司有重大影响的案件。一般法律案件，是指除重大法律案件以外的法律案件。

（2）案件预警。

案件预警包括：①隐患排查与评估。各业务部门应开展隐患排查与评估，落实消除隐患的各项措施，形成风险防控，积极维护本单位的合法权益。②法律纠纷备案。各业务部门发现法律纠纷，应及时向法律管理部门进行备案。③制订处理方案。业务部门牵头对纠纷情况进行评估，制定纠纷处理方案，采取按约履行、积极沟通、催告、谈判等方式解决纠纷，法律管理部门予以配合和支持。④特殊情况反馈。各业务部门对无法自行协调处理的法律纠纷，应及时反馈法律管理部门。由法律管理部门根据需要，通过司法程序予以处理。⑤配合提供材料。业务部门应当根据法律管理部门的要求，及时、真实、完整地提供法律纠纷的相关材料。

（3）策略选择。法律管理部门负责组织进行风险分析，评估法律案件的风险水平，会同业务部门制定起诉、应诉、和解方案。重大法律案件的起诉、应诉、和解方案，按照公司及本单位的“三重一大”决策管理制度要求，履行决策程序后方可实施。法律管理部门应当充分整合内外部资源，有效协调相关业务部门，合理利用法律中介机构。因案件办理需要要求相关部门协助的，相关部门应当予以配合。法律管理部门应当在法律案件形成后 3 个工作日内向上级单位备案。重大法律案件发生、重大进展和结案情况，各单位应当在 5 个工作日内向公司书面报告；重大法律案件的月度进展情况，应于次月 5 日前书面报告公司法律管理部门。报告应当包括以下内容：①基本案情：包括案由、各方当事人、涉案金额、主要事实陈述、争议焦点等。②案件进展情况。③案件法律分析。④下一步工作。

（4）案件处理。法律管理部门应当建立健全案件论证与协调机制，为案件办理提供专业支撑与帮助。

1）案件报请协助。对涉及专业性强、案情复杂或影响程度较大的法律案件，法律管理部门可以邀请相关领域的专家开展论证。对下列情形之一的一般法律案件，发案单位可报请上一级法律管理部门予以协助：①案情复杂，且法律规定不明确的。②当事方对案件争议较大的。③涉及较复杂技术问题的。④发案单位无法有效组织进行论证的。⑤其他确需上一级法律管理部门予以协助的情形。

2）案件提请协调。各单位应当做好案件协调工作，加强与司法机关、仲裁机构或行政机关的联系沟通。有下列情形之一的法律案件，可提请上级单位协调：①历史遗留或背景复杂的。②受到不正当干预的。③影响重大且通过上级单位协调有助于推动案件公正处理的。④其他有必要向上级单位申请协助的情况。

（5）监督评价。

1）结案报告。法律管理部门按照“一案一总结”的要求制作结案报告，对案件基本情况、案件焦点、处理过程及结果进行系统分析。法律管理部门根据案件分析情况，针对存在的法律风险、经验教训、风险防控措施等以书面形式向业务部门提出建议或向公司领导报告。

2）分析报告。法律管理部门每年根据法律案件发生及办理情况，统计分析案件发生的原因、发案规律及案件高发业务领域等，提出有针对性的处理方案，形成法律案件分析报告。

3）案件归档。法律管理部门应当在结案后 1 个月内将法律案件材料交本单位档案管理部门归档。归档材料包括但不限于：法律文书、法律意见书、应诉方案、证据材料等。

4）考核评价。法律案件管理情况纳入公司对各单位年度法律工作评价。

（6）奖惩规则。

1）奖励情形。对处理法律案件，维护国有资产安全做出突出贡献的集体和个人，应当根据相关制度给予表彰和奖励。

2）问责除外情形。根据司法机关、仲裁机构或行政机关的生效法律文书，认为因管理上的原因和过错应承担责任的案件，应当启动法律案件问责调查。但下列情形除外：公司或所属单位仅作为原告或申请人的法律案件（不含反诉中我方作为原告或申请人的情形）；公司承担无过错责任的高压触电人身损害赔偿案件。

3）问责方式。对案件发生负有责任的单位问责方式有责令整改、通报批评、取消评优和扣减绩效。对案件发生负有责任的人员问责方式有通报批评、行政问责和经济问责。相关人员涉嫌违纪的，按有关规定移送纪检监察部门给予纪律处分；涉嫌违法犯罪的，依法移送司法机关处理。人员责任分为直接责任、管理责任、领导责任。

4）问责案件类别。分为重大问责案件、较大问责案件、一般问责案件。

重大问责案件，是指因相关单位或人员对案件的发生负有责任，且造成 1000 万元（含本数）人民币以上经济损失的法律案件；或因相关单位或人员对案件的发生负有责任，且在公司范围内造成不良影响的法律案件。

较大问责案件，是指因相关单位或人员对案件的发生负有责任，且造成 500 万（含本数万）—1000 万元人民币经济损失的法律案件；或因相关单位或人员对案件的发生负有责任，且在各分、子公司范围内造成不良影响的法律案件。

一般问责案件，是指因相关单位或人员对案件的发生负有责任，且造成不足 500 万元人民币经济损失的法律案件；或因相关单位或人员对案件的发生负有责任，且在本单位范围内造成不良影响的法律案件。

（三）履职关注

外部董事对案件管理工作的关注点包括：

（1）重大法律案件的起诉、应诉、和解方案是否经过充分论证，对涉及专业性强、案情复杂或影响程度较大的法律案件是否邀请相关领域的专家开展论证。

（2）所选用的诉讼策略是否对我方有利。

（3）发案原因分析是否到位。

（4）案件问责是否准确、到位。

（四）议案要件

因法律法规和制度未规定法律案件类议案上会要件，各单位在该类议案提交上会时，可参考提供以下要件资料：

（1）关于 ×× 重大法律案件的汇报材料。

（2）起诉方案（含法律案件风险评估）。

（3）应诉方案（含法律案件风险评估）。

（4）和解方案（含法律案件风险评估）。

（5）其他必要文件。

（五）主要风险点

（1）案件证据保存不全的风险。因证据收集不到位、案件材料归档不及时、保管不规范等，导致案件举证不足，造成败诉的风险。

（2）案件处置不当的风险。由于案件处理方案选择不当、诉讼时效管理不当、保全措施不当，致使案件处理不当，带来法律风险。

（3）判决执行不力的风险。对于诉讼判决后的申请执行权怠于行使，执行不力，导致诉讼结果迟迟不能被执行，造成公司经济损失。

十三、监事（会）、审计委员会监督事项

（一）定义

监事会是公司依法设立的监督机构，享有法律法规赋予的知情权、建议权、报告权和监督权。其中，国有独资公司在董事会中设置由董事组成的审计委员会行使公司法规定的监事会职权的，不设监事会或者监事。

（二）管理要求

1. 法律法规及政策规定

监事（会）、审计委员会监督事项主要涉及以下法律法规及政策规定，具体条款内容详见《外部董事监事履职知识清单》（附录 2）：

《中华人民共和国公司法》

《国务院办公厅关于进一步完善国有企业法人治理结构的指导意见》（国办发〔2017〕36 号）

2. 南方电网管理要求

（1）监事会设置。优化监事会组成。子公司监事会一般由 3 人组成，规模较小（少于 150 人）的子公司可不设监事会、只设 1 名监事。控股子公司监事会人数由各股东按照有关法律法规协商确定，一般不超过 5 人。监事会中专职监事应占一定比例，职工监事不少于 1/3 并按规定通过职工代表大会、职工大会或者其他形式民主选举产生。除职工监事外的其他监事，均由相关股东派出。

（2）监事会行使下列职权。

1）检查公司财务；

2）对董事、高级管理人员执行职务的行为进行监督，对违反法律、行政法规、公司章程或者股东会决议的董事、高级管理人员提出解任的建议；

3）当董事、高级管理人员的行为损害公司的利益时，要求董事、高级管理人员予以纠正；

4）提议召开临时股东会会议，在董事会不履行本法规定的召集和主持股东会会议职责时召集和主持股东会会议；

5）向股东会会议提出提案；

6）依照《中华人民共和国公司法》第一百八十九条的规定，对董事、高级管理人员提起诉讼；

7）公司章程规定的其他职权。

（3）监事会会议制度。监事会会议由监事会主席召集和主持，每年至少召开 1 次，也可根据需要临时召开。监事可以提议召开临时监事会会议。监事会主席不能履行职务或者不履行职务的，由过半数监事共同推举一名监事召集和主持监事会会议。召开监事会会议，应当提前通知全体监事并送达有关会议资料。监事会会议以现场召开为原则。必要时，在保障监事充分表达意见的前提下，经召集人同意，也可以通过视频、电话、传真或者电子邮件表决等方式召开。监事会会议也可以采取现场与其他方式同时进行的方式召开。监事会会议应当由过半数的监事出席方可举行。

监事会决议的表决，实行一人一票。监事因故不能出席，可以书面委托其他监事表决，委托书中应载明授权。不出席、也不委托其他监事表决的，视为弃权。监事会决议应当经过半数监事通过。

监事会会议形成的有关决议，应当以书面形式予以记录，出席会议的监事应当在决议文件上签字。监事会决议应包括以下内容：会议召开的时间、地点、参加人员；会议所议事项、表决结果及监事会成员对所议事项的意见；其他需要在决议中说明和记录的事项。监事会每一项决议均应指定监事执行或由监事会监督执行。被指定的监事应将决议的执行情况记录在案，并将最终执行结果报告监事会。

（4）监事会运作规范性。

1）监事会工作机构健全，为监事会有效、专业开展工作提供支撑。

2）监事会监督机制、工作规则健全完善，内容全面，操作性强，监事会工作开展有规可依。企业基本监督制度健全。

3）监事会依法合规履职，按规定召开监事会会议。监事会会议程序合规合法。不参与、不干预企业的经营决策和经营管理活动。监事会会议记录等详尽、真实。

4）保持与董事会、经理层和党委的顺畅沟通，准确获取企业经营管理信息和重大决策执行情况，并及时、真实、完整地向出资人报告。

（5）监事会运作有效性。

1）对董事会决策的合法性、合规性监督到位，对相关决策是否贯彻落实南方电网公司发展战略、治企理念和南方电网公司关于本企业改革发展各项决策部署情况监督到位，有效督促企业依法合规经营，保护出资人、企业、职工及其他利益相关者合法权益。

2）对董事、经理层履职行为的合法性和妥当性进行监督，及时提醒、纠正履职不当的行为，督促董事和经理层依法合规履职。

3）监督检查企业财务，通过查阅财务会计及经营管理活动中的有关资料，验证企业财务会计报告的真实性、合法性。

4）有效评估企业内控制度合理性、执行情况以及风险管理情况，监督企业充分落实风险管理和防范等工作，推动企业内控体系的完善。

（6）监事会作风建设。践行“坚持原则、敢于监督、依法行权”的工作理念，有效行使质询、建议和调查权，不越权、不缺位，切实发挥监督职能。

（三）履职关注

1. 重大决策监督

（1）对董事会决策的合法性、合规性是否监督到位。

（2）对相关决策是否贯彻落实南方电网公司发展战略、治企理念和南方电网公司关于本企业改革发展各项决策部署情况监督到位。

（3）是否有效督促企业依法合规经营，保护出资人、企业、职工及其他利益相关者合法权益。

2. 董事及经理层履职监督

是否对董事、经理层履职行为的合法性和妥当性进行监督，是否及时提醒、纠正履职不当的行为，是否督促董事和经理层依法合规履职。

3. 财务监督

是否监督检查企业财务，是否通过查阅财务会计及经营管理活动中的有关资料，验证企业财务会计报告的真实性、合法性。

4. 风险监督

是否有效评估企业内控制度合理性、执行情况以及风险管理情况，是否监督企业充分落实风险管理和防范等工作，推动企业内控体系的完善。

（四）议案要件

因法律法规和制度未规定监事会监督类议案上会要件，各单位在该类议案提交上会时，可参考提供以下要件资料：

（1）监事会议事规则、监事会权责清单或监事工作规则。

（2）监事会年度工作报告。

（3）其他必要文件。

（五）主要风险点

监督缺位风险。公司内部监督管理机制缺失，导致经济损失、信誉损害或其他负面影响。

03 第三章

上市公司独立董事、外部董事监事履职的特殊规定

本章节主要介绍上市公司涉及的信息披露、重要议案、定期报告、独立董事特别规定、股东会和董事会特别决议事项等内容。本章节内容涉及的制定依据，除国资委、证监会等国资监管规定外，主要参照上海及深圳证券交易所相关规定编制，同一事项具体管理要求以上市公司所在的证券交易所及其上市的板块相关规定为准。

第一节　上市公司信息披露

一、信息披露义务人

信息披露义务人，是指上市公司及其董事、监事、高级管理人员、股东、实际控制人，收购人，重大资产重组、再融资、重大交易有关各方等自然人、单位及其相关人员，破产管理人及其成员，以及法律、行政法规和中国证监会规定的其他承担信息披露义务的主体。

二、信息披露基本原则

信息披露义务人应当及时依法履行信息披露义务，披露的信息应当真实、准确、完整，简明清晰、通俗易懂，不得有虚假记载、误导性陈述或者重大遗漏。

信息披露义务人披露的信息应当同时向所有投资者披露，不得提前向任何单位和个人泄露。法律、行政法规另有规定的除外。

证券及其衍生品种同时在境内境外公开发行、交易的，其信息披露义务人在境外市场披露的信息，应当同时在境内市场披露。

上市公司的董事、监事、高级管理人员应当忠实、勤勉地履行职责，保证披露信息的真实、准确、完整，信息披露及时、公平。

三、信息披露方式

依法披露的信息，应当在证券交易所的网站和符合中国证监会规定条件的媒体发布，同时将其置备于上市公司住所、证券交易所，供社会公众查阅。

信息披露文件的全文应当在证券交易所的网站和符合中国证监会规定条件的报刊、依法开办的网站披露，定期报告、收购报告书等信息披露文件的摘要应当在证券交易所的网站和符合中国证监会规定条件的报刊披露。

信息披露义务人不得以新闻发布或者答记者问等任何形式代替应当履行的报告、公告义务，不得以定期报告形式代替应当履行的临时报告义务。

四、信息披露的范围

（1）上市公司及其控股股东、实际控制人、董事、监事、高级管理人员等作出公开承诺的。

（2）对投资者作出价值判断和投资决策有重大影响的信息。

（3）发生可能对上市公司证券及其衍生品种交易价格产生较大影响的重大事件，投资者尚未得知时，上市公司应当立即披露。

上市公司控股子公司发生前述重大事件，可能对上市公司证券及其衍生品种交易价格产生较大影响的，上市公司应当履行信息披露义务。

（4）上市公司变更公司名称、股票简称、公司章程、注册资本、注册地址、主要办公地址和联系电话等。

（5）涉及上市公司的收购、合并、分立、发行股份、回购股份等行为导致上市公司股本总额、股东、实际控制人等发生重大变化的。

（6）公司证券及其衍生品种交易被中国证监会或者证券交易所认定为异常交易的，上市公司应当及时了解并披露造成证券及其衍生品种交易异常波动的影响因素。

（7）上市公司参股公司发生可能对上市公司证券及其衍生品种交易价格产生较大影响的事件的，上市公司应当履行信息披露义务。

五、不得违规提供内幕信息、进行内幕交易

在内幕信息依法披露前，内幕信息的知情人和非法获取内幕信息的人不得公开

或者泄露该信息，不得利用该信息进行内幕交易。任何单位和个人不得非法要求信息披露义务人提供依法需要披露但尚未披露的信息。

上市公司通过业绩说明会、分析师会议、路演、接受投资者调研等形式就公司的经营情况、财务状况及其他事件与任何单位和个人进行沟通的，不得提供内幕信息。

上市公司的股东、实际控制人不得滥用其股东权利、支配地位，不得要求上市公司向其提供内幕信息。

任何单位和个人不得非法获取、提供、传播上市公司的内幕信息，不得利用所获取的内幕信息买卖或者建议他人买卖公司证券及其衍生品种，不得在投资价值分析报告、研究报告等文件中使用内幕信息。

六、违反信息披露规定的法律后果

（一）赔偿损失

内幕交易行为给投资者造成损失的，应当依法承担赔偿责任。不履行承诺给投资者造成损失的，应当依法承担赔偿责任。信息披露义务人未按照规定披露信息，或者公告的证券发行文件、定期报告、临时报告及其他信息披露资料存在虚假记载、误导性陈述或者重大遗漏，致使投资者在证券交易中遭受损失的，信息披露义务人应当承担赔偿责任；发行人的控股股东、实际控制人、董事、监事、高级管理人员和其他直接责任人员以及保荐人、承销的证券公司及其直接责任人员，应当与发行人承担连带赔偿责任，能够证明自己没有过错的除外。

（二）被采取监管措施

信息披露义务人及其董事、监事、高级管理人员违反法律法规的，中国证监会为防范市场风险，维护市场秩序，可以采取以下监管措施：责令改正，监管谈话，出具警示函，责令公开说明，责令定期报告，责令暂停或者终止并购重组活动，依法可以采取的其他监管措施。

（三）被处以罚款

违反信息披露规定，编造、传播虚假信息或者误导性信息，扰乱证券市场的，给投资者造成损失的，没收违法所得，并处以违法所得 1 倍以上 10 倍以下的罚款；没有违法所得或者违法所得不足 20 万元的，处以 20 万元以上 200 万元以下的罚款。

在证券交易活动中作出虚假陈述或者信息误导的，责令改正，处以 20 万元以上 200 万元以下的罚款；属于国家工作人员的，还应当依法给予处分。

传播媒介及其从事证券市场信息报道的工作人员，从事与其工作职责发生利益冲突的证券买卖的，没收违法所得，并处以买卖证券等值以下的罚款。

信息披露义务人未按信息披露规定报送有关报告或者履行信息披露义务的，责令改正，给予警告，并处以 50 万元以上 500 万元以下的罚款；对直接负责的主管人员和其他直接责任人员给予警告，并处以 20 万元以上 200 万元以下的罚款。发行人的控股股东、实际控制人组织、指使从事上述违法行为，或者隐瞒相关事项导致发生上述情形的，处以 50 万元以上 500 万元以下的罚款；对直接负责的主管人员和其他直接责任人员，处以 20 万元以上 200 万元以下的罚款。

信息披露义务人报送的报告或者披露的信息有虚假记载、误导性陈述或者重大遗漏的，责令改正，给予警告，并处以 100 万元以上 1000 万元以下的罚款；对直接负责的主管人员和其他直接责任人员给予警告，并处以 50 万元以上 500 万元以下的罚款。发行人的控股股东、实际控制人组织、指使从事上述违法行为，或者隐瞒相关事项导致发生上述情形的，处以 100 万元以上 1000 万元以下的罚款；对直接负责的主管人员和其他直接责任人员，处以 50 万元以上 500 万元以下的罚款。

（四）构成违规披露、不披露重要信息罪

依法负有信息披露义务的公司、企业向股东和社会公众提供虚假的或者隐瞒重要事实的财务会计报告，或者对依法应当披露的其他重要信息不按照规定披露，严重损害股东或者其他人利益，或者有其他严重情节的，对其直接负责的主管人员和其他直接责任人员，处五年以下有期徒刑或者拘役，并处或者单处罚金；情节特别严重的，处五年以上十年以下有期徒刑，并处罚金。

公司的控股股东、实际控制人实施或者组织、指使实施前款行为的，或者隐瞒相关事项导致前款规定的情形发生的，依照前款的规定处罚。

犯前款罪的控股股东、实际控制人是单位的，对单位判处罚金，并对其直接负责的主管人员和其他直接责任人员，依照第一款的规定处罚。

第二节　上市公司重要议案

一、重大交易事项

（一）财务资助

上市公司发生“财务资助”交易事项，除应当经全体董事的过半数审议通过外，还应当经出席董事会会议的2/3以上董事审议通过，并及时披露。

财务资助事项属于下列情形之一的，还应当在董事会审议通过后提交股东大会审议：①单笔财务资助金额超过上市公司最近一期经审计净资产的10%；②被资助对象最近一期财务报表数据显示资产负债率超过70%；③最近12个月内财务资助金额累计计算超过公司最近一期经审计净资产的10%；④上市公司所在证券交易所或者公司章程规定的其他情形。

资助对象为公司合并报表范围内的控股子公司，且该控股子公司其他股东中不包含上市公司的控股股东、实际控制人及其关联人的，可以免于适用前两款规定。

（二）提供担保

上市公司发生“提供担保”交易事项，除应当经全体董事的过半数审议通过外，还应当经出席董事会会议的2/3以上董事审议通过，并及时披露。

担保事项属于下列情形之一的，还应当在董事会审议通过后提交股东大会审议：①单笔担保额超过上市公司最近一期经审计净资产10%的担保。②上市公司及其控股子公司对外提供的担保总额，超过上市公司最近一期经审计净资产50%以后提供的任何担保。③上市公司及其控股子公司对外提供的担保总额，超过上市公司最近一期经审计总资产30%以后提供的任何担保。④按照担保金额连续12个月内累计计算原则，超过上市公司最近一期经审计总资产30%的担保。⑤为资产负债率超过70%的担保对象提供的担保。⑥对股东、实际控制人及其关联人提供的担保。⑦上市公司所在证券交易所或者公司章程规定的其他担保。

上市公司股东大会审议前款第④项担保时，应当经出席会议的股东所持表决权的2/3以上通过。

（三）赠与或者受赠资产

审批程序。上市公司应当根据国资、证券监管要求，依法合规制定捐赠管理制度，规范对外捐赠行为。未制定相关制度的，应当根据所在证券交易所股票上市规则，履行审批程序。上市公司赠与或者受赠资产，达到以下标准之一的（受赠现金资产除外），应当提交股东大会审议：具体详见本章节“重大交易其他规定”有关内容。

信息披露要求。上市公司赠与或者受赠资产，达到以下标准之一的，应当及时披露：具体详见本章节“重大交易其他规定”有关内容。如构成关联交易并达到以下标准之一的，应当及时披露：①与关联自然人发生的交易金额（包括承担的债务和费用）在 30 万元以上的交易；②与关联法人（或者其他组织）发生的交易金额（包括承担的债务和费用）在 300 万元以上，且占上市公司最近一期经审计净资产绝对值 0.5%以上的交易。

上市公司接受附义务的资产赠与或对外赠与资产的金额达到重大资产重组标准的，应当按照重大资产重组的规定履行程序和信息披露义务，具体标准详见本章节“重大资产重组”有关规定。

属于上交所科创板、深交所创业板上市公司的，具体以相关交易板块的上市规则为准。

（四）重大资产重组

1. 重大资产重组的定义

重大资产重组是指上市公司及其控股或者控制的公司在日常经营活动之外购买、出售资产或者通过其他方式进行资产交易达到规定的比例，导致上市公司的主营业务、资产、收入发生重大变化的资产交易行为。

2. 重大资产重组的原则

上市公司实施重大资产重组应当符合以下原则。①符合国家产业政策和有关环境保护、土地管理、反垄断等法律和行政法规的规定。②不会导致上市公司不符合股票上市条件。③重大资产重组所涉及的资产定价公允，不存在损害上市公司和股东合法权益的情形。④重大资产重组所涉及的资产权属清晰，资产过户或者转移不存在法律障碍，相关债权债务处理合法。⑤有利于上市公司增强持续经营能力，不存在可能导致上市公司重组后主要资产为现金或者无具体经营业务的情形。⑥有利于上市公司在业务、资产、财务、人员、机构等方面与实际控制人及其关联人保持独立，符合中国证监会关于上市公司独立性的相关规定。⑦有利于上市公司形成或者保持健全有效的法人治理结构。

3. 重大资产重组的情形

上市公司及其控股或者控制的公司购买、出售资产，达到下列标准之一的，构成重大资产重组：①购买、出售的资产总额占上市公司最近 1 个会计年度经审计的合并财务会计报告期末资产总额的比例达到 50%以上。②购买、出售的资产在最近 1 个会计年度所产生的营业收入占上市公司同期经审计的合并财务会计报告营业收入的比例达到 50%以上。③购买、出售的资产净额占上市公司最近 1 个会计年度经审计的合并财务会计报告期末净资产额的比例达到 50%以上，且超过 5000 万元人民币。

上市公司自控制权发生变更之日起 36 个月内，向收购人及其关联人购买资产，导致上市公司发生以下根本变化情形之一的，构成重大资产重组：①购买的资产总额占上市公司控制权发生变更的前 1 个会计年度经审计的合并财务会计报告期末资产总额的比例达到 100%以上。②购买的资产在最近 1 个会计年度所产生的营业收入占上市公司控制权发生变更的前 1 个会计年度经审计的合并财务会计报告营业收入的比例达到 100%以上。③购买的资产净额占上市公司控制权发生变更的前 1 个会计年度经审计的合并财务会计报告期末净资产额的比例达到 100%以上。④为购买资产发行的股份占上市公司首次向收购人及其关联人购买资产的董事会决议前 1 个交易日的股份的比例达到 100%以上。⑤上市公司向收购人及其关联人购买资产虽未达到本款①至④项标准，但可能导致上市公司主营业务发生根本变化。⑥中国证监会认定的可能导致上市公司发生根本变化的其他情形。

4. 重大资产重组的程序

上市公司进行重大资产重组，应当由董事会依法作出决议，并提交股东大会批准，经出席会议的股东所持表决权的 2/3 以上通过。

股东大会作出重大资产重组的决议后，上市公司拟对交易对象、交易标的、交易价格等作出变更，构成对原交易方案重大调整的，应当在董事会表决通过后重新提交股东大会审议。

上市公司重大资产重组事宜与本公司股东或者其关联人存在关联关系的，股东大会就重大资产重组事项进行表决时，关联股东应当回避表决。

交易对方已经与上市公司控股股东就受让上市公司股权或者向上市公司推荐董事达成协议或者默契，可能导致上市公司的实际控制权发生变化的，上市公司控股股东及其关联人应当回避表决。

5. 董事会决策要求

重大资产重组中相关资产以资产评估结果作为定价依据的，上市公司应当聘请符合《中华人民共和国证券法》规定的资产评估机构出具资产评估报告，资产评估机构应当按照资产评估相关准则和规范开展执业活动；相关资产不以资产评估结果作为定价依据的，上市公司应当在重大资产重组报告书中详细分析说明相关资产的估值方法、参数及其他影响估值结果的指标和因素。董事会应当对资产评估机构或估值机构的独立性、评估或估值假设前提的合理性、评估或估值方法与评估或估值目的的相关性、评估或估值定价的公允性发表明确意见，就重大资产重组是否构成关联交易作出明确判断。

6. 独立董事审议要求

上市公司独立董事应当对评估机构或者估值机构的独立性、评估或者估值假设前提的合理性和交易定价的公允性发表独立意见，在充分了解相关信息的基础上，就重大资产重组发表独立意见。重大资产重组构成关联交易的，独立董事可以另行聘请独立财务顾问就本次交易对上市公司非关联股东的影响发表意见。

（五）重大交易其他规定

应当披露的重大交易行为：①交易涉及的资产总额（同时存在账面值和评估值的，以高者为准）占上市公司最近一期经审计总资产的 10%以上。②交易标的（如股权）涉及的资产净额（同时存在账面值和评估值的，以高者为准）占上市公司最近一期经审计净资产的 10%以上，且绝对金额超过 1000 万元。③交易的成交金额（包括承担的债务和费用）占上市公司最近一期经审计净资产的 10%以上，且绝对金额超过 1000 万元。④交易产生的利润占上市公司最近一个会计年度经审计净利润的 10%以上，且绝对金额超过 100 万元。⑤交易标的（如股权）在最近一个会计年度相关的营业收入占上市公司最近一个会计年度经审计营业收入的 10%以上，且绝对金额超过 1000 万元。⑥交易标的（如股权）在最近 1 个会计年度相关的净利润占上市公司最近 1 个会计年度经审计净利润的 10%以上，且绝对金额超过

100 万元。

应当披露且应当提交股东大会审议的重大交易行为：除以“财务资助”“提供担保”等相关交易事项外，上市公司发生的交易达到下列标准之一的，上市公司除应当及时披露外，还应当提交股东大会审议：①交易涉及的资产总额（同时存在账面值和评估值的，以高者为准）占上市公司最近一期经审计总资产的 50%以上。②交易标的（如股权）涉及的资产净额（同时存在账面值和评估值的，以高者为准）占上市公司最近一期经审计净资产的 50%以上，且绝对金额超过 5000 万元。③交易的成交金额（包括承担的债务和费用）占上市公司最近一期经审计净资产的 50%以上，且绝对金额超过 5000 万元。④交易产生的利润占上市公司最近 1 个会计年度经审计净利润的 50%以上，且绝对金额超过 500 万元。⑤交易标的（如股权）在最近 1 个会计年度相关的营业收入占上市公司最近 1 个会计年度经审计营业收入的 50%以上，且绝对金额超过 5000 万元。⑥交易标的（如股权）在最近 1 个会计年度相关的净利润占上市公司最近 1 个会计年度经审计净利润的 50%以上，且绝对金额超过 500 万元。

公司发生“购买或者出售资产”交易，不论交易标的是否相关，若所涉及的资产总额或者成交金额在连续 12 个月内经累计计算超过公司最近一期经审计总资产 30%的，除应当披露并按照所在证券交易所股票上市规则要求进行审计或者评估外，还应当提交股东大会审议，并经出席会议的股东所持表决权的 2/3 以上通过。

二、产权变动

（一）国有股东转让上市公司股份审批

通过证券交易系统转让上市公司股份，有以下情形之一的，由国资委审核批准：①国有控股股东转让上市公司股份可能导致持股比例低于合理持股比例的。②总股本不超过 10 亿股的上市公司，国有控股股东拟于一个会计年度内累计净转让（累计转让股份扣除累计增持股份后的余额，下同）达到总股本 5%及以上的，或总股本超过 10 亿股的上市公司，国有控股股东拟于 1 个会计年度内累计转让数量达到 5000 万股及以上的。③国有参股股东拟于 1 个会计年度内累计净转让达到上市公司总股本 5%及以上的。

拟公开征集转让上市公司股份的，上市公司发布提示性公告后，国有股东应当及时将转让方案、可行性研究报告、内部决策文件、拟发布的公开征集信息等内容通过管理信息系统报国资委进行预审核。公开征集转让可能导致其持股比例低于合理持股比例的，由国资委审核批准；未导致低于合理持股比例的，由集团公司审核批准。

所持上市公司股份跨集团进行无偿划转或非公开协议转让的，由国资委审核批准；在本集团内部进行的，由集团公司审核批准。符合以下七种情形之一的，可以非公开协议转让：①上市公司连续两年亏损并存在退市风险或严重财务危机，受让方提出重大资产重组计划及具体时间表的。②公司主业处于关系国家安全、国民经济命脉的重要行业和关键领域，主要承担重大专项任务，对受让方有特殊要求的。③未实施国有资源整合或资产重组，在国有股东、潜在国有股东之间转让的。④上市公司回购股份涉及国有股东所持股份的。⑤国有股东因接受要约收购方式转让其所持上市公司股份的。⑥国有股东因解散、破产、减资、被依法责令关闭等原因转让其所持上市公司股份的。⑦国有股东所持上市公司股份出资的。

发行可交换公司债券，可能导致其持股比例低于合理持股比例的，由国资委审核批准；未导致低于合理持股比例以及国有参股股东发行可交换公司债券的，由集团公司审核批准。

所持上市公司股权间转让的，由国资委审核批准。

（二）国有股东控股上市公司发行证券审批

国有股东所控股上市公司采用公开方式向原始股东配售股份、向不特定对象公开募集股份的、采用非公开方式向特定对象发行股份以及发行可转换公司债券，可能导致其持股比例低于合理持股比例的，由国资委审核批准；未导致低于合理持股比例的，由集团公司审核批准。

国有控股上市公司之间或国有控股上市公司与非国有控股上市公司之间的吸收合并，由国资委审核批准。

（三）国有股东与上市公司资产重组审批

在上市公司董事会审议资产重组方案前，应当将可行性研究报告报国资委进行预审核。属于证监会规定的重大资产重组范围的，由国资委审核批准；不属于的，由集团公司审核批准；国有股东参股的非上市企业参与非国有控股上市公司的资产重组事项，由集团公司按照内部决策程序自主决定。

（四）国有股东受让上市公司股份审批

国有股东通过证券交易系统增持、协议受让、间接受让、要约收购上市公司股份和认购上市公司发行股票等，导致上市公司控股权转移的，由国资委审核批准；未导致上市公司控股权转移的，由集团公司审核批准。

（五）利润分配与资本公积金转增股本

1. 原则要求

上市公司派发股票股利、资本公积转增股本的，应当遵守法律法规、《企业会计准则》、所在证券交易所相关规定及公司章程等，其股份送转比例应当与业绩增长相匹配。派发现金红利同时派发股票股利的，应当结合公司发展阶段、成长性、每股净资产的摊薄和重大资金支出安排等因素，说明派发现金红利在本次利润分配中所占比例及其合理性。制定利润分配方案时，应当以母公司报表中可供分配利润为依据。在报告期结束后，至利润分配、资本公积金转增股本方案公布前股本总额发生变动的，应当以最新股本总额作为分配或者转增的股本基数。

2. 具体程序

董事会在审议利润分配、资本公积金转增股本方案时，应当明确在股本总额发生变动时的方案调整原则，股东大会审议通过方案后 2 个月内，完成利润分配及公积金转增股本事宜。

三、关联交易

上市公司应当保证关联交易的合法性、必要性、合理性和公允性，保持公司的独立性，不得利用关联交易调节财务指标，损害公司利益。交易各方不得隐瞒关联关系或者采取其他手段，规避公司的关联交易审议程序和信息披露义务。

（一）关联董事

回避与表决要求。上市公司董事会审议关联交易事项时，关联董事应当回避表决，也不得代理其他董事行使表决权。该董事会会议由过半数的非关联董事出席即可举行，董事会会议所作决议须经非关联董事过半数通过。出席董事会会议的非关联董事人数不足 3 人的，公司应当将交易提交股东大会审议。

前款所称关联董事包括下列董事或者具有下列情形之一的董事：①为交易对方。②拥有交易对方直接或者间接控制权的。③在交易对方任职，或者在能直接或间接控制该交易对方的法人或其他组织、该交易对方直接或者间接控制的法人或其他组织任职。④为交易对方或者其直接或者间接控制人的关系密切的家庭成员。⑤为交易对方或者其直接或者间接控制人的董事、监事或高级管理人员的关系密切的家庭成员。⑥中国证监会、上市公司所在证券交易所或者上市公司基于实质重于形式原则认定的其独立商业判断可能受到影响的董事。

（二）关联交易程序与信息披露

上市公司与关联人发生重大交易的程序和信息披露要求。具体详见前述章节“重大交易其他规定”。

上市公司与关联人发生日常关联交易的程序和信息披露要求。按照下述规定履行审议程序并披露：①已经股东大会或者董事会审议通过且正在执行的日常关联交易协议，如果执行过程中主要条款未发生重大变化的，公司应当在年度报告和半年度报告中按要求披露各协议的实际履行情况，并说明是否符合协议的规定。②如果协议在执行过程中主要条款发生重大变化或者协议期满需要续签的，公司应当将新修订或者续签的日常关联交易协议，根据协议涉及的总交易金额提交董事会或者股东大会审议，协议没有具体总交易金额的，应当提交股东大会审议。③首次发生的日常关联交易，公司应当根据协议涉及的总交易金额，履行审议程序并及时披露。④协议没有具体总交易金额的，应当提交股东大会审议。⑤如果协议在履行过程中主要条款发生重大变化或者协议期满需要续签的，按照本款前述规定处理。⑥公司可以按类别合理预计当年度日常关联交易金额，履行审议程序并披露。⑦实际执行超出预计金额的，应当按照超出金额重新履行审议程序并披露。⑧公司年度报告和半年度报告应当分类汇总披露日常关联交易的实际履行情况。⑨公司与关联人签订的日常关联交易协议期限超过 3 年的，应当每 3 年根据所在证券交易所的规定重新履行相关审议程序和披露义务。

（三）关联财务资助、担保

上市公司不得为股票上市规则中规定的关联人提供财务资助，但向非由上市公司控股股东、实际控制人控制的关联参股公司提供财务资助，且该参股公司的其他股东按出资比例提供同等条件财务资助的情形除外。

公司向前款规定的关联参股公司提供财务资助的，除应当经全体非关联董事的过半数审议通过外，还应当经出席董事会会议的非关联董事的 2/3 以上董事审议通过，并提交股东大会审议。

上市公司为关联人提供担保的，除应当经全体非关联董事的过半数审议通过外，还应当经出席董事会会议的非关联董事的 2/3 以上董事审议同意并作出决议，并提交股东大会审议。公司为控股股东、实际控制人及其关联人提供担保的，控股股东、实际控制人及其关联人应当提供反担保。

上市公司与关联人发生的交易金额（包括承担的债务和费用）在 3000 万元以上，且占上市公司最近一期经审计净资产绝对值 5%以上的，应当按照股票上市规则中的规定披露审计报告或者评估报告，并将该交易提交股东大会审议。

四、变更公司形式事项

（一）合并、分立、分拆

上市公司实施合并、分立、分拆上市的，应当遵守法律法规、所在证券交易所的相关规定，履行相应的审议程序和信息披露义务。

公司召开股东大会审议相关议案的，应当经出席股东大会的股东所持表决权的 2/3 以上通过。分拆上市的，还应当经出席会议的除公司董事、监事和高级管理人员以及单独或者合计持有公司 5%以上股份的股东以外的其他股东所持表决权的 2/3 以上通过。

上市公司所属子公司拟首次公开发行股票并上市的，上市公司董事会应当就所属子公司本次股票发行的具体方案作出决议，并提请股东大会审议。

所属子公司拟重组上市的，上市公司董事会应当就本次重组上市的具体方案作出决议，并提请股东大会审议。

（二）退市、终止上市

退市包括强制终止上市（以下简称强制退市）和主动终止上市。强制退市分为交易类强制退市、财务类强制退市、规范类强制退市和重大违法类强制退市四类情形。具体退市情形详见所在证券交易所的股票上市规则相关条款。

五、重大财务事项

（一）会计政策变更

上市公司自主变更会计政策的，除应当在董事会审议通过后及时按照所在证券交易所的规定披露外，还应当披露董事会、独立董事和监事会对会计政策变更是否符合相关规定的意见。需股东大会审议的，还应当披露会计师事务所出具的专项意见。

（二）会计估计变更

上市公司变更重要会计估计的，应当在变更生效当期的定期报告披露前将变更事项提交董事会审议，并在董事会审议通过后比照自主变更会计政策履行披露义务。

（三）募集资金

上市公司的董事、监事和高级管理人员应当勤勉尽责，督促上市公司规范使用募集资金，自觉维护上市公司募集资金安全，不得参与、协助或纵容上市公司擅自或变相改变募集资金用途。独立董事应当关注募集资金实际使用情况与上市公司信息披露情况是否存在差异。经 1/2 以上独立董事同意，独立董事可以聘请会计师事务所对募集资金存放与使用情况出具鉴证报告，上市公司应当积极配合，并承担必要的费用。

募集资金的使用。上市公司募集资金原则上应当用于主营业务。除金融类企业外，募集资金投资项目不得为持有交易性金融资产和可供出售的金融资产、借予他人、委托理财等财务性投资，不得直接或间接投资于以买卖有价证券为主要业务的公司。科创板上市公司募集资金使用应符合国家产业政策和相关法律法规，并应当投资于科技创新领域。上市公司改变招股说明书或者其他公开发行募集文件所列资金用途的，必须经股东大会作出决议。使用闲置募集资金投资产品或暂时用于补充流动资金的，应当经上市公司董事会审议通过，独立董事、监事会、保荐机构发表明确同意意见。

超募资金的使用。超募资金可用于永久补充流动资金和归还银行借款，每 12 个月内累计金额不得超过超募资金总额的 30%。超募资金用于永久补充流动资金和归还银行借款的，应当经上市公司股东大会审议批准，并提供网络投票表决方式，独立董事、保荐机构应当发表明确同意意见并披露。

（四）融资管理（股权融资、债务融资）

发行证券。上市公司可以向不特定对象、特定对象发行证券。向不特定对象发行证券包括上市公司向原股东配售股份、向不特定对象募集股份和向不特定对象发行可转债。向特定对象发行证券包括上市公司向特定对象发行股票、向特定对象发行可转债。

发行方案的论证分析报告。董事会应当结合上市公司所处行业和发展阶段、融资规划、财务状况、资金需求等情况编制债券发行方案的论证分析报告，独立董事应当发表专项意见。具体报告应当包括下列内容：①发行证券及其品种选择的必要性；②发行对象的选择范围、数量和标准的适当性；③发行定价的原则、依据、方法和程序的合理性；④本次发行方式的可行性；⑤本次发行方案的公平性、合理性；⑥本次发行对原股东权益或者即期回报摊薄的影响以及填补的具体措施。

上市公司发行债券的程序。上市公司申请发行证券，董事会应当依法就证券发行的方案、论证分析报告、募集资金使用的可行性报告、其他必须明确的事项作出决议，并提请股东大会批准。股东大会就发行证券事项作出决议，必须经出席会议的股东所持表决权的 2/3 以上通过，中小投资者表决情况应当单独计票。如向本公司特定的股东及其关联人发行证券的，股东大会就发行方案进行表决时，关联股东应当回避，股东大会对引入战略投资者议案作出决议的，应当就每名战略投资者单独表决。

（五）减持股份

大股东（指上市公司控股股东和持股 5%以上股东，下同）不得减持股份的情形：①上市公司或者大股东因涉嫌证券期货违法犯罪，在被中国证监会立案调查或者被司法机关立案侦查期间，以及在行政处罚决定、刑事判决作出之后未满 6 个月的。②大股东因违反证券交易所规则，被证券交易所公开谴责未满 3 个月的。③中国证监会规定的其他情形。

上市公司大股东在 3 个月内通过证券交易所集中竞价交易减持股份的总数，不得超过公司股份总数的 1%。

董监高不得减持股份的情形：①董监高因涉嫌证券期货违法犯罪，在被中国证监会立案调查或者被司法机关立案侦查期间，以及在行政处罚决定、刑事判决作出之后未满 6 个月的。②董监高因违反证券交易所规则，被证券交易所公开谴责未满 3 个月的。③中国证监会规定的其他情形。

（六）股权激励

上市公司实行股权激励，应当符合法律、行政法规、监管规定和公司章程的规定，有利于上市公司的持续发展，不得损害上市公司利益。上市公司的董事、监事和高级管理人员在实行股权激励中应当诚实守信，勤勉尽责，维护公司和全体股东的利益。

实施股权激励的条件：①公司治理结构规范，股东会、董事会、经理层组织健全，职责明确，外部董事（含独立董事，下同）占董事会成员半数以上。②薪酬委员会由外部董事构成，且薪酬委员会制度健全，议事规则完善，运行规范。③内部控制制度和绩效考核体系健全，基础管理制度规范，建立了符合市场经济和现代企业制度要求的劳动用工、薪酬福利制度及绩效考核体系。④发展战略明确，资产质量和财务状况良好，经营业绩稳健。⑤近 3 年无财务违法违规行为和不良记录。⑥证券监管部门规定的其他条件。

不得实施股权激励的情形：①最近 1 个会计年度财务会计报告被注册会计师出具否定意见或者无法表示意见的审计报告。②最近 1 个会计年度财务报告内部控制被注册会计师出具否定意见或无法表示意见的审计报告。③上市后最近 36 个月内出现过未按法律法规、公司章程、公开承诺进行利润分配的情形。④法律法规规定不得实行股权激励的。⑤中国证监会认定的其他情形。

不得成为股权激励的对象：①单独或合计持有上市公司 5%以上股份的股东或实际控制人及其配偶、父母、子女，不得成为激励对象。②最近 12 个月内被证券交易所认定为不适当人选；最近 12 个月内被中国证监会及其派出机构认定为不适当人选。③最近 12 个月内因重大违法违规行为被中国证监会及其派出机构行政处罚或者采取市场禁入措施。④具有《中华人民共和国公司法》规定的不得担任公司董事、高级管理人员情形的。⑤法律法规规定不得参与上市公司股权激励的。⑥上市公司监事、独立董事以及由上市公司控股公司以外的人员担任的外部董事。⑦未在国有控股上市公司任职、不属于上市公司的人员（包括控股股东公司的员工）不得参与国有控股上市公司股权激励计划。⑧中国证监会认定的其他情形。

股权激励的股票限制：①上市公司全部在有效期内的股权激励计划所涉及的标的股票总数累计不得超过公司股本总额的 10%。非经股东大会特别决议批准，任何一名激励对象通过全部在有效期内的股权激励计划获授的本公司股票，累计不得超过公司股本总额的 1%。②上市公司首次实施股权激励计划授予的股权数量原则上应控制在上市公司股本总额的 1%以内。③上市公司任何一名激励对象通过全部有效的股权激励计划获授的本公司股权，累计不得超过公司股本总额的 1%，经股东大会特别决议批准的除外。

实施股权激励的审批程序：①上市公司董事会下设的薪酬与考核委员会负责拟订股权激励计划草案。②上市公司实行股权激励，董事会应当依法对股权激励计划草案作出决议，拟作为激励对象的董事或与其存在关联关系的董事应当回避表决。③独立董事及监事会应当就股权激励计划草案是否有利于上市公司的持续发展，是否存在明显损害上市公司及全体股东利益的情形发表意见。④董事会依法履行公示、公告程序后，将股权激励计划提交股东大会审议。⑤股东大会应当依法对股权激励计划内容进行表决，并经出席会议的股东所持表决权的 2/3 以上通过，拟为激励对象的股东或者与激励对象存在关联关系的股东，应当回避表决。其中，国有控股上市公司的国有控股股东在股东大会审议批准股权激励计划之前，应当将上市公司拟实施的股权激励计划报履行国有资产出资人职责的机构或部门审核，经审核同意后提请股东大会审议；国有控股股东应当将上市公司按股权激励计划实施的分期股权激励方案，事前报履行国有资产出资人职责的机构或部门备案。

员工持股计划的持股期限限制：每期员工持股计划的持股期限不得低于 12 个月，以非公开发行方式实施员工持股计划的，持股期限不得低于 36 个月，自上市公司公告标的股票过户至本期持股计划名下时起算。

员工持股计划的持股规模限制：上市公司全部有效的员工持股计划所持有的股票总数累计不得超过公司股本总额的 10%，单个员工所获股份权益对应的股票总数累计不得超过公司股本总额的 1%。员工持股计划持有的股票总数不包括员工在公司首次公开发行股票上市前获得的股份、通过二级市场自行购买的股份及通过股权激励获得的股份。

员工持股计划草案内容：①员工持股计划的参加对象及确定标准、资金、股票来源。②员工持股计划的存续期限、管理模式、持有人会议的召集及表决程序。③公司融资时员工持股计划的参与方式。④员工持股计划的变更、终止，员工发生不适合参加持股计划情况时所持股份权益的处置办法。⑤员工持股计划持有人代表或机构的选任程序。⑥员工持股计划管理机构的选任、管理协议的主要条款、管理费用的计提及支付方式。⑦员工持股计划期满后员工所持有股份的处置办法。⑧其他重要事项。

员工持股计划的实施程序：上市公司实施员工持股计划前，应当通过职工代表大会等组织充分征求员工意见；上市公司董事会提出员工持股计划草案并提交股东大会表决。

独立董事和监事会应当就员工持股计划是否有利于上市公司的持续发展，是否损害上市公司及全体股东利益，公司是否以摊派、强行分配等方式强制员工参加本公司持股计划发表意见。

上市公司应当在董事会审议通过员工持股计划草案后的 2 个交易日内，公告董事会决议、员工持股计划草案摘要、独立董事及监事会意见及与资产管理机构签订的资产管理协议。

（七）股份回购

实施股份回购应当同时具备的条件：①公司股票上市已满 1 年。②公司最近一年无重大违法行为。③回购股份后，上市公司具备持续经营能力和债务履行能力。④回购股份后，上市公司的股权分布原则上应当符合上市条件。⑤公司拟通过回购股份终止其股票上市交易的，应当符合证券交易所的相关规定。⑥中国证监会、证券交易所规定的其他条件。

满足前述条件并符合以下情形之一的，可以实施股份回购的情形：①减少公司注册资本。②将股份用于员工持股计划或者股权激励。③将股份用于转换上市公司发行的可转换为股票的公司债券。④满足以下条件之一（公司股票收盘价格低于最近一期每股净资产；连续 20 个交易日内公司股票收盘价格跌幅累计达到 30%；中国证监会规定的其他条件），出于为维护公司价值及股东权益所必需。

（八）股份分红

章程关于现金分红的要求。上市公司章程应当明确以下内容：①公司董事会、股东大会对利润分配尤其是现金分红事项的决策程序和机制，对既定利润分配政策尤其是现金分红政策作出调整的具体条件、决策程序和机制，以及为充分听取独立董事和中小股东意见所采取的措施。②公司的利润分配政策尤其是现金分红政策的具体内容，利润分配的形式，利润分配尤其是现金分红的期间间隔，现金分红的具体条件，发放股票股利的条件，各期现金分红最低金额或比例（如有）等。③现金分红相对于股票股利在利润分配方式中的优先顺序。

差异化现金分红政策。上市公司董事会应当综合考虑所处行业特点、发展阶段、自身经营模式、盈利水平以及是否有重大资金支出安排等因素提出差异化现金分红政策：①公司发展阶段属成熟期且无重大资金支出安排的，进行利润分配时，现金分红在本次利润分配中所占比例最低应达到 80%。②公司发展阶段属成熟期且有重大资金支出安排的，进行利润分配时，现金分红在本次利润分配中所占比例最低应达到 40%。③公司发展阶段属成长期且有重大资金支出安排的，进行利润分配时，现金分红在本次利润分配中所占比例最低应达到 20%。④现金分红在本次利润分配中所占比例为现金股利除以现金股利与股票股利之和。

现金分红的程序。上市公司制定利润分配政策时，应当履行公司章程规定的决策程序。上市公司对公司章程确定的现金分红政策进行调整或者变更的，应当满足公司章程规定的条件，履行相应的决策程序，并经出席股东大会的股东所持表决权的 2/3 以上通过。上市公司在制定现金分红具体方案时，董事会应当认真研究和论证公司现金分红的时机、条件和最低比例、调整的条件及其决策程序要求等事宜，独立董事应当发表明确意见。独立董事可以征集中小股东的意见，提出分红提案，并直接提交董事会审议。

第三节　定期报告

一、业绩预告

上市公司预计年度经营业绩和财务状况将出现下列情形之一的，应当在会计年度结束后 1 个月内进行预告：①净利润为负值。②净利润实现扭亏为盈。③实现盈利，且净利润与上年同期相比上升或者下降 50%以上。④扣除非经常性损益前后的净利润孰低者为负值，且扣除与主营业务无关的业务收入和不具备商业实质的收入后的营业收入低于 1 亿元。⑤期末净资产为负值。⑥所在证券交易所认定的其他情形。

公司预计半年度经营业绩将出现前款第①—③项情形之一的，应当在半年度结束后 15 日内进行预告。

二、业绩快报

业绩快报应当包括公司本期及上年同期营业收入、营业利润、利润总额、净利润、扣除非经常性损益后的净利润、总资产、净资产、每股收益、每股净资产和净资产收益率等数据和指标。

上市出现以下情形之一的，公司应当及时披露业绩快报：①在定期报告披露前向有关机关报送未公开的定期财务数据，预计无法保密的。②在定期报告披露前出现业绩泄露，或者因业绩传闻导致公司股票及其衍生品种交易异常波动的。③拟披露第一季度业绩，但上年度年度报告尚未披露（公司应当在不晚于第一季度业绩相关公告发布时披露上一年度的业绩快报）。

上市公司披露业绩快报后，如预计本期业绩或者财务状况与已披露的业绩快报数据和指标差异幅度达到 20%以上，或者最新预计的报告期净利润、扣除非经常性损益后的净利润或者期末净资产与已披露的业绩快报发生方向性变化的，应当及时披露业绩快报更正公告，说明具体差异及造成差异的原因。

三、年度、半年、季度报告

上市公司年度报告中的财务会计报告应当经会计师事务所审计。半年度报告中的财务会计报告可以不经审计，但有下列情形之一的，应当经过审计：①拟依据半年度财务数据派发股票股利、进行公积金转增股本或者弥补亏损。②中国证监会或者所在证券交易所认为应当进行审计的其他情形。

发行可转换公司债券的上市公司，其年度报告和半年度报告还应当包括以下内容：①转股价格历次调整、修正的情况，经调整、修正后的最新转股价格。②可转换公司债券发行后累计转股的情况。③前 10 名可转换公司债券持有人的名单和持有量。④担保人盈利能力、资产状况和信用状况发生重大变化的情况（如适用）。⑤公司的负债情况、资信变化情况以及在未来年度偿债的现金安排。⑥中国证监会和证券交易所规定的其他内容。

四、董事监事履职要求

上市公司董事、监事应当及时、全面了解和关注公司经营情况和财务信息，并和会计师事务所进行必要的沟通，审慎判断是否应当披露业绩预告。应当对业绩预告及更正公告、业绩快报及更正公告、盈利预测及更正公告披露的准确性负责，确保披露情况与公司实际情况不存在重大差异。

半数以上的董事无法保证定期报告内容的真实性、准确性、完整性的，视为董事会未审议通过。独立董事应当就定期报告发表独立意见。

上市公司董事、监事应当对董事会编制的定期报告进行审核并提出审核意见。无法保证定期报告内容的真实性、准确性、完整性或者有异议的，应当在董事会或者监事会审议、审核定期报告时投反对票或者弃权票，并在书面确认意见中发表意见、陈述理由并签署书面确认意见。

董事、监事不得以任何理由拒绝对定期报告签署书面意见。

第四节　独立董事的特别规定

一、独立董事的职责

（1）依法参加所受聘企业董事会会议和相关董事会专门委员会会议，就会议讨论决定事项独立、客观、公正发表明确意见，并为此承担相应责任。

（2）主动持续了解政策法规、相关监管要求变化和所受聘企业经营管理情况，参与企业战略决策和运行监控，对决策的可行性、合理性、科学性进行监督，规避企业经营风险。对于可能损害所受聘企业合法权益的情况，及时向股东大会报告。

（3）关注所受聘企业长期发展目标与核心竞争力培育，积极发挥顾问和咨询作用。

（4）督促所受聘企业建立权责法定、权责透明、协调运转、有效制衡的法人治理结构，推动中国特色现代企业制度建设。

（5）对上市公司经营发展提供专业、客观的建议，促进提升董事会决策水平。

（6）对上市公司与其控股股东、实际控制人、董事、高级管理人员之间的潜在重大利益冲突事项进行监督，促使董事会决策符合上市公司整体利益，保护中小股东合法权益。

（7）法律、行政法规、中国证监会规定和公司章程规定的其他职责。

二、独立董事的履职要求

（1）独立董事应对所受聘企业及其全体股东负有诚信、勤勉义务，应当按照国家法律法规、相关监管规定和公司章程有关要求，独立履行职责，客观、公正发表相关意见，不受与所受聘企业存在重大利害关系的单位或者个人的影响，维护所受聘企业合法权益。

（2）独立董事应当出席董事会会议和所任职董事会专门委员会会议，根据公司章程规定列席股东大会。独立董事因故不能出席董事会会议的，应当书面委托其他独立董事代为出席。未出席董事会会议次数达到有关监管机构要求或公司章程规定的，视为不履行职责，由董事会提请股东大会予以撤换。

（3）出资企业应当根据相关监管规定和企业实际，明确独立董事在所受聘企业的最低工作时间等履职要求及标准，确保独立董事投入足够的时间履行职责。独立董事每年在同一家所受聘企业履职时间一般不少于 15 个工作日。独立董事应当每年撰写尽职报告，并提交股东大会。

（4）出资企业应当保证独立董事与其他董事同等的知情权，应当及时、完整地向独立董事提供参与决策的必要信息。应当为独立董事履行职责提供必需的工作条件，应当为发挥独立董事的决策、监督作用创造良好的内部环境，不得干预其独立行使职权。出资企业应当给予独立董事适当的津贴。津贴标准应当充分体现独立董事所承担的职责，津贴方案应充分考虑独立董事的履职情况和年度履职评价结果。除上述津贴外，独立董事不应从所受聘企业及其主要股东或有利害关系的机构和人员取得额外的其他利益。出资企业应按照有关规定组织独立董事参加监管机构组织或认可的独立董事培训，也可根据需要为独立董事组织有助于其履职的内部培训。独立董事参加以上培训的相关费用由所受聘企业承担。

三、独立董事的特别职权

独立董事行使下列特别职权：①独立聘请中介机构，对上市公司具体事项进行审计、咨询或者核查；②向董事会提议召开临时股东大会；③提议召开董事会会议；④依法公开向股东征集股东权利；⑤对可能损害上市公司或者中小股东权益的事项发表独立意见；⑥ 2 名及以上独立董事认为会议材料不完整、论证不充分或者提供不及时的，可以书面向董事会提出延期召开会议或者延期审议该事项，董事会应当予以采纳。⑦法律、行政法规、中国证监会规定和公司章程规定的其他职权。

独立董事行使前款第①—③项所列职权的，应当经全体独立董事过半数同意。

独立董事行使第①款所列职权的，上市公司应当及时披露。上述职权不能正常行使的，上市公司应当披露具体情况和理由。

四、独立董事特别决议事项

上市公司董事、监事、高级管理人员、员工或者其所控制或者委托的法人或者其他组织，拟对本公司进行收购或者通过《上市公司收购管理办法》第五章规定的方式取得本公司控制权的，公司董事会成员中独立董事的比例应当达到或者超过 1/2。本次收购应当经董事会非关联董事作出决议，且取得 2/3 以上的独立董事同意后，提交公司股东大会审议，经出席股东大会的非关联股东所持表决权过半数通过。

披露基金年度报告应经 2/3 以上独立董事签字同意，并由董事长签发。

基金管理公司的董事会审议下列事项，应当经过 2/3 以上的独立董事通过：公司及公募基金投资运作中的重大关联交易；公司和公募基金审计事务，聘请或者更换会计师事务所；公司管理的公募基金的中期报告和年度报告；法律、行政法规和公司章程规定的其他事项。

下列事项应当经上市公司全体独立董事过半数同意后，提交董事会审议：应当披露的关联交易；上市公司及相关方变更或者豁免承诺的方案；被收购上市公司董事会针对收购所作出的决策及采取的措施；法律、行政法规、中国证监会规定和公司章程规定的其他事项。

五、独立董事应当发表独立意见的情形

独立董事应当对以下事项向董事会或股东大会发表独立意见：①对外担保。②重大关联交易。③董事的提名、任免、聘任或者解聘高级管理人员。④董事、高级管理人员的薪酬和股权激励计划。⑤变更募集资金用途。⑥超募资金用于永久补充流动资金和归还银行借款。⑦制定资本公积金转增股本预案。⑧制定利润分配政

策、利润分配方案及现金分红方案。⑨因会计准则变更以外的原因作出会计政策、会计估计变更或重大会计差错更正。⑩上市公司的财务会计报告被注册会计师出具非标准无保留审计意见。⑪会计师事务所的聘用及解聘。⑫管理层收购。⑬重大资产重组。⑭以集中竞价交易方式回购股份。⑮内部控制评价报告。⑯上市公司承诺相关方的承诺变更方案。⑰优先股发行对公司各类股东权益的影响。⑱法律、行政法规、部门规章、规范性文件、自律规则及公司章程规定的或中国证监会认定的其他事项。⑲独立董事认为可能损害上市公司及其中小股东权益的其他事项。

独立董事应当就前款事项发表以下几类意见之一：①同意。②保留意见及其理由。③反对意见及其理由。④无法发表意见及其障碍。

独立董事对重大事项出具的独立意见至少应当包括以下内容：①重大事项的基本情况。②发表意见的依据，包括所履行的程序、核查的文件、现场检查的内容等。③重大事项的合法合规性。④对上市公司和中小股东权益的影响、可能存在的风险以及公司采取的措施是否有效。⑤发表的结论性意见，对重大事项提出保留意见、反对意见或者无法发表意见的，相关独立董事应当明确说明理由、无法发表意见的障碍。

六、独立董事回避情形

当独立董事履职期间出现对其独立性构成影响的情形时，独立董事应当主动向所受聘企业董事会申明，并同时申请表决回避。董事会在收到独立董事个人申明后，应当以会议决议方式对该独立董事是否符合独立性要求做出认定。董事会认定其不符合独立性要求的，独立董事应当主动提出辞职。

七、独立董事尽调报告的内容

（1）参加会议情况，包括未出席董事会、董事会专门委员会等相关会议的次数及原因。

（2）发表意见情况，包括投弃权或反对票的情况及原因，无法发表意见的情况及障碍。

（3）为了解所受聘企业经营管理状况所做的工作，包括开展现场调研、专项调查、与经理层工作沟通等。

（4）履职过程中存在的障碍，包括知情权未能得到保障的情况、履职受到干扰或阻碍的情况，以及向董事会和经理层提出工作意见和建议未被采纳的情况。

（5）年度工作自我评价，包括是否持续保持独立性、是否存在未尽独立董事职责的自我评价，以及参加培训的情况等。

（6）对董事会及经理层工作的评价。

（7）独立董事认为应当提请股东大会关注的其他事项。

第五节　董事会、股东大会特别决议事项

一、应当提交董事会特别决议事项

上市公司因将股份用于员工持股计划或者股权激励或将股份用于转换上市公司发行的可转换为股票的公司债券或为维护公司价值及股东权益所必需收购本公司股份的，可以依照公司章程的规定或者股东大会的授权，经三分之二以上董事出席的董事会会议决议。

董事会审批的对外担保，必须经出席董事会的三分之二以上董事审议同意并作出决议。

【沪深主板】

上市公司为关联人提供担保的，除应当经全体非关联董事的过半数审议通过外，还应当经出席董事会会议的非关联董事的三分之二以上董事审议同意并作出决议，并提交股东大会审议。

上市公司发生“财务资助”交易事项，应当经出席董事会会议的三分之二以上董事审议通过，并及时披露。

【沪主板 / 深交所】

上市公司向关联参股公司提供财务资助的，除应当经全体非关联董事的过半数审议通过外，还应当经出席董事会会议的非关联董事的三分之二以上董事审议通过，并提交股东大会审议。

【沪主板】

上市公司在任高级管理人员出现最近 36 个月内受到中国证监会行政处罚或最近 36 个月内受到证券交易所公开谴责或者 2 次以上通报批评规定情形的，董事会、监事会认为其继续担任高级管理人员职务对公司经营有重要作用的，可以提名其为下一届候选人，并应当充分披露提名理由。

前述高级管理人员提名的相关决议应当经董事会三分之二以上通过。

二、应当提交股东大会特别决议事项

股东大会作出决议，必须经出席会议的股东所持表决权过半数通过。

以下事项由股东大会以特别决议（出席会议的股东所持表决权的三分之二以上）通过：①公司增加或者减少注册资本。②公司的分立、分拆、合并、解散和清算。③章程的修改。④公司在一年内购买、出售重大资产或者担保金额超过公司最近一期经审计总资产百分之三十的。⑤股权激励计划。⑥法律、行政法规或公司章程规定的，以及股东大会以普通决议认定会对公司产生重大影响的、需要以特别决议通过的其他事项。

公司以减少注册资本为目的回购普通股公开发行优先股，以及以非公开发行优先股为支付手段向公司特定股东回购普通股的，股东大会就回购普通股作出决议，应当经出席会议的普通股股东（含表决权恢复的优先股股东）所持表决权的三分之二以上通过。

确有必要对公司章程确定的现金分红政策进行调整或者变更的，应当满足公司章程规定的条件，履行相应的决策程序，并经出席股东大会的股东所持表决权的三分之二以上通过。

股东大会就发行证券事项作出决议，必须经出席会议的股东所持表决权的三分之二以上通过，中小投资者表决情况应当单独计票。

上市公司可转债募集说明书约定转股价格向下修正条款的，应当同时约定：转股价格修正方案须提交发行人股东大会表决，且须经出席会议的股东所持表决权的三分之二以上同意，持有发行人可转债的股东应当回避。

上市公司股东大会对引入战略投资者议案作出决议，应当就每名战略投资者单独表决，且必须经出席会议的股东所持表决权三分之二以上通过，中小投资者的表决情况应当单独计票并披露。

按照担保金额连续 12 个月内累计计算原则，超过上市公司最近一期经审计总资产 30%的担保，上市公司股东大会审议时，应当经出席会议的股东所持表决权的三分之二以上通过。

公司发生“购买或者出售资产”交易，不论交易标的是否相关，若所涉及的资产总额或者成交金额在连续 12 个月内经累计计算超过公司最近一期经审计总资产 30%的，除应当披露并参照相关规定进行审计或者评估外，还应当提交股东大会审议，并经出席会议的股东所持表决权的三分之二以上通过。（创业板：应当以资产总额和成交金额中的较高者作为计算标准）

股东大会就以下事项作出特别决议，除须经出席会议的普通股股东（含表决权恢复的优先股股东，包括股东代理人）所持表决权的三分之二以上通过之外，还须经出席会议的优先股股东（不含表决权恢复的优先股股东，包括股东代理人）所持表决权的三分之二以上通过：①修改公司章程中与优先股相关的内容。②一次或累计减少公司注册资本超过百分之十。③公司合并、分立、解散或变更公司形式。④发行优先股。⑤公司章程规定的其他情形。

【深交所】

以下事项必须经出席股东大会的股东所持表决权的三分之二以上通过：①修改公司章程及其附件（包括股东大会议事规则、董事会议事规则及监事会议事规则）。②增加或者减少注册资本。③公司合并、分立、解散或者变更公司形式。④分拆所属子公司上市。⑤《股票上市规则》规定的连续 12 个月内购买、出售重大资产或者担保金额超过公司资产总额百分之三十。⑥发行股票、可转换公司债券、优先股以及中国证监会认可的其他证券品种。⑦回购股份用于减少注册资本。⑧重大资产重组。⑨股权激励计划。⑩上市公司股东大会决议主动撤回其股票在交易所上市交易、并决定不再在交易所交易或者转而申请在其他交易场所交易或转让。⑪股东大会以普通决议认定会对公司产生重大影响、需要以特别决议通过的其他事项。⑫法律法规、本所相关规定、公司章程或股东大会议事规则规定的其他需要以特别决议通过的事项。

前款第④项、第⑩项所述提案，除应当经出席股东大会的股东所持表决权的三分之二以上通过外，还应当经出席会议的除上市公司董事、监事、高级管理人员和单独或者合计持有上市公司 5%以上股份的股东以外的其他股东所持表决权的三分之二以上通过。

【上交所】

公司在特殊情况下无法按照既定的现金分红政策或最低现金分红比例确定当年利润分配方案的，应当在年度报告中披露具体原因以及独立董事的明确意见。公司当年利润分配方案应当经出席股东大会的股东所持表决权的三分之二以上通过。

【创业板 / 科创板】

发行人首次公开发行并上市前设置表决权差异安排的，应当经出席股东大会的股东所持三分之二以上的表决权通过。

股东大会对改变特别表决权股份享有的表决权数量作出决议，应当经出席会议的股东所持表决权的三分之二以上通过。

【北交所】

股东大会审议关于变更表决权差异安排的相关议案时，应当经出席会议的股东所持表决权的三分之二以上通过。股东大会决议公告中应当包括中小股东单独计票结果。

上市公司全部在有效期内的股权激励计划所涉及的标的股票总数，累计不得超过公司股本总额的 30%。

经出席会议的股东所持表决权的三分之二以上通过，单个激励对象通过全部在有效期内的股权激励计划获授的本公司股票，累计可以超过公司股本总额的 1%。

【沪主板 / 深交所】

上市公司存在退市可能，且公司董事会已审议并公告筹划重大资产重组事项的，公司董事会应及时召开股东大会决定公司股票在终止上市后是否进入退市整理期交易，选择下述议案之一提交股东大会审议：公司股票被作出终止上市决定后进入退市整理期并终止重大资产重组事项；公司股票被作出终止上市决定后不进入退市整理期并继续推进重大资产重组事项。

前述议案应当经出席会议股东所持表决权的三分之二以上通过。对于单独或者合计持有上市公司 5%以下股份的股东表决情况，应当进行单独计票并披露。

上市公司出现下列情形之一的，可以向交易所申请主动终止上市：公司股东大会决议主动撤回其股票在交易所的交易，并决定不再在交易所交易；公司股东大会决议主动撤回其股票在交易所的交易，并转而申请在其他交易场所交易或转让。

因上述两款规定召开的股东大会决议事项，除须经出席会议的全体股东所持有效表决权的三分之二以上通过外，还须经出席会议的除下列股东以外的其他股东所持有效表决权的三分之二以上通过：上市公司的董事、监事和高级管理人员；单独或者合计持有上市公司 5%以上股份的股东。

【北交所】

上市公司股东大会决议解散公司，向北交所申请终止上市，应召开董事会、股东大会审议终止上市相关事项，股东大会除须经出席会议的全体股东所持有效表决权的三分之二以上通过外，还须经出席会议的中小股东所持有效表决权的三分之二以上通过。

北交所作出是否同意上市公司股票终止上市的决定前，上市公司申请撤回终止上市的，应当召开董事会、股东大会审议撤回终止上市相关事项，股东大会须经出席会议的股东所持表决权的三分之二以上通过。

【沪深主板】

退市公司拟申请重新上市的，应当召开董事会和股东大会，就申请重新上市事宜作出决议。股东大会决议须经出席会议的股东所持表决权的三分之二以上通过。

上市公司相关股东会议投票表决股权分置改革方案，须经参加表决的股东所持表决权的三分之二以上通过，并经参加表决的流通股股东所持表决权的三分之二以上通过。

04 第四章

外部董事监事履职典型案例

案例 1：因未能证明履职到位，外部董事最终因公司违法受牵连——胡某某与中国证监会行政纠纷案【（2017）京行终 3225 号】

基本情况：2016 年 7 月，证监会对丹东欣泰电气公司“首次公开发行股票并在创业板上市申请文件中相关财务数据存在虚假记载”的违法行为进行处罚，并认定外部董事胡某某为直接责任人对其进行处罚。胡某某不服证监会处罚向北京第一中级人民法院提起行政诉讼，被驳回起诉。

法院认为：董事履行勤勉义务具有相对独立性，对公司财务状况以及委托外部专业审计机构开展独立的审计工作负有合理、审慎的注意和独立履行职责的义务。从董事会会议记录看，胡某某在参加董事会表决时，意见都只有简单的“同意”以及手写的签名，没有任何关于对相关财务会计资料以及外部专业审计机构审计报告的仔细研究、审慎讨论以及提出疑问或风险等记载，不足以认定胡某某已经适当地履行了董事所承担的法定的勤勉尽责义务。

经营启示：案件反映了许多外部董事监事对于履职存在错误认知，由于不在公司担任具体管理职务，对于公司情况未充分了解，认为自身只是传达出资人意见的通道，导致履职沦为“走过场”。这无疑是一种误区，外部董事监事的勤勉义务是基于其董事、监事身份所产生的基本义务，并不因其来自“外部”而有所减免，如违反同样存在被追究责任的法律风险。因此，外部董事监事要认真履行职责，贯彻落实股东的战略意图，与股东有效沟通，准确理解并表达股东意图。

案例 2：公司董事因未履行催缴出资义务，被判赔偿 3000 万元——斯曼特微显示科技（深圳）有限公司、胡某生损害公司利益责任纠纷再审案【（2018）最高法民再 366 号】

基本情况：因该公司股东未履行出资义务，公司董事未向欠缴出资股东催缴出资，被法院认定违反勤勉义务。本案中，公司作为原告历经一审、二审败诉后，经最高人民法院再审，判决公司全体董事在公司股东欠缴出资范围内对公司承担连带责任，即连带赔偿公司人民币 3000 万元。主要理由是董事未在股东出资期限届满之后向股东履行催缴出资的义务，以消极不作为的方式构成了对董事勤勉义务的违反。

法院认为：董事、监事、高级管理人员应当遵守法律、行政法规和公司章程，对公司负有忠实义务和勤勉义务。董事负有向未履行或未全面履行出资义务的股东催缴出资的义务，这是由董事的职能定位和公司资本的重要作用决定的。董事未能提交证据证明其在股东出资期限届满之后向股东履行催缴出资的义务，以消极不作为的方式构成了对董事勤勉义务的违反。未尽《中华人民共和国公司法》上述义务的董事、高级管理人员应当承担相应损害责任，承担责任后可向未履行或未全面履行出资义务的被告股东追偿。

经营启示：近几年，国有企业混合制改革成为各地国有企业扩大市场、增强企业实力的首选路径，在混改中不管是增资扩股还是股权转让，都需要对国有企业资产状况、财务状况进行评估，如果股东未履行或未完全履行出资义务，一方面可能影响混改的进度，另一方面即便需要整改，国有企业出资又可能牵扯到多个上级管理机构，出资不到位的问题难以尽快解决，此时外部董事就要面临较大的法律风险，如果外部董事未发现企业出资不到位或者明知出资不到位却未及时督促催缴，很可能被认定未尽到忠实勤勉责任从而承担赔偿责任。

案例 3：不忠实的代价，非法获取一个商业机会赔偿 2916 万元——李某、深圳市华佗在线网络有限公司损害公司利益责任纠纷案【（2021）最高法民申 1686 号】

基本情况：李某是美谷佳公司董事长、总经理，其未经美谷佳公司股东会同意，将美谷佳公司全资子公司华佗在线公司的业务交由其实际控制的友德医公司经营，谋取了属于华佗在线公司的商业机会，违反了对华佗在线公司所负忠实义务和竞业禁止义务。

法院认为：《中华人民共和国公司法》关于董事对公司所负的忠实义务、竞业禁止义务应不限于董事所任职的公司自身，还应包括公司的全资子公司、控股公司等。由此，判决李某由此获得的收入归华佗在线公司所有，以弥补华佗在线公司的实际损失。

经营启示：《中华人民共和国公司法》要求公司董事、监事、高级管理人员应当对公司负有忠实和勤勉义务，要求董事、监事、高级管理人员在执行公司业务时或担任公司职位期间需全心全意为公司服务，以公司最佳利益为出发点行事，不得追求公司利益以外的利益，不得追求个人利益。同时，结合司法裁判观点，该义务不限于任职企业，还应包括公司的全资子公司、控股公司。

案例 4：关联交易、自我交易损害公司利益的风险——西安陕鼓汽轮机有限公司、高某某等公司关联交易损害责任纠纷案【最高人民法院（2021）最高法民再 181 号】

基本情况：2009 年 5 月 26 日，陕鼓汽轮机公司注册成立，其中高某某、姜某某、颉某某、程某任公司董事。2009 年，钱塘公司注册成立，股东为黄某、高某某、程某和张某。2009~2015 年期间，陕鼓汽轮机公司与钱塘公司签订了约 2100 份采购合同，涉及金额高达 2.5 亿元且交易金额超出市场正常价格。陕鼓汽轮机公司认为高某某、程某利用董事身份通过关联交易损害公司利益向一审法院起诉要求高某某、程某向陕鼓汽轮机公司赔偿 3331 万元。

法院认为：董事高某某、程某利用关联交易关系和实际控制陕鼓汽轮机公司经营管理的便利条件，主导两家公司签订若干采购合同，增加采购成本，损害了陕鼓汽轮机公司权益，应向公司承担赔偿责任。

经营启示：实践中，外部董事大都具有企业管理、财务审计、人力资源、法律、金融等方面专业经历，不管是人脉关系还是业务资源储备都比较丰富，同时又作为国有企业董事，与所任职国有企业之间产生其他合作的机会和可能性非常高。如果未正确履行竞业禁止义务，没有履行合理、必要、完整的报告及表决程序，不了解企业规章制度和法律规定，将给外部董事自身带来巨大法律风险。

案例 5：履行通知义务不到位导致董事会决议被撤销——蔡某某与真功夫餐饮管理有限公司公司决议撤销纠纷案【（2017）粤 01 民终 9139 号】

基本情况：真功夫公司章程规定，召开董事会会议应至少提前 14 天发出书面通知。2013 年 11 月 22 日，真功夫公司向董事会成员发出《临时董事会会议通知》，明确 2013 年 12 月 9 日召开会议。其中，对董事黄某某的通知方式为邮寄送达至其身份证地址，但该董事实际居住地与身份证地址不一致。2013 年 12 月 9 日，在董事黄某某缺席的情况下，如期召开董事会作出决议。黄某某起诉至人民法院，要求撤销上述董事会决议。

法院认为： 为保证各董事会成员均能正常地行使其各项权利，真功夫公司理应负有更加审慎和积极的通知义务；但真功夫公司在明知董事黄某某实际居住地与身份证地址不一致的情况下，仅向黄某某的身份证住址寄送有关董事会会议通知及提案，没有适当履行通知义务，故董事会召集程序违反公司章程，依法判令撤销。

经营启示： 出资企业召开董事会、监事会应当提前进行通知，以便于董事、监事了解会议议题，进行充分研究后决策。根据《中华人民共和国公司法》第一百二十三条第一款规定，"董事会每年度至少召开两次会议，每次会议应当于会议召开十日前通知全体董事和监事"，第三款规定"董事会召开临时会议，可以另定召集董事会的通知方式和通知时限"。

外部董事、监事应当查阅所任职企业公司章程、议事规则等制度确定召开董事会会议、监事会会议的通知时限，在收到通知时应当重点关注通知时间是否符合《中华人民共和国公司法》及出资企业规定，如存在通知时间不符合规定的情况，外部董事、监事可采取及时向出资企业提出异议、向公司报告等应对措施。

案件 6：通知方式符合规定受到法律保护——广东汉麻生物科技股份有限公司、广州市汉壹生物科技有限公司公司决议撤销纠纷案【(2022)粤 01 民终 9730 号】

基本情况： 汉壹公司诉请法院撤销汉麻公司董事会于 2020 年 12 月 12 日作出的董事会临时会议决议的三项议案，其中请求撤销的理由之一为：汉麻公司通知汉壹公司召开董事会会议的方式不正确，没有当面送达或者寄送正式的文件等。

法院认为：《汉麻公司章程》第二十六条规定："董事会每年度至少召开两次会议，每次会议应当于会议召开十日前通知全体董事和监事""董事会召开临时会议，可以另定召集董事会的通知方式和通知时限。"本案中，汉麻公司提前十日通过微信方式通知董事杨某某，从杨某某的《回复函》亦能佐证其已知晓该通知，该通知不影响杨某某获取所需信息、公平参与会议并发表其意思表示的权利，并未违反法律、行政法规或者公司章程规定。

经营启示：现有《中华人民共和国公司法》未限定董事会会议通知方式，董事会会议通知方式应以出资企业章程或议事规则规定为准。如出资企业公司章程或议事规则等未明确规定的，电子邮件、传真、微信等通知方式未违反法律法规规定，应为有效的通知方式，鉴于口头通知的方式没有记录，不利于发生争议时责任判定，因此外部董事、监事不宜接受口头通知，在收到口头通知时建议外部董事、监事要求所任职企业以书面方式进行通知。

案例 7：议案会前准备不充分导致决议被撤销——上海新能源环保工程有限公司与中静实业（集团）有限公司公司决议纠纷案【（2015）沪二中民四（商）终字第 20 号】

基本情况：新能源公司系由中静公司及电力公司共同出资设立的有限公司；2014 年 3 月 20 日，新能源公司发出《关于召集召开董事会的函》，中静公司认为该函无明确的董事会议案，也无相关会议资料及方案，要求推迟召开董事会会议。2014 年 3 月 31 日，新能源公司在中静公司委派的三名董事缺席的情况下作出增设经理的董事会决议。中静公司对此提起诉讼，要求撤销董事会决议。

法院认为：新能源公司在明知中静公司具有经理推荐权的前提下，未进一步向中静公司告知董事会会议议题的做法不利于董事明确自己的态度和应对方案，有欠妥当，裁定中静公司在法律规定的除斥期间内申请撤销该《董事会决议》。

经营启示：外部董事、监事收到所任职企业拟召开董事会、监事会会议通知及议案后，应当重点关注通知方式、通知时限、通知内容是否符合法律法规、所任职企业章程、议事规则等的规定，所议事项是否履行必要的前置审查程序，会议材料是否完整，议题是否明确等内容，认为所任职企业董事会待议议案未经必备程序、会议资料不充分或论证不充分时，可按公司章程或出资企业规定提出缓开董事会会议或缓议议案的建议。

案例 8：被告人黄某某等非法经营、内幕交易、泄露内幕信息、单位行贿案【（2010）二中刑初字第 689 号】

基本情况：2007 年，黄某某参与中关村上市公司拟与鹏泰公司进行资产置换、中关村上市公司拟收购鹏润控股公司全部股权进行重组项目。在上述项目信息公告前，黄某某作为证券交易内幕信息知情人，决定并指令他人借用身份证，开立个人股票账户并由其直接控制。通过计购入中关村股票获利数亿元。期间，许某某明知黄某某利用上述内幕信息进行中关村股票交易，仍接受黄某某的指令，指使许某某等人在广东借用他人身份证开立个人股票账户或直接借用他人股票账户，购入中关村股票获利 9021 万余元。同时，许某某还将中关村上市公司拟重组的内幕信息故意泄露给其妻李某某及相某某等人，李某某等人也因此获利。

法院认为：黄某某等人作为证券交易内幕信息的知情人员，在涉及对证券交易价格有重大影响的信息尚未公开前，买入该证券，内幕交易成交额及账面收益均特别巨大，情节特别严重，黄某某与许某某等构成内幕交易罪的共同犯罪，许某某向他人泄露内幕信息，还构成泄露内幕信息罪。

经营启示：在我国，非法经营、内幕交易、泄露内幕信息不但要承担民事责任，还要承担刑事责任。公司董事、监事、高级管理人员知晓公司内部信息，对公司负有保密义务，不得追求公司利益以外的利益。为此，外部董事监事要不断增强法律意识，警惕在公司日常经营管理过程中可能出现行贿、内幕交易、泄露内幕信息等行为，避免给外部董事监事自身带来法律风险。

案例 9：杜某某、刘某华内幕交易、泄露内幕信息案【(2011) 锡刑二初字第 0002 号】

基本情况：2009 年，杜某某与中电集团财务部主任张某某到下属单位考察。下属单位所长罗某、副总经济师鲍某某向杜、张两人汇报了准备收购某企业借壳上市的内容。杜某某回北京后，根据罗、鲍等人汇报的借壳公司的概况，经过多方考证，使其确信下属单位拟借壳公司为高淳陶瓷公司。随后，杜某某与其妻刘某某买入高淳陶瓷股票，并将个人账户中的资金分别转入其所操控的亲属的股票交易账户，获得巨额收益。刘某某获悉信息后，还将高淳陶瓷公司计划重组的信息泄露给赵某某等人（均另案处理），赵某某等人先后买入高淳陶瓷股票获利。

法院认为：被告人杜某某因履行工作职责获取了内幕信息，系内幕信息知情人员；被告人刘某某从其配偶处获悉内幕信息，系非法获取内幕信息人员。在内幕信息尚未公开前，杜某某、刘某某从事与该内幕信息有关的股票交易，且成交金额与获利数额均为巨大，两被告人构成内幕交易的共同犯罪。刘某某还将内幕信息泄露给他人，导致他人从事与该内幕信息有关的股票交易，且情节严重，还构成泄露内幕信息罪。

经营启示：公司董事、监事、高级管理人员作为知晓公司内部信息人员，对公司负有保密义务，不得利用内幕信息牟利，也不得泄露内幕信息。为此，外部董事监事要不断增强法律意识，警惕在公司日常经营管理过程中泄露内幕信息的行为，避免给外部董事监事自身带来法律风险。

第二部分

南方电网公司出资企业外部董事监事履职清单

05 第五章

外部董事监事履职任务清单

外部董事监事履职任务清单

类别	序号	履职事项	履职内容	相关要求
职责	1	贯彻落实决策部署	贯彻执行党和国家方针政策、战略部署，落实公司发展战略、治企理念，落实公司关于出资企业改革发展的各项决策部署	严格执行公司关于企业改革发展的部署要求，确保公司各项决策部署能够在所任职企业得到贯彻落实
	2	出席相关会议	应当认真出席所任职企业董事会会议和相关董事会专门委员会等相关会议	深入研究会议议案和相关材料，对会议审议事项独立、客观、审慎地发表明确意见，并对董事会的决议承担相应责任；跟踪、检查、督促、协调董事会会议决议事项的实施情况；关注所任职企业长期发展目标与核心竞争力培育，加强对所任职企业发展战略的研究，围绕业务发展、管理变革以及加强和改进董事会运行等，提供有价值的意见建议
	3	关注企业经营管理状况	了解关注所任职企业改革发展和经营管理情况	认真、及时了解所任职企业改革发展和经营管理情况，对于可能损害公司、所任职企业利益和职工合法权益的情况，及时向董事会、监事会提出警示，必要时向公司报告
	4	推动中国特色现代企业制度建设	推动所任职企业建立权责法定、权责透明、协调运转、有效制衡的公司治理机制，推动完善中国特色现代企业制度建设	严格按照公司章程和规章制度在董事会、监事会职权范围内履职，不缺位、不越位，推动所任职企业各治理主体有效运转

续表

类别	序号	履职事项	履职内容	相关要求
权利	5	知情权	外部董事监事享有按时获取履职所需信息的权利	出资企业应每月定期向外部董事监事报送企业内部信息，内容包括但不限于：财务报表、总经理办公会议纪要、企业内部文件、信息通报等。外部董事监事行使知情权的形式一般不受限制，相关方应予以积极配合，无正当理由不得拒绝
	6	参会权	外部董事监事享有出席任职企业董事会、监事会及其所任职董事会专门委员会会议，列席任职企业与其履职相关的会议的权利	外部董事监事应当按时出席所任职企业的董事会、监事会及相关董事会专门委员会会议，不得无故缺席。因故不能出席时，应当事先认真审阅会议材料，形成明确意见，并按规定向所任职企业办理请假、委托他人出席等手续，原则上受托人应当为公司派出的其他外部董事监事
	7	表决权	外部董事监事享有对所任职企业董事会、监事会具体决策事项陈述意见、表明态度和投票的权利	会议中应充分表达意见和建议并对会议审议事项进行表决。投票意见应明确，投票表决分为“同意”“反对”“弃权”三种意见。外部监事对监事会审议的议题，结合专业判断提出意见并独立表决
	8	提案权	外部董事监事享有向所任职企业提出议题议案的权利	外部董事监事有权单独或联合向所任职企业提出议题，提议召开临时董事会 / 监事会
	9	质询权	外部董事监事享有对所任职企业董事会 / 监事会议案、企业经营行为等提出质询并要求相关人员说明情况和回答所质询事项的权利	被质询对象对外部董事监事质询应给予清晰明确的答复。外部董事监事可以采用口头质询或书面质询，采用口头质询的，可以要求进行笔录，相关质询情况应向所任职企业董事会报告
	10	建议权	外部董事监事享有对所任职企业改革发展、经营管理等工作表达观点和提出建议的权利，以及建议董事会 / 监事会议案暂缓审议的权利	外部董事监事行使建议权的方式可以口头提出，也可采取建议函等书面形式提出

续表

类别	序号	履职事项	履职内容	相关要求
权利	11	调研权	外部董事监事根据履职需要，有采取走访或调查等方式，对企业有关情况进行了解的权利	外部董事监事行使调研权的形式一般不受限制，被调研对象应予以积极配合，无正当理由不得拒绝调研。外部董事1年内在同一任职企业应至少开展一次专题调研，并形成调研报告，由任职企业做好记录备查，报公司人力资源管理部门。调研应根据董事会决策需要，聚焦企业改革发展重大项目、重点工作、难点问题调研。调研原则上不作指示、不提要求，意见建议应向董事会、经理层反馈后由所任职企业统一部署
	12	列席权	外部监事可以列席董事会会议，并对董事会决议事项提出质询或者建议	监事列席董事会会议的，出资企业应当提前3个工作日通知外部监事列席，并提供会议议题有关材料。对未列席的董事会会议，外部监事应当在会后查阅相关上会材料、会议记录、纪要等文件材料
	13	监督权	外部监事重点围绕出资企业财务、重大决策、运营过程中涉及国有资产流失的事项和关键环节以及董事会和经理层依法依规履职等情况享有监督权	1. 监督方式可以采取列席会议、监督检查等方式实行当期和事中监督。 2. 外部监事可通过现场、报送、协同、远程等监督检查方式开展监督工作，必要时，外部监事开展监督检查可聘请会计师事务所等中介机构协助，相关费用由所任职企业承担
义务	14	忠实义务	外部董事监事忠实履行职责，维护出资人和所任职企业利益，不利用职权为自己或他人牟利	贯彻执行公司关于改革发展等方面的决议或有关决策部署
	15			维护出资人和所任职企业的合法权益，保护所任职企业资产安全，反对和制止有损出资人或者所任职企业合法权益的决策行为
	16			严格在出资人、董事会、监事会授权范围内行事。未经公司章程、企业制度规定和董事会、监事会等法定授权，董事监事个人不得行使相关权利
	17			不能擅自挪用所任职企业资金借贷给他人或为他人提供担保。未经所任职企业章程、制度规定程序，未经出资人或所任职企业董事会同意不得将所任职企业资金借贷给他人；不得将所任职企业资金以个人名义或者以其他个人名义开立账户存储；不得以所任职企业的有形资产或无形资产为他人提供担保

续表

类别	序号	履职事项	履职内容	相关要求
义务	18	忠实义务	外部董事监事忠实履行职责，维护出资人和所任职企业利益，不利用职权为自己或他人牟利	不得利用职务之便收受贿赂或者其他非法收入，不得侵占所任职企业财产；不得接受他人与所任职企业交易的佣金归为己有
	19			外部董事监事不得利用职务便利为自己或者他人谋取所任职企业的商业机会，不得自营或者为他人经营与所任职企业同类的业务
	20			不得违反公司有关规定接受所任职企业或其所出资企业，以及与所任职企业有业务往来的企业的报酬、津贴和福利待遇等任何收入
	21			不得让所任职企业或其所出资企业，以及与所任职企业有业务往来的企业承担应当由个人负担的费用，不得接受所任职企业或其所出资企业，以及与所任职企业有业务往来企业的馈赠
	22			遵守领导人员廉洁从业的规定
	23			履行法律、行政法规和公司章程规定的其他忠实义务
	24	勤勉义务	外部董事监事须按时出席董事会、监事会，对决策事项研究和表决，对所任职企业发展提出意见建议。外部董事监事应勤勉履行职责，投入足够时间和精力履行董事监事职责	投入足够的时间和精力履职，满足最低履职时间和参会次数等要求。外部董事 1 年内在同一任职企业履职时间原则上不得少于 60 个工作日、出席董事会会议的次数不得少于会议总数的 3/4。外部监事 1 年内在同一任职企业履职时间原则上不得少于 30 个工作日、出席监事会会议的次数不得少于会议总数的 3/4、列席董事会会议的次数不得少于会议总数的 1/2。未设监事会企业的外部监事列席同一任职企业董事会会议的次数不得少于会议总数的 3/4。按时出席所任职企业的董事会、监事会会议，不得无故缺席
	25			外部董事监事在履职中应持续关注所任职企业的战略规划、改革发展、公司治理等情况，及时向所任职企业提出建议和意见，通过调研、查阅所任职企业财务报告和相关资料、参加企业有关会议、及时了解和掌握企业改革发展和经营管理等情况，必要时及时向公司报告

续表

类别	序号	履职事项	履职内容	相关要求
义务	26	勤勉义务	外部董事监事须按时出席董事会、监事会，对决策事项研究和表决，对所任职企业发展提出意见建议。外部董事监事应勤勉履行职责，投入足够时间和精力履行董事监事职责	外部董事履行监督职责应关注“三个方面”。外部董事监事应建立履职台账，每半年集体向公司报告履职情况，及时向公司报告所任职企业重大问题和重要情况
	27	报告义务	外部董事监事定期向公司报送工作日志、工作报告，报告履职情况。除常规报告外，外部董事监事还应通过独立报告等方式，及时、直接向公司有关部门报告所任职企业发生的重大事项或风险	外部董事监事认为所任职企业董事会、监事会违法违规决策或董事会、监事会决议明显损害公司、所任职企业利益或职工合法权益的，或者发现重大决策风险和生产经营重大问题，特别是可能发生重大损失、重大经营危机的，应当向公司股东行权归口管理部门、人力资源管理部门等有关部门进行独立报告，必要时提供专项分析报告。对紧急、突发的重大情况，可先口头报告，再书面报告
	28			外部董事监事在撰写以上情况报告时可与有关方面加强沟通，但报告无须经所任职企业董事会、监事会或董事长、监事会主席审定。外部董事监事本人对报告内容负责
	29			外部董事监事应当将履职工作情况形成工作日志和工作报告，定期提交公司股东行权归口管理部门及人力资源管理部门。履职工作日志于每年1月、7月上旬提交。主要内容包括：外部董事监事出（列）席董事会、监事会会议等相关会议情况；参加公司有关会议情况；开展调研、检查、听取汇报情况；参加学习培训情况；发现问题及相关意见或建议等
	30			外部董事监事履职报告主要以定期报告和不定期报告形式开展。 （1）定期报告。由同一企业外部董事监事集体向公司报告履职情况。定期报告每半年进行一次。 （2）不定期报告。对于在履职中发现的重大事项，外部董事监事应及时向公司进行独立报告。对紧急、突发的重大情况以及认为需及时报告的有关情况，外部董事监事可先口头或当面报告，再书面报告。

续表

类别	序号	履职事项	履职内容	相关要求
义务	30	报告义务	外部董事监事定期向公司报送工作日志、工作报告，报告履职情况。除常规报告外，外部董事监事还应通过独立报告等方式，及时、直接向公司有关部门报告所任职企业发生的重大事项或风险	（3）履职工作报告可结合年度考核评价工作要求填报，于每年 12 月底前提交。主要内容包括：外部董事监事年度履职工作计划完成情况；所任职企业本年度生产经营管理基本情况；在任职企业实际履职的工作时间及具体履职情况；参加学习培训情况；发现问题及相关意见或建议等
	31	保密义务	外部董事监事履职过程中应严格遵守法律法规、公司有关规定，以及所任职企业公司章程和规章制度，保守国家秘密和企业商业秘密、技术秘密，自觉接受监督。外部董事监事泄露企业秘密，损害企业合法权益的，任职企业可依法追究其责任	不得利用职务便利接受或谋取不正当利益，泄露国家秘密，以及公司和出资企业商业秘密、技术秘密，损害国家、公司或所任职企业利益的
	32	其他义务	外部董事监事应当研究制定年度履职工作计划，结合所任职企业实际合理确定履职工作任务	结合所任职企业实际合理确定履职工作任务，每年 1 月底前完成，公司股东行权归口管理部门做好记录
	33		外部董事监事应强化组织观念，遵守劳动纪律	外部董事监事应当强化组织观念，非外出履职期间应当在指定地点坐班，离开坐班地点所在地应当事先告知公司股东行权归口管理部门及人力资源管理部门
	34		参加公司和所任职企业组织的相关培训	外部董事监事应积极参加履职培训和工作交流，持续加强业务学习，提高履职能力
	35	日常管理监督	通过谈心谈话、考察考核、调研督导以及提醒、函询、诫勉等方式，严格外部董事监事日常管理监督	—
	36	畅通职业发展通道	畅通专职董事监事职业发展通道。根据工作需要，专职董事监事可以交流担任其他领导职务	—
	37	服务协议	结合实际与外部董事监事签订服务协议，进一步明确外部董事监事职责、权利、义务等内容	外部董事监事应及时签订服务协议，并按协议内容履职履约

续表

类别	序号	履职事项	履职内容	相关要求
义务	38	工作保障	为外部董事监事履职提供必要的办公条件，向外部董事监事开放协同办公、运营管控等内部信息系统，为外部董事监事履职提供差旅等必要的经费保障	—
	39	沟通渠道	公司牵头建立外部董事监事意见反映、工作例会等机制，加强与外部董事监事的沟通联络，及时听取意见和建议，持续完善相关管理机制	—
	40	履职台账	外部董事监事应建立履职台账，每半年集体向公司报告履职情况，及时向公司报告所任职企业重大问题和重要情况	—
	41	责任追究	外部董事监事责任追究坚持依纪依法、实事求是，失责必究、追责必严	鼓励外部董事监事在推动所任职企业改革发展中担当作为。对董事会、监事会的违规决策，外部董事监事本人表决时投赞成票或者未表明异议投弃权票，但不属于有令不行、有禁不止、不当牟利、主观故意等，且决策过程中尽职尽责或者事后采取有力措施挽回、减少损失，消除、减轻不良影响的，可根据有关规定和程序，予以从轻、减轻或者免除处理
	42	考核评价	建立外部董事监事年度、任期考核评价制度，按时对外部董事监事年度及任期内履职情况进行考核评价	年度考核评价结果分为优秀、称职、基本称职和不称职四个等次。结果为优秀的，予以奖励；基本称职的，提出明确整改要求并限期整改，视具体情况进行诫勉谈话或者组织调整；不称职的，予以解聘或不再续聘

06 第六章

外部董事监事履职知识清单

外部董事监事履职知识清单

序号	履职主体	业务领域	业务事项	应知应会知识点		
				来源	重点内容	重点条款
1	外部董事	外部董事监事履职通识	外部董事监事履职原则	外部法律法规	本办法中的外部董事指由非本公司员工的外部人员担任的董事。外部董事不负责执行层的事务，与其担任董事的公司不应存在任何可能影响其公正履行外部董事职务的关系	《董事会试点中央企业董事会规范运作暂行办法》（国资发改革〔2009〕45号）第一百三十七条
2	外部董事监事	外部董事监事履职通识	外部董事监事履职原则	内部规章制度	本办法所称外部董事监事（不含独立董事），是指由公司作为股东依法委派或推荐到出资企业担任董事或监事，且在所任职企业不担任董事、监事以外其他职务的领导人员，一般由公司出资企业专职董事、专职监事担任	《中国南方电网有限责任公司出资企业外部董事监事管理办法》（Q/CSG 2122008—2024）第三条
3	外部董事	外部董事监事履职通识	外部董事监事履职原则	外部法律法规	严格遵守《中华人民共和国公司法》《企业国有资产法》《监管条例》等相关法律、行政法规及公司章程的规定，国资委和公司董事会依法行使权利、履行义务	《董事会试点中央企业董事会规范运作暂行办法》（国资发改革〔2009〕45号）第三条
4	外部董事	外部董事监事履职通识	外部董事监事履职原则	外部法律法规	董事会试点中央企业外部董事要忠实履职，严格遵守本行为规范。 （1）遵规守法，诚实信用。要模范遵守国家法律法规、社会公德和职业道德，保守国家秘密和公司商业秘密，不得对出资人和任职公司有违反忠实和诚信义务的行为。 （2）代表股东，尽职尽责。要牢固树立维护出资人权益的责任意识，自觉站在出资人立场上决策，积极为董事会运作和公司运营提供有价值的建议，不得在经理层选聘、考核和薪酬激励等方面损害出资人利益。	《董事会试点中央企业外部董事履职行为规范》（国资发干一〔2009〕50号）

续表

序号	履职主体	业务领域	业务事项	应知应会知识点		
				来源	重点内容	重点条款
4	外部董事	外部董事监事履职通识	外部董事监事履职原则	外部法律法规	（3）按章办事，正确行权。要严格按照国资委的要求和公司章程等规定履职，坚持决策权与执行权分开，不得超越职权范围干预或者指挥属于经理层的事务。 （4）独立判断，敢讲真话。要按照商业判断原则独立、客观地发表意见，高度关注决策风险，不得对有损出资人或者公司合法利益的决策行为不反对、不制止。 （5）勤勉敬业，保证时间。要认真阅研会议资料，注重学习和调查研究，及时了解宏观经济形势、行业发展动态和公司运营状况，履职时间和出席董事会会议次数不得低于有关规定。 （6）加强监督，知情必报。要认真监督经理层落实董事会决议，不得向出资人瞒报、延报有损出资人利益或者公司合法权益的信息。 （7）清正廉洁，不谋私利。要廉洁自律，严格遵守国资委关于外部董事报酬、福利待遇的有关规定，不得利用职务之便谋取任何不正当利益或者在任职公司获取未经出资人批准的其他利益	《董事会试点中央企业外部董事履职行为规范》（国资发干一〔2009〕50号）
5	外部董事监事	外部董事监事履职通识	外部董事监事履职原则	内部规章制度	外部董事监事应当忠实、勤勉履行工作职责，充分发挥决策、监督、制衡作用，积极维护国有资本权益以及公司和所任职企业利益，推动任职企业高质量发展	《中国南方电网有限责任公司出资企业外部董事监事管理办法》（Q/CSG 2122008—2024）第十七条
6	独立董事	外部董事监事履职通识	外部董事监事履职原则	外部法律法规	上市公司设独立董事，具体办法由国务院证券监督管理机构规定。上市公司的公司章程除载明本法第九十五条规定的事项外，还应当依照法律、行政法规的规定载明董事会专门委员会的组成、职权以及董事、监事、高级管理人员薪酬考核机制等事项	《中华人民共和国公司法》第一百三十六条
7	外部董事监事	外部董事监事履职通识	外部董事监事履职原则	内部规章制度	外部董事监事应在权利范围内开展工作。外部董事不得超越职权范围干预或指挥属于经理层的事务，外部监事不得参与或干预企业正常的经营决策和经营管理活动	《中国南方电网有限责任公司出资企业外部董事监事行权履职管理细则》（Q/CSG 2023056—2022） 第五条

续表

序号	履职主体	业务领域	业务事项	应知应会知识点		
				来源	重点内容	重点条款
8	外部董事监事	外部董事监事履职通识	外部董事监事履职原则	内部规章制度	董事、监事：董事、监事是由股东会或全资子公司的唯一股东依据法律和公司章程产生的企业董事会、监事会成员。 根据不同的划分标准，董事可分为不同类型：按是否是本企业员工，可分为外部董事与非外部董事；按是否担任本企业高管职务或承担高管职责，可分为执行董事与非执行董事；按与公司、主要股东及高管人员的关系，可分为独立董事与非独立董事；按是否由职工大会或职工代表大会等形式民主选举产生，可分为职工董事与非职工董事等。目前，公司所属子公司董事会成员一般分为执行董事、外部董事、独立董事、职工董事等。 同样，监事也可分为外部监事与非外部监事；职工监事与非职工监事等。目前，公司所属子公司监事会成员一般分为外部监事、职工监事等。除部分股权多元化或混合所有制改革后的所属子公司外，其他子公司监事会成员中非职工监事均由公司（股东）委派或推荐，均为外部监事	《公司出资企业外部董事监事履职手册》48
9	外部董事监事	外部董事监事履职通识	外部董事监事履职义务	内部规章制度	独立董事不在所受聘企业担任除董事和董事会专门委员会委员外的其他职务，并与所受聘企业及其股东、实际控制人不存在可能妨碍其进行独立客观判断的关系	《中国南方电网有限责任公司出资企业独立董事管理细则》（Q/CSG 2113073—2021）第二条
10	外部董事监事	外部董事监事履职通识	外部董事监事主要工作职责	内部规章制度	外部董事监事主要工作职责 （一）贯彻执行党和国家方针政策、战略部署，落实公司发展战略、治企理念和公司关于出资企业改革发展的各项决策部署。 （二）外部董事应当认真出席所任职企业董事会会议和相关董事会专门委员会会议，深入研究会议议案和相关材料，对会议讨论决定事项独立、客观、审慎地发表明确意见，并对董事会的决议承担相应责任；跟踪、检查、督促、协调董事会会议决议事项的实施情况；关注所任职企业长期发展目标与核心竞争力培育，加强对所任职企业发展战略的研究，围绕业务发展、管理变革以及加强和改进董事会运行等，提供有价值的意见建议。	《中国南方电网有限责任公司出资企业外部董事监事管理办法》（Q/CSG 2122008—2024）附录D

续表

序号	履职主体	业务领域	业务事项	应知应会知识点		
				来源	重点内容	重点条款
10	外部董事监事	外部董事监事履职通识	外部董事监事主要工作职责	内部规章制度	（三）外部监事在监事会领导下开展监督工作，认真检查所任职企业财务，重点查验所任职企业财务会计报表的真实性、合法性；对所任职企业董事、高级管理人员执行职务行为的合法性和妥当性进行监督，当其行为损害公司和所任职企业利益时，提请监事会要求其予以纠正；对所任职企业重大经营决策程序的合法性、合规性进行监督。未设监事会企业的外部监事独立开展上述监督工作。 （四）认真、及时了解所任职企业改革发展和经营管理情况，对于可能损害公司、所任职企业利益和职工合法权益的情况，及时向董事会、监事会提出警示，必要时向公司报告。 （五）推动所任职企业建立权责法定、权责透明、协调运转、有效制衡的法人治理结构，推动中国特色现代企业制度建设。 （六）根据安排参加公司召开的有关重要会议，参加公司和所任职企业组织的相关培训。 （七）遵守法律法规、公司有关规定，以及所任职企业公司章程和规章制度，保守国家秘密和企业商业秘密、技术秘密。 （八）承担公司交办的其他工作	《中国南方电网有限责任公司出资企业外部董事监事管理办法》（Q/CSG 2122008—2024）附录D
11	外部董事	外部董事监事履职通识	外部董事监事主要工作职责	内部规章制度	外部董事召集人主要工作职责 （一）根据工作需要，代表所任职企业中公司派出的外部董事就有关事项与公司总部有关部门，以及所任职企业董事长、监事会主席（或未设监事会企业的监事）、总经理沟通。 （二）代表所任职企业中公司派出的外部董事参加公司召开的有关会议，并及时将公司要求及意图传达给其他外部董事。 （三）每年至少组织召开 1 次所任职企业中公司派出的外部董事研讨会，重点围绕宏观经济形势、行业发展动态、企业经营情况，以及企业战略发展、风险管控等重大问题进行研讨。 （四）提出所任职企业中公司派出的外部董事的调研计划。涉及重大问题的调研，应当组织撰写专题调研报告，提交所任职企业董事会，并抄送公司人力资源部门。 （五）承担公司交办的其他工作	《中国南方电网有限责任公司出资企业外部董事监事管理办法》（Q/CSG 2122008—2024）附录D

续表

序号	履职主体	业务领域	业务事项	应知应会知识点		
				来源	重点内容	重点条款
12	外部监事	外部董事监事履职通识	外部董事监事履职权利	外部法律法规	有限责任公司设监事会，公司法第六十九条、第八十三条另有规定的除外。 有限责任公司可以按照公司章程的规定在董事会中设置由董事组成的审计委员会，行使本法规定的监事会的职权，不设监事会或者监事。公司董事会成员中的职工代表可以成为审计委员会成员。 规模较小或者股东人数较少的有限责任公司，可以不设监事会，设一名监事，行使本法规定的监事会的职权；经全体股东一致同意，也可以不设监事。 监事会成员为三人以上。监事会成员应当包括股东代表和适当比例的公司职工代表，其中职工代表的比例不得低于三分之一，具体比例由公司章程规定。监事会中的职工代表由公司职工通过职工代表大会、职工大会或者其他形式民主选举产生。 监事会设主席一人，由全体监事过半数选举产生。监事会主席召集和主持监事会会议；监事会主席不能履行职务或者不履行职务的，由过半数的监事共同推举一名监事召集和主持监事会会议。 监事会行使下列职权： （一）检查公司财务； （二）对董事、高级管理人员执行职务的行为进行监督，对违反法律、行政法规、公司章程或者股东会决议的董事、高级管理人员提出解任的建议； （三）当董事、高级管理人员的行为损害公司的利益时，要求董事、高级管理人员予以纠正； （四）提议召开临时股东会会议，在董事会不履行本法规定的召集和主持股东会会议职责时召集和主持股东会会议； （五）向股东会会议提出提案； （六）依照本法第一百八十九条的规定，对董事、高级管理人员提起诉讼； （七）公司章程规定的其他职权	《中华人民共和国公司法》第六十七条、第七十六条、第七十八条、第八十三条
13	外部监事	外部董事监事履职通识	外部董事监事履职权利	内部规章制度	监事会主席是监事会的召集人，是监事会规范建设和有效运作的主要责任人，享有监事的各项权利，承担监事的各项义务和责任。	《公司出资企业外部董事监事履职手册》45条

续表

序号	履职主体	业务领域	业务事项	应知应会知识点		
				来源	重点内容	重点条款
13	外部监事	外部董事监事履职通识	外部董事监事履职权利	内部规章制度	监事会主席应履行下列职责：主持监事会日常工作；召集、主持监事会会议并组织实施监事会决议；组织对子公司开展监督检查；列席或指派监事会成员列席子公司会议；审定、签署监事会有关文件和监事会报告；向公司报告工作；完成公司交办的其他工作	《公司出资企业外部董事监事履职手册》45条
14	外部监事	外部董事监事履职通识	外部董事监事履职权利	内部规章制度	监事会主席履行下列职责： （一）主持监事会日常工作； （二）召集、主持监事会会议并组织实施监事会决议； （三）组织对公司开展监督检查； （四）列席或指派监事会成员列席公司会议； （五）审定、签署监事会有关文件和监事会报告； （六）向股东（会）报告工作； （七）法律法规和公司章程规定的其他职权	《南方电网不同治理结构公司治理范本（2023年版）》设党委、董事会子公司监事会议事规则第五条
15	外部监事	外部董事监事履职通识	外部董事监事履职权利	外部法律法规	监事会、不设监事会的公司的监事行使下列职权： （一）检查公司财务； （二）对董事、高级管理人员执行公司职务的行为进行监督，对违反法律、行政法规、公司章程或者股东会决议的董事、高级管理人员提出解任的建议； （三）当董事、高级管理人员的行为损害公司的利益时，要求董事、高级管理人员予以纠正； （四）提议召开临时股东会会议，在董事会不履行本法规定的召集和主持股东会会议职责时召集和主持股东会会议； （五）向股东会会议提出提案； （六）依照本法第一百八十九条的规定，对董事、高级管理人员提起诉讼； （七）公司章程规定的其他职权。 监事可以列席董事会会议，并对董事会决议事项提出质询或者建议。 监事会发现公司经营情况异常，可以进行调查；必要时，可以聘请会计师事务所等协助其工作，费用由公司承担。 监事会行使职权所必需的费用，由公司承担	《中华人民共和国公司法》第七十八条、第七十九条、第八十二条

续表

序号	履职主体	业务领域	业务事项	应知应会知识点		
				来源	重点内容	重点条款
16	外部董事监事	外部董事监事履职通识	外部董事监事履职权利	内部规章制度	外部董事监事享有《中华人民共和国公司法》和章程规定的各项权利，包括知情权、参会权、表决权、提案权、建议权、质询权及调研权等。 外部董事监事应在权利范围内开展工作。外部董事不得超越职权范围干预或指挥属于经理层的事务，外部监事不得参与或干预企业正常的经营决策和经营管理活动	《中国南方电网有限责任公司出资企业外部董事监事行权履职管理细则》（Q/CSG 2023056—2022） 第四条、第五条
17	外部董事	外部董事监事履职通识	外部董事监事履职权利	外部法律法规	董事在公司任职期间享有以下权利： （一）获得履行董事职责所需的公司信息； （二）出席董事会会议，充分发表意见，对表决事项行使表决权； （三）可以对提交董事会会议的文件、材料提出补充、完善的要求； （四）可以提出召开董事会临时会议、缓开董事会会议和暂缓对所议事项进行表决的建议； （五）出席任职的专门委员会的会议并发表意见； （六）根据董事会或者董事长的委托，检查董事会决议执行情况，并要求公司有关部门和人员予以配合； （七）根据履行职责的需要，可以到公司进行工作调研，向公司有关人员了解情况； （八）按照国资委关于公司董事报酬管理的有关规定领取报酬、津贴； （九）按照有关规定在履行董事职务时享有办公、出差等方面的待遇； （十）董事认为有必要，可以书面或者口头向国资委、监事会反映和征询有关情况和意见； （十一）法律、行政法规和公司章程规定的其他权利	《董事会试点中央企业董事会规范运作暂行办法》（国资发改革〔2009〕45号）第六十一条
18	外部董事监事	外部董事监事履职通识	外部董事监事履职权利	内部规章制度	外部董事监事履职支撑服务机制清单 二、公司所属子公司方面 （四）建立向外部董事监事报送信息制度。规范信息报送的内容、频率、方式、责任主体、保密要求等，保障外部董事监事对企业各项生产经营管理情况的知情权。	《中国南方电网有限责任公司出资企业外部董事监事管理办法》（Q/CSG 2122008—2024）附录B,《中国南方电网有限责任公司出资企业外部董事监事行权履职管理细则》（Q/CSG 2023056—2022）第八条

续表

序号	履职主体	业务领域	业务事项	应知应会知识点		
				来源	重点内容	重点条款
18	外部董事监事	外部董事监事履职通识	外部董事监事履职权利	内部规章制度	报送信息可包括：财务报表、总经理办公会议纪要、企业内部文件、信息通报等。 知情权。外部董事应认真、及时了解所任职企业改革发展和经营管理情况。出资企业应每月定期向外部董事报送企业内部信息，内容包括但不限于：财务报表、总经理办公会议纪要、企业内部文件、信息通报等。出资企业在召开工作会、务虚会、经营分析会等重要会议时，应当视情况邀请外部董事参加	《中国南方电网有限责任公司出资企业外部董事监事管理办法》（Q/CSG 2122008—2024）附录 B，《中国南方电网有限责任公司出资企业外部董事监事行权履职管理细则》（Q/CSG 2023056—2022）第八条
19	外部董事	外部董事监事履职通识	外部董事监事履职权利	内部规章制度	参会权。外部董事应当按时出席所任职企业的董事会、相关董事会专门委员会会议，不得无故缺席。因故不能出席时，应当事先认真审阅会议材料，形成明确意见，并按规定向所任职企业办理请假、委托他人出席等手续，原则上受托人应当为公司派出的其他外部董事。外部董事 1 年内在同一任职企业出席董事会会议的次数不得少于会议总数的 3/4	《中国南方电网有限责任公司出资企业外部董事监事行权履职管理细则》（Q/CSG 2023056—2022） 第九条
20	外部董事监事	外部董事监事履职通识	外部董事监事履职权利	内部规章制度	外部董事监事履职基本工作方法。 外部董事或外部监事应当按时出席所任职企业的董事会、相关董事会专门委员会会议或监事会会议，不得无故缺席。因故不能出席时，应当事先认真审阅会议材料，形成明确意见，并按规定向所任职企业办理请假、委托他人出席等手续。受托人出席会议时应当出具授权委托书，所出具的授权委托书中需载明委托人、受托人、委托事项、委托表决意见，以及所任职企业要求说明的其他事项等。原则上受托人应当为公司派出的其他外部董事或外部监事	《中国南方电网有限责任公司出资企业外部董事监事管理办法》（Q/CSG 2122008—2024）附录 F
21	外部董事监事	外部董事监事履职通识	外部董事监事履职权利	内部规章制度	表决权。外部董事享有对任职出资企业董事会具体决策事项陈述意见、表明态度和投票的权利。其中外部董事对股东会议案的履职内容和程序按照附录 C 执行，外部董事对董事会议案的履职内容和程序按照附录 D 执行。 表决权。外部监事对监事会拟审议的议题，结合专业判断提出意见并独立表决。对于可能损害公司、出资企业利益和职工合法权益情况，及时向公司报告，股东行权归口管理部门做好记录。外部监事出席监事会会议的次数不得少于会议总数的 3/4	《中国南方电网有限责任公司出资企业外部董事监事行权履职管理细则》（Q/CSG 2023056—2022） 第十一条

续表

序号	履职主体	业务领域	业务事项	应知应会知识点		
				来源	重点内容	重点条款
22	外部董事监事	外部董事监事履职通识	外部董事监事履职权利	内部规章制度	外部董事监事享有《中华人民共和国公司法》和章程规定的各项权利，包括知情权、参会权、表决权、提案权、建议权、质询权及调研权等	《中国南方电网有限责任公司出资企业外部董事监事行权履职管理细则》（Q/CSG 2023056—2022）第四条
23	外部董事监事	外部董事监事履职通识	外部董事监事履职权利	外部法律法规	监事可以列席董事会会议，并对董事会决议事项提出质询或者建议。 监事会发现公司经营情况异常，可以进行调查；必要时，可以聘请会计师事务所等协助其工作，费用由公司承担。 股东会要求董事、监事、高级管理人员列席会议的，董事、监事、高级管理人员应当列席并接受股东的质询。 监事会可以要求董事、高级管理人员提交执行职务的报告。董事、高级管理人员应当如实向监事会提供有关情况和资料，不得妨碍监事会或者监事行使职权	《中华人民共和国公司法》第七十九条、第一百八十七条、第八十条
24	外部董事监事	外部董事监事履职通识	外部董事监事履职权利	内部规章制度	外部董事监事认为所任职企业董事会、监事会违规违法决策或董事会、监事会决议明显损害公司、所任职企业利益或职工合法权益的，或者发现重大决策风险和生产经营重大问题，特别是可能发生的重大损失、重大经营危机的，应当及时、明确地向董事会、监事会提出反对意见、警示或质询，同时向公司有关部门进行独立报告并抄送公司人力资源部门，必要时提供专项分析报告。对紧急、突发的重大情况，可先口头报告，再书面报告。 外部董事监事在撰写以上情况报告时可与有关方面加强沟通，但报告无须经所任职企业董事会、监事会或董事长、监事会主席审定。外部董事监事本人对报告内容负责	《中国南方电网有限责任公司出资企业外部董事监事管理办法》（Q/CSG 2122008—2024）第二十一条
25	外部董事	外部董事监事履职通识	外部董事监事履职权利	内部规章制度	质询权。外部董事发现出资企业重大决策风险和生产经营重大问题，特别是可能发生的重大损失、重大经营危机的，应当及时、明确地向董事会提出反对意见、警示或质询，予以制止或要求纠正	《中国南方电网有限责任公司出资企业外部董事监事行权履职管理细则》（Q/CSG 2023056—2022）第十二条

续表

序号	履职主体	业务领域	业务事项	应知应会知识点		
				来源	重点内容	重点条款
26	外部监事	外部董事监事履职通识	外部董事监事履职权利	外部法律法规	监事可以列席董事会会议，并对董事会决议事项提出质询或者建议。 监事会发现公司经营情况异常，可以进行调查；必要时，可以聘请会计师事务所等协助其工作，费用由公司承担	《中华人民共和国公司法》第七十九条
27	外部董事	外部董事监事履职通识	外部董事监事履职权利	内部规章制度	建议权。外部董事应当将董事会专门委员会作为发挥作用的重要平台，根据董事会安排积极参与并推动董事会专门委员会相关工作，为董事会重大决策提供咨询、建议	《中国南方电网有限责任公司出资企业外部董事监事行权履职管理细则》（Q/CSG 2023056—2022）第十条
28	外部董事	外部董事监事履职通识	外部董事监事履职权利	外部法律法规	董事在公司任职期间享有以下权利： （一）获得履行董事职责所需的公司信息； （二）出席董事会会议，充分发表意见，对表决事项行使表决权； （三）可以对提交董事会会议的文件、材料提出补充、完善的要求； （四）可以提出召开董事会临时会议、缓开董事会会议和暂缓对所议事项进行表决的建议； （五）出席任职的专门委员会的会议并发表意见； （六）根据董事会或者董事长的委托，检查董事会决议执行情况，并要求公司有关部门和人员予以配合； （七）根据履行职责的需要，可以到公司进行工作调研，向公司有关人员了解情况； （八）按照国资委关于公司董事报酬管理的有关规定领取报酬、津贴； （九）按照有关规定在履行董事职务时享有办公、出差等方面的待遇； （十）董事认为有必要，可以书面或者口头向国资委、监事会反映和征询有关情况和意见； （十一）法律、行政法规和公司章程规定的其他权利。 公司应当配合董事履职所需的工作调研，并提供良好的保障条件	《董事会试点中央企业董事会规范运作暂行办法》（国资发改革〔2009〕45号）第六十一条、第一百三十五条
29	外部董事监事	外部董事监事履职通识	外部董事监事履职权利	内部规章制度	外部董事监事1年内在同一任职企业至少开展一次专题调研，并形成调研报告，报公司人力资源部门及股东行权归口管理部门。调研应根据董事会决策需要，聚焦企业改革发展重大项目、重点工作、难点问题开展	《中国南方电网有限责任公司出资企业外部董事监事管理办法》（Q/CSG 2122008—2024）第二十条

续表

序号	履职主体	业务领域	业务事项	应知应会知识点		
				来源	重点内容	重点条款
30	外部董事	外部董事监事履职通识	外部董事监事履职权利	内部规章制度	调研权。外部董事1年内在同一任职企业应至少开展一次专题调研，并形成调研报告，由任职企业做好记录备查	《中国南方电网有限责任公司出资企业外部董事监事行权履职管理细则》（Q/CSG 2023056—2022）第十三条
31	外部监事	外部董事监事履职通识	外部董事监事履职权利	外部法律法规	监事可以列席董事会会议，并对董事会决议事项提出质询或者建议。 监事会发现公司经营情况异常，可以进行调查；必要时，可以聘请会计师事务所等协助其工作，费用由公司承担	《中华人民共和国公司法》第七十九条
32	外部董事监事	外部董事监事履职通识	外部董事监事履职权利	内部规章制度	列席权。出资企业召开董事会时，应当提前3个工作日通知外部监事列席，并提供会议议题有关材料。对未列席的董事会会议，外部监事应当在会后查阅相关上会材料、会议记录、纪要等文件材料。外部监事1年内在同一任职企业列席董事会会议的次数不得少于会议总数的1/2，其中未设监事会企业的外部监事列席董事会会议的次数不得少于会议总数的3/4	《中国南方电网有限责任公司出资企业外部董事监事行权履职管理细则》（Q/CSG 2023056—2022）第十六条
33	外部监事	外部董事监事履职通识	外部董事监事履职权利	外部法律法规	监事可以列席董事会会议，并对董事会决议事项提出质询或者建议。 监事可以列席董事会会议，并对董事会决议事项提出质询或者建议。 监事会发现公司经营情况异常，可以进行调查；必要时，可以聘请会计师事务所等协助其工作，费用由公司承担	《中华人民共和国公司法》第七十九条
34	外部监事	外部董事监事履职通识	外部董事监事履职权利	内部规章制度	监督权。外部监事重点围绕出资企业财务、重大决策、运营过程中涉及国有资产流失的事项和关键环节，以及董事会和经理层依法依规履职等情况，实行当期和事中监督。 外部监事对子公司开展监督检查可聘请会计师事务所等中介机构协助，相关费用由出资企业公司承担。外部监事可通过现场监督检查、报送监督检查、协同监督检查方式开展监督工作。条件具备时，可开展远程在线监督检查	《中国南方电网有限责任公司出资企业外部董事监事行权履职管理细则》（Q/CSG 2023056—2022）第十七条、第十八条

续表

序号	履职主体	业务领域	业务事项	应知应会知识点		
				来源	重点内容	重点条款
35	外部董事监事	外部董事监事履职通识	外部董事监事履职义务	外部法律法规	董事、监事、高级管理人员应当遵守法律、行政法规和公司章程，对公司负有忠实义务和勤勉义务 董事、监事、高级管理人员对公司负有忠实义务，应当采取措施避免自身利益与公司利益冲突，不得利用职权牟取不正当利益。 董事、监事、高级管理人员对公司负有勤勉义务，执行职务应当为公司的最大利益尽到管理者通常应有的合理注意。 公司的控股股东、实际控制人不担任公司董事但实际执行公司事务的，适用前两款规定	《中华人民共和国公司法》第七十九条、一百八十条
36	外部董事监事	外部董事监事履职通识	外部董事监事履职义务	内部规章制度	外部董事监事应当贯彻落实公司的战略意图，与公司有效沟通，准确理解并表达公司意图。外部董事监事履行忠实义务、勤勉义务、报告义务、保密义务等	《中国南方电网有限责任公司出资企业外部董事监事行权履职管理细则》（Q/CSG 2023056—2022） 第六条
37	外部董事	外部董事监事履职通识	外部董事监事履职义务	外部法律法规	董事、高级管理人员不得有下列行为： （一）侵占公司财产、挪用公司资金； （二）将公司资金以其个人名义或者以其他个人名义开立账户存储； （三）利用职权贿赂或者收受其他非法收入； （四）接受他人与公司交易的佣金归为己有； （五）擅自披露公司秘密； （六）违反对公司忠实义务的其他行为	《中华人民共和国公司法》第一百八十一条
38	外部董事	外部董事监事履职通识	外部董事监事履职义务	外部法律法规	董事应当遵守法律、行政法规和公司章程，对公司负有下列忠实义务： （一）保护公司资产的安全，维护出资人和公司的合法权益； （二）保守公司商业秘密； （三）不得利用职权收受贿赂或者其他非法收入，不得侵占公司的财产； （四）不得利用职务便利，为本人或者他人谋取利益； （五）不得经营、未经国资委同意也不得为他人经营与公司同类或者关联的业务；	《董事会试点中央企业董事会规范运作暂行办法》（国资发改革〔2009〕45 号 ） 第六十二条

续表

序号	履职主体	业务领域	业务事项	应知应会知识点		
				来源	重点内容	重点条款
38	外部董事	外部董事监事履职通识	外部董事监事履职义务	外部法律法规	（六）不得违反国资委有关规定接受受聘公司的报酬、津贴和福利待遇； （七）不得让公司或者与公司有业务往来的企业承担应当由个人负担的费用，不得接受与公司有业务往来的企业的馈赠；外部董事不得接受公司的馈赠； （八）遵守国有企业领导人员廉洁从业的规定； （九）法律、行政法规和公司章程规定的其他忠实义务	《董事会试点中央企业董事会规范运作暂行办法》（国资发改革〔2009〕45号）第六十二条
39	外部董事监事	外部董事监事履职通识	外部董事监事履职义务	内部规章制度	忠实义务。外部董事监事须维护公司和任职企业利益，保护资产安全，保守商业秘密，不得利用职权为自己或他人非法牟利	《中国南方电网有限责任公司出资企业外部董事监事行权履职管理细则》（Q/CSG 2023056—2022） 附录B：术语与定义
40	外部董事监事	外部董事监事履职通识	外部董事监事履职义务	内部规章制度	忠实义务指外部董事监事忠实履行职责，维护出资人和所任职企业利益，不利用职权为自己或他人牟利的义务。 （1）贯彻执行公司关于子公司改革发展等方面的决议或有关决策部署。 （2）维护出资人和所任职企业的合法权益，保护所任职企业资产的安全，反对和制止有损出资人或者所任职企业合法权益的决策行为。 （3）严格在董事会、监事会授权范围内行事。董事监事的权利往往通过董事会、监事会以集体名义行使，不设监事会的所任职企业的监事，其权利通过个人名义行使。未经公司章程、企业制度规定和董事会、监事会等法定授权，董事监事个人不得行使相关权利。 （4）不能擅自挪用所任职企业资金借贷他人或为他人债务提供担保。未经所任职企业章程、所任职企业制度规定程序，未经所任职企业董事会或出资人同意不得将所任职企业资金借给自然人、法人或其他组织；不得将所任职企业资金以自己名义或者以其他个人名义开立账户存储；不得以所任职企业的有形资产或无形资产为其他自然人、法人或者其他组织提供担保。	《公司出资企业外部董事监事履职手册》62. 忠实义务

续表

序号	履职主体	业务领域	业务事项	应知应会知识点		
				来源	重点内容	重点条款
40	外部董事监事	外部董事监事履职通识	外部董事监事履职义务	内部规章制度	（5）不得利用职务之便收受贿赂或者其他非法收入，不得侵占所任职企业财产；不得接受他人与所任职企业交易的佣金。 （6）不得利用所任职企业机会为本人或他人谋取便利。外部董事监事不得利用职务便利为自己或者他人谋取所任职企业的商业机会，不得自营或者为他人经营与所任职企业同类的业务。 （7）不得泄露国家秘密和所任职企业的商业秘密。外部董事监事须严格保守履职中知悉的国家秘密，不得自行披露企业的涉密商业信息、技术信息，包括战略规划、专利技术、销售策略、产品技术资料、财务会计原则、财务会计核算资料等。 （8）不得违反公司有关规定接受所任职企业或其所出资企业，以及与所任职企业有业务往来的企业的报酬、津贴和福利待遇等任何收入。 （9）不得让所任职企业或者与所任职企业有业务往来的企业承担应当由个人负担的费用，不得接受所任职企业或与所任职企业有业务往来企业的馈赠。 （10）遵守公司领导人员廉洁从业的规定	《公司出资企业外部董事监事履职手册》62. 忠实义务
41	外部董事	外部董事监事履职通识	外部董事监事履职义务	外部法律法规	董事应当遵守法律、行政法规和公司章程，对公司负有下列勤勉义务： （一）投入足够的时间和精力履行董事职责，除不可抗力等特殊情况外，外部董事一个工作年度内在同一任职公司履行职责的时间应当达到国资委规定的时间； （二）出席公司董事会会议、所任职专门委员会会议，参加董事会的其他活动，除不可抗力等特殊情况外，董事一个工作年度内出席董事会定期会议的次数应当不少于总次数的四分之三； （三）在了解和充分掌握信息的基础上，独立、客观、认真、谨慎地就董事会会议、专门委员会会议审议事项发表明确的意见；	《董事会试点中央企业董事会规范运作暂行办法》（国资发改革〔2009〕45 号）第六十三条

续表

序号	履职主体	业务领域	业务事项	应知应会知识点		
				来源	重点内容	重点条款
41	外部董事	外部董事监事履职通识	外部董事监事履职义务	外部法律法规	（四）熟悉和持续关注公司的生产经营和改革管理情况，认真阅读公司的财务报告和其他文件，及时向董事会报告所发现的、董事会应当关注的问题，特别是公司的重大损失和重大经营危机事件； （五）自觉学习有关知识，积极参加国资委、公司组织的有关培训，不断提高履职能力； （六）如实向国资委提供有关情况和资料，保证所提供信息的客观性、完整性； （七）法律、行政法规和公司章程规定的其他勤勉义务	《董事会试点中央企业董事会规范运作暂行办法》（国资发改革〔2009〕45号）第六十三条
42	外部董事监事	外部董事监事履职通识	外部董事监事履职义务	内部规章制度	外部董事监事应当投入足够的时间和精力履职，并满足最低履职时间和参会次数等要求。 外部董事1年内在同一任职企业履职时间原则上不得少于60个工作日、出席董事会会议的次数不得少于会议总数的3/4。 外部监事1年内在同一任职企业履职时间原则上不得少于30个工作日、出席监事会会议的次数不得少于会议总数的3/4、列席董事会会议的次数不得少于会议总数的1/2。其中，未设监事会企业的外部监事列席同一任职企业董事会会议的次数不得少于会议总数的3/4。 外部董事监事1年内在同一任职企业至少开展一次专题调研，并形成调研报告，报公司人力资源部门及股东行权归口管理部门。调研应根据董事会决策需要，聚焦企业改革发展重大项目、重点工作、难点问题开展。 附录D：一、外部董事监事主要工作职责（一）贯彻执行党和国家方针政策、战略部署，落实公司发展战略、治企理念和公司关于出资企业改革发展的各项决策部署。 （二）外部董事应当认真出席所任职企业董事会会议和相关董事会专门委员会会议，深入研究会议议案和相关材料，对会议讨论决定事项独立、客观、审慎地发表明确意见，并对董事会的决议承担相应责任；跟踪、检查、督促、协调董事会会议决议事项的实施情况；关注所任职企业长期发展目标与核心竞争力培育，加强对所任职企业发展战略的研究，围绕业务发展、管理变革以及加强和改进董事会运行等，提供有价值的意见建议。	《中国南方电网有限责任公司出资企业外部董事监事管理办法》（Q/CSG 2122008—2024）第十九条、第二十条

续表

序号	履职主体	业务领域	业务事项	应知应会知识点		
				来源	重点内容	重点条款
42	外部董事监事	外部董事监事履职通识	外部董事监事履职义务	内部规章制度	（三）外部监事在监事会领导下开展监督工作，认真检查所任职企业财务，重点查验所任职企业财务会计报表的真实性、合法性；对所任职企业董事、高级管理人员执行职务行为的合法性和妥当性进行监督，当其行为损害公司和所任职企业利益时，提请监事会要求其予以纠正；对所任职企业重大经营决策程序的合法性、合规性进行监督。未设监事会企业的外部监事独立开展上述监督工作。 （四）认真、及时了解所任职企业改革发展和经营管理情况，对于可能损害公司、所任职企业利益和职工合法权益的情况，及时向董事会、监事会提出警示，必要时向公司报告。 （五）推动所任职企业建立各司其职、各负其责、协调运转、有效制衡的法人治理结构，推动中国特色现代企业制度建设。 （六）根据安排参加公司召开的有关重要会议，参加公司和所任职企业组织的相关培训。 （七）遵守法律法规、公司有关规定，以及所任职企业公司章程和规章制度，保守国家秘密和企业商业秘密、技术秘密。 （八）承担公司交办的其他工作	《中国南方电网有限责任公司出资企业外部董事监事管理办法》（Q/CSG 2122008—2024）第十九条、第二十条
43	外部董事监事	外部董事监事履职通识	外部董事监事履职义务	内部规章制度	外部董事监事须按时出席董事会、监事会，对决策事项研究和表决，对所任职企业发展提出意见建议	《中国南方电网有限责任公司出资企业外部董事监事行权履职管理细则》（Q/CSG 2023056—2022）附录B：术语与定义：十一、勤勉义务
44	外部董事监事	外部董事监事履职通识	外部董事监事履职义务	内部规章制度	第二十一条外部董事监事认为所任职企业董事会、监事会违规违法决策或董事会、监事会决议明显损害公司、所任职企业利益或职工合法权益的，或者发现重大决策风险和生产经营重大问题，特别是可能发生的重大损失、重大经营危机的，应当及时、明确地向董事会、监事会提出反对意见、警示或质询，同时向公司股东行权归口管理部门进行独立报告，必要时提供专项分析报告。对紧急、突发的重大情况，可先口头报告，再书面报告。	《中国南方电网有限责任公司出资企业外部董事监事管理办法》（Q/CSG 2122008—2024）第二十一条、第二十二条

续表

序号	履职主体	业务领域	业务事项	应知应会知识点		
				来源	重点内容	重点条款
44	外部董事监事	外部董事监事履职通识	外部董事监事履职义务	内部规章制度	外部董事监事在撰写以上情况报告时可与有关方面加强沟通，但报告无须经所任职企业董事会、监事会或董事长、监事会主席审定。外部董事监事本人对报告内容负责。 外部董事监事应当将履职工作情况形成工作日志和工作报告，定期提交公司人力资源部门及股东行权归口管理部门	《中国南方电网有限责任公司出资企业外部董事监事管理办法》（Q/CSG 2122008—2024）第二十条、第二十一条
45	外部董事监事	外部董事监事履职通识	外部董事监事履职义务	内部规章制度	外部董事监事须及时报送董事会或监事会重大议案及审议建议，按期向公司报送工作报告	《中国南方电网有限责任公司出资企业外部董事监事行权履职管理细则》（Q/CSG 2023056—2022）附录B：术语与定义：十二、报告义务
46	外部董事监事	外部董事监事履职通识	外部董事监事履职义务	内部规章制度	外部董事监事履职中有下列情形之一的，应当追究责任： （一）所任职企业董事会及其授权的专门委员会、监事会决议违反法律法规、国有资产监管制度、公司有关规章制度，以及所任职企业公司章程和内部管理规定，出现重大决策失误，造成国有资产损失、明显损害公司和所任职企业利益或者其他严重不良后果，本人表决时投赞成票或者未表明异议投弃权票的。 （二）在所任职企业董事会及其授权的专门委员会、监事会决策中不担当、不作为，消极行使表决权，无充分理由多次投反对票或者弃权票的。 （三）利用职务便利接受或谋取不正当利益，泄露国家秘密，以及公司和所任职企业商业秘密、技术秘密，损害国家、公司或所任职企业利益的。 （四）未尽到勤勉尽责义务造成工作失误，对重大情况、重大问题应发现而未发现，或发现了但未及时向公司报告的，或者报告的重大情况、反映的重大问题严重失实的。 （五）违反规定接受所任职企业的馈赠以及薪酬、津贴和福利待遇的。 （六）其他应当追究责任的情形。 具体责任追究方式，按照《公司处分清单》执行	《中国南方电网有限责任公司出资企业外部董事监事管理办法》（Q/CSG 2122008—2024）附录P：外部董事监事责任追究的情形

续表

序号	履职主体	业务领域	业务事项	应知应会知识点		
				来源	重点内容	重点条款
47	外部董事监事	外部董事监事履职通识	外部董事监事履职义务	内部规章制度	外部董事监事对任职企业的商业秘密和出资人的审核意见负有保密义务。外部董事泄露企业秘密，损害企业合法权益的，任职企业可依法追究其责任	《中国南方电网有限责任公司出资企业外部董事监事行权履职管理细则》（Q/CSG 2023056—2022） 附录B：术语与定义：十三、保密义务
48	外部董事监事	外部董事监事履职通识	外部董事监事履职义务	内部规章制度	外部董事监事应当研究制定年度履职工作计划，结合所任职企业实际合理确定履职工作任务。 外部董事监事应当强化组织观念，非外出履职的工作时间应当在指定地点坐班，离开坐班地点所在地应当事先向所在党组织报告	《中国南方电网有限责任公司出资企业外董事监事管理办法》（Q/CSG 2122008—2024）第十八条、第二十三条
49	外部董事	外部董事监事履职通识	外部董事监事履职义务	内部规章制度	外部董事应当在每年初研究制定年度履职工作计划，结合所任职企业实际合理确定履职工作任务，每年1月底前完成，股东行权归口管理部门做好记录	《中国南方电网有限责任公司出资企业外部董事监事行权履职管理细则》（Q/CSG 2023056—2022） 第七条履职计划
50	外部董事监事	外部董事监事履职通识	外部董事监事履职责任	外部法律法规	董事、监事、高级管理人员执行职务违反法律、行政法规或者公司章程的规定，给公司造成损失的，应当承担赔偿责任。 董事、高级管理人员有前条规定的情形的，有限责任公司股东、股份有限公司连续一百八十日以上单独或者合计持有公司百分之一以上股份的股东，可以书面请求监事会向人民法院提起诉讼；监事有前条规定的情形的，前述股东可以书面请求董事会向人民法院提起诉讼。 监事会或者董事会收到前款规定的股东书面请求后拒绝提起诉讼，或者自收到请求之日起三十日内未提起诉讼，或者情况紧急，不立即提起诉讼将会使公司利益受到难以弥补的损害的，前款规定的股东有权为公司利益以自己的名义直接向人民法院提起诉讼。 他人侵犯公司合法权益，给公司造成损失的，本条第一款规定的股东可以依照前两款的规定向人民法院提起诉讼。 公司全资子公司的董事、监事、高级管理人员有前条规定情形，或者他人侵犯公司全资子公司合法权益造成损失的，有限责任公司的股东、股份有限公司连续一百八十日以上单独或合计持有公司	《中华人民共和国公司法》第一百八十八条、第一百八十九条

续表

序号	履职主体	业务领域	业务事项	应知应会知识点		
				来源	重点内容	重点条款
50	外部董事监事	外部董事监事履职通识	外部董事监事履职责任	外部法律法规	百分之一以上股份的股东可以依照前三款规定书面请求全资子公司的监事会、董事会向人民法院提起诉讼或者以自己的名义直接向人民法院提起诉讼。 他人侵犯公司合法权益，给公司造成损失的，本条第一款规定的股东可以依照前两款的规定向人民法院提起诉讼。 董事、高级管理人员违反法律、行政法规或者公司章程的规定，损害股东利益的，股东可以向人民法院提起诉讼	《中华人民共和国公司法》第一百八十九条、第一百九十条
51	外部董事	外部董事监事履职通识	外部董事监事履职责任	外部法律法规	董事应当对董事会的决议承担责任。董事会或者常务委员会的决议违反法律、行政法规、公司章程或者国资委的决定，致使公司遭受严重损失的，参与决议的董事对公司负赔偿责任，并按照国有资产损失责任追究的规定承担相应责任。但经证明在表决时曾表明异议并记载于会议记录的，该董事可以免除责任。 董事执行公司职务时违反法律、行政法规或者公司章程的规定，给公司造成损失的，应当承担赔偿责任；涉嫌犯罪的，依法移送司法机关。 董事因违反忠实义务给公司造成特别重大经济损失，或者因贪污、贿赂、侵占财产、挪用财产或者破坏社会主义市场经济秩序被判处刑罚的，终身不得担任中央企业董事职务及其他领导职务	《董事会试点中央企业董事会规范运作暂行办法》（国资发改革〔2009〕45号）第六十八条、第六十九条、第七十条
52	外部董事监事	外部董事监事履职责任	外部董事监事履职责任	内部规章制度	外部董事监事责任追究坚持依规依纪依法、实事求是，失责必究、追责必严。外部董事监事履职中应当追究责任的情形详见附录	《中国南方电网有限责任公司出资企业外部董事监事管理办法》（Q/CSG 2122008—2024）第三十三条
53	外部董事监事	外部董事监事履职责任	外部董事监事履职责任	外部法律法规	营利法人的控股出资人、实际控制人、董事、监事、高级管理人员不得利用其关联关系损害法人的利益；利用关联关系造成法人损失的，应当承担赔偿责任	《中华人民共和国民法典》第八十四条
54	外部董事监事	外部董事监事履职责任	外部董事监事履职责任	外部法律法规	公司的控股股东、实际控制人、董事、监事、高级管理人员不得利用其关联关系损害公司利益。违反前款规定，给公司造成损失的，应当承担赔偿责任	《中华人民共和国公司法》第二十二条

续表

序号	履职主体	业务领域	业务事项	应知应会知识点		
				来源	重点内容	重点条款
55	外部董事监事	外部董事监事履职责任	外部董事监事履职责任	外部法律法规	关联交易损害公司利益，原告公司依据民法典第八十四条、公司法第二十二条规定请求控股股东、实际控制人、董事、监事、高级管理人员赔偿所造成的损失，被告仅以该交易已经履行了信息披露、经股东会或者股东大会同意等法律、行政法规或者公司章程规定的程序为由抗辩的，人民法院不予支持。 公司没有提起诉讼的，符合公司法第一百八十九条第一款规定条件的股东，可以依据公司法第一百八十九条第二款、第三款规定向人民法院提起诉讼	《最高人民法院关于适用〈中华人民共和国公司法〉若干问题的规定（五）》第一条
56	外部董事监事	外部董事监事履职责任	外部董事监事履职责任	外部法律法规	董事、监事、高级管理人员应当遵守法律、行政法规和公司章程。 董事、监事、高级管理人员对公司负有忠实义务，应当采取措施避免自身利益与公司利益冲突，不得利用职权牟取不正当利益。 董事、监事、高级管理人员对公司负有勤勉义务，执行职务应当为公司的最大利益尽到管理者通常应有的合理注意。 公司的控股股东、实际控制人不担任公司董事但实际执行公司事务的，适用前两款规定。 董事、高级管理人员不得有下列行为： （一）侵占公司财产、挪用公司资金； （二）将公司资金以其个人名义或者以其他个人名义开立账户存储； （三）利用职权贿赂或者收受其他非法收入； （四）接受他人与公司交易的佣金归为己有； （五）擅自披露公司秘密； （六）违反对公司忠实义务的其他行为。 董事、高级管理人员违反前款规定所得的收入应当归公司所有	《中华人民共和国公司法》第一百七十九条、第一百八十条、第一百八十一条
57	外部董事监事	外部董事监事履职责任	外部董事监事履职责任	外部法律法规	董事、监事、高级管理人员执行公司职务时违反法律、行政法规或者公司章程的规定，给公司造成损失的，应当承担赔偿责任	《中华人民共和国公司法》第一百八十八条

续表

序号	履职主体	业务领域	业务事项	应知应会知识点		
				来源	重点内容	重点条款
58	外部董事监事	外部董事监事履职责任	外部董事监事履职责任	外部法律法规	股权转让后尚未向公司登记机关办理变更登记，原股东将仍登记于其名下的股权转让、质押或者以其他方式处分，受让股东以其对于股权享有实际权利为由，请求认定处分股权行为无效的，人民法院可以参照民法典第三百一十一条的规定处理。 原股东处分股权造成受让股东损失，受让股东请求原股东承担赔偿责任、对于未及时办理变更登记有过错的董事、高级管理人员或者实际控制人承担相应责任的，人民法院应予支持；受让股东对于未及时办理变更登记也有过错的，可以适当减轻上述董事、高级管理人员或者实际控制人的责任	《最高人民法院关于适用〈中华人民共和国公司法〉若干问题的规定（三）》第二十七条
59	外部董事监事	外部董事监事履职责任	外部董事监事履职责任	外部法律法规	股权转让后尚未向公司登记机关办理变更登记，原股东将仍登记于其名下的股权转让、质押或者以其他方式处分，受让股东以其对于股权享有实际权利为由，请求认定处分股权行为无效的，人民法院可以参照民法典第三百一十一条的规定处理。 原股东处分股权造成受让股东损失，受让股东请求原股东承担赔偿责任、对于未及时办理变更登记有过错的董事、高级管理人员或者实际控制人承担相应责任的，人民法院应予支持；受让股东对于未及时办理变更登记也有过错的，可以适当减轻上述董事、高级管理人员或者实际控制人的责任	《最高人民法院关于适用〈中华人民共和国公司法〉若干问题的规定（三）》第十三条
60	外部董事监事	外部董事监事履职责任	外部董事监事履职责任	外部法律法规	股东抽逃出资，公司或者其他股东请求其向公司返还出资本息、协助抽逃出资的其他股东、董事、高级管理人员或者实际控制人对此承担连带责任的，人民法院应予支持。 公司债权人请求抽逃出资的股东在抽逃出资本息范围内对公司债务不能清偿的部分承担补充赔偿责任、协助抽逃出资的其他股东、董事、高级管理人员或者实际控制人对此承担连带责任的，人民法院应予支持；抽逃出资的股东已经承担上述责任，其他债权人提出相同请求的，人民法院不予支持	《最高人民法院关于适用〈中华人民共和国公司法〉若干问题的规定（三）》第十四条

续表

序号	履职主体	业务领域	业务事项	应知应会知识点		
				来源	重点内容	重点条款
61	外部董事监事	外部董事监事履职责任	外部董事监事履职责任	外部法律法规	公司董事、高级管理人员等未依法履行职责，导致公司未依法制作或者保存公司法第五十七条、第一百一十条规定的公司文件材料，给股东造成损失，股东依法请求负有相应责任的公司董事、高级管理人员承担民事赔偿责任的，人民法院应当予以支持	《最高人民法院关于适用〈中华人民共和国公司法〉若干问题的规定（四）》第十二条
62	外部董事监事	外部董事监事履职责任	外部董事监事履职责任	外部法律法规	除依法需要披露的信息之外，信息披露义务人可以自愿披露与投资者作出价值判断和投资决策有关的信息，但不得与依法披露的信息相冲突，不得误导投资者。 发行人及其控股股东、实际控制人、董事、监事、高级管理人员等作出公开承诺的，应当披露。不履行承诺给投资者造成损失的，应当依法承担赔偿责任	《中华人民共和国证券法》第八十四条
63	外部董事监事	外部董事监事履职责任	外部董事监事履职责任	外部法律法规	信息披露义务人未按照规定披露信息，或者公告的证券发行文件、定期报告、临时报告及其他信息披露资料存在虚假记载、误导性陈述或者重大遗漏，致使投资者在证券交易中遭受损失的，信息披露义务人应当承担赔偿责任；发行人的控股股东、实际控制人、董事、监事、高级管理人员和其他直接责任人员以及保荐人、承销的证券公司及其直接责任人员，应当与发行人承担连带赔偿责任，但是能够证明自己没有过错的除外	《中华人民共和国证券法》第八十五条
64	外部董事监事	外部董事监事履职责任	外部董事监事履职责任	外部法律法规	企业董事、监事或者高级管理人员违反忠实义务、勤勉义务，致使所在企业破产的，依法承担民事责任。 有前款规定情形的人员，自破产程序终结之日起三年内不得担任任何企业的董事、监事、高级管理人员	《中华人民共和国企业破产法》第一百二十五条
65	外部董事监事	外部董事监事履职通识	外部董事监事履职责任	外部法律法规	违反本法规定，构成犯罪的，依法追究刑事责任	《中华人民共和国公司法》第二百六十四条

续表

序号	履职主体	业务领域	业务事项	应知应会知识点		
				来源	重点内容	重点条款
66	外部董事	外部董事监事履职通识	外部董事监事履职责任	外部法律法规	董事执行公司职务时违反法律、行政法规或者公司章程的规定，给公司造成损失的，应当承担赔偿责任；涉嫌犯罪的，依法移送司法机关。 董事因违反忠实义务给公司造成特别重大经济损失，或者因贪污、贿赂、侵占财产、挪用财产或者破坏社会主义市场经济秩序被判处刑罚的，终身不得担任中央企业董事职务及其他领导职务	《董事会试点中央企业董事会规范运作暂行办法》(国资发改革〔2009〕45号)第六十九条、第七十条
67	外部董事监事	外部董事监事履职通识	外部董事监事履职责任	外部法律法规	【贪污罪】国家工作人员利用职务上的便利，侵吞、窃取、骗取或者以其他手段非法占有公共财物的，是贪污罪。 受国家机关、国有公司、企业、事业单位、人民团体委托管理、经营国有财产的人员，利用职务上的便利，侵吞、窃取、骗取或者以其他手段非法占有国有财物的，以贪污论。 与前两款所列人员勾结，伙同贪污的，以共犯论处。 【非法经营同类营业罪】国有公司、企业的董事、经理利用职务便利，自己经营或者为他人经营与其所任职公司、企业同类的营业，获取非法利益，数额巨大的，处三年以下有期徒刑或者拘役，并处或者单处罚金；数额特别巨大的，处三年以上七年以下有期徒刑，并处罚金。 【为亲友非法牟利罪】国有公司、企业、事业单位的工作人员，利用职务便利，有下列情形之一，使国家利益遭受重大损失的，处三年以下有期徒刑或者拘役，并处或者单处罚金；致使国家利益遭受特别重大损失的，处三年以上七年以下有期徒刑，并处罚金： （一）将本单位的盈利业务交由自己的亲友进行经营的； （二）以明显高于市场的价格向自己的亲友经营管理的单位采购商品或者以明显低于市场的价格向自己的亲友经营管理的单位销售商品的； （三）向自己的亲友经营管理的单位采购不合格商品的。	《中华人民共和国刑法》相关规定

续表

序号	履职主体	业务领域	业务事项	应知应会知识点		
				来源	重点内容	重点条款
67	外部董事监事	外部董事监事履职通识	外部董事监事履职责任	外部法律法规	【滥用职权罪】【玩忽职守罪】国家机关工作人员滥用职权或者玩忽职守，致使公共财产、国家和人民利益遭受重大损失的，处三年以下有期徒刑或者拘役；情节特别严重的，处三年以上七年以下有期徒刑。本法另有规定的，依照规定。 国家机关工作人员徇私舞弊，犯前款罪的，处五年以下有期徒刑或者拘役；情节特别严重的，处五年以上十年以下有期徒刑。本法另有规定的，依照规定	《中华人民共和国刑法》相关规定
68	外部董事监事	外部董事监事履职通识	外部董事监事履职责任	外部法律法规	公司、企业或者其他单位的工作人员，利用职务上的便利，将本单位财物非法占为己有，数额较大的，处三年以下有期徒刑或者拘役，并处罚金；数额巨大的，处三年以上十年以下有期徒刑，并处罚金；数额特别巨大的，处十年以上有期徒刑或者无期徒刑，并处罚金	《中华人民共和国刑法》第二百七十一条第1款
69	外部董事监事	外部董事监事履职通识	外部董事监事履职责任	外部法律法规	国有公司、企业或者其他国有单位中从事公务的人员和国有公司、企业或者其他国有单位委派到非国有公司、企业以及其他单位从事公务的人员有前款行为的，依照本法第三百八十二条、第三百八十三条的规定定罪处罚	《中华人民共和国刑法》第二百七十一条第2款
70	外部董事监事	外部董事监事履职通识	外部董事监事履职责任	外部法律法规	【非国家工作人员受贿罪】公司、企业或者其他单位的工作人员，利用职务上的便利，索取他人财物或者非法收受他人财物，为他人谋取利益，数额较大的，处三年以下有期徒刑或者拘役，并处罚金；数额巨大或者有其他严重情节的，处三年以上十年以下有期徒刑，并处罚金；数额特别巨大或者有其他特别严重情节的，处十年以上有期徒刑或者无期徒刑，并处罚金。 公司、企业或者其他单位的工作人员在经济往来中，利用职务上的便利，违反国家规定，收受各种名义的回扣、手续费，归个人所有的，依照前款的规定处罚	《中华人民共和国刑法》第一百六十三条

续表

序号	履职主体	业务领域	业务事项	应知应会知识点		
				来源	重点内容	重点条款
71	外部董事监事	外部董事监事履职通识	外部董事监事履职责任	外部法律法规	国有公司、企业、事业单位的工作人员，利用职务便利，有下列情形之一，使国家利益遭受重大损失的，处三年以下有期徒刑或者拘役，并处或者单处罚金；致使国家利益遭受特别重大损失的，处三年以上七年以下有期徒刑，并处罚金： （一）将本单位的盈利业务交由自己的亲友进行经营的； （二）以明显高于市场的价格向自己的亲友经营管理的单位采购商品或者以明显低于市场的价格向自己的亲友经营管理的单位销售商品的； （三）向自己的亲友经营管理的单位采购不合格商品的	《中华人民共和国刑法》第一百六十六条
72	外部董事监事	外部董事监事履职通识	外部董事监事履职责任	外部法律法规	依法负有信息披露义务的公司、企业向股东和社会公众提供虚假的或者隐瞒重要事实的财务会计报告，或者对依法应当披露的其他重要信息不按照规定披露，严重损害股东或者其他人利益，或者有其他严重情节的，对其直接负责的主管人员和其他直接责任人员，处五年以下有期徒刑或者拘役，并处或者单处罚金；情节特别严重的，处五年以上十年以下有期徒刑，并处罚金。 前款规定的公司、企业的控股股东、实际控制人实施或者组织、指使实施前款行为的，或者隐瞒相关事项导致前款规定的情形发生的，依照前款的规定处罚。 犯前款罪的控股股东、实际控制人是单位的，对单位判处罚金，并对其直接负责的主管人员和其他直接责任人员，依照第一款的规定处罚	《中华人民共和国刑法》第一百六十一条
73	外部董事监事	外部董事监事履职通识	外部董事监事履职责任	外部法律法规	【背信损害上市公司利益罪】上市公司的董事、监事、高级管理人员违背对公司的忠实义务，利用职务便利，操纵上市公司从事下列行为之一，致使上市公司利益遭受重大损失的，处三年以下有期徒刑或者拘役，并处或者单处罚金；致使上市公司利益遭受特别重大损失的，处三年以上七年以下有期徒刑，并处罚金： （一）无偿向其他单位或者个人提供资金、商品、服务或者其他资产的； （二）以明显不公平的条件，提供或者	《中华人民共和国刑法》第一百六十九条之一

续表

序号	履职主体	业务领域	业务事项	应知应会知识点		
				来源	重点内容	重点条款
73	外部董事监事	外部董事监事履职通识	外部董事监事履职责任	外部法律法规	接受资金、商品、服务或者其他资产的； （三）向明显不具有清偿能力的单位或者个人提供资金、商品、服务或者其他资产的； （四）为明显不具有清偿能力的单位或者个人提供担保，或者无正当理由为其他单位或者个人提供担保的； （五）无正当理由放弃债权、承担债务的； （六）采用其他方式损害上市公司利益的	《中华人民共和国刑法》第一百六十九条之一
74	外部董事监事	外部董事监事履职通识	外部董事监事履职责任	外部法律法规	国有公司、企业的董事、经理利用职务便利，自己经营或者为他人经营与其所任职公司、企业同类的营业，获取非法利益，数额巨大的，处三年以下有期徒刑或者拘役，并处或者单处罚金；数额特别巨大的，处三年以上七年以下有期徒刑，并处罚金	《中华人民共和国刑法》第一百六十五条
75	外部董事监事	外部董事监事履职通识	外部董事监事履职责任	外部法律法规	国有公司、企业的工作人员，由于严重不负责任或者滥用职权，造成国有公司、企业破产或者严重损失，致使国家利益遭受重大损失的，处三年以下有期徒刑或者拘役；致使国家利益遭受特别重大损失的，处三年以上七年以下有期徒刑。 国有事业单位的工作人员有前款行为，致使国家利益遭受重大损失的，依照前款的规定处罚。 国有公司、企业、事业单位的工作人员，徇私舞弊，犯前两款罪的，依照第一款的规定从重处罚	《中华人民共和国刑法》第一百六十八条
76	外部董事监事	外部董事监事履职通识	外部董事监事履职责任	外部法律法规	发行人在其公告的证券发行文件中隐瞒重要事实或者编造重大虚假内容，尚未发行证券的，处以二百万元以上二千万元以下的罚款；已经发行证券的，处以非法所募资金金额百分之十以上一倍以下的罚款。对直接负责的主管人员和其他直接责任人员，处以一百万元以上一千万元以下的罚款。 发行人的控股股东、实际控制人组织、指使从事前款违法行为的，没收违法所得，并处以违法所得百分之十以上一倍以下的罚款；没有违法所得或者违法所得不足二千万元的，处以二百万元以上二千万元以下的罚款。对直接负责的主管人员和其他直接责任人员，处以一百万元以上一千万元以下的罚款	《中华人民共和国证券法》第一百八十一条

续表

序号	履职主体	业务领域	业务事项	应知应会知识点		
				来源	重点内容	重点条款
77	外部董事监事	外部董事监事履职通识	外部董事监事履职责任	外部法律法规	发行人违反本法第十四条、第十五条的规定擅自改变公开发行证券所募集资金的用途的，责令改正，处以五十万元以上五百万元以下的罚款；对直接负责的主管人员和其他直接责任人员给予警告，并处以十万元以上一百万元以下的罚款	《中华人民共和国证券法》第一百八十五条
78	外部董事监事	外部董事监事履职通识	外部董事监事履职责任	外部法律法规	违反本法第四十五条的规定，采取程序化交易影响证券交易所系统安全或者正常交易秩序的，责令改正，并处以五十万元以上五百万元以下的罚款。对直接负责的主管人员和其他直接责任人员给予警告，并处以十万元以上一百万元以下的罚款	《中华人民共和国证券法》第一百九十条
79	外部董事监事	外部董事监事履职通识	外部董事监事履职责任	外部法律法规	证券交易内幕信息的知情人或者非法获取内幕信息的人违反本法第五十三条的规定从事内幕交易的，责令依法处理非法持有的证券，没收违法所得，并处以违法所得一倍以上十倍以下的罚款；没有违法所得或者违法所得不足五十万元的，处以五十万元以上五百万元以下的罚款。单位从事内幕交易的，还应当对直接负责的主管人员和其他直接责任人员给予警告，并处以二十万元以上二百万元以下的罚款。国务院证券监督管理机构工作人员从事内幕交易的，从重处罚。 违反本法第五十四条的规定，利用未公开信息进行交易的，依照前款的规定处罚	《中华人民共和国证券法》第一百九十一条
80	外部董事监事	外部董事监事履职通识	外部董事监事履职责任	外部法律法规	上市公司、股票在国务院批准的其他全国性证券交易场所交易的公司的董事、监事、高级管理人员、持有该公司百分之五以上股份的股东，违反本法第四十四条的规定，买卖该公司股票或者其他具有股权性质的证券的，给予警告，并处以十万元以上一百万元以下的罚款	《中华人民共和国证券法》第一百八十九条
81	外部董事监事	外部董事监事履职通识	外部董事监事履职责任	外部法律法规	违反本法第三十六条的规定，在限制转让期内转让证券，或者转让股票不符合法律、行政法规和国务院证券监督管理机构规定的，责令改正，给予警告，没收违法所得，并处以买卖证券等值以下的罚款	《中华人民共和国证券法》第一百八十六条

续表

序号	履职主体	业务领域	业务事项	应知应会知识点		
				来源	重点内容	重点条款
82	外部董事监事	外部董事监事履职通识	外部董事监事履职责任	外部法律法规	违反本法第五十五条的规定，操纵证券市场的，责令依法处理其非法持有的证券，没收违法所得，并处以违法所得一倍以上十倍以下的罚款；没有违法所得或者违法所得不足一百万元的，处以一百万元以上一千万元以下的罚款。单位操纵证券市场的，还应当对直接负责的主管人员和其他直接责任人员给予警告，并处以五十万元以上五百万元以下的罚款	《中华人民共和国证券法》第一百九十二条
83	外部董事监事	外部董事监事履职通识	外部董事监事履职责任	外部法律法规	拒绝、阻碍证券监督管理机构及其工作人员依法行使监督检查、调查职权，由证券监督管理机构责令改正，处以十万元以上一百万元以下的罚款，并由公安机关依法给予治安管理处罚	《中华人民共和国证券法》第二百一十八条
84	外部董事监事	外部董事监事履职通识	外部董事监事履职责任	外部法律法规	发行人、证券登记结算机构、证券公司、证券服务机构未按照规定保存有关文件和资料的，责令改正，给予警告，并处以十万元以上一百万元以下的罚款；泄露、隐匿、伪造、篡改或者毁损有关文件和资料的，给予警告，并处以二十万元以上二百万元以下的罚款；情节严重的，处以五十万元以上五百万元以下的罚款，并处暂停、撤销相关业务许可或者禁止从事相关业务。对直接负责的主管人员和其他直接责任人员给予警告，并处以十万元以上一百万元以下的罚款	《中华人民共和国证券法》第二百一十四条
85	外部董事监事	外部董事监事履职通识	外部董事监事履职责任	内部规章制度	发行人的控股股东、实际控制人从事或者组织、指使从事前款违法行为的，给予警告，并处以五十万元以上五百万元以下的罚款；对直接负责的主管人员和其他直接责任人员，处以十万元以上一百万元以下的罚款	不属于企业制度规定的内容
86	外部董事监事	外部董事监事履职通识	外部董事监事履职责任	内部规章制度	犯前款罪的上市公司的控股股东或者实际控制人是单位的，对单位判处罚金，并对其直接负责的主管人员和其他直接责任人员，依照第一款的规定处罚	不属于企业制度规定的内容

续表

序号	履职主体	业务领域	业务事项	应知应会知识点		
				来源	重点内容	重点条款
87	外部董事监事	外部董事监事履职通识	外部董事监事履职责任	内部规章制度	鼓励外部董事监事在推动所任职企业改革发展中担当作为。对董事会及其授权的专门委员会、监事会的违规决策，外部董事监事本人表决时投赞成票或者未表明异议投弃权票，但不属于有令不行、有禁不止、不当谋利、主观故意等，且决策过程中尽职尽责或者事后采取有力措施挽回、减少损失，消除、减轻不良影响的，可根据有关规定和程序，予以从轻、减轻或者免除处理	《中国南方电网有限责任公司出资企业外部董事监事管理办法》（Q/CSG 2122008—2024）第三十四条
88	外部董事监事	外部董事监事履职通识	外部董事监事履职责任	内部规章制度	对董事会及专门委员会、监事会的违规决策，外部董事监事本人表决时投赞成票或者未表明异议投弃权票，但不属于有令不行、有禁不止、不当谋利、主观故意等，且决策过程中尽职尽责或者事后采取有力措施挽回、减少损失，消除、减轻不良影响的，可根据有关规定和程序，予以从轻、减轻或者免除处理	《中国南方电网有限责任公司出资企业外部董事监事行权履职管理细则》（Q/CSG 2023056—2022）第二十三条
89	外部董事监事	外部董事监事履职通识	外部董事监事履职保障	内部规章制度	外部董事监事的劳动关系、工资关系、党员组织关系、工会关系原则上保留在其聘任为公司出资企业外部董事监事职务前的任职单位，根据工作需要，也可调整至南网共享运营公司或其他单位。 一、公司总部方面 （一）建立重要会议列席机制。公司有关部门在组织召开年度工作会议、务虚会、座谈会等重要会议时，可根据需要安排外部董事监事列席会议。 在组织召开与出资企业董事会、监事会职责相关的业务专题会、工作部署会时，根据会议具体内容，一般应当邀请相关企业外部董事召集人、担任有关专门委员会召集人的外部董事，或者监事会主席等参加。 （二）建立政策指导机制。公司总部相关部门应当将上级、公司和部门发文中涉及出资企业战略规划、改革发展、完善治理、风险管控等外部董事监事履职所需的政策性、规范性文件及时送相关企业外部董事监事，并积极为外部董事监事提供相应的政策指导。外部董事监事征询意见的，公司总部部门反馈意见仅供外部董事监事参考。	《中国南方电网有限责任公司出资企业外部董事监事管理办法》（Q/CSG 2122008—2024）第十六条、附录B：外部董事监事履职支撑服务机制清单

续表

序号	履职主体	业务领域	业务事项	应知应会知识点		
				来源	重点内容	重点条款
89	外部董事监事	外部董事监事履职通识	外部董事监事履职保障	内部规章制度	（三）畅通日常沟通渠道。公司相关部门在研究涉及出资企业改革发展、投资决策、风险管控等重大问题，或者制定涉及出资企业董事会、监事会履职行权需要把握的相关制度政策时，应当注意听取该出资企业外部董事监事的意见建议；在需要出资企业董事会、监事会贯彻落实公司对某项工作的明确意图时，应当与外部董事召集人或监事会主席（或未设监事会企业的外部监事）等沟通商洽；在需要向外部董事监事了解相关企业重要情况时，可直接与相关外部董事监事联系。 公司股东行权归口管理部门牵头建立外部董事监事意见反馈、沟通协调机制，加强与外部董事监事的沟通联络，及时听取意见和建议，持续完善相关管理机制。 （四）建立信息流转机制。公司有关部门对于外部董事监事上报的独立报告等事项，应当按部门职责进行办理，处理意见应当及时反馈至外部董事监事本人，以及出资企业董事长和外部董事召集人或监事会主席。 （五）建立外部董事监事履职支撑工作台账。公司总部各部门应当明确外部董事监事履职支撑对口联系人，建立外部董事监事履职支撑工作台账，汇总外部董事监事与本部门进行沟通联系、提请政策指导、提供独立报告、反映重大问题等情况，作为外部董事监事评价的重要依据，于每年底向公司人力资源部门提供。 （六）持续加大外部董事监事培训力度。公司股东行权归口管理部门应当结合实际组织开展外部董事监事培训，持续提升董事监事履职能力，相关费用从公司干部教育培训经费中列支。 二、任职企业方面 （一）持续完善法人治理结构。明确各治理主体职责边界，厘清权力清单，优化议事规则，健全各治理主体之间的沟通协调机制，持续完善法人治理结构，为外部董事监事履职创造良好的制度基础。	《中国南方电网有限责任公司出资企业外部董事监事管理办法》（Q/CSG 2122008—2024）第十六条、附录B：外部董事监事履职支撑服务机制清单

续表

序号	履职主体	业务领域	业务事项	应知应会知识点		
				来源	重点内容	重点条款
89	外部董事监事	外部董事监事履职通识	外部董事监事履职保障	内部规章制度	（二）明确工作支持部门。明确为董事会及其专门委员会、监事会（或未设监事会企业的监事）提供工作支持的具体部门，为外部董事监事提供履职必需的相关资源，提供必要的工作支持和服务，全力支持和配合外部董事监事工作。 （三）提供必要工作条件。为外部董事监事履职提供必要的办公条件，向外部董事监事开放协同办公、运营管控等内部信息系统，为外部董事监事履职提供差旅等必要的经费保障。 （四）建立沟通协调机制。建立完善外部董事监事“企情问询”、参会阅文、信息通报、履职服务和沟通调研机制等。按需召开外部董事监事沟通会及董事会建设协调会，第一时间向外部董事监事通报履职所需工作信息及重大项目情况，助力外部董事监事领会公司意图，形成良性互动。 （五）建立向外部董事监事报送信息制度。规范信息报送的内容、频率、方式、责任主体、保密要求等，保障外部董事监事对企业各项生产经营管理情况的知情权。 报送信息可包括：财务报表、总经理办公会议纪要、企业内部文件、信息通报等。 （六）认真做好会议安排。及时将股东（大）会、董事会、监事会会议通知、议案及相关材料提前送达外部董事监事，协调做好相关工作安排。 定期会议通知、议案及相关材料应当在会议召开10日前送达外部董事监事；除特别紧急的情况以外，临时会议通知、议案及相关材料，应当至少在会议召开5日前送达外部董事监事。企业高级管理人员对提交董事会、监事会审议的议案及相关材料的真实性、准确性负责。 在召开工作会、务虚会、经营分析会等重要会议时，应当视情况邀请外部董事监事参加。 （七）安排履职必要的培训。可根据实际需要安排外部董事监事参加提高其履职能力的必要培训，相关费用由所任职企业承担。	《中国南方电网有限责任公司出资企业外部董事监事管理办法》（Q/CSG 2122008—2024）第十六条、附录B：外部董事监事履职支撑服务机制清单

续表

序号	履职主体	业务领域	业务事项	应知应会知识点		
				来源	重点内容	重点条款
89	外部董事监事	外部董事监事履职通识	外部董事监事履职保障	内部规章制度	（八）建立外部董事监事履职工作台账。对在本企业任职的外部董事监事履职行为进行登记，详实记录外部董事监事参加会议、发表意见、表决结果、开展调研、参加培训、与有关方面沟通、提出指导和咨询意见等方面情况。台账记录应当及时、完整、真实、准确。 三、南网共享运营公司方面 （一）协助履职支撑服务。统筹外部董事监事全年调研计划，协调安排其参加公司、任职企业相关重要会议和调研等工作。负责收集整理外部董事监事履职报告，协助其编写工作计划、工作总结等履职相关材料。定期协助组织外部董事监事座谈会，收集整理相关意见建议，并及时向股东行权归口管理部门报告。 （二）做好日常服务保障。为集中办公的外部董事监事安排专门办公场所，提供必要的办公条件。做好劳动关系在本单位的外部董事监事的薪酬福利发放、社会保险办理、党员活动与工会活动组织，保障其为所任职企业履职外的差旅、会议等日常工作经费，协助做好领导人员个人有关事项报告、因私出国（境）、请假等日常管理工作。组织公司出资企业专职董事监事党支部开展支部工作。 四、原任职单位方面 为在本单位办公的外部董事监事安排专门办公场所，提供必要的办公条件。做好劳动关系在本单位的外部董事监事的薪酬福利发放、社会保险办理、党员活动与工会活动组织，保障其为所任职企业履职外的差旅、会议等日常工作经费，协助做好领导人员个人有关事项报告、因私出国（境）、请假等日常管理工作	《中国南方电网有限责任公司出资企业外部董事监事管理办法》（Q/CSG 2122008—2024）第十六条、附录B：外部董事监事履职支撑服务机制清单

续表

序号	履职主体	业务领域	业务事项	应知应会知识点		
				来源	重点内容	重点条款
90	外部董事	外部董事监事履职重点	外部董事监事参会履职提示（外部董事参会履职提示）	外部法律法规	建立外部董事参与决策保障机制（二）建立会前沟通机制。加强与外部董事的会前交流，决策重大经营管理事项前，根据议案情况，一般以沟通会等方式，由进入董事会的党组织领导班子成员或者经理层成员、董事会秘书向外部董事介绍情况、听取意见。因工作特殊需要：外部董事召集人可以列席企业党委（党组）会议前置研究讨论的有关议题	《关于进一步规范中央企业外部董事履职保障工作的通知》
91	外部董事	外部董事监事履职重点	外部董事监事参会履职提示（外部董事参会履职提示）	内部规章制度	附录C：外部董事对股东会议案的履职内容和程序：一、议案起草。外部董事应及时了解股东或股东会议案安排，认真参与议案讨论，推动做好议案的起草和准备工作	《中国南方电网有限责任公司出资企业外部董事监事行权履职管理细则》（Q/CSG 2023056—2022）
92	外部董事	外部董事监事履职重点	外部董事监事参会履职提示（外部董事参会履职提示）	外部法律法规	规范股东会会议列席人员，适当控制范围。公司董事、监事、经理层成员和公司纪委书记（纪检监察组组长）可以列席股东会会议，董事会秘书应当列席股东会会议	国资委资本局《股权多元化中央企业股东会工作指引（试行）》第三十四条
93	外部董事	外部董事监事履职重点	外部董事监事参会履职提示（外部董事参会履职提示）	外部法律法规	公司召开股东大会，全体董事、监事和董事会秘书应当出席会议，经理和其他高级管理人员应当列席会议。 董事、监事、高级管理人员在股东大会上应就股东的质询作出解释和说明	《上市公司股东大会规则（2022年修订）》第二十六条

续表

序号	履职主体	业务领域	业务事项	应知应会知识点		
				来源	重点内容	重点条款
94	外部董事	外部董事监事履职重点	外部董事监事参会履职提示（外部董事参会履职提示）	外部法律法规	股东会会议由董事会召集，董事长主持；董事长不能履行职务或者不履行职务的，由副董事长主持；副董事长不能履行职务或者不履行职务的，由过半数的董事共同推举一名董事主持。董事会不能履行或者不履行召集股东会会议职责的，监事会应当及时召集和主持；监事会不召集和主持的，连续九十日以上单独或者合计持有公司百分之十以上股份的股东可以自行召集和主持。 单独或者合计持有公司百分之十以上股份的股东请求召开临时股东会会议的，董事会、监事会应当在收到请求之日起十日内作出是否召开临时股东会会议的决定，并书面答复股东	《中华人民共和国公司法（2023修正）》第六十三条、第一百一十四条
95	外部董事	外部董事监事履职重点	外部董事监事参会履职提示（外部董事参会履职提示）	内部规章制度	外部董事对股东会议案的履职内容和程序：二、充分酝酿。出资企业股东或股东会议案需先经董事会审核的，在董事会召开前，外部董事召集人可召集外部董事对议案进行集体研究、充分酝酿。对于制度规定需由董事会专门委员会审议的事项，应由董事会专门委员会研究并提出审议意见。出资企业董事会工作部门应及时收集汇总外部董事对议案的意见建议	《中国南方电网有限责任公司出资企业外部董事监事行权履职管理细则》（Q/CSG 2023056—2022） 附录C
96	外部董事	外部董事监事履职重点	外部董事监事参会履职提示（外部董事参会履职提示）	内部规章制度	股东权责事项。属于《南方电网公司法人层级权责清单》中列示的需要依托股东权利管控事项。 清单内事项。属于出资企业董事会的权责事项，且属于《南方电网公司法人层级权责清单》中列示的需要依托外部董事管控事项	《中国南方电网有限责任公司出资企业外部董事监事行权履职管理细则》（Q/CSG 2023056—2022）附录B

续表

序号	履职主体	业务领域	业务事项	应知应会知识点		
				来源	重点内容	重点条款
97	外部董事	外部董事监事履职重点	外部董事监事参会履职提示（外部董事参会履职提示）	内部规章制度	外部董事对股东会议案的履职内容和程序：三、议案报送。出资企业董事会工作部门应当将议案（草案）、外部董事意见建议、党委会议纪要、董事会专门委员会会议纪要（如有）等支撑材料报送公司股东行权归口管理部门。四、股东审核。股东行权归口管理部门收到议案后，应做好议案记录，原则上2个工作日内明确议案牵头部门和办理时限。其中，专业议案由专业管理部门牵头，综合议案由股东行权归口管理部门牵头。议案牵头部门履行公司审核程序和决策程序后，股东行权归口管理部门反馈审核意见至外部董事，同时通知出资企业董事会工作部门已完成审核。五、董事会制订。外部董事应严格按照公司审核意见在董事会表决，并认真审核会议记录和决议，确保客观、真实、准确	《中国南方电网有限责任公司出资企业外部董事监事行权履职管理细则》（Q/CSG 2023056—2022） 附录C
98	外部董事	外部董事监事履职重点	外部董事监事参会履职提示（外部董事参会履职提示）	内部规章制度	外部董事对股东会议案的履职内容和程序：六、出具股东决定或股东表决意见。 （一）对于全资子公司，出资企业董事会工作部门应当在董事会会议结束后5个工作日内，将董事会制订结果反馈至公司股东行权归口管理部门，公司股东行权归口管理部门出具股东决定。 （二）对于控股子公司，出资企业董事会工作部门应当在董事会会议结束后5个工作日内，将董事会制订结果反馈至公司股东行权归口管理部门，董事会未对公司审核意见进行重大修改的，由公司股东行权归口管理部门出具股东表决意见。董事会对公司审核意见进行重大修改的，需再次履行股东审核流程后出具股东表决意见	《中国南方电网有限责任公司出资企业外部董事监事行权履职管理细则》（Q/CSG 2023056—2022） 附录C
99	外部董事	外部董事监事履职重点	外部董事监事参会履职提示（外部董事参会履职提示）	内部规章制度	外部董事对股东会议案的履职内容和程序：七、股东代表发表意见。对于控股子公司，公司原则上委派外部董事召集人为股东代表，股东代表应严格按照公司反馈表决意见在股东会发表	《中国南方电网有限责任公司出资企业外部董事监事行权履职管理细则》（Q/CSG 2023056—2022） 附录C

续表

序号	履职主体	业务领域	业务事项	应知应会知识点		
				来源	重点内容	重点条款
100	外部董事	外部董事监事履职重点	外部董事监事参会履职提示（外部董事参会履职提示）	内部规章制度	外部董事对股东会议案的履职内容和程序：八、形成股东会决议。控股子公司董事会工作部门应当在股东会会议结束后5个工作日内，按照会议审议结果，起草股东会决议，并报送至公司股东行权归口管理部门履行股东签字、盖章程序	《中国南方电网有限责任公司出资企业外部董事监事行权履职管理细则》（Q/CSG 2023056—2022） 附录C
101	外部董事	外部董事监事履职重点	外部董事监事参会履职提示（外部董事参会履职提示）	外部法律法规	建立外部董事参与决策保障机制（三）加强董事长与外部董事召集人之间沟通。董事长定期就企业改革发展、董事会建设等重大问题与外部董事召集人进行专门沟通。涉及外部董事需掌握的日常经营管理中出现的重要情况等，与外部董事召集人保持及时沟通	《关于进一步规范中央企业外部董事履职保障工作的通知》
102	外部董事	外部董事监事履职重点	外部董事监事参会履职提示（外部董事参会履职提示）	内部规章制度	外部董事对董事会议案的履职内容和程序：一、议案起草。外部董事应及时了解董事会议案安排，认真参与议案讨论，推动做好议案的起草和准备工作	《中国南方电网有限责任公司出资企业外部董事监事行权履职管理细则》（Q/CSG 2023056—2022） 附录D
103	外部董事	外部董事监事履职重点	外部董事监事参会履职提示（外部董事参会履职提示）	内部规章制度	外部董事监事收到所任职企业拟召开董事会、监事会会议通知及议案后，应当开展必要的研究论证工作。认为所任职企业董事会、监事会待议议案未经必备程序、会议资料不充分或论证不充分时，可经2名（含）以上外部董事监事联名提出缓开董事会、监事会或缓议相关议案的建议	《中国南方电网有限责任公司出资企业外部董事监事管理办法》（Q/CSG 2122008—2024）附录F

续表

序号	履职主体	业务领域	业务事项	应知应会知识点		
				来源	重点内容	重点条款
104	外部董事	外部董事监事履职重点	外部董事监事参会履职提示（外部董事参会履职提示）	内部规章制度	外部董事对董事会议案的履职内容和程序：二、充分酝酿。在董事会召开前，外部董事召集人可召集外部董事对议案进行集体研究、充分酝酿。对于制度规定需由董事会专门委员会审议的事项，应由董事会专门委员会研究并提出审议意见。子公司董事会工作部门应及时收集汇总各外部董事对议案的意见建议	《中国南方电网有限责任公司出资企业外部董事监事行权履职管理细则》（Q/CSG 2023056—2022） 附录 D
105	外部董事	外部董事监事履职重点	外部董事监事参会履职提示（外部董事参会履职提示）	内部规章制度	外部董事对董事会议案的履职内容和程序：三、清单内事项议案报送。子公司董事会工作部门应当将清单内事项议案（草案）、外部董事意见建议、党委会议纪要、董事会专门委员会会议纪要（如有）等支撑材料报送公司股东行权归口管理部门。四、清单内事项股东审核。股东行权归口管理部门收到子公司董事会工作部门提交的清单内事项议案后，应做好议案记录，原则上 2 个工作日内明确议案牵头部门和办理时限。其中，专业议案由专业管理部门牵头，综合议案由股东行权归口管理部门牵头。议案牵头部门履行公司审核程序和决策程序后，股东行权归口管理部门反馈表决意见至外部董事召集人，同时通知出资企业董事会工作部门已完成审核	《中国南方电网有限责任公司出资企业外部董事监事行权履职管理细则》（Q/CSG 2023056—2022） 附录 D
106	外部董事	外部董事监事履职重点	外部董事监事参会履职提示（外部董事参会履职提示）	内部规章制度	董事会应当根据会议通知列明的议案顺序逐项审议。审议议案时，会议主持人应当提请与会董事对各项议案发布明确的意见，使其有充分的发言权	《中国南方电网有限责任公司董事会议事规则（2022 年版）》（Q/CSG 2021007—2022）第二十一条

续表

序号	履职主体	业务领域	业务事项	应知应会知识点		
				来源	重点内容	重点条款
107	外部董事	外部董事监事履职重点	外部董事监事参会履职提示（外部董事参会履职提示）	内部规章制度	外部董事对董事会议案的履职内容和程序：五、参会表决。外部董事对清单内事项，应严格按照公司审核意见表决。对清单外事项，根据公司文化、战略规划和决策部署等，按照独立判断发表意见并表决	《中国南方电网有限责任公司出资企业外部董事监事行权履职管理细则》（Q/CSG 2023056—2022） 附录 D
108	外部董事	外部董事监事履职重点	外部董事监事参会履职提示（外部董事参会履职提示）	内部规章制度	董事会决议的表决，实行一人一票，可采用举手表决或记名式投票表决。外部董事对提交董事会审议的议案可以表示同意、反对、弃权，表示反对或弃权的，必须说明具体理由并记载于会议记录	《中国南方电网有限责任公司董事会议事规则（2022 年版）》（Q/CSG 2021007—2022）第二十三条
109	外部董事	外部董事监事履职重点	外部董事监事参会履职提示（外部董事参会履职提示）	内部规章制度	董事会认为需要进一步研究或作重大修改的议案，应当在对议案进行修改、完善后复议，复议的时间和方式由董事会会议决定。特别重大的事项，应当向任职企业股东会报告。审议通过的议案按规定需由国资委审批或备案的，应按要求履行相关程序	《中国南方电网有限责任公司董事会议事规则（2022 年版）》（Q/CSG 2021007—2022）第二十六条

续表

序号	履职主体	业务领域	业务事项	应知应会知识点		
				来源	重点内容	重点条款
110	外部董事	外部董事监事履职重点	外部董事监事参会履职提示（外部董事参会履职提示）	内部规章制度	董事与董事会决议事项所涉及的企业等相关主体有关联的，应当进行回避。董事会审议和表决利益回避事项应遵守以下规定： （一）董事会审议利益回避事项时，相关董事应当回避表决，也不得代理其他董事行使表决权。 （二）相关董事可以参加利益回避事项的审议，并就公平、合法问题作出解释和说明。 （三）董事会会议由过半数的非相关董事出席方能举行，存在关联关系的董事，不计入董事会研究决策该议案所需出席的董事人数。 （四）董事会就该议案作出决议，按照普通决议、特别决议不同类别，需经董事会全体成员（不含存在关联关系的董事）过半数或者三分之二以上同意	《中国南方电网有限责任公司董事会议事规则（2022 年版）》（Q/CSG 2021007—2022）第二十五条
111	外部董事	外部董事监事履职重点	外部董事监事参会履职提示（外部董事参会履职提示）	内部规章制度	外部董事或外部监事应当按时出席所任职企业的董事会、相关董事会专门委员会会议或监事会会议，不得无故缺席。因故不能出席时，应当事先认真审阅会议材料，形成明确意见，并按规定向所任职企业办理请假、委托他人出席等手续。受托人出席会议时应当出具授权委托书，所出具的授权委托书中需载明委托人、受托人、委托事项、委托表决意见，以及所任职企业要求说明的其他事项等。原则上受托人应当为公司派出的其他外部董事或外部监事	《中国南方电网有限责任公司出资企业外部董事监事管理办法》（Q/CSG 2122008—2024）附录 F
112	外部董事	外部董事监事履职重点	外部董事监事参会履职提示（外部董事参会履职提示）	内部规章制度	受托董事应当向会议主持人提交书面委托书，并在授权范围内行使董事权利。出席会议的董事因故中途退席，应当向主持人申明请假并书面委托其他董事代为行使剩余议案表决权；如不委托，对剩余议案表决视为弃权	《中国南方电网有限责任公司董事会议事规则（2022 年版）》（Q/CSG 2021007—2022）第二十一条

续表

序号	履职主体	业务领域	业务事项	应知应会知识点		
				来源	重点内容	重点条款
113	外部董事	外部董事监事履职重点	外部董事监事参会履职提示（外部董事参会履职提示）	内部规章制度	外部董事对董事会议案的履职内容和程序：六、会后反馈。外部董事应认真审核会议记录和决议，做好签署和存档，确保客观、真实、准确。对清单内事项，子公司董事会工作部门要在董事会会议结束后5个工作日内，将董事会审议结果反馈至公司股东行权归口管理部门	《中国南方电网有限责任公司出资企业外部董事监事行权履职管理细则》（Q/CSG 2023056—2022） 附录D
114	外部董事	外部董事监事履职重点	外部董事监事参会履职提示（外部董事参会履职提示）	内部规章制度	出席会议的董事应当代表其本人和委托其代为出席会议的董事、列席会议的董事会秘书对会议记录进行签字确认。董事对会议记录有不同意见的，可以在签字时作出书面说明。董事既不按上述规定进行签字确认，又不对其不同意见作出书面说明的，视为完全同意会议记录的内容	《中国南方电网有限责任公司董事会议事规则（2022年版）》（Q/CSG 2021007—2022）第三十条
115	外部董事	外部董事监事履职重点	外部董事监事参会履职提示（外部董事参会履职提示）	内部规章制度	董事会作出决议后，由公司经理层负责组织实施，并将执行情况向董事会报告。董事长或董事会委托的其他董事、董事会秘书有权检查和督促董事会决议执行情况。如遇特殊情况，需对已决策事项作重大调整，或因外部环境出现重大变化不能执行决议的，应当督促重新按照规定履行决策程序	《中国南方电网有限责任公司董事会议事规则（2022年版）》（Q/CSG 2021007—2022）第二十九条
116	外部董事	外部董事监事履职重点	外部董事监事参会履职提示（外部董事参会履职提示）	内部规章制度	专门委员会是董事会的专门工作机构，由董事组成，为董事会决策提供咨询和建议，对董事会负责。董事会专门委员会负责制订各自的工作规则，具体规定各专门委员会的组成、职责、工作方式、议事程序等内容，经董事会批准后实施。 董事会设战略与投资委员会、薪酬与考核委员会、审计与风险委员会、提名委员会。经董事会批准，可调整或设立其他专门委员会。	《南方电网不同治理结构公司治理范本（2023年版）》设党委、董事会全资子公司章程范本第六十四、第六十五条

续表

序号	履职主体	业务领域	业务事项	应知应会知识点		
				来源	重点内容	重点条款
116	外部董事	外部董事监事履职重点	外部董事监事参会履职提示（外部董事参会履职提示）	内部规章制度	战略与投资委员会由 3–5 名董事组成，其他专门委员会分别由 3 名董事组成。战略与投资委员会、提名委员会中，外部董事应当占多数，主任由董事长担任。薪酬与考核委员会、审计与风险委员会由外部董事组成。审计与风险委员会主任一般由熟悉财务金融或者风险管控的专业人士担任	《南方电网不同治理结构公司治理范本（2022 年版）》（南方电网法规〔2023〕2 号）设党委、董事会全资子公司章程范本第六十五条
117	外部董事	外部董事监事履职重点	外部董事监事参会履职提示（外部董事参会履职提示）	内部规章制度	委员会委员任期与董事任期一致，委员任期届满，连选可以连任。期间如有委员不再担任公司董事职务，自动失去委员资格，董事会应尽快选举产生新的委员	《中国南方电网有限责任公司董事会审计与风险委员会工作规则（Q/CSG 2021003—2023）》第五条
118	外部董事	外部董事监事履职重点	外部董事监事参会履职提示（外部董事参会履职提示）	内部规章制度	委员会会议的召开由董事会秘书结合董事会工作计划和运作需要提议，由委员会主任确定；会议通知由董事会办公室以书面形式发出，通知内容应当包括会议时间、地点、召开方式、主持人、参加人员、议题议程等；会议材料应与会议通知一并送达全体委员和有关列席人员；委员收到会议通知后，应当将是否出席及是否由本人出席的情况，提前告知董事会办公室。 专门委员会会议应有三分之二以上成员出席方可举行。 委员会会议一般应当以现场会议方式召开，也可采取视频方式召开。委员因故不能出席的，可委托他人参会并宣读本人签署的书面意见（应载明同意、反对、弃权的意见，反对、弃权时，必须说明具体理由）。 委员会会议由主任主持，主任因特殊原因不能履行职务时，应委托其他委员代为主持会议	《中国南方电网有限责任公司董事会审计与风险委员会工作规则（Q/CSG 2021003—2023）》第十二条、第十三条

续表

序号	履职主体	业务领域	业务事项	应知应会知识点		
				来源	重点内容	重点条款
119	外部董事	外部董事监事履职重点	外部董事监事参会履职提示（外部董事参会履职提示）	内部规章制度	委员会可根据工作需要，邀请公司其他董事、高级管理人员及有关部门列席会议，高级管理人员及有关部门对涉及的议案进行解释、提供咨询意见。董事会秘书应列席会议。国务院国资委有关部门（机构）可派人列席	《中国南方电网有限责任公司董事会审计与风险委员会工作规则（Q/CSG 2021003—2023）》第二十条
120	外部董事	外部董事监事履职重点	外部董事监事参会履职提示（外部董事参会履职提示）	外部法律法规	董事在公司任职期间享有下列权利： （一）获得履行董事职责所需的公司信息； （二）出席董事会会议，充分发表意见，对表决事项行使表决权； （三）对提交董事会会议的文件、材料提出补充、完善的要求； （四）提出召开董事会临时会议、缓开董事会会议和暂缓对所议事项进行表决的建议； （五）出席所任职的专门委员会的会议并发表意见； （六）根据董事会或者董事长的委托，检查董事会决议执行情况，并要求公司有关部门和人员予以配合； （七）根据履行职责的需要，开展工作调研，向公司有关人员了解情况； （八）按照有关规定领取报酬、工作补贴； （九）按照有关规定在履行董事职务时享有办公、出差等方面的待遇； （十）必要时以书面或者口头形式向国资委反映和征询有关情况和意见； （十一）法律、行政法规和本章程规定的其他权利	《中央企业公司章程指引》（2021 年版）（国资发改革〔2019〕111 号）第三十条
121	外部董事	外部董事监事履职重点	外部董事监事参会履职提示（外部董事参会履职提示）	内部规章制度	委员会会议审议议案或其他事项时，委员应明确、独立地发表同意、反对或弃权的意见（反对、弃权时，必须说明具体理由），实行主持人末位表态制，可采用口头、举手、投票等方式进行。 委员会会议对审议事项应有明确的结论，包括通过、原则通过但内容有重大调整或者设置限制性执行条件、缓议、否决等，经全体应出席会议的委员过半数同意为通过或原则通过。委员会会议确实存在不同意见的，应向董事会逐一作出说明。	《中国南方电网有限责任公司董事会审计与风险委员会工作规则（Q/CSG 2021003—2023）》第十八条

续表

序号	履职主体	业务领域	业务事项	应知应会知识点		
				来源	重点内容	重点条款
121	外部董事	外部董事监事履职重点	外部董事监事参会履职提示（外部董事参会履职提示）	内部规章制度	委员会会议一般应当以现场会议方式召开，也可采取视频方式召开。委员因故不能出席的，可委托他人参会并宣读本人签署的书面意见（应载明同意、反对、弃权的意见，反对、弃权时，必须说明具体理由）。 当委员会所议事项与委员会委员存在利害关系时，该委员应当回避	《中国南方电网有限责任公司董事会审计与风险委员会工作规则（Q/CSG 2021003—2023）》第十八条
122	外部董事	外部董事监事履职重点	外部董事监事参会履职提示（外部董事参会履职提示）	内部规章制度	委员会召开会议后，应形成会议审议意见，明确委员会对审议事项的意见和建议，经出席会议的委员确认签署后提交董事会	《中国南方电网有限责任公司董事会审计与风险委员会工作规则（Q/CSG 2021003—2023）》第二十二条
123	外部监事	外部董事监事履职重点	外部董事监事参会履职提示（外部监事参会履职提示）	内部规章制度	外部董事或外部监事应当按时出席所任职企业的董事会、相关董事会专门委员会会议或监事会会议，不得无故缺席。因故不能出席时，应当事先认真审阅会议材料，形成明确意见，并按规定向所任职企业办理请假、委托他人出席等手续。受托人出席会议时应当出具授权委托书，所出具的授权委托书中需载明委托人、受托人、委托事项、委托表决意见，以及所任职企业要求说明的其他事项等。原则上受托人应当为公司派出的其他外部董事或外部监事	《中国南方电网有限责任公司外部董事监事管理办法》（Q/CSG 2122008—2024）附录F
124	外部监事	外部董事监事履职重点	外部董事监事参会履职提示（外部监事参会履职提示）	内部规章制度	表决权。外部监事对监事会拟审议的议题，结合专业判断提出意见并独立表决	《中国南方电网有限责任公司出资企业外部董事监事行权履职管理细则》（Q/CSG 2023056—2022） 第十五条

续表

序号	履职主体	业务领域	业务事项	应知应会知识点		
				来源	重点内容	重点条款
125	外部监事	外部董事监事履职重点	外部董事监事参会履职提示（外部监事参会履职提示）	内部规章制度	监事会决议的表决，实行一人一票。监事因故不能出席，可以书面委托其他监事表决，委托书中应载明授权。不出席、也不委托其他监事表决的，视为弃权。监事会决议应当经过半数监事通过	《南方电网不同治理结构公司治理范本（2023年版）》设党委、董事会全资子公司章程范本第八十三条
126	外部监事	外部董事监事履职重点	外部董事监事参会履职提示（外部监事参会履职提示）	外部法律法规	监事会应当对所议事项的决定作成会议记录，出席会议的监事应当在会议记录上签名	《中华人民共和国公司法（2023年修正）》第八十一条、第一百三十二条
127	外部监事	外部董事监事履职重点	外部董事监事参会履职提示（外部监事参会履职提示）	内部规章制度	监事会会议形成的有关决议，应当以书面形式予以记录，出席会议的监事应当在决议文件上签字。监事会决议应包括以下内容： （一）会议召开的时间、地点、参加人员。 （二）会议所议事项、表决结果及监事会成员对所议事项的意见。 （三）其他需要在决议中说明和记录的事项	《南方电网不同治理结构公司治理范本（2023年版）》设党委、董事会全资子监事会议事规则范本第十一条
128	外部监事	外部董事监事履职重点	外部董事监事参会履职提示（外部监事参会履职提示）	内部规章制度	监事会每一项决议均应指定监事执行或由监事会监督执行。被指定的监事应将决议的执行情况记录在案，并将最终执行结果报告监事会	《南方电网不同治理结构公司治理范本（2023年版）》设党委、董事会全资子监事会议事规则范本第十二条

续表

序号	履职主体	业务领域	业务事项	应知应会知识点		
				来源	重点内容	重点条款
129	外部监事	外部董事监事履职重点	外部董事监事参会履职提示（外部监事参会履职提示）	内部规章制度	外部监事在监事会领导下开展监督工作，认真检查所任职企业财务，重点查验所任职企业财务会计报表的真实性、合法性；对所任职企业董事、高级管理人员执行职务行为的合法性和妥当性进行监督，当其行为损害公司和所任职企业利益时，提请监事会要求其予以纠正；对所任职企业重大经营决策程序的合法性、合规性进行监督。未设监事会企业的外部监事独立开展上述监督工作	《中国南方电网有限责任公司外部董事监事管理办法》（Q/CSG 2122008—2024）附录 D
130	外部监事	外部董事监事履职重点	外部董事监事参会履职提示（外部监事参会履职提示）	外部法律法规	监事会发现公司经营情况异常，可以进行调查，必要时，可以聘请会计师事务所等协助其工作，费用由公司承担。外部监事在履职过程中发现经营异常的，可以按前述规定要求或提请监事会对出资企业开展调查	《中华人民共和国公司法（2023 年修正）》第七十九条
131	外部监事	外部董事监事履职重点	外部董事监事参会履职提示（外部监事参会履职提示）	内部规章制度	监督权。外部监事重点围绕出资企业财务、重大决策、运营过程中涉及国有资产流失的事项和关键环节，以及董事会和经理层依法依规履职等情况，实行当期和事中监督	《中国南方电网有限责任公司出资企业外部董事监事行权履职管理细则》（Q/CSG 2023056—2022） 第十七条

续表

序号	履职主体	业务领域	业务事项	应知应会知识点		
				来源	重点内容	重点条款
132	外部监事	外部董事监事履职重点	外部董事监事参会履职提示（外部监事参会履职提示）	外部法律法规	监事会行使下列职权： （一）检查公司财务； （二）对董事、高级管理人员执行职务的行为进行监督，对违反法律、行政法规、公司章程或者股东会决议的董事、高级管理人员提出解任的建议； （三）当董事、高级管理人员的行为损害公司的利益时，要求董事、高级管理人员予以纠正； （四）提议召开临时股东会会议，在董事会不履行本法规定的召集和主持股东会会议职责时召集和主持股东会会议； （五）向股东会会议提出提案； （六）依照《中华人民共和国公司法》第一百八十九条的规定，对董事、高级管理人员提起诉讼； （七）公司章程规定的其他职权	《中华人民共和国公司法（2023年修正）》第七十八条
133	外部监事	外部董事监事履职重点	外部董事监事参会履职提示（外部监事参会履职提示）	外部法律法规	关于有限责任公司监事会职权的规定，适用于股份有限公司监事会。监事会行使职权所必需的费用，由公司承担	《中华人民共和国公司法（2023年修正）》第一百三十一条
134	外部监事	外部董事监事履职重点	外部董事监事参会履职提示（外部监事参会履职提示）	外部法律法规	规范股东会会议列席人员，适当控制范围。公司董事、监事、经理层成员和公司纪委书记（纪检监察组组长）可以列席股东会会议，董事会秘书应当列席股东会会议	关于印发《股权多元化中央企业股东会工作指引（试行）》的通知第三十四条

续表

序号	履职主体	业务领域	业务事项	应知应会知识点		
				来源	重点内容	重点条款
135	外部监事	外部董事监事履职重点	外部董事监事参会履职提示（外部监事参会履职提示）	外部法律法规	监事可以列席董事会会议，对董事会决议事项提出质询或建议	《中华人民共和国公司法（2023年修正）》第七十九条
136	外部监事	外部董事监事履职重点	外部董事监事参会履职提示（外部监事参会履职提示）	内部规章制度	列席权。出资企业召开董事会时，应当提前3个工作日通知外部监事列席，并提供会议议题有关材料。对未列席的董事会会议，外部监事应当在会后查阅相关上会材料、会议记录、纪要等文件材料。外部监事1年内在同一任职企业列席董事会会议的次数不得少于会议总数的1/2，其中未设监事会企业的外部监事列席董事会会议的次数不得少于会议总数的3/4	《中国南方电网有限责任公司出资企业外部董事监事行权履职管理细则》（Q/CSG 2023056—2022）第十六条
137	外部监事	外部董事监事履职重点	外部董事监事参会履职提示（外部监事参会履职提示）	内部规章制度	第二十一条外部董事监事认为所任职企业董事会、监事会违规违法决策或董事会、监事会决议明显损害公司、所任职企业利益或职工合法权益的，或者发现重大决策风险和生产经营重大问题，特别是可能发生的重大损失、重大经营危机的，应当及时、明确地向董事会、监事会提出反对意见、警示或质询，同时向公司股东行权归口管理部门进行独立报告，必要时提供专项分析报告。对紧急、突发的重大情况，可先口头报告，再书面报告。 外部董事监事在撰写以上情况报告时可与有关方面加强沟通，但报告无须经所任职企业董事会、监事会或董事长、监事会主席审定。外部董事监事本人对报告内容负责	《中国南方电网有限责任公司外部董事监事管理办法》（Q/CSG 2122008—2024）第二十一条

续表

序号	履职主体	业务领域	业务事项	应知应会知识点		
				来源	重点内容	重点条款
138	外部监事	外部董事监事履职重点	外部董事监事参会履职提示（外部监事参会履职提示）	外部法律法规	监事会公司经营情况异常，可以进行调查；必要时，可以聘请会计师事务所等协助其工作，费用由公司承担	《中华人民共和国公司法（2023年修正）》第七十九条
139	外部监事	外部董事监事履职重点	外部董事监事参会履职提示（外部监事参会履职提示）	外部法律法规	董事、监事、高级管理人员执行公司职务违反法律、行政法规或者公司章程的规定，给公司造成损失的，应当承担赔偿责任。 董事、高级管理人员有前条规定的情形的，有限责任公司的股东、股份有限公司连续一百八十日以上单独或者合计持有公司百分之一以上股份的股东，可以书面请求监事会向人民法院提起诉讼；监事有前条规定的情形的，前述股东可以书面请求董事会向人民法院提起诉讼。 监事会或者董事会收到前款规定的股东书面请求后拒绝提起诉讼，或者自收到请求之日起三十日内未提起诉讼，或者情况紧急、不立即提起诉讼将会使公司利益受到难以弥补的损害的，前款规定的股东有权为公司的利益以自己的名义直接向人民法院提起诉讼。 他人侵犯公司合法权益，给公司造成损失的，本条第一款规定的股东可以依照前两款的规定向人民法院提起诉讼。 公司全资子公司的董事、监事、高级管理人员有前条规定情形，或者他人侵犯公司全资子公司合法权益造成损失的，有限责任公司的股东、股份有限公司连续一百八十日以上单独或者合计持有公司百分之一以上股份的股东，可以依照前三款规定书面请求全资子公司的监事会、董事会向人民法院提起诉讼或者以自己的名义直接向人民法院提起诉讼	《中华人民共和国公司法（2023年修正）》第一百八十八条、第一百八十九条

续表

序号	履职主体	业务领域	业务事项	应知应会知识点		
				来源	重点内容	重点条款
140	外部监事	外部董事监事履职重点	外部董事监事参会履职提示（外部监事参会履职提示）	内部规章制度	根据履行职责需要，有权列席甲方董事会、总经理办公会等会议，有权了解和掌握甲方的各项业务情况，甲方予以配合	《中国南方电网有限责任公司外部董事监事管理办法》（Q/CSG 2122008—2024）附录Q
141	外部监事	外部董事监事履职重点	外部董事监事参会履职提示（外部监事参会履职提示）	外部法律法规	董事、监事、高级管理人员执行公司职务违反法律、行政法规或者公司章程的规定，给公司造成损失的，应当承担赔偿责任。 董事、高级管理人员有前条规定的情形的，有限责任公司的股东、股份有限公司连续一百八十日以上单独或者合计持有公司百分之一以上股份的股东，可以书面请求监事会向人民法院提起诉讼；监事有前条规定的情形的，前述股东可以书面请求董事会向人民法院提起诉讼。 监事会或者董事会收到前款规定的股东书面请求后拒绝提起诉讼，或者自收到请求之日起三十日内未提起诉讼，或者情况紧急、不立即提起诉讼将会使公司利益受到难以弥补的损害的，前款规定的股东有权为公司的利益以自己的名义直接向人民法院提起诉讼。 他人侵犯公司合法权益，给公司造成损失的，本条第一款规定的股东可以依照前两款的规定向人民法院提起诉讼。 公司全资子公司的董事、监事、高级管理人员有前条规定情形，或者他人侵犯公司全资子公司合法权益造成损失的，有限责任公司的股东、股份有限公司连续一百八十日以上单独或者合计持有公司百分之一以上股份的股东，可以依照前三款规定书面请求全资子公司的监事会、董事会向人民法院提起诉讼或者以自己的名义直接向人民法院提起诉讼	《中华人民共和国公司法（2023年修正）》第一百八十八条、第一百八十九条

续表

序号	履职主体	业务领域	业务事项	应知应会知识点		
				来源	重点内容	重点条款
142	外部董事	外部董事监事履职重点	外部董事监事议案审议履职提示（战略规划）	外部法律法规	本办法所称企业发展战略和规划，是指企业根据国家发展规划和产业政策，在分析外部环境和内部条件现状及其变化趋势的基础上，为企业的长期生存与发展所作出的未来一定时期内的方向性、整体性、全局性的定位、发展目标和相应的实施方案	《中央企业发展战略和规划管理办法》（国资令第 10 号）第三条
143	外部董事	外部董事监事履职重点	外部董事监事议案审议履职提示（战略规划）	外部法律法规	企业发展战略和规划包括 3–5 年中期发展规划和 10 年远景目标。编制重点为 3–5 年发展规划，并根据企业外部环境和内部情况的变化和发展适时滚动调整	《中央企业发展战略和规划管理办法》（国资令第 10 号）第八条
144	外部董事	外部董事监事履职重点	外部董事监事议案审议履职提示（战略规划）	外部法律法规	企业发展战略和规划应当包括下列主要内容： （一）现状与发展环境。包括企业基本情况、发展环境分析和竞争力分析等； （二）发展战略与指导思想； （三）发展目标； （四）3 年发展、调整重点与实施计划； （五）规划实施的保障措施； （六）需要包括的其他内容。第十条企业在制订发展战略和规划时，可参照国资委编制的《中央企业发展战略与规划编制大纲》，并可根据实际情况进行适当调整，但应当涵盖其提出的内容	《中央企业发展战略和规划管理办法》（国资令第 10 号）第九条
145	外部董事	外部董事监事履职重点	外部董事监事议案审议履职提示（战略规划）	外部法律法规	企业发展战略和规划的管理，是指国资委根据出资人职责依法对企业发展战略和规划的制订程序、内容进行审核，并对其实施情况进行监督。 企业应明确负责发展战略和规划编制的工作机构，建立相应的工作制度并报国资委备案	《中央企业发展战略和规划管理办法》（国资令第 10 号）第四条

续表

序号	履职主体	业务领域	业务事项	应知应会知识点		
				来源	重点内容	重点条款
146	外部董事	外部董事监事履职重点	外部董事监事议案审议履职提示（战略规划）	外部法律法规	分类开展授权放权。（一）国有资本投资、运营公司。出资人代表机构根据《国务院关于推进国有资本投资、运营公司改革试点的实施意见》（国发〔2018〕23号）有关要求，结合企业发展阶段、行业特点、治理能力、管理基础等，一企一策有侧重、分先后地向符合条件的企业开展授权放权，维护好股东合法权益。授权放权内容主要包括战略规划和主业管理、选人用人和股权激励、工资总额和重大财务事项管理等，亦可根据企业实际情况增加其他方面授权放权内容。战略规划和主业管理。授权国有资本投资、运营公司根据出资人代表机构的战略引领，自主决定发展规划和年度投资计划	《国务院关于印发改革国有资本授权经营体制方案的通知》（国发〔2019〕9号）
147	外部董事	外部董事监事履职重点	外部董事监事议案审议履职提示（战略规划）	外部法律法规	一、中长期发展决策权。中长期发展决策坚持围绕服务企业战略，有效配置优质资源，与现有业务相协同，以增强企业可持续发展能力和核心竞争力、获取新的经济增长点为目标。一是制定中长期发展规划。以集团公司规划为指引，按照有关规定，明确未来阶段性发展目标和方向。经董事会审议通过，履行上级单位（或股东会、股东大会，下同）相关程序后组织实施。二是制定年度投资计划。根据中长期发展规划，按照集团公司管控要求，明确年度拟投资项目。经董事会审议通过，履行上级单位相关程序后组织实施。三是培育新业务领域。根据集团公司和本企业中长期发展规划，聚焦主责主业，积极稳妥发展新业务，确保可进可退，打造高质量发展的业务梯队	《中央企业落实子企业董事会职权操作指引》
148	外部董事	外部董事监事履职重点	外部董事监事议案审议履职提示（战略规划）	外部法律法规	外部董事要注重学习调研特别是战略研究，了解掌握宏观经济形势、行业发展态势、国资监管政策，认真参加国务院国资委和任职企业相关会议、培训，不断提高专业素养和决策判断能力。要遵循市场经济规律和企业发展规律，聚焦主责主业，立足持续增强主业核心竞争力，加强企业发展战略研究，科学制订战略规划，确保战略规划符合出资人要求	《中央企业董事会和董事评价办法》附件1

续表

序号	履职主体	业务领域	业务事项	应知应会知识点		
				来源	重点内容	重点条款
149	外部董事	外部董事监事履职重点	外部董事监事议案审议履职提示（战略规划）	外部法律法规	提交董事会表决的公司发展战略、中长期发展规划、投融资、重组、转让公司所持股权等重大决策议案，应当包括对风险的评估与管控，即存在的主要风险、风险发生的可能性、风险发生后对公司造成的损失、采取的应对措施等。总经理将议案提交董事会前，应当召开总经理办公会议，进行研究并形成意见	国务院国有资产监督管理委员会《关于印发董事会试点中央企业董事会规范运作暂行办法的通知》（国资发改革〔2009〕45号）第一百零二条
150	外部董事	外部董事监事履职重点	外部董事监事议案审议履职提示（战略规划）	外部法律法规	董事会有下列情形之一，经综合分析后，评定为一般或者较差等次。 （一）贯彻落实党中央、国务院决策部署以及国务院国资委工作要求不力的； （二）规划企业发展战略出现重大偏差，或者对企业战略规划的实施缺乏有效指导监督的； （三）违反规定或者程序决策的； （四）决策失误造成企业重大资产损失或者其他严重不良后果的； （五）授权决策事项出现违规决策或者重大决策失误的； （六）风险防范失职失责，企业风险管理体系、内部控制体系、合规管理体系等存在严重缺陷，导致出现重大决策风险、经营风险的； （七）其他应当评定为一般或者较差的情形	《中央企业董事会和董事评价办法》第二十三条
151	外部董事	外部董事监事履职重点	外部董事监事议案审议履职提示（战略规划）	外部法律法规	董事会评价内容及要点。7. 推动企业战略规划有效实施，定期听取经理层执行情况汇报，及时纠正执行中的偏差，确保企业重大经营投资活动符合战略规划和主责主业。8. 对战略规划开展定期评估，必要时进行调整完善	《中央企业董事会和董事评价办法》附件1
152	外部董事	外部董事监事履职重点	外部董事监事议案审议履职提示（战略规划）	内部规章制度	【战略导向】公司发展战略和战略管理应当立足新发展阶段，完整准确全面贯彻新发展理念，积极服务和融入新发展格局构建，按照中国式现代化的本质要求，聚焦主责主业，坚持高质量发展，推动公司加快建设产品卓越、品牌卓著、创新领先、治理现代的世界一流企业，在全面建设社会主义现代化国家、实现第二个百年奋斗目标进程中实现更大发展、发挥更大作用	《中国南方电网有限责任公司战略管理规定（2022年版）》（Q/CSG 2031002—2022）第二条

续表

序号	履职主体	业务领域	业务事项	应知应会知识点		
				来源	重点内容	重点条款
153	外部董事	外部董事监事履职重点	外部董事监事议案审议履职提示（战略规划）	内部规章制度	【体系架构】公司推动构建具有南方电网特色的POCA战略管理体系，涵盖战略制定、战略分解、战略实施、战略回顾四个环节。对应战略管理全过程，应当明确战略管理的核心流程，以及流程对应的管理制度、形成的管理文件、依托的管理架构，促进企业目标、行动、资源、组织、文化等有机统一	《中国南方电网有限责任公司战略管理规定（2022年版）》（Q/CSG 2031002—2022）第六条
154	外部董事	外部董事监事履职重点	外部董事监事议案审议履职提示（战略规划）	内部规章制度	【核心流程】管理流程是战略管理的核心，通过环环相扣的步骤推动规划、计划、预算、评价、考核、监督、审计等环节做好对公司发展战略的有效承接，以及各步骤之间的有效衔接，以战略为中心牵引企业各项经营活动。公司战略管理核心流程包括：（一）制定（修订）公司发展战略，并配套制定重点领域的战略指导性文件；（二）编制公司战略分解图谱；（三）构建公司战略管理指标体系；（四）编制公司发展规划，非管制业务子公司制定本企业发展战略，各分子公司编制本企业发展规划；（五）按年度编制公司战略实施计划；（六）管控战略实施年度计划执行；（七）开展以战略为导向的评价考核；（八）开展战略审计；（九）评估战略规划执行情况	《中国南方电网有限责任公司战略管理规定（2022年版）》（Q/CSG 2031002—2022）第八条
155	外部董事	外部董事监事履职重点	外部董事监事议案审议履职提示（战略规划）	内部规章制度	【总体要求】公司发展战略是战略管理的基准，是公司根据国家战略部署、发展规划和产业政策，基于战略环境、战略定位和资源能力等情况分析，对未来一段时期内公司可持续发展作出的方向性、基础性、全局性谋划。 公司发展战略指导周期为十年及以上。 【主要内容】公司发展战略内容包括战略环境分析、战略目标、战略定位、战略原则、战略取向、战略路径、战略步骤、业务布局、竞争策略、战略指标、战略举措等，推动提升价值创造能力和核心竞争力，塑造差异化竞争优势，促进公司长期可持续发展。 【决策机制】公司发展战略由总经理拟定、公司党组前置研究讨论、董事会制订后，提请股东会决定。 公司发展战略制订过程中，应当发挥公司专家委、董事会专门委员会作用，广泛听取各方意见	《中国南方电网有限责任公司战略管理规定（2022年版）》（Q/CSG 2031002—2022）第十二条、第十四条、第十五条

续表

序号	履职主体	业务领域	业务事项	应知应会知识点		
				来源	重点内容	重点条款
156	外部董事	外部董事监事履职重点	外部董事监事议案审议履职提示（战略规划）	内部规章制度	【战略分解图谱】公司编制战略分解图谱，明确推动战略展开的主题主线和重要举措，构建公司战略实施的清晰指引，夯实战略组织实施基础。 【战略管理指标体系】公司坚持战略导向，围绕贯彻新发展理念、建设世界一流企业、推动高质量发展等要求，深化平衡计分卡等管理工具应用，建立健全战略管理指标体系，作为战略目标逐级分解、量化评价的重要抓手。 公司战略管理指标体系涵盖公司级和专业级指标，根据战略实施需要动态优化完善。 【发展规划】公司健全发展规划体系，做好战略在未来一段时期的细化承接。 公司发展规划体系包括公司中长期发展规划、业务发展规划、职能发展规划、分子公司发展规划等，从不同领域、不同层级推动战略落地具体化、协同化。公司各级各类发展规划以指标、任务、项目为主要载体，实现战略目标在各领域、各层级的有效传导，推动战略目标的达成。 公司应当制定发展规划管理制度，承接本规定要求，规范企业发展规划管理，统筹推进战略落地和规划实施。 【子战略】公司基于管制业务和非管制业务特点，指导下属企业分类做好公司发展战略承接。 管制业务公司不需编制本企业发展战略，在本企业发展规划中做好公司发展战略的承接落实。 非管制业务子公司应当制定本企业发展战略，统筹本企业实际和行业产业发展趋势，深化战略环境分析和同业对标，强化重点产业链价值链分析、平台生态构建研究，明确企业发展的战略定位、战略目标、业务布局、战略举措、战略指标等，系统做好公司发展战略在本企业的承接落实。 非管制业务子公司发展战略由本企业党委前置研究讨论、董事会制订后，提交股东（会）决定。在本企业董事会制订前，需按照公司依托外部董事管控事项清单要求，先履行公司总部审核程序。各子公司应当按照公司审核意见修订完善本企业发展战略并做好议题上报、备案等工作，公司依托股东权利加强管控，确保公司发展战略部署得到有效承接	《中国南方电网有限责任公司战略管理规定（2022 年版）》（Q/CSG 2031002—2022）第十九条、第二十条、第二十一条、第二十二条

续表

序号	履职主体	业务领域	业务事项	应知应会知识点		
				来源	重点内容	重点条款
157	外部董事	外部董事监事履职重点	外部董事监事议案审议履职提示（战略规划）	内部规章制度	【总体要求】公司应当建立健全制度化、简明化、规范化的战略实施机制，突出战略实施主题主线，发挥各方主动性、创造性，形成推动战略落地的合力。 【年度计划】公司以战略分解图谱为基础，组织制定战略实施年度计划，加强公司发展规划、年度计划预算、年度工作要点、专业工作计划、专项行动等工作统筹，发挥战略对公司各项活动的牵引作用。 战略实施年度计划应当统筹上级部委要求和公司发展战略部署，合理安排公司年度生产经营目标，远近结合做好年度间综合平衡，实现公司生产经营活动对发展战略部署的有效承接。 战略实施年度计划明确的年度指标纳入公司计划预算进行管控，重点任务纳入工作要点做好督查督办。 【四类项目】公司深化项目机制运用，着眼重点和长远，统筹重点任务和重点项目，策划实施灯塔、标志、标杆、试点“四类项目”，强化战略重点管控，推动战略转化为可衡量、可评估、可管控的具体行动。 公司应当制定“四类项目”管理制度，加强项目全过程管控，提升项目实施质量，以重点突破带动战略落实落地。 各分子公司应当结合“四类项目”实施要求，研究构建本企业抓战略规划重点任务实施的管控机制。 【报告报表】公司建立健全规范化的报告报表体系，加强战略实施的过程管控和结果分析。 【平台建设】公司遵循统一体系架构、管控及部署模式，建设战略运行管控平台，强化战略管理数字化支撑。依托战略运行管控平台，开展多层次、多维度、多主题的战略监控，实现对公司战略实施及运营状况的全方位监测、分析与展示。 【评价考核】公司构建以战略为导向的约束激励机制，深化分类考核、差异化考核，充分发挥考核“指挥棒”作用，更好保障战略落地	《中国南方电网有限责任公司战略管理规定（2022 年版）》（Q/CSG 2031002—2022）第二十三条、第二十四条、第二十五条、第二十六条、第二十七条、第二十八条

续表

序号	履职主体	业务领域	业务事项	应知应会知识点		
				来源	重点内容	重点条款
158	外部董事	外部董事监事履职重点	外部董事监事议案审议履职提示（战略规划）	内部规章制度	【总体要求】公司应当定期检查战略阶段性实施情况，分析战略执行偏差，管控战略实施风险，确保公司发展战略部署与内外部环境协调一致。 【行业对标】公司持续深化对标管理体系建设和对标管理工具应用，动态优化对标模型、对标样本、对标方法，按年度编制集团对标报告，深化战略单元、专项领域对标分析，系统评估世界一流企业建设进展。 各分子公司应当常态化开展同业对标，找准本企业在行业所处的位置，针对性制定提升措施，更好激发内生动力。 各省（级）电网公司充分应用对标管理理念、方法和工具，推动公司战略管理要求向三（四）级基层企业穿透。 【战略审计】公司建立战略审计机制，坚持真实性、一致性、卓越性、可持续性原则，对公司发展战略的承接性、战略管理的规范性、战略实施的有效性进行客观监督，提出完善战略管理、优化战略实施的建设性意见。 【评估回顾】公司统筹开展战略规划执行情况评估。以公司年度工作总结、年度运营分析报告、集团对标报告为基础，每年编制公司战略规划执行评估报告，对战略环境、组织结构、阶段性目标完成情况、世界一流企业建设成效等进行全方位审视，及时总结经验、分析问题、找准差距、提出建议，作为检讨战略执行、优化战略实施、开展战略修订、完善战略管理的基本依据。 公司董事长应当定期组织开展战略研究，每年至少主持召开1次由董事会和经理层成员共同参加的战略研讨或者评估会。 各分子公司应当每年编制本企业战略规划执行评估报告，并按照公司权责清单要求做好报备	《中国南方电网有限责任公司战略管理规定（2022年版）》（Q/CSG 2031002—2022）第三十条、第三十一条、第三十二条、第三十三条
159	外部董事	外部董事监事履职重点	外部董事监事议案审议履职提示（战略规划）	外部法律法规	国资委对企业报送的企业发展战略和规划内容的审核主要包括：（一）是否符合国家发展规划和产业政策；（二）是否符合国有经济布局和机构的战略性调整方向；（三）是否突出主业，提升企业核心竞争力；（四）是否坚持效益优先和可持续发展原则	《中央企业发展战略和规划管理办法》（国资令第10号）第十三条

续表

序号	履职主体	业务领域	业务事项	应知应会知识点		
				来源	重点内容	重点条款
160	外部董事	外部董事监事履职重点	外部董事监事议案审议履职提示（战略规划）	外部法律法规	国有控股、国有参股企业中国资委排除的股东代表、董事，应当在股东会或董事会上充分表述对企业发展战略和规划的审核意见	《中央企业发展战略和规划管理办法》（国资令第 10 号）第十五条
161	外部董事	外部董事监事履职重点	外部董事监事议案审议履职提示（战略规划）	外部法律法规	企业董事会负责推动企业战略规划有效实施，定期听取经理层执行情况汇报，及时纠正执行中的偏差，确保企业重大经营投资活动符合战略规划和主责主业	《中央企业董事会和董事评价办法》第二十三条
162	外部董事	外部董事监事履职重点	外部董事监事议案审议履职提示（战略规划）	外部法律法规	国资委将企业发展战略和规划的目标和实施，纳入对中央企业负责人经营业绩考核的内容	《中央企业发展战略和规划管理办法》（国资令第 10 号）第十八条
163	外部董事	外部董事监事履职重点	外部董事监事议案审议履职提示（重大投资）	外部法律法规	本办法所称中央企业是指国务院国有资产监督管理委员会（以下简称国资委）代表国务院履行出资人职责的国家出资企业。本办法所称投资是指中央企业在境内从事的固定资产投资与股权投资。本办法所称重大投资项目是指中央企业按照本企业章程及投资管理制度规定，由董事会研究决定的投资项目。本办法所称主业是指由中央企业发展战略和规划确定并经国资委确认公布的企业主要经营业务；非主业是指主业以外的其他经营业务	《中央企业投资监督管理办法》（国务院国有资产监督管理委员会令第 34 号）第二条

续表

序号	履职主体	业务领域	业务事项	应知应会知识点		
				来源	重点内容	重点条款
164	外部董事	外部董事监事履职重点	外部董事监事议案审议履职提示（重大投资）	外部法律法规	中央企业应当根据本办法规定，结合本企业实际，建立健全投资管理制度。企业投资管理制度应包括以下主要内容：投资应遵循的基本原则；投资管理流程、管理部门及相关职责；投资决策程序、决策机构及其职责；投资项目负面清单制度；投资信息化管理制度；投资风险管控制度；投资项目完成、中止、终止或退出制度；投资项目后评价制度；违规投资责任追究制度；对所属企业投资活动的授权、监督与管理制度。企业投资管理制度应当经董事会审议通过后报送国资委	《中央企业投资监督管理办法》（国务院国有资产监督管理委员会令第 34 号）第七条
165	外部董事	外部董事监事履职重点	外部董事监事议案审议履职提示（重大投资）	外部法律法规	国资委根据国家有关规定和监管要求，建立发布中央企业投资项目负面清单，设定禁止类和特别监管类投资项目，实行分类监管。列入负面清单禁止类的投资项目，中央企业一律不得投资；列入负面清单特别监管类的投资项目，中央企业应报国资委履行出资人审核把关程序；负面清单之外的投资项目，由中央企业按照企业发展战略和规划自主决策。中央企业投资项目负面清单的内容保持相对稳定，并适时动态调整。中央企业应当在国资委发布的中央企业投资项目负面清单基础上，结合企业实际，制定本企业更为严格、具体的投资项目负面清单	《中央企业投资监督管理办法》（国务院国有资产监督管理委员会令第 34 号）第九条
166	外部董事	外部董事监事履职重点	外部董事监事议案审议履职提示（重大投资）	外部法律法规	中央企业应当按照企业发展战略和规划编制年度投资计划，并与企业年度财务预算相衔接，年度投资规模应与合理的资产负债水平相适应。企业的投资活动应当纳入年度投资计划，未纳入年度投资计划的投资项目原则上不得投资，确需追加投资项目的应调整年度投资计划。 中央企业应当于每年 3 月 10 日前将经董事会审议通过的年度投资计划报送国资委。年度投资计划主要包括以下内容：投资主要方向和目的；投资规模及资产负债率水平；投资结构分析；投资资金来源；重大投资项目情况。	《中央企业投资监督管理办法》（国务院国有资产监督管理委员会令第 34 号）第十一条、第十二条、第十三条、第十八条

续表

序号	履职主体	业务领域	业务事项	应知应会知识点		
				来源	重点内容	重点条款
166	外部董事	外部董事监事履职重点	外部董事监事议案审议履职提示（重大投资）	外部法律法规	国资委依据中央企业投资项目负面清单、企业发展战略和规划，从中央企业投资方向、投资规模、投资结构和投资能力等方面，对中央企业年度投资计划进行备案管理。对存在问题的企业年度投资计划，国资委在收到年度投资计划报告（含调整计划）后的20个工作日内，向有关企业反馈书面意见。企业应根据国资委意见对年度投资计划作出修改。进入国资委债务风险管控“特别监管企业”名单的中央企业，其年度投资计划需经国资委审批后方可实施。 中央企业应当定期对实施、运营中的投资项目进行跟踪分析，针对外部环境和项目本身情况变化，及时进行再决策。如出现影响投资目的的实现的重大不利变化时，应当研究启动中止、终止或退出机制。中央企业因重大投资项目再决策涉及年度投资计划调整的，应当将调整后的年度投资计划报送国资委	《中央企业投资监督管理办法》（国务院国有资产监督管理委员会令第34号）第十一条、第十二条、第十三条、第十八条
167	外部董事	外部董事监事履职重点	外部董事监事议案审议履职提示（重大投资）	外部法律法规	中央企业应当根据企业发展战略和规划，按照国资委确认的各企业主业、非主业投资比例及新兴产业投资方向，选择、确定投资项目，做好项目融资、投资、管理、退出全过程的研究论证。对于新投资项目，应当深入进行技术、市场、财务和法律等方面的可行性研究与论证，其中股权投资项目应开展必要的尽职调查，并按要求履行资产评估或估值程序	《中央企业投资监督管理办法》（国务院国有资产监督管理委员会令第34号）第十五条
168	外部董事	外部董事监事履职重点	外部董事监事议案审议履职提示（重大投资）	外部法律法规	国资委对中央企业实施中的重大投资项目进行随机监督检查，重点检查企业重大投资项目决策、执行和效果等情况，对发现的问题向企业进行提示。 中央企业应当定期对实施、运营中的投资项目进行跟踪分析，针对外部环境和项目本身情况变化，及时进行再决策。如出现影响投资目的的实现的重大不利变化时，应当研究启动中止、终止或退出机制。中央企业因重大投资项目再决策涉及年度投资计划调整的，应当将调整后的年度投资计划报送国资委。	《中央企业投资监督管理办法》（国务院国有资产监督管理委员会令第34号）第十七条、第十八条、第二十一条

续表

序号	履职主体	业务领域	业务事项	应知应会知识点		
				来源	重点内容	重点条款
168	外部董事	外部董事监事履职重点	外部董事监事议案审议履职提示（重大投资）	外部法律法规	中央企业应当每年选择部分已完成的重大投资项目开展后评价，形成后评价专项报告。通过项目后评价，完善企业投资决策机制，提高项目成功率和投资收益，总结投资经验，为后续投资活动提供参考，提高投资管理水平。国资委对中央企业投资项目后评价工作进行监督和指导，选择部分重大投资项目开展后评价，并向企业通报后评价结果，对项目开展的有益经验进行推广	《中央企业投资监督管理办法》（国务院国有资产监督管理委员会令第 34 号）第十七条、第十八条、第二十一条
169	外部董事	外部董事监事履职重点	外部董事监事议案审议履职提示（重大投资）	外部法律法规	中央企业应当开展重大投资项目专项审计，审计的重点包括重大投资项目决策、投资方向、资金使用、投资收益、投资风险管理等方面	《中央企业投资监督管理办法》（国务院国有资产监督管理委员会令第 34 号）第二十二条
170	外部董事	外部董事监事履职重点	外部董事监事议案审议履职提示（重大投资）	外部法律法规	中央企业投资应当服务国家发展战略，体现出资人投资意愿，符合企业发展规划，坚持聚焦主业，大力培育和发展战略性新兴产业，严格控制非主业投资，遵循价值创造理念，严格遵守投资决策程序，提高投资回报水平，防止国有资产流失。 中央企业应当根据企业发展战略和规划，按照国资委确认的各企业主业、非主业投资比例及新兴产业投资方向，选择、确定投资项目，做好项目融资、投资、管理、退出全过程的研究论证。对于新投资项目，应当深入进行技术、市场、财务和法律等方面的可行性研究与论证，其中股权投资项目应开展必要的尽职调查，并按要求履行资产评估或估值程序	《中央企业投资监督管理办法》（国务院国有资产监督管理委员会令第 34 号）第五条、第十五条
171	外部董事	外部董事监事履职重点	外部董事监事议案审议履职提示（重大投资）	外部法律法规	列入中央企业投资项目负面清单特别监管类的投资项目，中央企业应在履行完企业内部决策程序后、实施前向国资委报送以下材料：（一）开展项目投资的报告；（二）企业有关决策文件；（三）投资项目可研报告（尽职调查）等相关文件；（四）投资项目风险防控报告；（五）其他必要的材料。国资委依据相关法律、法规和国有资产监管规定，从投	《中央企业投资监督管理办法》（国务院国有资产监督管理委员会令第 34 号）第十四条

续表

序号	履职主体	业务领域	业务事项	应知应会知识点		
				来源	重点内容	重点条款
171	外部董事	外部董事监事履职重点	外部董事监事议案审议履职提示（重大投资）	外部法律法规	资项目实施的必要性、对企业经营发展的影响程度、企业投资风险承受能力等方面履行出资人审核把关程序，并对有异议的项目在收到相关材料后20个工作日内向企业反馈书面意见。国资委认为有必要时，可委托第三方咨询机构对投资项目进行论证	《中央企业投资监督管理办法》（国务院国有资产监督管理委员会令第34号）第十四条
172	外部董事	外部董事监事履职重点	外部董事监事议案审议履职提示（重大投资）	外部法律法规	中央企业应当建立投资全过程风险管理体系，将投资风险管理作为企业实施全面风险管理、加强廉洁风险防控的重要内容。强化投资前期风险评估和风控方案制订，做好项目实施过程中的风险监控、预警和处置，防范投资后项目运营、整合风险，做好项目退出的时点与方式安排。 国资委指导督促中央企业加强投资风险管理，委托第三方咨询机构对中央企业投资风险管理体系进行评价，及时将评价结果反馈中央企业。相关中央企业应按照评价结果对存在的问题及时进行整改，健全完善企业投资风险管理体系，提高企业抗风险能力	《中央企业投资监督管理办法》（国务院国有资产监督管理委员会令第34号）第二十三条、第二十四条
173	外部董事	外部董事监事履职重点	外部董事监事议案审议履职提示（重大投资）	外部法律法规	中央企业境外投资应当遵循以下原则：战略引领。符合企业发展战略和国际化经营规划，坚持聚焦主业，注重境内外业务协同，提升创新能力和国际竞争力；依法合规。遵守我国和投资所在国（地区）法律法规、商业规则和文化习俗，合规经营，有序发展；能力匹配。投资规模与企业资本实力、融资能力、行业经验、管理水平和抗风险能力等相适应；合理回报。遵循价值创造理念，加强投资项目论证，严格投资过程管理，提高投资收益水平，实现国有资产保值增值。 中央企业应当根据企业发展战略和规划，按照经国资委确认的主业，选择、确定境外投资项目，做好境外投资项目的融资、投资、管理、退出全过程的研究论证。对于境外新投资项目，应当充分借助国内外中介机构的专业服务，深入进行技术、市场、财务和法律等方面的	《中央企业境外国有资产监督管理暂行办法》（国务院国有资产监督管理委员会令第26号）第六条、第十三条、第十四条、第二十一条、第二十二条

续表

序号	履职主体	业务领域	业务事项	应知应会知识点		
				来源	重点内容	重点条款
173	外部董事	外部董事监事履职重点	外部董事监事议案审议履职提示（重大投资）	外部法律法规	可行性研究与论证，提高境外投资决策质量，其中股权类投资项目应开展必要的尽职调查，并按要求履行资产评估或估值程序。 中央企业原则上不得在境外从事非主业投资。有特殊原因确需开展非主业投资的，应当报送国资委审核把关，并通过与具有相关主业优势的中央企业合作的方式开展。 境外重大投资项目实施完成后，中央企业应当及时开展后评价，形成后评价专项报告。通过项目后评价，完善企业投资决策机制，提高项目成功率和投资收益，总结投资经验，为后续投资活动提供参考，提高投资管理水平。国资委对中央企业境外投资项目后评价工作进行监督和指导，选择部分境外重大投资项目开展后评价，并向企业通报后评价结果，对项目开展的有益经验进行推广。 中央企业应当对境外重大投资项目开展常态化审计，审计的重点包括境外重大投资项目决策、投资方向、资金使用、投资收益、投资风险管理等方面	《中央企业境外国有资产监督管理暂行办法》（国务院国有资产监督管理委员会令第26号）第六条、第十三条、第十四条、第二十一条、第二十二条
174	外部董事	外部董事监事履职重点	外部董事监事议案审议履职提示（重大投资）	外部法律法规	中央企业境外投资应当遵循以下原则：（一）战略引领。符合企业发展战略和国际化经营规划，坚持聚焦主业，注重境内外业务协同，提升创新能力和国际竞争力。（二）依法合规。遵守我国和投资所在国（地区）法律法规、商业规则和文化习俗，合规经营，有序发展。（三）能力匹配。投资规模与企业资本实力、融资能力、行业经验、管理水平和抗风险能力等相适应。（四）合理回报。遵循价值创造理念，加强投资项目论证，严格投资过程管理，提高投资收益水平，实现国有资产保值增值。 中央企业应当根据企业发展战略和规划，按照经国资委确认的主业，选择、确定境外投资项目，做好境外投资项目的融资、投资、管理、退出全过程的研究论证。对于境外新投资项目，应当充分借助国内外中介机构的专业服务，深入进行技术、市场、财务和法律等方面的	《中央企业境外投资监督管理办法》（国务院国有资产监督管理委员会令第35号）第六条、第十三条、第二十五条

续表

序号	履职主体	业务领域	业务事项	应知应会知识点		
				来源	重点内容	重点条款
174	外部董事	外部董事监事履职重点	外部董事监事议案审议履职提示（重大投资）	外部法律法规	可行性研究与论证，提高境外投资决策质量，其中股权类投资项目应开展必要的尽职调查，并按要求履行资产评估或估值程序。 中央企业境外投资项目应当积极引入国有资本投资、运营公司以及民间投资机构、当地投资者、国际投资机构入股，发挥各类投资者熟悉项目情况、具有较强投资风险管控能力和公关协调能力等优势，降低境外投资风险。对于境外特别重大投资项目，中央企业应建立投资决策前风险评估制度，委托独立第三方有资质咨询机构对投资所在国（地区）政治、经济、社会、文化、市场、法律、政策等风险做全面评估。纳入国资委债务风险管控的中央企业不得因境外投资推高企业的负债率水平	《中央企业境外投资监督管理办法》（国务院国有资产监督管理委员会令第35号）第六条、第十三条、第二十五条
175	外部董事	外部董事监事履职重点	外部董事监事议案审议履职提示（重大投资）	内部规章制度	投资包含固定资产投资与股权投资（不含金融工具）。投资分类及定义见附录A	《中国南方电网有限责任公司投资管理规定》（Q/CSG 2041040—2022）第二条
176	外部董事	外部董事监事履职重点	外部董事监事议案审议履职提示（重大投资）	内部规章制度	开展投资业务的各级法人单位是投资项目的决策主体、执行主体和责任主体，直属机构和分公司在法人单位授权下履行责任	《中国南方电网有限责任公司投资管理规定》（Q/CSG 2041040—2022）第四条
177	外部董事	外部董事监事履职重点	外部董事监事议案审议履职提示（重大投资）	内部规章制度	投资应遵循依法合规、战略引领、规模适度、程序规范、风险可控等原则	《中国南方电网有限责任公司投资管理规定》（Q/CSG 2041040—2022）第五条

续表

序号	履职主体	业务领域	业务事项	应知应会知识点		
				来源	重点内容	重点条款
178	外部董事	外部董事监事履职重点	外部董事监事议案审议履职提示（重大投资）	内部规章制度	投资规划在总部、分子公司两级开展。投资规划与国民经济发展五年规划周期的年限一致，规划周期内有特殊需要时滚动修编	《中国南方电网有限责任公司投资管理规定》（Q/CSG 2041040—2022）第六条
179	外部董事	外部董事监事履职重点	外部董事监事议案审议履职提示（重大投资）	内部规章制度	投资项目负面清单依据国资委发布的中央企业投资项目负面清单，结合公司实际，由投资统筹管理部门牵头编制，总部管理流程见附录D。 投资项目负面清单设置禁止类和特别监管类投资项目，实行分类监管：列入负面清单禁止类的项目，一律不得投资；列入负面清单特别监管类的项目，按相关规定报上级单位履行审核把关程序。各分子公司可在公司总部印发的负面清单基础上，结合本单位实际，制定更为严格、具体的投资项目负面清单	《中国南方电网有限责任公司投资管理规定》（Q/CSG 2041040—2022）第七条
180	外部董事	外部董事监事履职重点	外部董事监事议案审议履职提示（重大投资）	内部规章制度	投资策略每年由投资统筹管理部门牵头制定，可跟随公司计划预算一并下达，总部管理流程见附录E。各分子公司在统一执行公司总部印发的投资策略基础上，可结合本单位实际，提出差异化投资策略需求。 公司总部组织制定境外、新兴、产业金融业务投资项目回报率标准，原则上作为商业性投资项目准入的否决性底线标准，边界条件发生重大变化时适时调整	《中国南方电网有限责任公司投资管理规定》（Q/CSG 2041040—2022）第八条
181	外部董事	外部董事监事履职重点	外部董事监事议案审议履职提示（重大投资）	内部规章制度	投资规模结构由计划与财务管理部门会同投资统筹管理部门、专业部门研究提出建议，报公司决策机构决策。总部管理流程见附录F。各单位在总部下达的规模内可自行制定或调整专业结构和项目投资安排，并报上级单位备案	《中国南方电网有限责任公司投资管理规定》（Q/CSG 2041040—2022）第九条

续表

序号	履职主体	业务领域	业务事项	应知应会知识点		
				来源	重点内容	重点条款
182	外部董事	外部董事监事履职重点	外部董事监事议案审议履职提示（重大投资）	内部规章制度	投资计划包括前期费投资计划和年度投资计划。投资规模结构以及重大投资项目跟随公司计划预算一并下达。明细项目计划由投资统筹管理部门依据公司计划预算，通过信息系统组织下达，总部项目投资计划管理流程见附录G，项目列入投资计划的必要条件见附录H。投资计划结合年度计划预算进行调整。 投资计划下达前，各投资主体可根据实际需要、依据项目决策权限开展项目计划预下达工作。 投资主体可在年初投资规模内预留一定额度的预备费，非主业投资原则上不得预留没有明确投资对象的预备费。 公司组织下达重点工程考核计划。重点工程投产时间由公司规划管理部门会同基建、生技、市场、调度等职能部门共同明确，重点工程考核计划由规划管理部门下达，由基建管理部门负责管控和考核	《中国南方电网有限责任公司投资管理规定》(Q/CSG 2041040—2022）第十条
183	外部董事	外部董事监事履职重点	外部董事监事议案审议履职提示（重大投资）	内部规章制度	公司投资项目内部决策管理层级原则上不超过三级，省（级）电网公司的非管制业务发展性投资项目不得授权地市供电局决策。各级决策机构作出决策时，应形成决策文件，参与决策的人员所发表意见应记录存档并签字备查。 公司对总部直接投资项目，直属机构、分公司提出的重大投资项目及其重大变更进行决策；对子公司提出的重大投资项目履行出资人审核把关程序。总部决策和审核投资项目管理流程分别见附录I、J。 重大投资项目标准按照公司“三重一大”决策管理规定，公司治理主体权责清单和授权清单，公司法人层级权责清单执行。 列入公司各级单位投资项目负面清单特别监管类的项目，由各单位按照项目决策权限履行决策程序后，列入投资计划前报上一级单位审核把关。列入国资委投资项目负面清单特别监管类的项目和需要国务院和相关部委核准（备案）的项目，在公司履行决策程序后，实施前按规定报国资委审核把关或相关部委核准（备案），国家另有规定的从其规定。	《中国南方电网有限责任公司投资管理规定》(Q/CSG 2041040—2022）第十三条、第十四条、第十五条、第十六条、第十七条

续表

序号	履职主体	业务领域	业务事项	应知应会知识点		
				来源	重点内容	重点条款
183	外部董事	外部董事监事履职重点	外部董事监事议案审议履职提示（重大投资）	内部规章制度	各单位原则上不得开展本单位主营业务外投资。为适应新业态发展确需在主营业务范围外开展的投资项目，参照本规定第十六条执行	《中国南方电网有限责任公司投资管理规定》（Q/CSG 2041040—2022）第十三条、第十四条、第十五条、第十六条、第十七条
184	外部董事	外部董事监事履职重点	外部董事监事议案审议履职提示（重大投资）	内部规章制度	项目经投资决策后，由项目实施主体组织实施，应当做好项目验收、结算、决算和形成资产（产权）等关键节点管控。项目需政府核准（备案、审批）但未取得核准（备案、审批）前，禁止对外签订、报送不可撤回的约束性协议或申请，禁止生效工程建设、设备招标等相关合同或发生工程建设费用。 任何因素导致超计划投资都要遵循“先审批、后实施”的原则强化管理。项目发生重大变更时，原则上要重新开展前期工作或调整可研，如项目变更导致决策权限提级，按变更后的权限审批，否则按原决策权限审批。 项目实施管理的要素和具体管理要求，按照专业项目管理办法的有关规定执行。 出现重大不利变化时，项目实施主体应当及时报项目原决策机构启动项目中止、终止或退出机制。项目终止或退出时，项目实施单位（部门）对已签订合同、已购置物资、已形成的资产等提出处理建议，由专业部门组织研究提出处置方案，报相关决策机构审批。对造成资产损失的项目，要严格按照公司相关规定要求办理处置手续	《中国南方电网有限责任公司投资管理规定》（Q/CSG 2041040—2022）第二十一条、第二十二条
185	外部董事	外部董事监事履职重点	外部董事监事议案审议履职提示（重大投资）	内部规章制度	各专业部门负责本专业投资项目全过程风险管理，组织制定风险管控规范标准，对涉及重大风险事项进行监督控制。管制和共享服务业务重点管控投资有效性和收益、质量、健康、安全、环保、进度、内控、合同、法律风险。新兴、产业金融和国际业务还要注重政策、政治、财务、规模扩张和业务扩展风险。	《中国南方电网有限责任公司投资管理规定》（Q/CSG 2041040—2022）第二十四条、第二十六条、第二十七条、第二十八条

续表

序号	履职主体	业务领域	业务事项	应知应会知识点		
				来源	重点内容	重点条款
185	外部董事	外部董事监事履职重点	外部董事监事议案审议履职提示（重大投资）	内部规章制度	严格执行国务院国资委关于加强中央企业 PPP 业务风险管控要求。PPP 项目纳入公司年度投资计划管理，由公司总部统一审核和下达。 严格执行国务院国资委关于中央企业加强参股管理的有关要求。禁止为规避主业监管要求通过参股等方式开展负面清单禁止类业务，禁止选择与参股投资主体及各级控股股东领导人员存在特定关系的合作方，禁止以“名股实债”方式开展参股合作。非重大对外参股投资项目由二级单位审议或决定，不得向下授权（授权对象为控股上市公司、金融机构和基金公司除外）。 严格执行国务院国资委关于中央企业在并购投资中运用对赌模式有关要求。科学评估转让方对赌履约能力和财务风险，对可承受风险制定应对方案。审慎开展业绩预测和资产评估，并作为后期跟踪审计的重要内容。未经合法合规性审查或审查不合法不合规的，不得提交集体决策	《中国南方电网有限责任公司投资管理规定》（Q/CSG 2041040—2022）第二十四条、第二十六条、第二十七条、第二十八条
186	外部董事	外部董事监事履职重点	外部董事监事议案审议履职提示（重大投资）	内部规章制度	开展前期工作的项目应当来源于前期项目储备库。已纳入规划项目，由项目实施主体优选纳入前期费投资计划，组织开展前期工作。单一购置类、科技、信息化、紧急项目以及经常性投资项目可不编制前期费投资计划。 规划外项目由项目实施主体履行纳规审批程序后方可纳入前期费投资计划，具体由各单位按权限分级决策。 项目前期工作由实施主体具体负责，对应管理权限、前期工作成果由专业管理部门组织审查，专业分管领导审批。 项目纳入前期计划后，应当抓紧推进前期工作。超期未完成，应当研究中止、终止或者退出。前期工作完成后列入投资项目储备库。专业部门每年应组织至少一次储备库清理工作，确保入库项目的时效性。	《中国南方电网有限责任公司管制业务和共享服务业务投资项目管理办法》（Q/CSG 2042072—2022）第十二条、第十三条、第十六条

续表

序号	履职主体	业务领域	业务事项	应知应会知识点		
				来源	重点内容	重点条款
186	外部董事	外部董事监事履职重点	外部董事监事议案审议履职提示（重大投资）	内部规章制度	开展投资决策的项目应当来源于投资项目储备库。实施主体提出申请，专业管理部门审核后按照权限决策。各单位根据公司下达的年度经营目标编制项目投资需求，根据公司下达的年度投资规模、结构、策略等，精准编制项目投资计划。 投资统筹管理部门和专业管理部门应当加强对本级和下级单位投资计划执行监控和项目实施管控。如果出现影响投资目的实现的重大不利变化、导致已决策项目无法推进或者不必继续推进，实施主体应当深入分析具体原因、项目状态，重新评估项目紧迫性、必要性和可行性。对于影响安全、新增负荷供电等急需项目，应当提级督办，全力推进。对于非急需项目，应当研究启动中止、终止或者退出机制	《中国南方电网有限责任公司管制业务和共享服务业务投资项目管理办法》（Q/CSG 2042072—2022）第十二条、第十三条、第十六条
187	外部董事	外部董事监事履职重点	外部董事监事议案审议履职提示（重大投资）	内部规章制度	股权投资项目原则上均应当编制项目建议书，作为项目前期立项的重要依据。项目建议书应当明确投资主体、投资规模、资金用途，分析股权投资的初步必要性和初步可行性。 出资单位负责组织编制项目建议书，公司系统多家单位共同参与投资的项目，原则上由拟占股比最大的单位作为牵头责任单位，或者由上级单位指定。 项目建议书完成后列入前期项目储备库，入库信息包括项目名称、实施目的、投资主体、股比、其他投资方信息、投资规模、收益率、风险、交割时间等。 列入前期项目储备库的项目，按照权限经前期立项后列入股权项目投资计划，出资单位组织开展前期工作。完成前期工作后，列入投资项目储备库。项目前期工作包括：尽职调查、取得法律意见书和风险评估报告、项目估值和资产评估、商务谈判、编制新建公司的组建方案和章程、编制可行性研究报告等。 开展投资决策的项目应当来源于投资项目储备库。项目经投资决策后，方可实施。股权项目投资计划编报与下达的流程、时间等要求与固定资产项目投资计划一致。	《中国南方电网有限责任公司管制业务和共享服务业务投资项目管理办法》（Q/CSG 2042072—2022）第二十一条、第二十二条、第二十三条、第二十四条、第二十五条、第二十六条、第二十七条、第二十八条

续表

序号	履职主体	业务领域	业务事项	应知应会知识点		
				来源	重点内容	重点条款
187	外部董事	外部董事监事履职重点	外部董事监事议案审议履职提示（重大投资）	内部规章制度	股权投资应当满足国资委和公司有关管理层级和法人层级控制在四级以内的要求。其中，公司四级及以下子企业原则上不得作为管制业务和共享服务业务股权投资项目的出资单位（经批准设立的特殊目的公司除外）。 战略规划管理部门应当做好前期项目储备库、投资项目储备库日常维护工作。经决策未通过的项目应当及时退出储备库。每半年至少开展一次储备库清理。 从严规范参股投资行为。除了增量配电网、公司系统单位合计持股比例超过 20% 的股权投资项目，各级单位不得投资占股比例低于 20% 的参股项目；因企业经营发展，经研究确需投资占股比例低于 20% 的非重大参股项目，须由二级单位进行决策、不得向下授权（授权对象为控股上市公司除外）。 各级战略规划管理部门应当在项目投资计划分解下达后 1 个月内，完成本单位投资安排情况分析。 战略规划管理部门应当加强对本级和下级单位项目实施的有效监控：定期对计划执行情况进行分析发布，每月统计投资计划执行情况；重点监控并推进已列入项目投资计划尚处于前期工作项目的进展，跟进已完成项目决策项目的交割进展情况；加强对项目投资决策、签订投资合作协议或者股权收购协议、核准（备案）、完成股权交割等关键进度节点的监控分析。 项目实施过程中发生重大变更时，原则上要重新开展前期工作或者调整可研，并按照规定履行决策程序。对于项目重大变更导致审批权限发生变化的，原则上要重新开展前期工作或调整可研，如项目变更导致决策权限提级，按变更后的权限审批，否则按原决策权限审批。出资单位在股权交割后，应当及时办理企业国有资产产权变动、注销、占有登记、股权变动工商变更登记等手续。 已列入项目投资计划的项目，如果出现影响投资目标实现的重大不利变化，导致项目不必继续实施的，应当及时分析研究启动项目终止机制。确定终止项目的，应当报原决策单位履行审批程序，并妥善处置已签订合同、已发生费用	《中国南方电网有限责任公司管制业务和共享服务业务投资项目管理办法》（Q/CSG 2042072—2022）第二十一条、第二十二条、第二十三条、第二十四条、第二十五条、第二十六条、第二十七条、第二十八条

续表

序号	履职主体	业务领域	业务事项	应知应会知识点		
				来源	重点内容	重点条款
188	外部董事	外部董事监事履职重点	外部董事监事议案审议履职提示（重大投资）	内部规章制度	国际业务平台公司应当根据公司国际业务发展战略和规划，研究提出年度投资计划预算（含前期费用计划预算）安排建议，经公司审批后下达投资规模、结构、策略以及重大投资项目。根据项目开发情况，年中可调整年度投资计划预算。 针对不可预见的项目机会，国际业务平台公司可在年度投资规模内预留一定额度的主业投资预备费，非主业投资原则上不得预留没有明确标的的预备费。 在前期立项前，应当对项目所在国投资环境、法律法规、监管政策、项目基本情况、竞争形势等进行初步调查，初步分析项目可达到公司投资回报率标准，形成项目建议书，作为前期立项的依据。 境外项目前期费用不得超出年度前期费用计划预算总额。 境外非主业投资项目前期立项及调整由国际业务平台公司依托外部董事向公司总部提出申请，经公司审核同意后实施，原则上应当提前10个工作日向总部正式报送立项审核材料。境外主业投资项目前期立项及调整由国际业务平台公司决策。境外投资项目前期费用总额应符合公司控制标准。 国际业务平台公司可根据项目实际需要选取合作伙伴，组成联合体或成立合资公司。合作前应当对合作伙伴进行考察评估或尽职调查，并组建联合工作团队，签署联合投资合作等协议，并对合作可能产生重大影响的风险事项提前制定预案。选取合作伙伴应当注重战略伙伴合作关系和协同效应。 在投资决策前，应当完成项目有关尽职调查或可行性研究工作，全面评估风险并制定应对措施，按照估值相关要求测算预期投资回报可达到公司投资回报率标准，形成投资决策材料，作为投资决策的依据。针对存在重大风险的事项，应当制定强制性风险防控措施，并在投资决策后刚性执行。	《中国南方电网有限责任公司境外投资项目管理办法》（Q/CSG 2042071—2022）第六条、第七条、第八条、第九条、第十一条、第十四条、第十五条、第十六条、第十七条、第十八条、第二十二条、第二十四条、第三十条、第三十二条

续表

序号	履职主体	业务领域	业务事项	应知应会知识点		
				来源	重点内容	重点条款
188	外部董事	外部董事监事履职重点	外部董事监事议案审议履职提示（重大投资）	内部规章制度	对外提交约束性报价或主要投资合同正式签署前应当完成投资决策程序；由公司董事会决策的境外重大投资项目应提前20个工作日、其他境外重大投资项目提前10个工作日向总部正式报送完整的投资决策材料；特殊情况下，经公司总部审批同意后，可带生效条件提交约束性报价或签署投资合同。 境外重大投资项目投资决策由国际业务平台公司履行内部程序后，依托外部董事提交公司总部审核，公司专业管理部门组织研究后，依次提交公司投资审查委员会审查、党组会前置研究、董事会或者董事长专题会决策并出具审核意见，国际业务平台公司按照审核意见履行决策程序；境外非重大投资项目由国际业务平台公司自行决策。 境外重大投资项目提请公司总部审核前应当由第三方机构开展投资咨询评估，重点对项目依法合规、商业计划、财务模型、投资回报率、技术方案、风险防控以及投资决策材料和程序完整性等进行评估。必要时，可邀请公司专家委和内外部专家参与项目评估论证。咨询评估费用纳入项目开发成本。 境外投资项目投资地点、投资规模、投融资结构、国际政治经济和市场环境、绿地项目基础设计和建设方案等发生重大变化，对项目收益和风险产生重大影响，超出投资决策审议事项范围的，应当重新报送相应决策机构审批。在投资决策时应当考虑风险等因素明确退出条件、制定退出方案，对未形成控制的参股项目应充分考虑投后风险并制定相应控制措施。在项目建成或完成股权交割后，应当结合外部环境和项目本身情况变化，动态评估调整退出条件和退出方案。退出方案应征询法律、风险管理部门和相关专家意见并履行审批程序。退出条件触发后，应及时启动退出方案。涉及资产和产权处置的，按照公司有关规定执行。	《中国南方电网有限责任公司境外投资项目管理办法》（Q/CSG 2042071—2022）第六条、第七条、第八条、第九条、第十一条、第十四条、第十五条、第十六条、第十七条、第十八条、第二十二条、第二十四条、第三十条、第三十二条

续表

序号	履职主体	业务领域	业务事项	应知应会知识点		
				来源	重点内容	重点条款
188	外部董事	外部董事监事履职重点	外部董事监事议案审议履职提示（重大投资）	内部规章制度	境外投资项目风险管理应当涵盖投资事前、事中、事后全过程。在境外投资项目前期立项、前期工作、投资决策、项目实施、投后管理各阶段应当结合境外投资风险库，全面识别和评估政治、经济、社会、文化、政策、合规、技术、市场、财务、安全、疫情、廉洁等各类风险，制定有效风险防控措施并充分考虑其可操作性和执行成本，纳入经济可行性分析综合测算。 境外投资项目实行风险动态管理，国际业务平台公司应当每年度更新风险防控报告，如有重大突发风险应当及时上报。外派董事和管理人员必须严格履职尽责，重大事项应当及时报告	《中国南方电网有限责任公司境外投资项目管理办法》（Q/CSG 2042071—2022）第六条、第七条、第八条、第九条、第十一条、第十四条、第十五条、第十六条、第十七条、第十八条、第二十二条、第二十四条、第三十条、第三十二条
189	外部董事	外部董事监事履职重点	外部董事监事议案审议履职提示（重大投资）	内部规章制度	境外非投资项目按照“统筹管理、分级负责”的原则进行管理，对特别关注项目加强管控。原则上不得带资建设境外工程承包项目。严控赴国家明确的高风险、与我国无外交关系的国家或地区开展业务。 开展境外非投资项目应坚持“依法合规、能力匹配、回报合理、风险可控”的原则，满足以下条件。 （一）遵守国家和项目所在国（地区）有关法律法规、国际条约、国际惯例、银行等机构行业规则、项目合同，确保项目开展全过程依法合规； （二）必须与企业自身业务能力和业绩资质相匹配； （三）必须取得合理回报，不得以不正当低价承揽项目； （四）必须开展风险评估，并具备有效的合规管理与风险防控措施。 境外工程承包项目前期工作主要包括可行性研究或尽职调查、经济性分析、提交资格预审、编制标书或实施方案、合同澄清或谈判、按规定履行国家商务主管部门投标（议标）备案，取得项目所在国政府许可等。其他境外非投资项目前期工作结合实际参照执行。 需以公司名义出具文件的，分子公司应提出申请，由国际业务管理部门按照相关规定协调办理。	《中国南方电网有限责任公司境外非投资项目管理办法》（Q/CSG 2252002—2022）第四条、第五条、第七条、第八条、第九条、第十条、第十一条、第十二条、第十三条

续表

序号	履职主体	业务领域	业务事项	应知应会知识点		
				来源	重点内容	重点条款
189	外部董事	外部董事监事履职重点	外部董事监事议案审议履职提示（重大投资）	内部规章制度	项目前期工作应重点收集、辨识和分析项目的政治、经济、社会、文化、市场、法律、廉洁、政策、合规、监管等风险，并提出初步对策，编制风险防控报告。 项目前期工作应掌握关于投标管理、合同管理、项目履约、劳工权利保护、环境保护、连带风险管理、债务管理、捐赠与赞助、反腐败、反贿赂等方面的具体要求，依法合规开展工作。项目法律合规审核工作按照公司《重大经营决策法律合规审核业务指导书》执行。 境外非投资项目与其他企业通过组成联合体等方式合作开展的，要对合作伙伴的业绩、资质、履约能力等进行全面调研，优先选择实力雄厚、具有较高信誉的企业，并应签订联合体协议，明确双方权利义务，做好风险管控。 境外非投资项目实施单位应规范建立项目决策机制，明确管理流程和决策权限，并按国家规定办理投标前的备案、许可等，决策前需按要求完成前期工作 分子公司必须对所属单位开展的特别关注项目进行审核把关，并结合自身实际明确其他要审核把关的项目，相应建立境外非投资项目管控机制。境外非投资项目中标后 5 日内向公司报告。 开展境外非投资项目对外应公平、有序竞争。严禁明显低于成本价或当地市场合理价格水平承揽境外项目，扰乱市场秩序。严禁违背招投标程序，在未通过资格审查或项目已签约等情况下违规介入。严禁在议标项目中相互压价，恶性竞争。严禁超出权限擅自对外许诺，形成倒逼。严禁串标围标、恶意诋毁对手、虚假宣传业绩或采取其他不正当竞争手段	《中国南方电网有限责任公司境外非投资项目管理办法》（Q/CSG 2252002—2022）第四条、第五条、第七条、第八条、第九条、第十条、第十一条、第十二条、第十三条
190	外部董事	外部董事监事履职重点	外部董事监事议案审议履职提示（重大投资）	内部规章制度	第九条　发展性投资项目前期立项管理 （一）原则上，公司规划经决策机构审批后，规划内的投资项目可以直接列入前期费计划，开展前期工作。规划外的投资项目需要经过项目建议书审批等前期立项后，方可列入前期费计划。前期费的比例及使用范围、规划外投资项目前期立项的审批流程按照《规定》执行。	《中国南方电网有限责任公司新兴和产业金融业务投资项目管理办法（试行）》（Q/CSG 2042074—2022）第九条、第十一条

续表

序号	履职主体	业务领域	业务事项	应知应会知识点		
				来源	重点内容	重点条款
190	外部董事	外部董事监事履职重点	外部董事监事议案审议履职提示（重大投资）	内部规章制度	（二）各新兴业务、产业金融业务公司原则上不得进行主营业务范围以外的项目投资；为了业务发展需要在主营业务范围外开展的投资项目，应当在项目前期立项前征求公司意见，并将项目建议书留存备查。 （三）公司新兴业务、产业金融业务公司在主营业务范围内的对外收购受让股权（或者产权）、股权（或者产权）置换、增资扩股等股权投资，原则上需要以控股为目的；若参股需具有股东否决权，持股比例可以为公司系统单位单一持股或合计持股。 （四）非重大对外参股投资项目由二级单位决策，不得向下授权，授权对象为控股上市公司、金融机构和基金公司除外；二级单位应当将授权范围内按照内部程序由其董事会决策的对外参股事项，应当在项目前期立项前征求公司意见，并将项目建议书留存备查。股权投资项目的管理层级应当控制在四级以内。基金管理公司参股投资另有规定的，从其规定。 第十一条　项目投资决策管理 （一）重大项目由公司投资审查委员会审议后，提交公司董事会（董事长专题会、总经理办公会）决策（或者提出审核意见），其他项目由各单位按照决策权限，分级决策后实施，禁止把投资项目分拆上报或者其他规避审查的行为。投资项目决策文件要求见附录B。 （二）项目建设发生重大变更时，原则上要重新开展前期工作或调整可研，并履行审批手续。对于由于项目重大变更导致审批权限发生变化时，项目按照变更后的权限审批，否则按原决策权限审批。投资项目重新审批决策的标准见附录C。 （三）公司新兴和产业金融业务投资项目的财务内部收益率应当满足公司明确的投资项目回报率要求，原则上作为投资项目准入的否决性底线标准，边界条件发生重大变化时适时调整。若新兴业务、产业金融业务公司整体投资收益达到预期，容许个别经公司认定的示范性、品牌宣传，或者业务前瞻性布局的项目适当调低收益率要求，但是不得低于五年期国债利率，在投资决策材料中应当对此专项说明	《中国南方电网有限责任公司新兴和产业金融业务投资项目管理办法（试行）》（Q/CSG 2042074—2022）第九条、第十一条

续表

序号	履职主体	业务领域	业务事项	应知应会知识点		
				来源	重点内容	重点条款
191	外部董事	外部董事监事履职重点	外部董事监事议案审议履职提示（重大投资）	内部规章制度	公司总部开展信托产品投资，由发起部门按照公司“三重一大”规定提请决策。 公司金融业务企业在年度资金运作方案范围内，由各单位根据内部程序决策并报公司总部备案后执行。 信托产品投资基本要求 （一）信托产品投资方向应当符合国家宏观政策、产业政策和监管政策。 （二）拟投资的信托产品，需符合国家有关部门关于信托投资的规定，并已经按照相关法律法规完成审批或者核准程序。 （三）基础资产被列入国家有关部门及公司负面清单，禁止类投资领域、行业或者产业的信托项目，一律不得投资。 （四）融资主体须承诺资金不用于国家及监管机构明令禁止的行业或者产业。 （五）信托产品投资需由符合条件的信托公司对项目进行受托管理。 投资行为规范 （一）投资信托产品，应当在信托合同中明确约定权责义务，禁止将资金信托作为通道。信托投资产品应当由受托人自主管理，并承担产品设计、项目筛选、尽职调查、投资决策、实施及后续管理等主动管理责任。信托公司管理资金信托聘请第三方提供投资顾问服务的，应当遵守监管有关规定，不得将主动管理责任让渡给投资顾问等第三方机构，不得为信托投资提供通道服务。 （二）对于结构化的信托产品，不得投资劣后级受益权。 （三）投资信托产品，不得发生涉及利益输送、利益转移等不当交易行为，不得通过关联交易或者其他方式侵害公司利益。涉及关联交易的，应当符合合规、诚信和公允的原则，不得偏离市场独立第三方的价格或者交易条件，应当建立健全内部审批机制和评估机制，并及时进行信息披露。 （四）投资信托产品，应当加强法律风险管理，由专业律师就投资行为、信托目的合法合规性以及投资者权益保护等内容出具相关法律意见书。	《中国南方电网有限责任公司信托产品投资管理细则》（Q/CSG 2123067—2021）第五条、第六条、第十三条、第十五条、第十六条、第十七条、第十八条

续表

序号	履职主体	业务领域	业务事项	应知应会知识点		
				来源	重点内容	重点条款
191	外部董事	外部董事监事履职重点	外部董事监事议案审议履职提示（重大投资）	内部规章制度	投资回报水平 信托投资产品预期收益率，不得低于同期限、同等评级的中债企业债到期收益率水平。 投资期限 （一）依据各投资主体资产负债匹配及收益风险匹配原则，在规模允许范围内，信托产品最长投资期限原则上不超过10年。 （二）公司金融业务企业投资信托产品期限，需满足公司最低资本、资产负债、流动性管理等要求，并按照国家有关部委及监管机构对投资期限的管理规定执行。 风险集中度管理 （一）除信用等级为AAA级的信托产品外，公司总部及分、子公司投资同一信托产品的投资金额，不得高于该产品实收信托规模的50%；公司总部及分、子公司及其关联方投资同一信托产品的投资金额，合计不得高于该产品实收信托规模的80%。 （二）公司金融业务企业投资的信托产品集中度管理，应当根据相关监管机构规定及公司内控要求执行	《中国南方电网有限责任公司信托产品投资管理细则》（Q/CSG 2123067—2021）第五条、第六条、第十三条、第十五条、第十六条、第十七条、第十八条
192	外部董事	外部董事监事履职重点	外部董事监事议案审议履职提示（重大投资）	内部规章制度	投资主体应按照公司投资管理、资产和产权管理、担保管理、资金管理以及本细则等有关制度规定履行参股项目再投资等业务相关审批程序，出具审查意见；属于公司改革发展重大事项、重大投资项目、重大资产和国有产权处置事项、大额资金运作事项的由投资主体提出申请，按照公司“三重一大”等规定履行决策程序。 财务投资类及金融资产类参股项目 （一）对再投资事项应根据是否有利于提升我方资产价值及投资收益进行表决（如有表决权）。 （二）原则上再投资项目收益率应达到公司投资回报率要求。 第十条　战略投资类参股项目 （一）对引战扩股事项应根据是否符合公司战略发展方向、有利于发挥我方协同效应、有利于提升我方资产价值及投资收益等因素综合权衡进行表决。	《中国南方电网有限责任公司参股项目再投资管理细则（试行）（Q/CSG 2253006—2021）》第七条、第九条至第二十一条

续表

<table>
<tr><th rowspan="2">序号</th><th rowspan="2">履职主体</th><th rowspan="2">业务领域</th><th rowspan="2">业务事项</th><th colspan="3">应知应会知识点</th></tr>
<tr><th>来源</th><th>重点内容</th><th>重点条款</th></tr>
<tr><td>192</td><td>外部董事</td><td>外部董事监事履职重点</td><td>外部董事监事议案审议履职提示（重大投资）</td><td>内部规章制度</td><td>（二）如表决不同意引战扩股，应避免我方股比被动稀释导致投资权益受损。
财务投资类及金融资产类参股项目
（一）对引战扩股事项应根据是否有利于提升我方资产价值及投资收益进行表决（如有表决权）。
（二）如表决不同意引战扩股，应避免我方股比被动稀释导致投资权益受损。
第十二条　战略投资类参股项目
（一）如参股公司在战略协同、资产价值和投资收益等方面均符合公司要求应予增资，并应当积极争取增持股份直至取得控制权。
（二）如在战略协同方面不符合公司要求，应当行使我方权利要求其及时调整；如因我方战略调整等因素导致参股公司偏离战略方向，则不予增资或增持股份。
（三）如在资产价值及投资收益方面不符合公司要求，应当结合战略协同和对未来展望等因素综合权衡进行决策。
（四）如决策不予增资，应避免我方股比被动稀释导致投资权益受损。
财务投资类参股项目
（一）如评估原有资产价值和已分配收益，以及增资或增持股份的投资价值均达到公司投资回报率要求，应予增资或增持股份；否则不予增资或增持股份。
（二）如决策不予增资，应避免我方股比被动稀释导致投资权益受损。
金融资产类参股项目
如评估原有资产价值和已分配收益，以及增资或增持股份的投资价值均达到公司投资回报率要求，应予增资或增持股份；否则不予增资或增持股份。
符合公司企业国有产权管理办法中除战略性持有或处于培育期外，满 5 年未分红、长期亏损或非持续经营的企业股权，原则上应当减持股份或退出（如参股股权流动性较差，应当制定退出方案，明确退出的时间表和路线图）。
战略投资类参股项目，除因国家相关政策要求，或我方战略调整等因素导致参股公司偏离战略方向外，原则上不考虑减持股份或退出。</td><td>《中国南方电网有限责任公司参股项目再投资管理细则（试行）（Q/CSG 2253006—2021）》第七条、第九条至第二十一条</td></tr>
</table>

续表

序号	履职主体	业务领域	业务事项	应知应会知识点		
				来源	重点内容	重点条款
192	外部董事	外部董事监事履职重点	外部董事监事议案审议履职提示（重大投资）	内部规章制度	财务投资类参股项目 （一）如投资价值评估结果为未来展望负面，通过减持股份或退出可以实现原预期投资收益，应当减持股份或退出。 （二）如投资价值评估结果为未来展望负面，通过减持股份或退出无法实现原预期投资收益，资产价值和已分配收益低于原投资价值70%（或差额5000万元以上）且持续一定时间（上市公司一年，非上市公司连续三个财年），应当减持股份或退出（如股权流动性较差，应制定退出方案，明确退出时间表和路线图）。 （三）如投资价值评估结果为未来展望正面，评估退出可以实现原预期投资收益，则结合市场情况及资金需求等因素综合权衡决策是否减持股份或退出以及减持股份或退出时机。 金融资产类参股项目 （一）如投资价值评估结果为未来展望负面，通过减持股份或退出可以实现原预期投资收益，应当减持股份或退出。 （二）如投资价值评估结果为未来展望负面，通过减持股份或退出无法实现原预期投资收益，资产价值和已分配收益低于原投资价值70%（或差额5000万元以上）且持续一定时间（上市公司一个月，非上市公司连续两个财年），应当减持股份或退出（如股权流动性较差，应制定退出方案，明确退出时间表和路线图）。 （三）如投资价值评估结果为未来展望正面，评估退出可以实现原预期投资收益，则结合市场情况及资金需求等因素综合权衡决策是否减持股份或退出以及减持股份或退出时机。 战略投资类及财务投资类参股项目 （一）境外投资性股东贷款参照境外股权投资项目管理，并按照国家部委相关要求完成审批或备案，重大事项由公司总部决策，非重大事项由国际业务平台公司决策后报公司总部备案。 （二）原则上不得开展境内及跨境投资性股东贷款。 （三）投资性股东贷款纳入公司计划预算统一管理。	《中国南方电网有限责任公司参股项目再投资管理细则（试行）（Q/CSG 2253006—2021）》第七条、第九条至第二十一条

续表

序号	履职主体	业务领域	业务事项	应知应会知识点		
				来源	重点内容	重点条款
192	外部董事	外部董事监事履职重点	外部董事监事议案审议履职提示（重大投资）	内部规章制度	（四）提供投资性股东贷款应满足以下条件，并在依法合规前提下争取提高贷款利率： 1. 能够提升原有项目的预期投资收益率。 2. 通过协议条款或治理机制等能够确保股东贷款本息按期偿还。 3. 项目现金流能够支撑股东贷款本息偿还。 4. 股东贷款比例不得超过我方股比。 5. 不得对参股企业其他股东的股东贷款出资提供垫资。 （五）如决策不提供投资性股东贷款，应避免我方无法获取分红等导致投资权益受损。 （六）经营性股东贷款按照公司资金管理规定执行。 金融资产类参股项目： 原则上不提供股东贷款。 战略回顾： 对战略投资类参股项目，投资主体应结合公司发展战略，每年对战略执行情况进行回顾、开展投资价值评估、对未来所在国、行业、目标公司发展趋势进行展望，并随年度投资评价报送上级单位	《中国南方电网有限责任公司参股项目再投资管理细则（试行）（Q/CSG 2253006—2021）》第七条、第九条至第二十一条
193	外部董事	外部董事监事履职重点	外部董事监事议案审议履职提示（重大投资）	内部规章制度	一是重点把握以下投资决策环节： ①项目立项关。关注投资项目立项的权限、标准和条件。 ②项目评审可行性论证关。关注评审责任主体的独立性和资质能力、评审标准的科学性、评审内容的合理性、评审程序的合规性等。 ③征求意见关。关注征求意见情况，关注不同视角讨论的情况等。 ④董事会专门委员会审核关（如有）。外部董事担任委员或主任委员的应当独立发表专业建议供董事会决策。 二是重点关注以下方面： ①资料完整性。投资项目资料一般包括议案、可行性研究报告、高级管理人员意见、按规定需要提供的论证报告等，涉及环境评价、投资主体资格、投资项目准入条件，以及国家法律法规和政策有限制性规定的，逐一说明情况。	《国有企业外部董事履职百问》（上海国有资本运营研究院有限公司）49 条

续表

序号	履职主体	业务领域	业务事项	应知应会知识点		
				来源	重点内容	重点条款
193	外部董事	外部董事监事履职重点	外部董事监事议案审议履职提示（重大投资）	其他	②方案可行性。投资项目是否符合国家产业政策和企业投资管理制度规定；是否符合企业发展战略和中长期发展规划；资金来源是否确有保障；投资收益水平是否达到国资委和股东规定的标准；投资是否会导致企业资产负债率超出控制目标值；投资方案对风险的揭示是否充分，应对风险的措施是否有力；投资风险与收益的综合平衡性、投资的机会成本、项目评审过程中的分歧意见等。外部董事认为有必要，可以对项目进行现场调研，或聘请专家、中介机构提供咨询意见；对于重大投资项目，应要求法律顾问全程参与，加强法律审核把关，防范法律风险。 ③决策合规性。投资项目决策流程一般包括项目初选、立项审议、方案设计和可行性研究、项目评审、按权限上会决策、按规定报批或报备	《国有企业外部董事履职百问》（上海国有资本运营研究院有限公司）49条
194	外部董事	外部董事监事履职重点	外部董事监事议案审议履职提示（重大投资）	内部规章制度	（1）境内管制业务固定资产投资项目 ①开展项目投资的报告； ②投资单位有关决策文件； ③项目可行性研究报告及评审意见（含风险评估防控分析），可研批复文件； ④其他必要的材料。 （2）境内非管制业务固定资产投资项目 ①开展项目投资的报告（含项目预期投资收益分析）； ②投资单位有关决策文件； ③项目可行性研究报告及评审意见（含风险评估防控分析），可研批复文件； ④商务及投融资方案（若有）； ⑤合作方签署的意向书或框架协议等文件（若有）； ⑥项目财务模型； ⑦其他必要的材料。 （3）境内股权投资项目 ①开展项目投资的报告（含投资预期收益率分析）； ②投资单位有关决策文件； ③项目可行性研究报告（含风险评估防控分析）；	《中国南方电网有限责任公司投资管理规定》（Q/CSG 2041040—2022）附录M：项目投资决策材料要求

续表

序号	履职主体	业务领域	业务事项	应知应会知识点		
				来源	重点内容	重点条款
194	外部董事	外部董事监事履职重点	外部董事监事议案审议履职提示（重大投资）	内部规章制度	④财务、法律尽职调查报告（新设独资公司不作要求），法律意见书及涉法重大经营决策事项法律审核表； ⑤资产评估（估值）报告（股权收购类）； ⑥对不同类型的股权投资项目，应提供以下材料：以非货币资产出资的，应提交经初步审核通过的有关资产评估报告；新设立公司的，应提供新设立公司组建方案、拟定的公司章程；与其他法人主体共同出资开展股权投资的，应提供拟定的投资合作协议；收购股权的，应提供拟定的股权收购协议；涉及企业改制重组、厂办大集体改革、分离企业办社会职能等重大改革事项的，应提供社会稳定风险评估及应对报告；与系统外单位合作的，应提供有关合作单位经营及资信状况说明；以增资扩股的方式开展股权投资的，应提供被投资单位的营业执照复印件、近三年财务报表、利润分配情况说明及有关资信情况说明。 ⑦项目财务模型。 ⑧其他必要的材料。 （4）境外绿地投资项目 ①开展项目投资的报告； ②投资单位有关决策文件； ③项目可行性研究报告（即决策材料，含投资预期收益率分析）； ④项目建设可行性研究报告（或技术方案）及评审意见； ⑤法律尽职调查报告、法律意见书及涉法重大经营决策事项法律审核表； ⑥商务及投融资方案； ⑦风险评估防控报告； ⑧拟签的主要投资合同； ⑨项目财务模型； ⑩其他必要的材料（如重大投资项目必备材料为投资咨询评估报告；跨境联网项目国内段必备材料为相关单位书面意见和有关支持性文件）。 （5）境外股权投资项目 ①开展项目投资的报告； ②投资单位有关决策文件； ③项目可行性研究报告（即决策材料，含投资预期收益率分析）；	《中国南方电网有限责任公司投资管理规定》（Q/CSG 2041040—2022）附录M：项目投资决策材料要求

续表

序号	履职主体	业务领域	业务事项	应知应会知识点		
				来源	重点内容	重点条款
194	外部董事	外部董事监事履职重点	外部董事监事议案审议履职提示（重大投资）	内部规章制度	④资产评估（估值）报告（股权收购类）； ⑤商务及投融资方案；（可合并纳入项目可行性研究报告）； ⑥税务尽职调查报告（或投资架构分析材料，可合并纳入商务及投融资方案）； ⑦法律尽职调查报告、法律意见书及涉法重大经营决策事项法律审核表； ⑧风险评估防控报告； ⑨拟签的主要投资合同； ⑩项目财务模型； ⑪其他必要的材料（如重大投资项目必备材料为投资咨询评估报告）	《中国南方电网有限责任公司投资管理规定》（Q/CSG 2041040—2022）附录 M：项目投资决策材料要求
195	外部董事	外部董事监事履职重点	外部董事监事议案审议履职提示（产权变动）	外部法律法规	企业国有资产交易行为包括：（一）履行出资人职责的机构、国有及国有控股企业、国有实际控制企业转让其对企业各种形式出资所形成权益的行为（以下称企业产权转让）；（二）国有及国有控股企业、国有实际控制企业增加资本的行为（以下称企业增资），政府以增加资本金方式对国家出资企业的投入除外；（三）国有及国有控股企业、国有实际控制企业的重大资产转让行为（以下称企业资产转让）	《企业国有资产交易监督管理办法》（国务院国有资产监督管理委员会、中华人民共和国财政部令第 32 号）第三条
196	外部董事	外部董事监事履职重点	外部董事监事议案审议履职提示（产权变动）	外部法律法规	国资监管机构负责审核国家出资企业的产权转让事项。 国家出资企业应当制定其子企业产权转让管理制度，确定审批管理权限。其中，对主业处于关系国家安全、国民经济命脉的重要行业和关键领域，主要承担重大专项任务子企业的产权转让，须由国家出资企业报同级国资监管机构批准。 转让方为多家国有股东共同持股的企业，由其中持股比例最大的国有股东负责履行相关批准程序；各国有股东持股比例相同的，由相关股东协商后确定其中一家股东负责履行相关批准程序。 产权转让涉及职工安置事项的，安置方案应当经职工代表大会或职工大会审议通过；涉及债权债务处置事项的，应当符合国家相关法律法规的规定	《企业国有资产交易监督管理办法》（国务院国有资产监督管理委员会、中华人民共和国财政部令第 32 号）第七条、第八条、第十条

续表

序号	履职主体	业务领域	业务事项	应知应会知识点		
				来源	重点内容	重点条款
197	外部董事	外部董事监事履职重点	外部董事监事议案审议履职提示（产权变动）	外部法律法规	涉及政府或国有资产监督管理机构主导推动的国有资本布局优化和结构调整，以及专业化重组等重大事项，企业产权在不同的国家出资企业及其控股企业之间转让，且对受让方有特殊要求的，可以采取协议方式进行。 主业处于关系国家安全、国民经济命脉的重要行业和关键领域，主要承担重大专项任务的子企业，不得因产权转让、企业增资失去国有资本控股地位。国家出资企业内部重组整合中涉及该类企业时，以下情形可由国家出资企业审核批准： （一）企业产权在国家出资企业及其控股子企业之间转让的。 （二）国家出资企业直接或指定其控股子企业参与增资的。 （三）企业原股东同比例增资的。 其他情形由国家出资企业报同级国有资产监督管理机构批准。 国家出资企业及其子企业通过发行基础设施 REITs 盘活存量资产，应当做好可行性分析，合理确定交易价格，对后续运营管理责任和风险防范作出安排，涉及国有产权非公开协议转让按规定报同级国有资产监督管理机构批准	《关于企业国有资产交易流转有关事项的通知》（国资发产权规〔2022〕39 号）
198	外部董事	外部董事监事履职重点	外部董事监事议案审议履职提示（产权变动）	外部法律法规	《企业国有资产交易监督管理办法》（国务院国有资产监督管理委员会、中华人民共和国财政部令第 32 号） 对按照有关法律法规要求必须进行资产评估的产权转让事项，转让方应当委托具有相应资质的评估机构对转让标的进行资产评估，产权转让价格应以经核准或备案的评估结果为基础确定。 产权转让原则上通过产权市场公开进行。 产权转让项目首次正式信息披露的转让底价，不得低于经核准或备案的转让标的评估结果。 信息披露期满未征集到意向受让方的，可以延期或在降低转让底价、变更受让条件后重新进行信息披露。 降低转让底价或变更受让条件后重新披露信息的，披露时间不得少于 20 个工作日。新的转让底价低于评估结果的 90% 时，应当经转让行为批准单位书面同意。	《企业国有资产交易监督管理办法》（国务院国有资产监督管理委员会、中华人民共和国财政部令第 32 号）第十二条、第十三条、第十七条、第十八条、第二十二条

续表

序号	履职主体	业务领域	业务事项	应知应会知识点		
				来源	重点内容	重点条款
198	外部董事	外部董事监事履职重点	外部董事监事议案审议履职提示（产权变动）	外部法律法规	产权转让信息披露期满、产生符合条件的意向受让方的，按照披露的竞价方式组织竞价。竞价可以采取拍卖、招投标、网络竞价以及其他竞价方式，且不得违反国家法律法规的规定	《企业国有资产交易监督管理办法》（国务院国有资产监督管理委员会、中华人民共和国财政部令第 32 号）第十二条、第十三条、第十七条、第十八条、第二十二条
199	外部董事	外部董事监事履职重点	外部董事监事议案审议履职提示（产权变动）	外部法律法规	产权转让应当由转让方按照企业章程和企业内部管理制度进行决策，形成书面决议。国有控股和国有实际控制企业中国有股东委派的股东代表，应当按照本办法规定和委派单位的指示发表意见、行使表决权，并将履职情况和结果及时报告委派单位。 转让方可以根据企业实际情况和工作进度安排，采取信息预披露和正式披露相结合的方式，通过产权交易机构网站分阶段对外披露产权转让信息，公开征集受让方。其中正式披露信息时间不得少于 20 个工作日。 因产权转让导致转让标的企业的实际控制权发生转移的，转让方应当在转让行为获批后 10 个工作日内，通过产权交易机构进行信息预披露，时间不得少于 20 个工作日。 受让方确定后，转让方与受让方应当签订产权交易合同，交易双方不得以交易期间企业经营性损益等理由对已达成的交易条件和交易价格进行调整	《企业国有资产交易监督管理办法》（国务院国有资产监督管理委员会、中华人民共和国财政部令第 32 号）第九条、第十三条、第二十三条
200	外部董事	外部董事监事履职重点	外部董事监事议案审议履职提示（产权变动）	外部法律法规	产权转让原则上不得针对受让方设置资格条件，确需设置的，不得有明确指向性或违反公平竞争原则，所设资格条件相关内容应当在信息披露前报同级国资监管机构备案，国资监管机构在 5 个工作日内未反馈意见的视为同意。 受让方为境外投资者的，应当符合外商投资产业指导目录和负面清单管理要求，以及外商投资安全审查有关规定	《企业国有资产交易监督管理办法》（国务院国有资产监督管理委员会、中华人民共和国财政部令第 32 号）第十四条、第二十六条

续表

序号	履职主体	业务领域	业务事项	应知应会知识点		
				来源	重点内容	重点条款
201	外部董事	外部董事监事履职重点	外部董事监事议案审议履职提示（产权变动）	外部法律法规	以下情形的产权转让可以采取非公开协议转让方式： （一）涉及主业处于关系国家安全、国民经济命脉的重要行业和关键领域企业的重组整合，对受让方有特殊要求，企业产权需要在国有及国有控股企业之间转让的，经国资监管机构批准，可以采取非公开协议转让方式； （二）同一国家出资企业及其各级控股企业或实际控制企业之间因实施内部重组整合进行产权转让的，经该国家出资企业审议决策，可以采取非公开协议转让方式	《企业国有资产交易监督管理办法》（国务院国有资产监督管理委员会、中华人民共和国财政部令第32号）第三十一条
202	外部董事	外部董事监事履职重点	外部董事监事议案审议履职提示（产权变动）	外部法律法规	采取非公开协议转让方式转让企业产权，转让价格不得低于经核准或备案的评估结果。 以下情形按照《中华人民共和国公司法》、企业章程履行决策程序后，转让价格可以资产评估报告或最近一期审计报告确认的净资产值为基础确定，且不得低于经评估或审计的净资产值： （一）同一国家出资企业内部实施重组整合，转让方和受让方为该国家出资企业及其直接或间接全资拥有的子企业； （二）同一国有控股企业或国有实际控制企业内部实施重组整合，转让方和受让方为该国有控股企业或国有实际控制企业及其直接、间接全资拥有的子企业	《企业国有资产交易监督管理办法》（国务院国有资产监督管理委员会、中华人民共和国财政部令第32号）第三十二条
203	外部董事	外部董事监事履职重点	外部董事监事议案审议履职提示（产权变动）	外部法律法规	采取非公开协议方式转让企业产权，转让方、受让方均为国有独资或全资企业的，按照《中华人民共和国公司法》、企业章程履行决策程序后，转让价格可以资产评估报告或最近一期审计报告确认的净资产值为基础确定	《关于企业国有资产交易流转有关事项的通知》（国资发产权规〔2022〕39号）第四条

续表

序号	履职主体	业务领域	业务事项	应知应会知识点		
				来源	重点内容	重点条款
204	外部董事	外部董事监事履职重点	外部董事监事议案审议履职提示（产权变动）	外部法律法规	本办法所称企业国有产权无偿划转，是指企业国有产权在政府机构、事业单位、国有独资企业、国有独资公司之间的无偿转移	《企业国有产权无偿划转管理暂行办法》（国资发产权〔2005〕239号）第二条
205	外部董事	外部董事监事履职重点	外部董事监事议案审议履职提示（产权变动）	外部法律法规	国有控股、实际控制企业内部实施重组整合，经国家出资企业批准，该国有控股、实际控制企业与其直接、间接全资拥有的子企业之间，或其直接、间接全资拥有的子企业之间，可比照国有产权无偿划转管理相关规定划转所持企业产权	《关于企业国有资产交易流转有关事项的通知》（国资发产权规〔2002〕39号）第五条
206	外部董事	外部董事监事履职重点	外部董事监事议案审议履职提示（产权变动）	外部法律法规	企业国有产权在同一国资监管机构所出资企业之间无偿划转的，由所出资企业共同报国资监管机构批准。 企业国有产权在不同国资监管机构所出资企业之间无偿划转的，依据划转双方的产权归属关系，由所出资企业分别报同级国资监管机构批准。 企业国有产权在所出资企业内部无偿划转的，由所出资企业批准并抄报同级国资监管机构	《企业国有产权无偿划转管理暂行办法》第十二条、第十五条
207	外部董事	外部董事监事履职重点	外部董事监事议案审议履职提示（产权变动）	外部法律法规	企业国有产权无偿划转应当做好可行性研究。无偿划转可行性论证报告一般应当载明下列内容： （一）被划转企业所处行业情况及国家有关法律法规、产业政策规定； （二）被划转企业主业情况及与划入、划出方企业主业和发展规划的关系； （三）被划转企业的财务状况及或有负债情况； （四）被划转企业的人员情况； （五）划入方对被划转企业的重组方案，包括投入计划、资金来源、效益预测及风险对策等； （六）其他需说明的情况	《企业国有产权无偿划转管理暂行办法》（国资发产权〔2005〕239号）第六条

续表

序号	履职主体	业务领域	业务事项	应知应会知识点		
				来源	重点内容	重点条款
208	外部董事	外部董事监事履职重点	外部董事监事议案审议履职提示（产权变动）	外部法律法规	划转双方协商一致后，应当签订企业国有产权无偿划转协议。划转协议应当包括下列主要内容： （一）划入划出双方的名称与住所； （二）被划转企业的基本情况； （三）被划转企业国有产权数额及划转基准日； （四）被划转企业涉及的职工分流安置方案； （五）被划转企业涉及的债权、债务（包括拖欠职工债务）以及或有负债的处理方案； （六）划转双方的违约责任； （七）纠纷的解决方式； （八）协议生效条件； （九）划转双方认为必要的其他条款。 无偿划转事项按照本办法规定程序批准后，划转协议生效。划转协议生效以前，划转双方不得履行或者部分履行	《企业国有产权无偿划转管理暂行办法》（国资发产权〔2005〕239号）第十条
209	外部董事	外部董事监事履职重点	外部董事监事议案审议履职提示（产权变动）	外部法律法规	有下列情况之一的，不得实施无偿划转： （一）被划转企业主业不符合划入方主业及发展规划的； （二）中介机构对被划转企业划转基准日的财务报告出具否定意见、无法表示意见或保留意见的审计报告的； （三）无偿划转涉及的职工分流安置事项未经被划转企业的职工代表大会审议通过的； （四）被划转企业或有负债未有妥善解决方案的； （五）划出方债务未有妥善处置方案的	《企业国有产权无偿划转管理暂行办法》（国资发产权〔2005〕239号）第十八条
210	外部董事	外部董事监事履职重点	外部董事监事议案审议履职提示（产权变动）	外部法律法规	国资监管机构负责审核国家出资企业的增资行为。其中，因增资致使国家不再拥有所出资企业控股权的，须由国资监管机构报本级人民政府批准。 国家出资企业决定其子企业的增资行为。其中，对主业处于关系国家安全、国民经济命脉的重要行业和关键领域，主要承担重大专项任务的子企业的增资行为，须由国家出资企业报同级国资监管机构批准。 增资企业为多家国有股东共同持股的企业，由其中持股比例最大的国有股东负责履行相关批准程序；各国有股东持股比例相同的，由相关股东协商后确定其中一家股东负责履行相关批准程序	《企业国有资产交易监督管理办法》（国务院国有资产监督管理委员会、中华人民共和国财政部令第32号）第三十四条、第三十五条

续表

序号	履职主体	业务领域	业务事项	应知应会知识点		
				来源	重点内容	重点条款
211	外部董事	外部董事监事履职重点	外部董事监事议案审议履职提示（产权变动）	外部法律法规	企业增资应当由增资企业按照企业章程和内部管理制度进行决策，形成书面决议。 企业增资在完成决策批准程序后，应当由增资企业委托具有相应资质的中介机构开展审计和资产评估。 企业增资通过产权交易机构网站对外披露信息公开征集投资方，时间不得少于40个工作日	《企业国有资产交易监督管理办法》（国务院国有资产监督管理委员会、中华人民共和国财政部令第32号）第三十七条、第三十八条、第三十九条
212	外部董事	外部董事监事履职重点	外部董事监事议案审议履职提示（产权变动）	外部法律法规	企业增资可采取信息披露和正式披露相结合的方式，通过产权交易机构网址分阶段对外披露增资信息，合计披露时间不少于40个工作日，其中正式披露时间不少于20个工作日。信息预披露应当包括但不限于企业基本情况、产权结构、近3年审计报告中的主要财务指标、拟募集资金金额等内容	《关于企业国有资产交易流转有关事项的通知》（国资发产权规〔2022〕39号）第六条
213	外部董事	外部董事监事履职重点	外部董事监事议案审议履职提示（产权变动）	外部法律法规	通过资格审查的意向投资方数量较多时，可以采用竞价、竞争性谈判、综合评议等方式进行多轮次遴选。产权交易机构负责统一接收意向投资方的投标和报价文件，协助企业开展投资方遴选有关工作。企业董事会或股东会以资产评估结果为基础，结合意向投资方的条件和报价等因素审议选定投资方。 投资方以非货币资产出资的，应当经增资企业董事会或股东会审议同意，并委托具有相应资质的评估机构进行评估，确认投资方的出资金额	《企业国有资产交易监督管理办法》（国务院国有资产监督管理委员会、中华人民共和国财政部令第32号）第四十二条、第四十三条
214	外部董事	外部董事监事履职重点	外部董事监事议案审议履职提示（产权变动）	外部法律法规	以下情形经同级国资监管机构批准，可以采取非公开协议方式进行增资： （一）因国有资本布局结构调整需要，由特定的国有及国有控股企业或国有实际控制企业参与增资； （二）因国家出资企业与特定投资方建立战略合作伙伴或利益共同体需要，由该投资方参与国家出资企业或其子企业增资。 以下情形经国家出资企业审议决策，可以采取非公开协议方式进行增资：	《企业国有资产交易监督管理办法》（国务院国有资产监督管理委员会、中华人民共和国财政部令第32号）第三十八条、第四十五条、第四十六条

续表

序号	履职主体	业务领域	业务事项	应知应会知识点		
				来源	重点内容	重点条款
214	外部董事	外部董事监事履职重点	外部董事监事议案审议履职提示（产权变动）	外部法律法规	（一）国家出资企业直接或指定其控股、实际控制的其他子企业参与增资； （二）企业债权转为股权； （三）企业原股东增资。 以下情形按照《中华人民共和国公司法》、企业章程履行决策程序后，可以依据评估报告或最近一期审计报告确定企业资本及股权比例： （一）增资企业原股东同比例增资的； （二）履行出资人职责的机构对国家出资企业增资的； （三）国有控股或国有实际控制企业对其独资子企业增资的； （四）增资企业和投资方均为国有独资或国有全资企业的	《企业国有资产交易监督管理办法》（国务院国有资产监督管理委员会、中华人民共和国财政部令第32号）第三十八条、第四十五条、第四十六条
215	外部董事	外部董事监事履职重点	外部董事监事议案审议履职提示（产权变动）	外部法律法规	产权转让可在产权直接持有单位、企业增资可在标的企业履行内部决策程序后进行信息预披露，涉及需要履行最终批准程序的，应当进行相应提示。八、产权转让、资产转让项目信息披露期未征集到意向受让方，仅调整转让底价后重新披露信息的，产权转让披露时间不少于10个工作日，资产转让披露时间不少于5个工作日	《关于企业国有资产交易流转有关事项的通知》（国资发产权规〔2022〕39号）第七条
216	外部董事	外部董事监事履职重点	外部董事监事议案审议履职提示（产权变动）	外部法律法规	中央企业是其境外国有产权管理的责任主体，应当依照我国法律、行政法规建立健全境外国有产权管理制度，同时遵守境外注册地和上市地的相关法律规定，规范境外国有产权管理行为。 中央企业应当完善境外企业治理结构，强化境外企业章程管理，优化境外国有产权配置，保障境外国有产权安全。 境外国有产权应当由中央企业或者其各级子企业持有。境外企业注册地相关法律规定须以个人名义持有的，应当统一由中央企业依据有关规定决定或者批准，依法办理委托出资等保全国有产权的法律手续，并以书面形式报告国资委。 中央企业应当加强对离岸公司等特殊目的公司的管理。因重组、上市、转让或者经营管理需要设立特殊目的公司的，应当由中央企业决定或者批准并以书面形式报告国资委。已无存续必要的特殊目的公司，应当及时依法予以注销。	《中央企业境外国有产权管理暂行办法》第三条、第四条、第六条、第七条、第十条、第十一条、第十二条

续表

序号	履职主体	业务领域	业务事项	应知应会知识点		
				来源	重点内容	重点条款
216	外部董事	外部董事监事履职重点	外部董事监事议案审议履职提示（产权变动）	外部法律法规	中央企业及其各级子企业独资或者控股的境外企业在境外发生转让或者受让产权、以非货币资产出资、非上市公司国有股东股权比例变动、合并分立、解散清算等经济行为时，应当聘请具有相应资质、专业经验和良好信誉的专业机构对标的物进行评估或者估值，评估项目或者估值情况应当由中央企业备案；涉及中央企业重要子企业由国有独资转为绝对控股、绝对控股转为相对控股或者失去控股地位等经济行为的，评估项目或者估值情况应当报国资委备案或者核准。 境外国有产权转让等涉及国有产权变动的事项，由中央企业决定或者批准，并按国家有关法律和法规办理相关手续。其中，中央企业重要子企业由国有独资转为绝对控股、绝对控股转为相对控股或者失去控股地位的，应当报国资委审核同意。 中央企业及其各级子企业转让境外国有产权，要多方比选意向受让方。具备条件的，应当公开征集意向受让方并竞价转让，或者进入中央企业国有产权转让交易试点机构挂牌交易	《中央企业境外国有产权管理暂行办法》第三条、第四条、第六条、第七条、第十条、第十一条、第十二条
217	外部董事	外部董事监事履职重点	外部董事监事议案审议履职提示（产权变动）	内部规章制度	产权转让包括采用进入产权交易所公开挂牌交易（简称“进场交易”）和非公开协议转让两种转让方式。产权转让原则上应当通过进场交易方式实施	《中国南方电网有限责任公司企业国有产权管理办法》（Q/CSG 2132008—2023）第二十四条
218	外部董事	外部董事监事履职重点	外部董事监事议案审议履职提示（产权变动）	内部规章制度	13. 可采取非公开转让的情形： （1）涉及主业处于关系国家安全、国民经济命脉的重要行业和关键领域企业的重组整合，对受让方有特殊要求，企业产权需要在国有及国有控股企业之间转让的，经公司总部决策后报国资委批准，可以采取非公开协议转让方式；	《中国南方电网有限责任公司企业国有产权管理办法》（Q/CSG 2132008—2023）附录H

续表

序号	履职主体	业务领域	业务事项	应知应会知识点		
				来源	重点内容	重点条款
218	外部董事	外部董事监事履职重点	外部董事监事议案审议履职提示（产权变动）	内部规章制度	（2）公司及各级全资、控股企业或实际控制企业之间因实施内部重组整合进行产权转让的，经公司总部决策批准，可以采取非公开协议转让方式； （3）涉及政府或国有资产监督管理机构主导推动的国有资本布局优化和结构调整，以及专业化重组等重大事项，企业产权在不同的国家出资企业及其控股企业之间转让，且对受让方有特殊要求的，可以采取非公开协议转让方式	《中国南方电网有限责任公司企业国有产权管理办法》（Q/CSG 2132008—2023）附录 H
219	外部董事	外部董事监事履职重点	外部董事监事议案审议履职提示（产权变动）	内部规章制度	产权转让前，转让方应当做好可行性研究，编制转让方案，明确转让标的基本情况、转让标的企业的股东结构、转让方式、竞价方式等。见附录“产权转让管理”	《中国南方电网有限责任公司企业国有产权管理办法》（Q/CSG 2132008—2023）第二十六条
220	外部董事	外部董事监事履职重点	外部董事监事议案审议履职提示（产权变动）	内部规章制度	1. 产权转让可行性研究报告应当包括但不限于以下内容： （1）产权转让的必要性和可行性； （2）产权转让的数量、转让方式和定价方法； （3）产权转让的成本效益分析； （4）职工安置措施； （5）债权人保护措施； （6）风险评估分析； （7）风险应对措施。 2. 转让方案一般应当载明以下内容： （1）转让标的企业国有产权的基本情况（协议转让应写明转让方、转让标的、受让方三方基本情况）； （2）企业国有产权转让行为的有关论证情况； （3）转让标的企业涉及的职工安置方案； （4）转让标的企业涉及的债权、债务（包括拖欠职工债务）及担保的处理方案； （5）企业国有产权评估基准日至工商变更完成之日（含）的损益处理方案； （6）企业国有产权转让收益处置方案（包括分析产权转让对企业税负的影响）；	《中国南方电网有限责任公司企业国有产权管理办法》（Q/CSG 2132008—2023）附录 H

续表

序号	履职主体	业务领域	业务事项	应知应会知识点		
				来源	重点内容	重点条款
220	外部董事	外部董事监事履职重点	外部董事监事议案审议履职提示（产权变动）	内部规章制度	（7）企业国有产权转让公告的主要内容（涉及进场交易的情况）； （8）经职工代表大会或职工大会审议通过的安置方案（产权转让涉及职工安置事项的情况）； （9）风险评估报告； （10）风险应对方案； （11）产权变动档案处置方案。 3. 转让方应当按照企业章程和公司权责界面管理要求进行决策，履行内部审批程序。由公司总部、二级子公司决策审批的国有产权转让事项按照公司法人层级权责清单及治理主体权责清单有关要求执行。 4. 国有产权转让事项的决策不再对三级及以下单位授权。 5. 对主业处于关系国家安全、国民经济命脉的重要行业和关键领域，主要承担重大专项任务子企业的产权转让，由公司总部决策后报国务院国资委审批。 6. 公司系统境外国有产权转让等涉及国有产权变动的事项，由公司总部决策后按国家有关法律和法规办理相关手续。 7. 国有产权转让经审议批准后，如转让标的企业经营管理状况发生重大变化、转让方调整产权转让比例或者转让方案有其他重大变动的，应当按照规定程序重新审议报批	《中国南方电网有限责任公司企业国有产权管理办法》（Q/CSG 2132008—2023）附录 H
221	外部董事	外部董事监事履职重点	外部董事监事议案审议履职提示（产权变动）	内部规章制度	产权交易价格的确定： （1）采取非公开协议转让方式转让企业产权，转让方、受让方均为公司系统内部同一单位控制下直接或间接全资拥有的子企业的，可以不进行资产评估，协议转让价格可以最近一期审计报告确认的净资产值为基准确定，且不得低于经审计的净资产值；转让方、受让方均为国有独资或全资企业的，按照《公司法》、企业章程履行决策程序后，转让价格可以资产评估报告或最近一期审计报告确认的净资产值为基础确定。 （2）采取非公开协议转让方式转让企业产权，转让方或受让方不属于公司内部同一单位控制下直接或间接全资拥有的子企业的，或者不适用第（1）种情形的，协议转让价格以资产评估报告确认的净资产值为基准确定。	《中国南方电网有限责任公司企业国有产权管理办法》（Q/CSG 2132008—2023）附录 H

续表

序号	履职主体	业务领域	业务事项	应知应会知识点		
				来源	重点内容	重点条款
221	外部董事	外部董事监事履职重点	外部董事监事议案审议履职提示（产权变动）	内部规章制度	（3）采取进场交易方式转让企业产权，首次转让底价披露不得低于经核准或备案的转让标的评估结果，最终转让价格在产权交易所中公开竞价形成。在产权交易过程中，当挂牌价格低于评估结果时，应当暂停交易，转让方必须对交易价格重新进行决议；当挂牌价格低于评估结果 90% 时，转让方应当决议通过并报产权转让行为批准单位批准同意后，方可履行交易程序	《中国南方电网有限责任公司企业国有产权管理办法》（Q/CSG 2132008—2023）附录 H
222	外部董事	外部董事监事履职重点	外部董事监事议案审议履职提示（产权变动）	内部规章制度	无偿划转前，应组织开展国有产权无偿划转可行性研究并编制可行性研究报告。国有产权无偿划转可行性研究报告一般应当载明以下内容： （1）被划转企业所处行业情况及国家有关法律法规、产业政策规定； （2）被划转企业主业情况及与划入、划出方企业主业和发展规划的关系； （3）被划转企业的财务状况及或有负债情况； （4）被划转企业的人员情况； （5）划入方对被划转企业的重组方案，包括投入计划、资金来源、效益预测及风险对策等； （6）其他需说明的情况； （7）产权变动档案处置方案	《中国南方电网有限责任公司企业国有产权管理办法》（Q/CSG 2132008—2023）附录 K
223	外部董事	外部董事监事履职重点	外部董事监事议案审议履职提示（产权变动）	内部规章制度	有下列情况之一的，不得实施国有产权无偿划转（含划入、划出，下同）： （1）被划转企业主业不符合划入方主业及发展规划的； （2）中介机构对被划转企业划转基准日的财务报告出具否定意见、无法表示意见或保留意见审计报告的； （3）无偿划转涉及的职工分流安置事项未经被划转企业的职工代表大会审议通过的； （4）被划转企业或有负债未有妥善解决方案的； （5）划出方债务未有妥善处置方案的； （6）被划转企业产权权属关系不明确或存在权属纠纷的； （7）社会稳定风险评定不允许实施的，或者未落实社会稳定风险消除措施的	《中国南方电网有限责任公司企业国有产权管理办法》（Q/CSG 2132008—2023）附录 K

续表

序号	履职主体	业务领域	业务事项	应知应会知识点		
				来源	重点内容	重点条款
224	外部董事	外部董事监事履职重点	外部董事监事议案审议履职提示（产权变动）	内部规章制度	企业增资主要途径有吸收新资本，以及公积金、利润转增资本。其中，吸收新资本包括引入新股东或原股东追加投资。各级单位向下属子企业增资和企业公积金、利润转增资本，应当作为股权投资，列入年度计划预算管控。 企业增资应当符合公司发展战略，增资前做好可行性研究，制定增资方案，明确募集资金方式、金额、用途、投资方应具备的条件、选择标准和遴选方式。引入公司系统外的战略投资者，原则上通过产权交易机构公开征集。 投资方以非货币资产出资的，应当经增资企业董事会或股东会审议同意，并委托具有相应资质的评估机构进行评估，确认投资方出资金额	《中国南方电网有限责任公司企业国有产权管理办法》（Q/CSG 2132008—2023）第十三条、第十四条、第十六条
225	外部董事	外部董事监事履职重点	外部董事监事议案审议履职提示（产权变动）	内部规章制度	企业增资 1. 不设股东会的子企业增资，由增资企业董事会作出决议后逐级报批后实施，或由股东单位直接发起履行内部决策程序并报批后实施；设置股东会的子企业增资，应由股东单位履行内部决策与报批程序后，委派股东代表、行使表决权，由增资企业股东会决策后实施。 2. 公司二级子企业增资，由公司总部履行投资决策程序进行审批；三级及以下子企业增资，按照公司投资决策权限分级审批。管制类子公司因增资致使公司不再拥有企业控股权的，须由公司总部批准。 3. 引入公司系统外部战略投资者的，应按“三重一大”事项逐级进行集体决策，上报公司按照治理主体权责清单有关要求进行决策审批。 4. 企业增资导致失去标的企业实际控制权的，交易完成后标的企业不得继续使用公司及各级企业的字号、经营资质和特许经营权等无形资产，不得继续以公司及各级企业名义开展经营活动。上述要求应当在信息披露中作为交易条件予以明确，并在交易合同中对工商变更、字号变更等安排作出相应约定。	《中国南方电网有限责任公司企业国有产权管理办法》（Q/CSG 2132008—2023）附录 G

续表

序号	履职主体	业务领域	业务事项	应知应会知识点		
				来源	重点内容	重点条款
225	外部董事	外部董事监事履职重点	外部董事监事议案审议履职提示（产权变动）	内部规章制度	5. 企业增资可采取信息预披露和正式披露相结合的方式，通过产权交易机构网站分阶段对外披露增资信息，合计披露时间不少于40个工作日，其中正式披露时间不少于20个工作日。信息预披露应当包括但不限于企业基本情况、产权结构、近3年审计报告中的主要财务指标、拟募集资金金额等内容。 6. 企业增资可在标的企业履行内部决策程序后进行信息预披露，涉及需要履行最终批准程序的，应当进行相应提示	《中国南方电网有限责任公司企业国有产权管理办法》（Q/CSG 2132008—2023）附录G
226	外部董事	外部董事监事履职重点	外部董事监事议案审议履职提示（产权变动）	内部规章制度	企业减资包括股东同比例减资和个别股东定向减资等。企业减资应当做好可行性研究，编制减资方案，明确减资方式、金额、各股东相应承担的减资份额及公司债务等	《中国南方电网有限责任公司企业国有产权管理办法》（Q/CSG 2132008—2023）第十九条
227	外部董事	外部董事监事履职重点	外部董事监事议案审议履职提示（产权变动）	内部规章制度	企业减资应当按照企业章程和公司权责界面管理要求进行决策，履行内部审批程序。见附录“企业增、减资管理”。 企业增、减资管理 一、企业增资 1. 不设股东会的子企业增资，由增资企业董事会作出决议后逐级报批后实施，或由股东单位直接发起履行内部决策程序并报批后实施；设置股东会的子企业增资，应由股东单位履行内部决策与报批程序后，委派股东代表、行使表决权，由增资企业股东会决策后实施。 2. 公司二级子企业增资，由公司总部履行投资决策程序进行审批；三级及以下子企业增资，按照公司投资决策权限分级审批。管制类子公司因增资致使公司不再拥有企业控股权的，须由公司总部批准。 3. 引入公司系统外部战略投资者的，应按“三重一大”事项逐级进行集体决策，上报公司按照治理主体权责清单有关要求进行决策审批。	《中国南方电网有限责任公司企业国有产权管理办法》（Q/CSG 2132008—2023）第二十一条、附录G企业增、减资管理

续表

<table>
<tr><th rowspan="2">序号</th><th rowspan="2">履职主体</th><th rowspan="2">业务领域</th><th rowspan="2">业务事项</th><th colspan="3">应知应会知识点</th></tr>
<tr><th>来源</th><th>重点内容</th><th>重点条款</th></tr>
<tr><td>227</td><td>外部董事</td><td>外部董事监事履职重点</td><td>外部董事监事议案审议履职提示（产权变动）</td><td>内部规章制度</td><td>4. 企业增资导致失去标的企业实际控制权的，交易完成后标的企业不得继续使用公司及各级企业的字号、经营资质和特许经营权等无形资产，不得继续以公司及各级企业名义开展经营活动。上述要求应当在信息披露中作为交易条件予以明确，并在交易合同中对工商变更、字号变更等安排作出相应约定。
5. 企业增资可采取信息预披露和正式披露相结合的方式，通过产权交易机构网站分阶段对外披露增资信息，合计披露时间不少于 40 个工作日，其中正式披露时间不少于 20 个工作日。信息预披露应当包括但不限于企业基本情况、产权结构、近 3 年审计报告中的主要财务指标、拟募集资金金额等内容。
6. 企业增资可在标的企业履行内部决策程序后进行信息预披露，涉及需要履行最终批准程序的，应当进行相应提示。
二、企业减资
1. 企业减资应当由减资企业股东会作出决议。决议内容包括：①减资后的公司注册资本；②减资后的股东利益、债权人利益安排；③有关修改章程的事项；④股东出资及其比例的变化等。
公司应当自作出减少注册资本决议之日起 10 日内通知债权人，并于 30 日内在报纸上公告。债权人自接到通知书之日起 30 日内，未接到通知书的自第一次公告之日起 45 日内，有权要求公司清偿债务或者提供担保。
2. 不设股东会的子企业减资，由减资企业董事会作出决议后逐级报批后实施；设置股东会的子企业减资，应由股东单位履行内部决策与报批程序后，委派股东代表、行使表决权，由减资企业股东会决策后实施。
3. 公司二级子企业减资，由减资企业上报公司总部，按照治理主体权责清单履行决策审批；三级及以下子企业减资，由二级单位按治理主体权责清单履行决策程序后批准。管制类子公司因减资致使公司不再拥有企业控股权的，须由公司总部批准</td><td>《中国南方电网有限责任公司企业国有产权管理办法》（Q/CSG 2132008—2023）第二十一条、附录 G 企业增、减资管理</td></tr>
</table>

续表

序号	履职主体	业务领域	业务事项	应知应会知识点		
				来源	重点内容	重点条款
228	外部董事	外部董事监事履职重点	外部董事监事议案审议履职提示（产权变动）	内部规章制度	清算回收是指依照法定程序对被投资单位实施解散清算并回收全部或者部分投资（包括全资、控股、实际控制、参股）。出现《公司法》规定清算情形的，应履行相关程序，详见附录“股权清算回收管理”	《中国南方电网有限责任公司企业国有产权管理办法》（Q/CSG 2132008—2023）第四十条
229	外部董事	外部董事监事履职重点	外部董事监事议案审议履职提示（产权变动）	内部规章制度	清算回收处置方案应包括但不限于以下内容： （1）处置的必要性与可行性； （2）处置数量、处置方式、定价方法； （3）处置的成本效益分析； （4）涉及职工安置的股权投资处置，应列明职工安置具体措施； （5）风险分析与应对措施	《中国南方电网有限责任公司企业国有产权管理办法》（Q/CSG 2132008—2023）附录 L
230	外部董事	外部董事监事履职重点	外部董事监事议案审议履职提示（产权变动）	内部规章制度	清算回收的决策与审批，按照公司法人层级权责清单、治理主体权责清单有关要求执行。各二级子公司的审批权限原则上不再下放	《中国南方电网有限责任公司企业国有产权管理办法》（Q/CSG 2132008—2023）附录 L
231	外部董事	外部董事监事履职重点	外部董事监事议案审议履职提示（产权变动）	内部规章制度	出资单位应当组织内部团队或者委托具有能力并与委托方无利害关系的外部机构对境外投资开展财务可行性研究并形成书面报告，应包括以下内容： （1）项目基本情况。包括出资背景、被投资标的财务情况、合作单位财务情况、出资规模、出资方式、出资期限和资金来源等。 （2）投资财务必要性和可行性分析。 （3）项目盈利模式，投资估值和收益测算。包括估值方法确定、未来收入成本预测及依据、融资安排、财务预测期间、折现率、终值预测、投资回报率比较等，并形成书面估值报告或资产评估报告。	《中国南方电网有限责任公司企业国有产权管理办法》（Q/CSG 2132008—2023）附录 N

续表

序号	履职主体	业务领域	业务事项	应知应会知识点		
				来源	重点内容	重点条款
231	外部董事	外部董事监事履职重点	外部董事监事议案审议履职提示（产权变动）	内部规章制度	（4）项目融资安排。考虑投资项目现金流情况，分析融资方式、融资币种、融资金额、融资期限、融资成本、再融资安排以及监管审批，研究汇率、利率风险及风险防范措施，重点分析通过项目自身现金流偿还融资本息的能力，严防债务风险。在充分分析研究的基础上，形成融资方案； （5）交易架构分析。包括分析收购环节、股息及利息分配环节产生的税负，针对不同投资架构、融资安排等开展税务筹划，并形成交易架构分析报告； （6）关键要素敏感性分析。包括关键商品价格、利率、汇率、税率等因素变动影响境外投资企业（项目）盈利情况进行敏感性分析，结合企业发展战略和财务战略，评估相关财务风险，并提出应对方案，并形成风险分析报告	《中国南方电网有限责任公司企业国有产权管理办法》（Q/CSG 2132008—2023）附录 N
232	外部董事	外部董事监事履职重点	外部董事监事议案审议履职提示（产权变动）	内部规章制度	1. 因重组、上市、转让或经营管理需要设立离岸公司等特殊目的公司的，应当报公司总部批准，并由公司书面报告国资委。 2. 公司系统持有的各级境外国有产权转让等涉及境外国有产权变动的事项，均应由出资单位集体决策报公司总部批准。未经批准，各单位不得擅自处置所持有的境外国有产权。 3. 公司境外企业由国有独资转为绝对控股、绝对控股转为相对控股或者失去控股地位的，由公司报国资委审核同意后办理；资产评估情况由公司审核后，报国资委备案或者核准。 4. 公司系统独资或者控股的境外企业在境外首次公开发行股票，或者公司系统所持有的境外注册并上市公司的股份发生变动的，按照国资委上市公司国有股权监督管理办法、公司上市管理等相关规定执行。 5. 加强境外资产评估机构选聘管理，条件允许的依法选用境内评估机构	《中国南方电网有限责任公司企业国有产权管理办法》（Q/CSG 2132008—2023）附录 N

续表

序号	履职主体	业务领域	业务事项	应知应会知识点		
				来源	重点内容	重点条款
233	外部董事	外部董事监事履职重点	外部董事监事议案审议履职提示（产权变动）	内部规章制度	公司内部单位之间无偿划转企业国有产权，原则上只允许在同一单位控制下直接或间接100%持股的企业之间实施。经公司审批或决策，公司系统国有控股、实际控制企业与其直接、间接全资拥有的子企业之间，或其直接、间接全资拥有的子企业之间，可比照国有产权无偿划转管理相关规定划转所持企业产权。 无偿划转前，应当做好可行性研究，编制划转方案，涉及职工安置事项的，应当通过被划转企业职工代表大会审议，应当按照《国有企业资产与产权变动档案处置办法》要求编制产权变动档案处置方案。划转双方应当按照企业章程和公司权责界面管理要求进行决策，履行内部审批程序，并形成书面决议。见附录“产权无偿划转管理”。 划转双方应当组织被划转企业开展审计或清产核资，以中介机构出具的审计报告或经划出方国资委批准的清产核资结果作为无偿划转的依据。 划出方应当就无偿划转事项通知本单位债权人，并制订相应的债务处置方案。划转双方经协商达成一致后，签订国有产权无偿划转协议。无偿划转事项审批通过后划转协议生效；划转协议生效以前，划转双方不得履行或者部分履行。 无偿划入企业国有产权，应当符合国资委有关减少企业管理层次的要求。 企业无偿接收非国有企业产权，参照接收国有产权相关规定执行	《中国南方电网有限责任公司企业国有产权管理办法》（Q/CSG 2132008—2023）第三十三条、第三十四条、第三十五条、第三十六条、第三十七条、第三十八条
234	外部董事	外部董事监事履职重点	外部董事监事议案审议履职提示（产权变动）	内部规章制度	企业增资主要途径有吸收新资本，以及公积金、利润转增资本。其中，吸收新资本包括引入新股东或原股东追加投资。各级单位向下属子企业增资和企业公积金、利润转增资本，应当作为股权投资，列入年度计划预算管控。	《中国南方电网有限责任公司企业国有产权管理办法》（Q/CSG 2132008—2023）第十三条、第十四条、第十五条、第十六条

续表

序号	履职主体	业务领域	业务事项	应知应会知识点		
				来源	重点内容	重点条款
234	外部董事	外部董事监事履职重点	外部董事监事议案审议履职提示（产权变动）	内部规章制度	企业增资应当符合公司发展战略，增资前做好可行性研究，制定增资方案，明确募集资金方式、金额、用途、投资方应具备的条件、选择标准和遴选方式。引入公司系统外的战略投资者，原则上通过产权交易机构公开征集。 企业增资应当聘请法律中介机构出具法律意见书，委托具有相应资质的中介机构开展审计和资产评估，确定企业资本及股权比例。其中，增资企业原股东同比例增资、履行出资人职责的机构对公司增资、对独资子企业增资、增资企业和投资方均为国有独资或国有全资企业的，可以依据最近一期审计报告确定企业资本及股权比例。 投资方以非货币资产出资的，应当经增资企业董事会或股东会审议同意，并委托具有相应资质的评估机构进行评估，确认投资方出资金额	《中国南方电网有限责任公司企业国有产权管理办法》（Q/CSG 2132008—2023）第十三条、第十四条、第十五条、第十六条
235	外部董事	外部董事监事履职重点	外部董事监事议案审议履职提示（产权变动）	外部法律法规	国有企业股东会、党委（党组）、董事会、总经理办公会或者其他形式的内部机构（以下统称内部决策机构）按照有关法律法规和企业章程规定，对本企业境外投资企业（项目）履行相应管理职责。内部决策机构应当重点关注以下财务问题： （一）境外投资计划的财务可行性； （二）增加、减少、清算境外投资等重大方案涉及的财务收益和风险等问题； （三）境外投资企业（项目）首席财务官或财务总监（以下统称财务负责人）人选的胜任能力、职业操守和任职时间； （四）境外投资企业（项目）绩效； （五）境外投资企业（项目）税务合规及税收风险管理； （六）其他重大财务问题	《国有企业境外投资财务管理办法》（财资〔2017〕24号）第六条
236	外部董事	外部董事监事履职重点	外部董事监事议案审议履职提示（产权变动）	内部规章制度	境外投资财务管理重点关注以下问题： （1）境外投资计划的财务可行性； （2）增加、减少、清算境外投资等重大方案涉及的财务收益和风险等问题； （3）境外投资企业（项目）首席财务官或财务总监人选的胜任能力、职业操守和任职时间； （4）境外投资企业（项目）绩效； （5）境外投资企业（项目）税务合规及税收风险管理； （6）其他重大财务问题	《中国南方电网有限责任公司企业国有产权管理办法》（Q/CSG 2132008—2023）附录N

续表

序号	履职主体	业务领域	业务事项	应知应会知识点		
				来源	重点内容	重点条款
237	外部董事	外部董事监事履职重点	外部董事监事议案审议履职提示（产权变动）	外部法律法规	国有企业以并购、合营、参股方式进行境外投资，应当组建包括行业、财务、税收、法律、国际政治等领域专家在内的团队或者委托具有能力并与委托方无利害关系的中介机构开展尽职调查并形成书面报告。其中，财务尽职调查应当重点关注以下财务风险： （一）目标企业（项目）所在国（地区）的宏观经济风险，包括经济增长前景、金融环境、外商投资和税收政策稳定性、物价波动等。 （二）目标企业（项目）存在的财务风险，包括收入和盈利大幅波动或不可持续、大额资产减值风险、或有负债、大额营运资金补充需求、高负债投资项目等	《国有企业境外投资财务管理办法》（财资〔2017〕24号）第十一条
238	外部董事	外部董事监事履职重点	外部董事监事议案审议履职提示（产权变动）	内部规章制度	出资单位应当组建包括财务、会计、税收等领域专家在内的团队或者委托具有能力并与委托方无利害关系的中介机构开展财务尽职调查并形成书面报告，重点关注以下财务风险： （1）目标企业（项目）所在国（地区）的宏观经济风险，包括经济增长前景、金融环境、外商投资和税收政策稳定性、物价波动等。 （2）目标企业（项目）存在的财务风险，包括收入和盈利大幅波动或不可持续、大额资产减值风险、或有负债、大额营运资金补充需求、高负债投资项目等。 （3）目标企业（项目）存在的税务风险，包括投资目的国相关税制和征管要求与国内区别、税收优惠政策的可持续性、历史税务合规性、欠缴税款情况、未决税务事项等	《中国南方电网有限责任公司企业国有产权管理办法》（Q/CSG 2132008—2023）附录N
239	外部董事	外部董事监事履职重点	外部董事监事议案审议履职提示（产权变动）	内部规章制度	产权转让审批申报材料主要包括： （1）企业国有产权转让的有关转出方决议文件； （2）企业国有产权转让方案； （3）转让方和转让标的企业国有产权登记证/表（协议转让需同时提供受让方产权登记证/表）；	《中国南方电网有限责任公司企业国有产权管理办法》（Q/CSG 2132008—2023）附录H

续表

序号	履职主体	业务领域	业务事项	应知应会知识点		
				来源	重点内容	重点条款
239	外部董事	外部董事监事履职重点	外部董事监事议案审议履职提示（产权变动）	内部规章制度	（4）转让标的产权的资产评估报告及备案表； （5）受让方应当具备的基本条件； （6）转让方和受让方草签的协议（协议转让需提供）； （7）律师事务所出具的法律意见书； （8）社会稳定风险评估和应对报告； （9）其他需上报的材料	《中国南方电网有限责任公司企业国有产权管理办法》（Q/CSG 2132008—2023）附录 H
240	外部董事	外部董事监事履职重点	外部董事监事议案审议履职提示（产权变动）	外部法律法规	转让方应当按照企业发展战略做好产权转让的可行性研究和方案论证。产权转让涉及职工安置事项的，安置方案应当经职工代表大会或职工大会审议通过；涉及债权债务处置事项的，应当符合国家相关法律法规的规定。 国资监管机构批准、国家出资企业审议决策采取非公开协议方式的企业产权转让行为时，应当审核下列文件： （一）产权转让的有关决议文件； （二）产权转让方案； （三）采取非公开协议方式转让产权的必要性以及受让方情况； （四）转让标的企业审计报告、资产评估报告及其核准或备案文件。其中属于第三十二条（一）、（二）款情形的，可以仅提供企业审计报告； （五）产权转让协议； （六）转让方、受让方和转让标的企业的国家出资企业产权登记表（证）； （七）产权转让行为的法律意见书； （八）其他必要的文件	《企业国有资产交易监督管理办法》（国务院国有资产监督管理委员会、中华人民共和国财政部令第 32 号）第十条、第三十三条
241	外部董事	外部董事监事履职重点	外部董事监事议案审议履职提示（产权变动）	内部规章制度	对国有产权无偿划转事项进行审核和审批，应当重点审查以下书面材料： （1）无偿划转的申请文件； （2）相关决议或批准文件； （3）划转双方及被划转企业的产权登记证； （4）无偿划转的可行性研究报告； （5）划转双方签订的无偿划转协议； （6）中介机构出具的被划转企业划转基准日的审计报告或同级国资监管机构清产核资结果批复文件；	《中国南方电网有限责任公司企业国有产权管理办法》（Q/CSG 2132008—2023）附录 K

续表

序号	履职主体	业务领域	业务事项	应知应会知识点		
				来源	重点内容	重点条款
241	外部董事	外部董事监事履职重点	外部董事监事议案审议履职提示（产权变动）	内部规章制度	（7）划出方债务处置方案； （8）被划转企业职代会通过的职工分流安置方案； （9）律师事务所出具的法律尽职调查报告； （10）律师事务所出具的法律意见书； （11）社会稳定风险评估和应对报告； （12）其他有关文件	《中国南方电网有限责任公司企业国有产权管理办法》（Q/CSG 2132008—2023）附录 K
242	外部董事	外部董事监事履职重点	外部董事监事议案审议履职提示（产权变动）	内部规章制度	清算回收处置审批（备案）申报材料包括： （1）股权处置申请（备案）文件； （2）出资单位的内部决策文件； （3）股权处置方案； （4）律师事务所出具的法律尽职调查报告； （5）律师事务所出具的法律意见书； （6）社会稳定风险评估和应对报告； （7）其他需提供的材料	《中国南方电网有限责任公司企业国有产权管理办法》（Q/CSG 2132008—2023）附录 L
243	外部董事	外部董事监事履职重点	外部董事监事议案审议履职提示（产权变动）	外部法律法规	公司需要减少注册资本时，应当编制资产负债表及财产清单。 公司应当自作出减少注册资本决议之日起十日内通知债权人，并于三十日内在报纸上或者国家企业信用信息公示系统公告。债权人自接到通知书之日起三十日内，未接到通知书的自公告之日起四十五日内，有权要求公司清偿债务或者提供相应的担保。 有限责任公司增加注册资本时，股东认缴新增资本的出资，依照本法设立有限责任公司缴纳出资的有关规定执行。 股份有限公司为增加注册资本发行新股时，股东认购新股，依照本法设立股份有限公司缴纳股款的有关规定执行	《中华人民共和国公司法（2023 年修正）》第二百二十四条、第二百二十八条
244	外部董事	外部董事监事履职重点	外部董事监事议案审议履职提示（产权变动）	外部法律法规	企业增资应当符合国家出资企业的发展战略，做好可行性研究，制定增资方案，明确募集资金金额、用途、投资方应具备的条件、选择标准和遴选方式等。增资后企业的股东数量须符合国家相关法律法规的规定。 国资监管机构批准、国家出资企业审议决策采取非公开协议方式的企业增资行为时，应当审核下列文件： （一）增资的有关决议文件；	《企业国有资产交易监督管理办法》第三十六条、第四十七条

续表

序号	履职主体	业务领域	业务事项	应知应会知识点		
				来源	重点内容	重点条款
244	外部董事	外部董事监事履职重点	外部董事监事议案审议履职提示（产权变动）	外部法律法规	（二）增资方案； （三）采取非公开协议方式增资的必要性以及投资方情况； （四）增资企业审计报告、资产评估报告及其核准或备案文件。其中属于第三十八条（一）、（二）、（三）、（四）款情形的，可以仅提供企业审计报告； （五）增资协议； （六）增资企业的国家出资企业产权登记表（证）； （七）增资行为的法律意见书； （八）其他必要的文件	《企业国有资产交易监督管理办法》第三十六条、第四十七条
245	外部董事	外部董事监事履职重点	外部董事监事议案审议履职提示（产权变动）	外部法律法规	企业有下列行为之一的，应当对相关资产进行评估： （一）整体或者部分改建为有限责任公司或者股份有限公司； （二）以非货币资产对外投资； （三）合并、分立、破产、解散； （四）非上市公司国有股东股权比例变动； （五）产权转让； （六）资产转让、置换； （七）整体资产或者部分资产租赁给非国有单位； （八）以非货币资产偿还债务； （九）资产涉讼； （十）收购非国有单位的资产； （十一）接受非国有单位以非货币资产出资； （十二）接受非国有单位以非货币资产抵债； （十三）法律、行政法规规定的其他需要进行资产评估的事项	《企业国有资产评估管理暂行办法》第六条
246	外部董事	外部董事监事履职重点	外部董事监事议案审议履职提示（重大财务事项）	外部法律法规	企业编制财务预算应当坚持以战略规划为导向，正确分析判断市场形势和政策走向，科学预测年度经营目标，合理配置内部资源，实行总量平衡和控制	《中央企业财务预算管理暂行办法》（国资委令第18号）第十二条

续表

序号	履职主体	业务领域	业务事项	应知应会知识点		
				来源	重点内容	重点条款
247	外部董事	外部董事监事履职重点	外部董事监事议案审议履职提示（重大财务事项）	外部法律法规	企业应当按照国家有关规定，组织做好财务预算工作，配备相应工作人员，明确职责权限，加强内部协调，完善编制程序和方法，强化执行监督，并积极推行全面预算管理。 企业应当按照加强财务监督和完善内部控制机制的要求，成立预算委员会或设立财务预算领导小组行使预算委员会职责。在设立董事会的企业中，预算委员会（财务预算领导小组）成员应当有熟悉企业财务会计业务并具备相应组织能力的董事参加。 企业财务管理部门为财务预算管理机构，在企业预算委员会（财务预算领导小组）领导下，依据国家有关规定和国资委有关工作要求，负责组织企业财务预算编制、报告、执行和日常监控工作。 企业编制财务预算应当坚持以战略规划为导向，正确分析判断市场形势和政策走向，科学预测年度经营目标，合理配置内部资源，实行总量平衡和控制。 企业编制财务预算应当将内部各业务机构和所属子企业、事业单位和基建项目等所属单位的全部经营活动纳入财务预算编制范围，全面预测财务收支和经营成果等情况。 企业编制财务预算应当按照国家相关规定，加强对外投资、收购兼并、固定资产投资以及股票、委托理财、期货（权）及衍生品等投资业务的风险评估和预算控制；加强非主业投资和无效投资的清理，严格控制非主业投资预算。资产负债率过高、偿债能力下降以及投资回报差的企业，应当严格控制投资规模；不具备从事高风险业务的条件、发生重大投资损失的企业，不得安排高风险业务的投资预算。 企业编制财务预算应当注重防范财务风险，严格控制担保、抵押和金融负债等规模。资产负债率高于行业平均水平、存在较大偿债压力的企业，应当适当压缩金融债务预算规模；担保余额相当于净资产比重超过 50% 或者发生担保履约责任形成重大损失的企业（投资、担保类企业另行规定），原则上不再安排新增担保预算；企业不得安排与业务无关的集团外担保预算。	《中央企业财务预算管理暂行办法》（国资委令第 18 号）第七条、第八条、第十条、第十二条、第十三条、第十六条、第十九条、第二十条

续表

序号	履职主体	业务领域	业务事项	应知应会知识点		
				来源	重点内容	重点条款
247	外部董事	外部董事监事履职重点	外部董事监事议案审议履职提示（重大财务事项）	外部法律法规	企业编制财务预算应当将逾期担保、逾期债务、不良投资、不良债权等问题的清理和处置作为重要内容，积极消化潜亏挂账，合理预计资产减值准备，不得出现新的潜亏	
248	外部董事	外部董事监事履职重点	外部董事监事议案审议履职提示（重大财务事项）	外部法律法规	企业编制财务预算应当将内部各业务机构和所属子企业、事业单位和基建项目等所属单位的全部经营活动纳入财务预算编制范围，全面预测财务收支和经营成果等情况。 企业编制财务预算应当以资产、负债、收入、成本、费用、利润、资金为核心指标，合理设计基础指标体系，注重预算指标相互衔接。 企业应当根据不同的预算项目，合理选择固定预算、弹性预算、滚动预算、零基预算、概率预算等方法编制财务预算，并积极开展与行业先进水平、国际先进水平的对标。 企业编制财务预算应当按照国家相关规定，加强对外投资、收购兼并、固定资产投资以及股票、委托理财、期货（权）及衍生品等投资业务的风险评估和预算控制；加强非主业投资和无效投资的清理，严格控制非主业投资预算。 企业编制财务预算应当正确预测预算年度现金收支、结余与缺口，合理规划现金收支与配置，加强应收应付款项的预算控制，增强现金保障和偿债能力，提高资金使用效率。 企业编制财务预算应当规范制定成本费用开支标准，严格控制成本费用开支范围和规模，加强投入产出水平的预算控制。 企业编制财务预算应当注重防范财务风险，严格控制担保、抵押和金融负债等规模。	《中央企业财务预算管理暂行办法》（国资委令第18号）第十三条、第十四条、第十五条、第十六条、第十七条、第十八条、第十九条、第二十条

续表

序号	履职主体	业务领域	业务事项	应知应会知识点		
				来源	重点内容	重点条款
248	外部董事	外部董事监事履职重点	外部董事监事议案审议履职提示（重大财务事项）	外部法律法规	企业编制财务预算应当将逾期担保、逾期债务、不良投资、不良债权等问题的清理和处置作为重要内容，积极消化潜亏挂账，合理预计资产减值准备，不得出现新的潜亏	《中央企业财务预算管理暂行办法》（国资委令第 18 号）第十三条、第十四条、第十五条、第十六条、第十七条、第十八条、第十九条、第二十条
249	外部董事	外部董事监事履职重点	外部董事监事议案审议履职提示（重大财务事项）	外部法律法规	企业应当按照下列程序，以正式文函向国资委报送财务预算报告： （一）设董事会的国有独资企业和国有独资公司的财务预算报告，应当经董事会审议后与审议决议一并报送国资委； （二）尚未设董事会的国有独资企业和国有独资公司的财务预算报告，应当经总经理办公会审议后与审议决议一并报送国资委； （三）国有控股公司的财务预算报告，应当经董事会审议并提交股东会批准后抄送国资委。 国资委对企业财务预算实行分类管理制度，对于尚未设董事会的国有独资企业和国有独资公司的财务预算实行核准制；对于设董事会的国有独资公司和国有独资企业、国有控股公司的财务预算实行备案制。 企业应当严格执行经核定的年度财务预算，切实加强投资、融资、担保、资金调度、物资采购、产品销售等重大事项以及成本费用预算执行情况的跟踪和监督，明确超预算资金追加审批程序和权限。 企业财务预算执行过程中出现以下情形之一，导致预算编制基本假设发生重大变化的，可予以调整： （一）自然灾害等不可抗力因素； （二）市场环境发生重大变化； （三）国家经济政策发生重大调整； （四）企业发生分立、合并等重大资产重组行为	《中央企业财务预算管理暂行办法》（国资委令第 18 号）第二十八条、第三十条、第三十四条、第三十六条

续表

序号	履职主体	业务领域	业务事项	应知应会知识点		
				来源	重点内容	重点条款
250	外部董事	外部董事监事履职重点	外部董事监事议案审议履职提示（重大财务事项）	外部法律法规	企业及各级子企业编制年度财务决算报告应当遵循会计全面性、完整性原则，并符合下列规定： （一）企业财务决算报告应当以经营年度内发生的全部经济业务事项及会计账簿为基础进行编制，全面、完整反映企业各项经济业务的收入、成本（费用）以及现金流入（出）等状况，不得漏报； （二）企业不得存有未反映在财务决算报告中的财务、会计事项，不得有账外资产或设立账外账，不得以任何理由设立“小金库”； （三）企业应当按规定将各级子企业全部纳入年度财务决算编制范围，以全面反映企业的财务状况； （四）企业所属经营性事业单位应当按照规定要求执行统一的企业会计制度；暂未执行企业会计制度的所属事业单位，应当将相关财务决算内容一并纳入企业财务决算范围，以完整反映企业的经营成果； （五）企业所属基建项目应当按照规定要求与企业财务并账；暂未并账的，应当将基建项目的相关财务决算内容一并纳入企业财务决算范围，以完整反映企业的资产状况。 企业及各级子企业编制年度财务决算报告应当遵循会计真实性、准确性原则，并符合下列规定： （一）企业财务决算报告应当以经过核对无误的相关会计账簿进行编制，做到账实相符、账证相符、账账相符、账表相符； （二）企业编制财务决算报告应当根据真实的交易事项、会计记录等资料，按照规定的会计核算原则及具体会计处理方法，对各项会计要素进行合理确认和计量； （三）企业应当严格遵守会计核算规定，不得应提不提、应摊不摊或者多提多摊成本（费用），造成企业经营成果不实，影响企业财务决算报告的真实性； （四）企业不得采取利用会计政策、会计估计变更，以及减值准备计提、转回等方式，人为掩饰企业真实经营状况；不得计提秘密减值准备，影响企业财务决算报告的真实性；	《中央企业财务决算报告管理办法》（国资委令第5号）第七条、第八条、第十一条、第十二条

续表

序号	履职主体	业务领域	业务事项	应知应会知识点		
				来源	重点内容	重点条款
250	外部董事	外部董事监事履职重点	外部董事监事议案审议履职提示（重大财务事项）	外部法律法规	（五）企业应当客观地反映实际发生的资产损失，以保证财务决算报告的真实、可靠。 除国家另有规定外，企业及各级子企业所执行的会计制度应当按照国家财务会计制度的有关规定和要求保持一致；因特殊情形不能保持一致的，应当事先报国资委备案，并陈述相关理由。 企业及各级子企业的各项会计政策、会计估计一经确定，不得随意变更；因特殊情形发生较大变更的，应当事先报国资委备案，并陈述相关理由	《中央企业财务决算报告管理办法》（国资委令第5号）第七条、第八条、第十一条、第十二条
251	外部董事	外部董事监事履职重点	外部董事监事议案审议履职提示（重大财务事项）	外部法律法规	国资委暂未委托会计师事务所进行年度财务决算审计工作的企业，应当按照“统一组织、统一标准、统一管理”的原则，经国资委同意，由企业总部依照有关规定采取招标等方式委托会计师事务所对企业及各级子企业的年度财务决算进行审计。 对于涉及国家安全的特殊子企业，以及国家法律法规未规定须委托会计师事务所进行审计的有关单位，企业应当建立和完善对其年度财务决算内审制度，并出具内审报告，以保证财务决算数据的真实性、完整性	《中央企业财务决算报告管理办法》（国资委令第5号）第二十七条、第三十三条
252	外部董事	外部董事监事履职重点	外部董事监事议案审议履职提示（重大财务事项）	外部法律法规	国有企业选聘会计师事务所，应当由董事会审计委员会（或者类似机构、下同）提出建议后，由股东会或者董事会决定。对于未设股东会或者董事会的国有企业，由履行出资人职责的机构决定或者授权国有企业决定相关事项。根据工作需要，履行出资人职责的机构可以直接选聘会计师事务所，对其出资的国有企业进行审计	财政部　国务院国资委　证监会关于印《国有企业、上市公司选聘会计师事务所管理办法》的通知（财会〔2023〕4号）第四条
253	外部董事	外部董事监事履职重点	外部董事监事议案审议履职提示（重大财务事项）	外部法律法规	企业清产核资包括账务清理、资产清查、价值重估、损溢认定、资金核实和完善制度等内容。 第七条各级国有资产监督管理机构对符合下列情形之一的，可以要求企业进行清产核资： （一）企业资产损失和资金挂账超过所有者权益，或者企业会计信息严重失真、账实严重不符的；	《国有企业清产核资办法》（国资委令第1号）第七条、第八条

续表

序号	履职主体	业务领域	业务事项	应知应会知识点		
				来源	重点内容	重点条款
253	外部董事	外部董事监事履职重点	外部董事监事议案审议履职提示（重大财务事项）	外部法律法规	（二）企业受重大自然灾害或者其他重大、紧急情况等不可抗力因素影响，造成严重资产损失的； （三）企业账务出现严重异常情况，或者国有资产出现重大流失的； （四）其他应当进行清产核资的情形。 符合下列情形之一，需要进行清产核资的，由企业提出申请，报同级国有资产监督管理机构批准： （一）企业分立、合并、重组、改制、撤销等经济行为涉及资产或产权结构重大变动情况的； （二）企业会计政策发生重大更改，涉及资产核算方法发生重要变化情况的； （三）国家有关法律、法规规定企业特定经济行为必须开展清产核资工作的	《国有企业清产核资办法》（国资委令第1号）第七条、第八条
254	外部董事	外部董事监事履职重点	外部董事监事议案审议履职提示（重大财务事项）	外部法律法规	第十五条　企业清产核资除国家另有规定外，应当按照下列程序进行： （一）企业提出申请； （二）国有资产监督管理机构批复同意立项； （三）企业制定工作实施方案，并组织账务清理、资产清查等工作； （四）聘请社会中介机构对清产核资结果进行专项财务审计和对有关损溢提出鉴证证明； （五）企业上报清产核资工作结果报告及社会中介机构专项审计报告； （六）国有资产监督管理机构对资产损溢进行认定，对资金核实结果进行批复； （七）企业根据清产核资资金核实结果批复调账； （八）企业办理相关产权变更登记和工商变更登记； （九）企业完善各项规章制度。 第十六条　所出资企业由于国有产权转让、出售等发生控股权转移等产权重大变动需要开展清产核资的，由同级国有资产监督管理机构组织实施并负责委托社会中介机构。 第十七条　子企业由于国有产权转让、出售等发生控股权转移等重大产权变动的，可以由所出资企业自行组织开展清产核资工作。对有关资产损溢和资金挂账的处理，按规定程序申报批准	《国有企业清产核资办法》（国资委令第1号）第十五条、第十六条、第十七条

续表

序号	履职主体	业务领域	业务事项	应知应会知识点		
				来源	重点内容	重点条款
255	外部董事	外部董事监事履职重点	外部董事监事议案审议履职提示（重大财务事项）	外部法律法规	第三条　本规则所称账销案存资产是指企业通过清产核资经确认核准为资产损失，进行账务核销，但尚未形成最终事实损失，按规定应当建立专门档案和进行专项管理的债权性、股权性及实物性资产。 第五条　账销案存资产是企业资产的组成部分。企业应当按照规定对清产核资中清理出的各项资产损失进行认真甄别分类，对不符合直接销案条件的债权性、股权性及实物性资产，应当按照规定建立账销案存管理制度，组织进行专项管理。 第七条　企业应当对清产核资中清理出的各项资产损失进行认真剖析，查找原因，明确责任，提出整改措施，建立和完善各项管理和内部控制制度，防止前清后乱；同时应当按照《国有企业清产核资办法》（国资委令第 1 号）规定，组织力量对账销案存资产进行进一步清理和追索，通过法律诉讼等多种途径尽可能收回资金或残值，防止国有资产流失。 第十九条　企业账销案存资产销案应遵循以下基本工作程序： （一）企业内部相关部门提出销案报告，说明对账销案存资产的损失原因和清理追索工作情况，并提供符合规定的销案证据材料； （二）企业内部审计、监察、法律或其他相关部门对资产损失发生原因及处理情况进行审核，并提出审核意见； （三）企业财务部门对销案报告和销案证据材料进行复核，并提出复核意见； （四）设立董事会的企业由董事会会议核准同意，未设立董事会的企业由经理（厂长）办公会核准同意，并形成会议纪要； （五）按照企业内部管理权限，需报上级企业（单位）核准确认的，应当报上级企业（单位）核准确认。 （六）根据企业会议纪要、上级企业（单位）核准批复及相关证据，由企业负责人、总会计师（或主管财务负责人）签字确认后，进行账销案存资产的销案	《中央企业账销案存资产管理工作规则》（国资发评价〔2005〕13 号）第三条、第五条、第七条、第十九条

续表

序号	履职主体	业务领域	业务事项	应知应会知识点		
				来源	重点内容	重点条款
256	外部董事	外部董事监事履职重点	外部董事监事议案审议履职提示（重大财务事项）	外部法律法规	第七条　中央企业集团公司年度债券发行计划由国资委审核批准。股权多元化中央企业股东会（股东大会）审议集团公司年度债券发行计划时，应当将相关材料报送包括国资委在内的全体股东，国资委出具意见后，由其股东代表在股东会（股东大会）上行使表决权。中央企业应当于每年年初向国资委报送以下材料： （一）集团公司年度债券发行计划的请示。 （二）集团公司年度债券发行计划表。 （三）可行性研究报告，包括宏观经济环境、债券市场环境、企业所处行业状况、同行业企业近期债券发行情况；企业生产经营情况、财务状况、债券余额；年度债券发行计划，包括发行规模、品种、期限、利率，募集资金用途和效益预测，拟投资项目纳入年度投资计划情况；债券发行金额对企业财务状况和经营业绩的影响，企业偿债能力分析，债券发行计划纳入年度预算情况、符合相关法律法规和国资委债券管理相关规定情况；风险防控机制和流程，可能出现的风险及应对方案。 （四）董事会决策文件。 （五）其他必要文件	《中央企业债券发行管理办法》（国资发产权规〔2023〕34号）第七条
257	外部董事	外部董事监事履职重点	外部董事监事议案审议履职提示（重大财务事项）	外部法律法规	一、完善融资担保管理制度。 中央企业应当制定和完善集团统一的融资担保管理制度，明确集团本部及各级子企业融资担保权限和限额、融资担保费率水平，落实管理部门和管理责任，规范内部审批程序，细化审核流程。制定和修订融资担保管理制度需经集团董事会审批。 三、严格限制融资担保对象。中央企业严禁对集团外无股权关系的企业提供任何形式担保。原则上只能对具备持续经营能力和偿债能力的子企业或参股企业提供融资担保。不得对进入重组或破产清算程序、资不抵债、连续三年及以上亏损且经营净现金流为负等不具备持续经营能力的子企业或参股企业提供担保，不得对金融子企业提供担保，集团内无直接股权关系的子企业之间不得互保，以上三种情况确因客观情况需要提供担保且风险可控的，需经集团董事会审批。	《关于加强中央企业融资担保管理工作的通知》（国资发财评规〔2021〕75号）

续表

序号	履职主体	业务领域	业务事项	应知应会知识点		
				来源	重点内容	重点条款
257	外部董事	外部董事监事履职重点	外部董事监事议案审议履职提示（重大财务事项）	外部法律法规	四、严格控制融资担保规模。中央企业应当转变子企业过度依赖集团担保融资的观念，鼓励拥有较好资信评级的子企业按照市场化方式独立融资。根据自身财务承受能力合理确定融资担保规模，原则上总融资担保规模不得超过集团合并净资产的40%，单户子企业（含集团本部）融资担保额不得超过本企业净资产的50%，纳入国资委年度债务风险管控范围的企业总融资担保规模不得比上年增加。 五、严格控制超股比融资担保。中央企业应当严格按照持股比例对子企业和参股企业提供担保。严禁对参股企业超股比担保。对子企业确需超股比担保的，需报集团董事会审批，同时，对超股比担保额应由小股东或第三方通过抵押、质押等方式提供足额且有变现价值的反担保。对所控股上市公司、少数股东含有员工持股计划或股权基金的企业提供超股比担保且无法取得反担保的，经集团董事会审批后，在符合融资担保监管等相关规定的前提下，采取向被担保人依据代偿风险程度收取合理担保费用等方式防范代偿风险。 八、严格追究违规融资担保责任。……对集团外无股权关系企业和对参股企业超股比的违规担保事项，以及融资担保规模占比超过规定比例的应当限期整改……	《关于加强中央企业融资担保管理工作的通知》（国资发财评规〔2021〕75号）
258	外部董事	外部董事监事履职重点	外部董事监事议案审议履职提示（重大财务事项）	外部法律法规	二、规范界定对外捐赠范围。企业对外捐赠范围为：向受灾地区、定点扶贫地区、定点援助地区或者困难的社会弱势群体的救济性捐赠，向教科文卫体事业和环境保护及节能减排等社会公益事业的公益性捐赠，以及社会公共福利事业的其他捐赠等……中央企业经营者或者其他职工不得将企业拥有的资产以个人名义对外捐赠…… 四、严格捐赠审批程序。各中央企业应当加强对外捐赠的审批管理，严格内部决策程序，规范审批流程。企业每年安排的对外捐赠预算支出应当经过企业董事会或类似决策机构批准同意。	《国务院国有资产监督管理委员会关于加强中央企业对外捐赠管理有关事项的通知》（国资发评价〔2009〕317号）

续表

序号	履职主体	业务领域	业务事项	应知应会知识点		
				来源	重点内容	重点条款
258	外部董事	外部董事监事履职重点	外部董事监事议案审议履职提示（重大财务事项）	外部法律法规	五、建立备案管理制度。国资委对中央企业对外捐赠事项实行备案管理制度。以下情况应当专项报国资委（评价局）备案，同时抄送派驻本企业监事会： （三）中央企业捐赠行为实际发生时捐赠项目超过以下标准的，应当报国资委备案同意后实施：净资产（指集团上年末合并净资产，下同）小于100亿元的企业，捐赠项目超过100万元的；净资产在100亿元至500亿元的企业，捐赠项目超过500万元的；净资产大于500亿元的企业，捐赠项目超过1000万元的。 （四）对于突发性重大自然灾害或者其他特殊事项超出预算范围需要紧急安排对外捐赠支出，不论金额大小，中央企业在履行内部决策程序之后，及时逐笔向国资委备案	《国务院国有资产监督管理委员会关于加强中央企业对外捐赠管理有关事项的通知》（国资发评价〔2009〕317号）
259	外部董事	外部董事监事履职重点	外部董事监事议案审议履职提示（重大财务事项）	外部法律法规	一、强化业务准入审批 （一）中央企业集团董事会负责核准具体开展金融衍生业务的子企业（以下简称操作主体）业务资质，研判业务开展的可行性，确定可开展的业务类型，不得授权其他部门或决策机构审批。 1. 业务可行性论证应当包括：开展金融衍生业务的必要性，应当基于降低主业范围内的实货风险敞口而开展，具有客观需要。金融衍生业务管理制度完善性和内控体系完整性、有效性，应当覆盖事前、事中、事后各个环节，涵盖部门职责、审批程序、交易流程、风险管理、定期报告等内容。风险管理体系健全性，应当建立相应的风险识别、监控、处置、报告、应急处理等机制。机构、岗位设置合理性，应当做到前中后台岗位、人员相互分离，并建立定期轮岗制度。人员配置完备性，交易及风控人员应当具备相关专业背景和从业经历等，无不良从业记录。财务承受能力适当性，应当具备与所开展业务相适应的资金实力和抗风险能力。	《关于进一步加强金融衍生业务管理有关事项的通知》国资厅发财评〔2021〕17号

续表

序号	履职主体	业务领域	业务事项	应知应会知识点		
				来源	重点内容	重点条款
259	外部董事	外部董事监事履职重点	外部董事监事议案审议履职提示（重大财务事项）	外部法律法规	2. 核准事项应当明确操作主体的交易品种、工具、场所等……应当优先选择境内交易场所。集团未经营相关境外实货业务的，不得从事境外金融衍生业务。商品类衍生业务原则上应当仅开展场内业务，确需开展场外业务的，应当进行单独风险评估。 3. 资产负债率高于国资委管控线、连续 3 年经营亏损且资金紧张的子企业，不得开展金融衍生业务…… 4. 集团内实行专业化集中管理、同类金融衍生业务由统一平台集中操作的企业，应当从管理制度、业务流程等方面清晰界定委托企业与平台企业的风险管控责任、盈亏承担方式……	《关于进一步加强金融衍生业务管理有关事项的通知》国资厅发财评〔2021〕17号
260	外部董事	外部董事监事履职重点	外部董事监事议案审议履职提示（重大财务事项）	外部法律法规	一、强化业务准入审批 （一）中央企业集团董事会负责核准具体开展金融衍生业务的子企业（以下简称操作主体）业务资质，研判业务开展的可行性，确定可开展的业务类型，不得授权其他部门或决策机构审批。 3. 资产负债率高于国资委管控线、连续 3 年经营亏损且资金紧张的子企业，不得开展金融衍生业务。操作主体开展投机业务或产生重大损失风险、重大法律纠纷、造成严重影响的，业务资质应当暂停，风险处置及整改完成后，需恢复开展业务的，报集团董事会重新核准。（三）集团归口管理部门应当每 3 年对所有操作主体的业务资质进行一次梳理核查，对不具备业务开展必要性或条件的，提请集团董事会取消业务资质。操作主体业务资质核准事项变更时，由集团董事会重新审批。对因并购、划转等新纳入的操作主体，应当在 3 个月内履行业务资质核准程序。 四、严格备案报告制度 （一）各中央企业应当向国资委（财务监管与运行评价局）备案业务资质及年度计划。业务资质备案时间为集团董事会核准后的 20 个工作日内，年度计划备案时间为每年 3 月 31 日前，具体备案内容及形式另行通知。 （四）……国资委将不定期开展专项检查，与有关监管部门探索建立交易数据共享机制，加强日常监测和风险预警，对于发现的问题，将进行提示、通报、约谈、问责等……	《关于进一步加强金融衍生业务管理有关事项的通知》国资厅发财评〔2021〕17号

续表

序号	履职主体	业务领域	业务事项	应知应会知识点		
				来源	重点内容	重点条款
261	外部董事	外部董事监事履职重点	外部董事监事议案审议履职提示（重大财务事项）	外部法律法规	（八）加强借款与融资担保管理。 ……严禁对集团外无股权关系企业提供借款，金融子企业在批准业务范围内开展的对外借款除外；对子企业借款要综合评估风险收益审慎开展；原则上对金融子企业和未纳入合并范围的参股企业不得提供借款，确有必要的需经集团董事会批准。融资担保要严格执行《关于加强中央企业融资担保管理的通知》（国资发财评规〔2021〕75号）规定	《关于推动中央企业加快司库体系建设进一步加强资金管理的意见》（国资发财评规〔2022〕23号）
262	外部董事	外部董事监事履职重点	外部董事监事议案审议履职提示（重大财务事项）	内部规章制度	附录B　二、计划预算管理原则 （一）坚持战略引领、考核约束的原则，主要是贯彻党中央重大决策部署，落实公司发展战略纲要，承接分解发展规划的指标目标、重点任务、规划项目，通过计划预算、工作要点的安排及实施，推动战略规划落实落地。以完成国资委任期和年度经营业绩考核目标为硬约束，逐级层层分解，统筹安排经营目标。 （二）坚持统筹兼顾、远近结合的原则，主要是统筹各业务板块的发展布局和规模，兼顾公司经营活动各专业领域，实现公司各业务协同发展。平衡长远发展与短期目标，按照“看三年定一年”，滚动分析预测企业未来三年的计划预算关键指标变化趋势，据此提出年度计划预算安排。（三）坚持价值导向、抓实风控的原则，主要是以全要素价值创造为纲，以投入产出机制建设为核心，建立精准投资管控体系，实施最优成本管控策略，推动资源要素集中投向生产经营的关键环节和重点领域，实现企业价值最大化。坚持量入为出，综合平衡发展需求和资源投入能力，统筹安排发展的节奏和力度，确保不发生重大经营风险，不发生重大违规经营投资损失事件。（四）坚持统一管理、分类管控的原则，主要是公司所有生产经营活动纳入计划预算管理，实现统一编制、统一上报、统一下达、统一调整、统一考核。依据公司总部和子企业权责清单实施分类管控，管制业务以满足监管规定下的价值最大化为核心，实施经营型管控；非管制业务以效益贡献和价值创造为核心，实施差异化战略型管控	《中国南方电网有限责任公司计划预算管理规定》（Q/CSG 2121005—2022）附录B

续表

序号	履职主体	业务领域	业务事项	应知应会知识点		
				来源	重点内容	重点条款
263	外部董事	外部董事监事履职重点	外部董事监事议案审议履职提示（重大财务事项）	内部规章制度	附录 D：计划预算统筹平衡机制 聚焦计划预算统筹平衡作用，建立经营目标核定、投资需求与能力匹配、投资与效益挂钩、项目储备管理、标准成本管理、资源统筹配置等六项机制，科学设定经营目标与投资规模，优化资源配置，提升投入产出效益，有效支撑公司高质量发展	《中国南方电网有限责任公司计划预算管理规定》（Q/CSG 2121005—2022）附录D
264	外部董事	外部董事监事履职重点	外部董事监事议案审议履职提示（重大财务事项）	内部规章制度	附录 E：公司计划预算编制要求 一、收入预算：收入业务要落实“持续增长”的经营理念，聚焦主营业务，大力增供扩销增加收入，保持收入增速与经营活动增速同步。其中，管制业务要全力确保政府核定准许收入足额兑现，非管制业务发展要不断扩大非股东业务收入。 二、成本预算：实施最优成本策略，持续推进成本规划与业务规划深度融合，从严管控成本费用总额，优化成本结构，严控消耗性成本，突出成本使用效益。其中，管制业务建立适应输配电价形成机制、符合成本信息公开透明监管要求的成本费用精益管理体系，成本开支与电网资产规模挂钩，原则上核心业务不得外委；非管制业务坚持“以收定支”，生产性成本与营业收入规模挂钩，力促业务成本达到行业领先水平。 三、投资预算：投资业务要落实党中央、国务院决策部署，以及公司发展战略落地的阶段性目标要求，在满足经营约束的基础上合理安排项目。其中，管制业务统筹好电量增长、安全风险及隐患防治、供电质量提升、现代化电网建设等关键任务，非管制业务要依据公司业务布局和实施主体，严格落实项目投资回报率管控要求。为满足不可预见的投资需要，可预留一定比例的投资预备费，各专业投资预备费的具体比例按公司投资管理相关制度执行。非主业投资不得预留无具体使用对象的预备费，国际业务非主业投资不得预留预备费	《中国南方电网有限责任公司计划预算管理规定》（Q/CSG 2121005—2022）附录E

续表

序号	履职主体	业务领域	业务事项	应知应会知识点		
				来源	重点内容	重点条款
265	外部董事	外部董事监事履职重点	外部董事监事议案审议履职提示（重大财务事项）	内部规章制度	第八条　计划预算编制的主要内容包括： （一）计划预算关键指标。依据公司发展规划年度分解目标，结合本年度指标完成情况，滚动分析未来三年主要经营指标发展趋势，研究提出年度计划预算关键指标安排。除特殊因素外，原则上各项指标安排要实现协同提升。 （二）资源配置方案。以公司财务承受能力为约束，以提高投入产出效益为核心，在科学评估本年度资源投入有效性的基础上，统筹安排次年度各细分领域的资本性、费用性投入规模和效益指标安排。 （三）业务计划。以业财融合为切入点，承接分解公司计划预算关键指标安排，进一步明确各业务领域发展目标及经营规模，推动业务计划和财务预算紧密衔接。 （四）资金预算。统筹资金使用需求、自有资金来源和资金支付时点要求，合理制定年度资金预算。资本性资金支付安排依据项目概算、工程结余、合同约定、预计进度与归集成本以及往年销号项目等情况确定，原则上不得超过年度投资规模。年度融资方案和财务费用依据存量债务偿还、新增融资需求、融资期限、市场利率、财务承受能力等因素统筹确定。 （五）财务预算。汇总业务计划、资源配置方案和资金预算，统筹制定利润表、现金流量表、资产负债表，集中表征经营期内的财务状况和经营成果。财务预算要满足总体经营目标要求，依据企业会计准则及应用指南有关规定编制	《中国南方电网有限责任公司计划预算管理规定》（Q/CSG 2121005—2022）第八条
266	外部董事	外部董事监事履职重点	外部董事监事议案审议履职提示（重大财务事项）	内部规章制度	第九条　计划预算按“两上两下，先上后下”流程制定。 （一）9月底，各分、子公司统筹平衡长短期目标、需求和能力，研究提出后三年经营目标建议，经各单位计划与预算管理委员会审议通过后上报公司总部。 （二）公司计划与预算管理委员会办公室审核各分、子公司上报的后三年经营目标建议，研究提出公司次年度经营预控目标，并分解至各单位，经公司计划与预算管理委员会审议通过后下达。	《中国南方电网有限责任公司计划预算管理规定》（Q/CSG 2121005—2022）第九条

续表

序号	履职主体	业务领域	业务事项	应知应会知识点		
				来源	重点内容	重点条款
266	外部董事	外部董事监事履职重点	外部董事监事议案审议履职提示（重大财务事项）	内部规章制度	（三）11月底，各分、子公司根据公司下达的年度经营预控目标，制定年度计划预算建议方案，经本单位计划与预算管理委员会审核后报党委会研究讨论，再征求外部董事意见后形成提请公司审核的函，连同计划预算建议方案一并上报公司总部（包括需公司总部决策或出具审核意见的重大项目）。 （四）12月底，公司后勤管理中心组织编制公司总部及直属机构的计划预算建议方案。公司计划与预算管理委员会办公室组织召开计划预算审查会，对所属单位的计划预算建议方案进行审查和统筹平衡，制定公司计划预算建议方案（含公司总部及各单位年度计划预算关键指标安排），经公司计划与预算管理委员会审核后提交公司总经理拟定，经公司总经理拟定后提交公司党组会研究讨论，经公司党组会审议后，提交职代会审议，再提交公司董事会审议制订，最后提请公司股东会审议决定。 （五）次年1月底，下达公司年度计划预算方案，包括关键指标、资源投入规模和结构、网级决策的重大投资项目、重要成本支出、上缴投资收益等。公司办公室制定年度工作要点，纳入督办工作。公司总部各部门依据年度计划预算和工作要点，进一步分解专业管理指标、重点任务清单等，制定专业工作计划，履行审批程序后，由办公室统一下达。 （六）次年2月底，各分、子公司依据公司下达的计划预算方案，按计划预算报表制定各单位的年度计划预算方案，将资源配置安排落实到具体明细项目，接本条第（三）项，子企业由本企业董事会制订，未设董事会的企业及分公司由经理层制订后，经股东或股东会审议通过后执行。 （七）各分、子公司组织将公司下达的年度计划预算方案进行差异化的逐级分解，履行决策程序后下达，并报公司总部备案，确保网省市县各级承接落实。公司后勤管理中心制定并下达公司总部各部门及直属机构的年度计划预算分解方案	《中国南方电网有限责任公司计划预算管理规定》（Q/CSG 2121005—2022）第九条

续表

序号	履职主体	业务领域	业务事项	应知应会知识点		
				来源	重点内容	重点条款
267	外部董事	外部董事监事履职重点	外部董事监事议案审议履职提示（重大财务事项）	内部规章制度	第十一条　计划预算一经下达，公司各部门和所属各单位需严格按照计划预算安排组织开展生产经营活动，加强过程管控，及时发现并协调解决存在的问题。投资和成本费用开支必须严格执行公司投资和成本管理的制度规定，按决策权限由各级履行决策程序纳入计划预算后方可实施	《中国南方电网有限责任公司计划预算管理规定》（Q/CSG 2121005—2022）第十一条
268	外部董事	外部董事监事履职重点	外部董事监事议案审议履职提示（重大财务事项）	内部规章制度	第十六条　计划预算下达后原则上不作调整。若国家政策法规、监管考核要求、市场形势发生重大变化，或公司发生分立、合并等重大资产重组行为或其他不可抗力因素，导致原计划预算编制基础不成立，或执行结果与年度目标产生重大偏差时，可以进行调整。调整的主要内容为经营业绩考核目标、投资规模、纳入公司总部“三重一大”决策投资项目，以及重要成本支出。各单位计划预算分解方案的明细内容由各单位自行调整，属于各级“三重一大”决策事项需履行各级决策程序	《中国南方电网有限责任公司计划预算管理规定》（Q/CSG 2121005—2022）第十六条
269	外部董事	外部董事监事履职重点	外部董事监事议案审议履职提示（重大财务事项）	内部规章制度	第十七条　计划预算调整主要包括年中调整、个别调整。每年7月底前，各分子公司可结合半年计划预算执行情况分析，提出调整申请，经本单位计划与预算管理委员会审核后报党委会前置研究讨论，再征求外部董事意见后形成提请公司审核的函，报公司总部。公司总部组织审核各单位的调整申请，统筹制定公司及各单位计划预算调整方案，经公司计划与预算管理委员会审议通过后，履行公司决策程序后下达。其中，①投资调整和净利润变动超20%及以上的，经公司总经理拟定、党组会讨论、董事会制订、股东会决定后下达执行；②投资调整和净利润变动20%以下的，经公司董事长专题会审定后下达执行；③分子公司计划预算年中利润目标调整的，经公司董事长专题会审定后下达执行。各单位依据公司下达的计划预算调整方案，制定各单位的年度计划预算调整方	《中国南方电网有限责任公司计划预算管理规定》（Q/CSG 2121005—2022）第十七条

续表

序号	履职主体	业务领域	业务事项	应知应会知识点		
				来源	重点内容	重点条款
269	外部董事	外部董事监事履职重点	外部董事监事议案审议履职提示（重大财务事项）	内部规章制度	案，子企业由本企业董事会审议，未设董事会的企业及分公司由经理层审议后执行。 未在年中集中调整的且属于公司总部审批权限范围内的个别调整，由公司计划与预算管理委员会办公室研究提出调整建议，报公司计划与预算管理委员会审批同意后执行，具体可采用召开会议或签报等方式研究审议	《中国南方电网有限责任公司计划预算管理规定》（Q/CSG 2121005—2022）第十七条
270	外部董事	外部董事监事履职重点	外部董事监事议案审议履职提示（重大财务事项）	内部规章制度	（五）编制财务决算报告应当遵循会计全面性、完整性原则，并符合下列规定： 1. 财务决算报告应当以经营年度内发生的全部经济业务事项及会计账簿为基础进行编制，全面、完整反映企业各项经济业务的收入、成本（费用）以及现金流入（出）等状况，不得漏报。 2. 不得存有未反映在财务决算报告中的财务、会计事项，不得有账外资产或设立账外账，不得以任何理由设立“小金库”。 3. 各单位应当按规定将各级子企业全部纳入年度财务决算报告编制范围，以全面反映企业的财务状况。 4. 各单位所属经营性事业单位应当按照规定要求执行统一的企业会计制度。 5. 各单位所属基建项目应当按照规定纳入合并报表范围；暂未并账的，应当将基建项目的相关财务决算内容一并纳入企业财务决算合并范围，以完整反映企业的资产状况。 （六）编制财务决算报告应当遵循会计真实性、准确性原则，并符合下列规定： 1. 财务决算报告应当以经过核对无误的相关会计账簿进行编制，做到账实相符、账证相符、账账相符、账表相符。 2. 编制财务决算报告应当根据真实的交易事项、会计记录等资料，按照规定的会计核算原则及具体会计处理方法，对各项会计要素进行合理确认和计量。 3. 应当严格遵守会计核算规定，不得应提不提、应摊不摊或者多提多摊成本（费用），造成企业经营成果不实，影响企业财务决算报告的真实性。	《中国南方电网有限责任公司会计核算管理细则》（Q/CSG 2123001—2023）附录F，二、年度财务决算报告，（五）（六）（七）（八）

续表

序号	履职主体	业务领域	业务事项	应知应会知识点		
				来源	重点内容	重点条款
270	外部董事	外部董事监事履职重点	外部董事监事议案审议履职提示（重大财务事项）	内部规章制度	4. 不得采取利用会计政策、会计估计变更，以及减值准备计提、转回等方式，人为掩饰企业真实经营状况；不得计提秘密减值准备，影响企业财务决算报告的真实性。 5. 应当客观地反映实际发生的资产损失，以保证财务决算报告的真实、可靠。各单位应当遵循会计稳健性原则，按有关资产减值准备计提的标准和方法，合理预计各项资产可能发生的损失，定期对计提的各项资产减值准备逐项进行认定、计算。 （七）各单位编制财务决算报告应当遵循会计可比性原则，编制基础、编制原则、编制依据和编制方法及各项财务指标口径应当保持前、后各期一致，各年度期间财务决算数据保持衔接，如实反映年度间企业财务状况、经营成果的变动情况。年度会计报表至少应当反映两个年度或者相关两个期间的比较数据。 （八）除国家另有规定外，各单位所执行的会计制度应当按照国家和公司有关规定和要求保持一致，因特殊情形不能保持一致的，应事先报公司备案，并陈述相关理由。 各单位各项会计政策、会计估计一经确定，不得随意变更。因特殊情形发生较大变更的，应当事先报公司备案，并陈述相关理由	《中国南方电网有限责任公司会计核算管理细则》（Q/CSG 2123001—2023）附录F，二、年度财务决算报告，（五）（六）（七）（八）
271	外部董事	外部董事监事履职重点	外部董事监事议案审议履职提示（重大财务事项）	内部规章制度	（十四）根据法律和国家有关规定，各单位年度财务决算报告接受公司统一委托的注册会计师进行审计，并将注册会计师出具的审计报告连同已审会计报表按照规定报送有关部门。 公司统一选聘会计师事务所，按照“公开、公平、公正”的原则，采取公开招标或者邀标等方式进行。具体要求参见《关于规范公司财务类中介机构选聘的通知》（南方电网财〔2019〕37 号）。 年度财务决算审计内容应当包括财务决算报表中的资产负债表、利润表、现金流量表、所有者权益变动表等相关指标数据和报表附注，以及公司要求的其他重要财务指标有关数据。编制财务决算合并报表的企业，其财务决算合并报表应当纳入审计范围。	《中国南方电网有限责任公司会计核算管理细则》（Q/CSG 2123001—2023）附录F，二、年度财务决算报告，（十四）

续表

序号	履职主体	业务领域	业务事项	应知应会知识点		
				来源	重点内容	重点条款
271	外部董事	外部董事监事履职重点	外部董事监事议案审议履职提示（重大财务事项）	内部规章制度	各单位应当根据会计师事务所及注册会计师提出的审计意见进行财务决算调整；各单位对审计意见存有异议且未进行财务决算调整的，应当在年度决算会审时向公司汇报说明。 各单位应当为会计师事务所及注册会计师开展财务决算审计、履行必要的审计程序、取得充分审计证据提供必要的条件和协助，不得干预会计师事务所及注册会计师的审计业务，以保证审计结论的独立、客观、公正。 境外子企业年度财务决算审计工作按照所在国家或地区的规定进行。为适应境外子企业的特殊性，各单位应当建立和完善对境外子企业的内审制度，并出具内审报告，保证境外子企业财务决算数据的真实性、完整性	《中国南方电网有限责任公司会计核算管理细则》（Q/CSG 2123001—2023）附录F，二、年度财务决算报告，（十四）
272	外部董事	外部董事监事履职重点	外部董事监事议案审议履职提示（重大财务事项）	内部规章制度	无偿划转资产。各分、子公司之间的资产原则上应通过对价转让的方式进行。因业务重组等需要，确实需在总部、分子公司之间进行无偿划转资产的，应将涉及债权、债务及劳动力同时进行划转。公司各单位向公司系统外单位无偿划转资产行为，应充分说明无偿划转的必要性和可行性，报公司总部审批。涉及人员划转的，应获得企业职工代表大会通过。具体如下： 1. 公司总部向公司系统内单位无偿划转资产，资产账面价值超过1亿元的，应当履行公司“三重一大”决策程序进行审批。 2. 公司所属分、子公司之间无偿划转资产，资产价值1亿元及以上的报公司总部审批，资产价值1亿元以下的报公司总部备案。 3. 分、子公司所属的分公司之间无偿划拨资产，资产账面价值500万元以上（含500万元）的，须上报分、子公司审批；500万元以下（不含500万元）的，内部审批权限由各分、子公司研究确定	《中国南方电网有限责任公司资产价值管理办法》（Q/CSG 2132007—2023）附录K

续表

序号	履职主体	业务领域	业务事项	应知应会知识点		
				来源	重点内容	重点条款
273	外部董事	外部董事监事履职重点	外部董事监事议案审议履职提示（重大财务事项）	内部规章制度	资产转让。资产公开转让推荐采用在产权交易机构公开进行（简称“进场交易”），也可以场外采取拍卖、招标等公开竞价方式转让。因业务重组等需要，可以在公司、公司分子公司之间采用非公开协议转让资产。 一、交易方式的选择 1. 单件净值或评估值两者较低者超过100万元的下列资产转让原则上实行进场交易： （1）30万千瓦及以上发电类资产；（2）500kV及以上变电类、输电类固定资产；（3）配电类及仪器仪表类（不含电子计算机等信息类固定资产）固定资产；（4）检修维护设备类和生产管理用工具类（不含电子计算机等信息类固定资产）固定资产；（5）在建工程；（6）存货、仓储物资；（7）服务器、网络安全设备、存储设备、桌面终端设备等信息类硬件资产及成熟套装软件、自主开发软件系统等信息类软件资产；（8）保护类、安自类、电力通信类、自动化类（含二次系统安全防护）资产；（9）专利权、著作权等无形资产；（10）其他适合公开转让的资产。 2. 下列资产转让可以不进场交易： （1）公司系统内部转让的资产；（2）地方政府征收/拆迁/置换房屋和建筑物、土地；（3）地方政府有指定交易场所或交易方式的资产；（4）纳入《国家危险废物名录》范围内的危险废物；（5）符合进场交易条件，但受客观因素影响并经审批采用协议转让方式的资产。 3. 采用进场交易方式的，应按照《关于调整从事中央企业国有资产交易业务产权交易机构的通知》（国资厅产权〔2020〕333号）文有关规定，交易业务类型分为权益类业务和实物资产转让业务，应选择对应类型的产权交易所。 4. 采取拍卖方式转让资产的，应当按照《中华人民共和国拍卖法》及国家有关规定组织实施。 5. 采取招投标方式转让资产的，应当按照《中华人民共和国招标投标法》及国家有关规定组织实施。	《中国南方电网有限责任公司资产价值管理办法》（Q/CSG 2132007—2023）附录L

续表

序号	履职主体	业务领域	业务事项	应知应会知识点		
				来源	重点内容	重点条款
273	外部董事	外部董事监事履职重点	外部董事监事议案审议履职提示（重大财务事项）	内部规章制度	6. 采取邀请招标方式的，应当向三个以上具备承担招标项目能力、资信良好的特定法人或者其他组织发出投标邀请书。 7. 公司系统土地使用权转让必须在国家规定的土地交易机构公开进行。交易前应广泛征集受让方，并委托交易机构在土地交易场所、公众媒体或互联网公开发布资产转让的有关信息。 二、资产转让审批 1. 资产转让应由资产统筹管理部门提出申请，形成资产转让分析材料后，提交计划与财务管理部门、法律管理部门、审计管理部门等相关部门进行审查，审查通过后，按“3. 审批权限”履行决策程序。必要时可聘请外部专业机构对拟转让资产进行技术鉴定。 2. 资产转让单位应当根据公司国有资产评估管理细则的规定组织资产评估工作，并履行资产评估结果核准或备案程序（符合“三、交易价格的确定”第 1 小点情况除外）。 3. 审批权限 （1）向集团外公开转让资产评估价值 1 亿元（含 1 亿元）以上的资产，管制类单位应上报公司总部审批； （2）向集团外公开转让资产评估价值 1 亿元以下 1000 万元以上（含 1000 万元）的资产，须报分、子公司审批； （3）向集团外公开转让资产评估价值 1000 万元以下（不含 1000 万元）的资产，由分、子公司所属单位自行审批。 （4）向集团外协议转让资产评估价值 5000 万元（含 5000 万元）以上的资产，应逐级报公司总部审批，5000 万元以下的由分、子公司审批。 （5）公司总部向内部单位协议转让资产，应当履行内部签批程序。集团内部协议转让资产，由分、子公司内部履行决策程序后报公司总部备案。 三、交易价格的确定 1. 资产非公开协议转让价格原则上不低于资产评估价值。公司、公司全资子企业（直接或间接持股 100%）之间的资产非公开协议转让，转让价格原则上以账面净值为基础、参考市场价格平等协商确定。	《中国南方电网有限责任公司资产价值管理办法》（Q/CSG 2132007—2023）附录 L

续表

序号	履职主体	业务领域	业务事项	应知应会知识点		
				来源	重点内容	重点条款
273	外部董事	外部董事监事履职重点	外部董事监事议案审议履职提示（重大财务事项）	内部规章制度	2. 资产公开转让挂牌价格（或保留价）原则上不低于评估价值，如低于评估值，应当暂停交易，转让方须对挂牌价格（或保留价）重新进行决议；当挂牌价格（或保留价）低于评估结果 90% 时，转让方应决议通过并报转让行为批准单位批准同意后，方可履行交易程序。 四、进场交易操作 1. 信息披露。资产公开转让方应广泛征集意向受让方，可通过产权交易机构网站等形式，公开披露资产处置相关信息。转让底价高于 100 万元，低于 1000 万元的资产转让项目，信息公告期应不少于 10 个工作日；高于 1000 万元的资产转让项目，信息公告期应不少于 20 个工作日。资产转让项目信息披露期未征集到意向受让方，仅调整转让底价后重新披露信息的，资产转让披露时间不少于 5 个工作日。除国家法律法规或相关规定有明确要求的，资产转让不得对受让方的资格条件做出限制。 2. 进场交易实施。 （1）按照事先明确的受让方规则确定受让方。 （2）按照交易机构工作要求，及时做好合同签订、资产移交、资金回收情况跟踪等工作	《中国南方电网有限责任公司资产价值管理办法》（Q/CSG 2132007—2023）附录 L
274	外部董事	外部董事监事履职重点	外部董事监事议案审议履职提示（重大财务事项）	内部规章制度	第三十四条　资产损失管理。各单位应严格依照《资产损失分类认定规则》，对不同性质的资产损失进行分类认定。见附录“资产损失”。 附录 M　三、核销权限及程序 1. 资产损失审批权限由分、子公司自行制定，并按年度随决算资料报公司总部备案。 2. 审核程序 （1）资产使用保管部门根据损失状况，提出资产损失核销申请，说明损失资产基本情况、损失原因、清理追索过程等情况，并逐笔逐项提供符合规定的证据。 （2）资产统筹管理部门、法律管理部门、审计管理部门根据资产损失状况，提出审核意见。	《中国南方电网有限责任公司资产价值管理办法》（Q/CSG 2132007—2023）第三十四条、附录 M 三、核销权限及程序

续表

序号	履职主体	业务领域	业务事项	应知应会知识点		
				来源	重点内容	重点条款
274	外部董事	外部董事监事履职重点	外部董事监事议案审议履职提示（重大财务事项）	内部规章制度	（3）计划与财务管理部门对资产损失核销申请报告和核销证据材料等进行复核，提出复核意见。 （4）资产损失单位资产统筹管理部门和计划与财务管理部门根据本单位审议或上级审批意见，按规定分别开展实物处置和账务核销。 3. 备案程序。资产损失单位计划与财务管理部门应于每年年末汇总编制资产损失认定与核销明细表，随年度决算资料逐级上报公司总部。对于损失发生的原因，有关部门应组织分析并采取整改措施	《中国南方电网有限责任公司资产价值管理办法》（Q/CSG 2132007—2023）第三十四条、附录M三、核销权限及程序
275	外部董事	外部董事监事履职重点	外部董事监事议案审议履职提示（重大财务事项）	内部规章制度	第三十五条　账销案存管理。经批准已完成账务核销但尚未形成最终事实损失的资产，应建立专门档案，进行专项管理。见附录“账销案存管理”。 附录N“账销案存管理”： 5. 账销案存资产销案管理权限 （1）单项损失金额50万元以上（含50万元）的账销案存资产销案，由分、子公司审核。 （2）单项损失金额50万元以下（不含50万元）的账销案存资产销案，由分、子公司所属单位自行决策，并按年度随决算资料报分、子公司备案。 （3）正常回收的账销案存债权性资产可直接进行销案，无需另行报批。 6. 销案单位内部审核和决策 （1）资产统筹管理部门提出申请，对账销案存资产的损失原因、清理追索、处理情况和销案证据情况进行说明，并提供符合规定的销案证据材料。 （2）审计管理部门、法律管理部门或其他相关部门对销案资产情况和销案证据材料进行审核，并提出审核意见。 （3）计划与财务管理部门对销案资产情况和销案证据材料进行复核，并提出复核意见。 （4）除债权性账销案存资产因实际全额或部分收回而对收回部分进行销案的情形，所有账销案存资产销案必须经内部决策机构审议通过并经单位负责人签字确认	《中国南方电网有限责任公司资产价值管理办法》（Q/CSG 2132007—2023）第三十五条、附录N　二、账销案存资产销案，第5点、第6点

续表

序号	履职主体	业务领域	业务事项	应知应会知识点		
				来源	重点内容	重点条款
276	外部董事	外部董事监事履职重点	外部董事监事议案审议履职提示（重大财务事项）	内部规章制度	附录F　三、融资管理 （一）管理原则 1. 统筹管控原则 实施全面统一融资管理，分类施策，计划管控，提高融资效率。未经公司总部批准，所属各单位不得办理对外融资。 2. 风险控制原则 密切关注宏观经济金融环境变化，坚持稳字当头，保持合理债务规模，优化债务结构，控制流动性风险。加强债务全生命周期管理，定期分析统一融资资金投向、到期还本付息情况，严格防范违约风险。 3. 综合成本最优原则 充分盘活公司内部资金，优先采用财务公司贷款、南网融资租赁资金、委托贷款等内部资金；积极拓展融资渠道，尝试多元化融资手段，拓宽资金来源，降低融资成本。 4. 规范运作原则 严格按照国家法律法规和公司融资管理流程开展融资工作，确保各项融资活动做到事前申请审批、事中监督控制、事后检查评价	《中国南方电网有限责任公司资金管理规定》（Q/CSG 2121002—2021）附录F三、融资管理，（一）第1–4点
277	外部董事	外部董事监事履职重点	外部董事监事议案审议履职提示（重大财务事项）	内部规章制度	附录F　三、融资管理 （二）基本要求 1. 各单位须根据国家法律法规及本规定开展各项融资业务，严格按照募集用途使用资金、专款专用。 2. 公司实施全面统一融资管理，原则上全部融资业务由总部统借统还，部分特殊业务实施差别管理策略。 （1）国家重大投资项目、并购类等业务，由总部统筹组织，项目实施主体单位落实具体融资过程管理。其中，国际业务公司可以根据业务需求发行境外债券。 （2）上市公司、拟上市公司、金融业务公司、房地产等受政策监管的融资业务，可以根据经营需要选择适当的融资方式，并纳入融资计划管控。其中，金融业务公司可以根据业务需求发行债券。	《中国南方电网有限责任公司资金管理规定》（Q/CSG 2121002—2021）附录F三、融资管理，（二）第1–5点

续表

序号	履职主体	业务领域	业务事项	应知应会知识点		
				来源	重点内容	重点条款
277	外部董事	外部董事监事履职重点	外部董事监事议案审议履职提示（重大财务事项）	内部规章制度	（3）其他各级子公司经公司总部审批同意后，可以选择除直接融资和法人账户透支以外的其他合适的外部融资方式。县级子公司原则上只能采取长短期借款、委托贷款、票据贴现等融资方式。 （4）超高压公司经公司总部授权批准后可以自主开展外部间接融资业务。其他各级分公司本部原则上不得自行开展外部融资业务，分公司融资需求由上级单位统一安排解决。 （5）各分子公司及其所属单位根据经营需要可以优先通过公司金融业务平台开展内部贷款、委托贷款、票据贴现、融资租赁、应收保理等内部融资业务。 3. 公司总部统筹各合作金融机构对集团授信额度管理并跟踪；各级子公司负责跟踪各金融机构对本单位授信情况。 4. 各单位计财部门须建立健全融资岗位责任制，明确融资管理岗位的职责权限	《中国南方电网有限责任公司资金管理规定》（Q/CSG 2121002—2021）附录F三、融资管理，（二）第1–5点
278	外部董事	外部董事监事履职重点	外部董事监事议案审议履职提示（重大财务事项）	内部规章制度	附录F　四、资金运作管理 （一）各分子公司资金原则上需纳入公司资金集中管理体系，在公司统一调度下依托资本控股公司、南网财务公司、鼎和保险公司和南网国际金融公司等金融平台开展集中运作。 1. 金融平台年度资金运作方案经过本单位“三重一大”有关管理规定的程序集体决策通过后，上报公司总部备案。其中，财务公司在保证各单位支付的前提下，可以选择安全性、流动性较强的资金运作方式，提高资金效益。 2. 除上述金融平台外的其他单位原则上不开展理财、信托、债券投资等资金运作业务。如确需开展，需经本单位集体决策机构审议同意后逐级上报公司总部决策。其开展经批准的资金运作，开展情况须在两个工作日内向公司总部报备	《中国南方电网有限责任公司资金管理规定》（Q/CSG 2121002—2021）附录F四、资金运作管理，（一）第1–2点

续表

序号	履职主体	业务领域	业务事项	应知应会知识点		
				来源	重点内容	重点条款
279	外部董事	外部董事监事履职重点	外部董事监事议案审议履职提示（重大财务事项）	内部规章制度	附录F　四、资金运作管理 （二）各单位要加强委托贷款业务管控。 1. 各单位原则上只能对公司集团内并表单位发放委托贷款，并原则上要求依托财务公司开展。金融平台外的其他单位原则上不得开展跨单位委托贷款业务，金融平台公司向集团内部单位提供融资必须符合监管要求。 2. 公司归集账户内部透支产生委托贷款业务纳入月度资金计划，由公司总部审批后执行。除内部透资业务外，各单位对集团内并表单位开展委托贷款业务，须经过本单位集体决策机构审议同意后，纳入月度资金计划，由公司总部审批后执行。（具体参见附录G47《委托贷款业务审批权限表》） 3. 若因客观原因需对集团外单位发放委托贷款，需逐级上报公司总部决策。若借款人为非中央企业，公司需按规定将该委托贷款业务事前报国资委备案	《中国南方电网有限责任公司资金管理规定》（Q/CSG 2121002—2021）附录F四、资金运作管理，（二）第1–3点
280	外部董事	外部董事监事履职重点	外部董事监事议案审议履职提示（重大财务事项）	内部规章制度	第七条　严禁对集团外无股权关系的企业提供任何形式担保。各单位原则上只能对具备持续经营能力和偿债能力的子企业或参股企业提供担保。不得对不具备持续经营能力的子企业或参股企业提供担保，不得对金融子企业提供担保，集团内无直接股权关系的子企业之间不得互保，以上三种情况确因客观情况需要提供担保且风险可控的，需上报公司总部审批。 第八条　各单位应当根据自身财务承受能力合理确定担保规模，原则上公司总担保规模不得超过上年度经审计合并报表期末净资产的40%。各单位（含公司本部）提供的担保金额累计不得超过其上年度经审计单体报表期末净资产的50%；对单个担保申请人提供的担保不得超过担保人上年度经审计单体报表期末净资产的10%。 第九条　各单位应当严格按照持股比例对子企业和参股企业提供担保。严禁对参股企业超股比担保。对子企业确需超股比担保的，需上报公司总部审批；同	《中国南方电网有限责任公司担保管理规定》（Q/CSG 2121004—2022）第七条、第八条、第九条、第十条

续表

序号	履职主体	业务领域	业务事项	应知应会知识点		
				来源	重点内容	重点条款
280	外部董事	外部董事监事履职重点	外部董事监事议案审议履职提示（重大财务事项）	内部规章制度	时，对子企业超股比担保额应由小股东或第三方通过抵押、质押等方式提供足额且有变现价值的反担保。对所控股上市公司、少数股东含有员工持股计划或股权基金的企业提供超股比担保且无法取得反担保的，经公司总部审批后，在符合担保监管等相关规定的前提下，采取向被担保人依据代偿风险程度收取合理担保费用等方式防范代偿风险。 第十条　担保方式优先选择一般保证担保；确有需要的情况下，可以适当采用连带责任保证、抵押、质押的担保方式。两个以上保证人对同一债务同时或者分别提供保证时，各保证人与债权人应当约定保证份额以降低风险	《中国南方电网有限责任公司担保管理规定》（Q/CSG 2121004—2022）第七条、第八条、第九条、第十条
281	外部董事	外部董事监事履职重点	外部董事监事议案审议履职提示（重大财务事项）	内部规章制度	第十一条　各单位开展担保业务应当严格按照以下审批权限进行决策： （一）公司总部担保事项。 公司总部提供担保（含因对外投资等原因承接的担保），按照公司三重一大管理办法履行决策程序。 （二）各级分、子公司担保事项。 1. 各级分、子公司以下担保事项须经本单位董事会（未设董事会的经理层）审议后，逐级上报公司总部决定： （1）对其子企业或参股企业担保且单笔（或因同一事项）担保金额 5000 万元人民币以上（含 5000 万元）的； （2）对子企业确需超股比担保的； （3）对金融子企业提供担保； （4）对集团内无直接股权关系的单位担保； （5）对境外融资担保； （6）因对外投资或接收新单位时承接的担保； （7）确因客观情况需要对不具备持续经营能力的子企业或参股企业提供担保，但风险可控的。 2. 除上述担保事项外，各级分、子公司其他担保事项由党委前置研究讨论、董事会决定，未设董事会的企业及分公司其他担保事项由党委前置研究讨论，经理层决定，结果逐级报告至公司总部。	《中国南方电网有限责任公司担保管理规定》（Q/CSG 2121004—2022）第十一条

续表

序号	履职主体	业务领域	业务事项	应知应会知识点		
				来源	重点内容	重点条款
281	外部董事	外部董事监事履职重点	外部董事监事议案审议履职提示（重大财务事项）	内部规章制度	（三）二级分、子公司所属单位、二级分公司代管单位的担保事项，应当经本单位董事会（未设董事会的经理层）审议，按本规定第十一条第（二）点要求办理。在本单位董事会审议前，外部董事需先履行二级分、子公司审议程序	《中国南方电网有限责任公司担保管理规定》（Q/CSG 2121004—2022）第十一条
282	外部董事	外部董事监事履职重点	外部董事监事议案审议履职提示（重大财务事项）	内部规章制度	第二十条　被担保人出现以下情形的，各单位不得提供担保： （一）担保项目不符合国家法律法规和本企业担保政策的。 （二）不具备持续经营能力的，包括但不限于：已进入重组、托管、兼并或破产清算程序的；财务状况恶化、资不抵债、连续三年及以上亏损且经营净现金流为负的。 （三）管理混乱、经营风险较大的。 （四）与其他企业存在较大经济纠纷，面临法律诉讼且可能承担较大赔偿责任的。 （五）与本单位已经发生过担保纠纷且仍未妥善解决的	《中国南方电网有限责任公司担保管理规定》（Q/CSG 2121004—2022）第二十条
283	外部董事	外部董事监事履职重点	外部董事监事议案审议履职提示（重大财务事项）	内部规章制度	第二条　管理原则 （一）预算管理原则。加强捐赠管理，将捐赠纳入年度预算管理，严禁预算外的捐赠支出。充分考虑自身经营规模、盈利能力、负债水平、现金流量等财务承受能力，合理确定捐赠预算支出规模和标准。盈利能力大幅下降的单位，捐赠规模应当进行相应压缩；资不抵债、经营亏损或者捐赠行为将影响正常生产经营的单位，一般不得安排对外捐赠支出。 （二）权属清晰原则。捐赠方用于对外捐赠的资产应当权属清晰，应为有权处分的合法财产，不得将单位拥有的财产以个人名义对外捐赠。 （三）自愿无偿原则。捐赠方不得要求受赠方在融资、市场准入、行政许可、占有其他资源等方面创造便利条件，不得以捐赠为名从事营利活动，不得以任何借口向受赠人或者受益人索要或者收受回扣、佣金、信息费、劳务费等财物，但有权要求受赠人落实自己正当的捐赠意愿。	《中国南方电网有限责任公司捐赠管理规定》（Q/CSG 2121001—2022）第二条、第四条、第五条、第六条

续表

序号	履职主体	业务领域	业务事项	应知应会知识点		
				来源	重点内容	重点条款
283	外部董事	外部董事监事履职重点	外部董事监事议案审议履职提示（重大财务事项）	内部规章制度	第四条捐赠对象和支出范围 （一）对外捐赠的受益人应当为公司系统外部的单位、集体、社会弱势群体或者个人。 （二）公司系统内生产经营需用的主要固定资产、持有的债权、国家特准储备物资、国家财政拨款、受托代管财产、已设置担保物权的财产、权属关系不清的财产，或者变质、残损、过期报废的物资，不得用于对外捐赠。 （三）除国家有特殊规定的捐赠项目之外，各单位对外捐赠原则上应当通过依法成立的接受捐赠的慈善机构、其他公益性机构或者县级（含县级）以上政府部门实施。 （四）对于政府有关部门、机构、团体或者个人强令的不合理赞助、摊派应当依法拒绝。 第五条捐赠计划预算管理 （一）捐赠支出纳入年度计划预算管理。公司所属各单位捐赠预算应由相关业务部门结合年度计划预算方案一并提出，报本单位计划与财务部门审查、本单位计划与预算管理委员会研究审议，经本单位党委会前置研究讨论后，董事会制订、股东会决定后下达。 （二）严格捐赠准入管理。公司所属各单位应根据自身的经营承受能力编制年度捐赠预算，不得将超出本规定范围的捐赠列入，不得将同一事项的单笔对外捐赠进行拆分。各级捐赠管理的业务部门负责审核项目的必要性及捐赠范围，计划与财务部门审核捐赠预算规模及主要经营指标。公司所属各级子公司年度对外捐赠不得超过本单位上年末净资产的万分之五，资产负债率超过 70% 的要从紧控制对外捐赠，资产负债率超过 85% 的原则上不得对外捐赠。 （三）捐赠准备金纳入捐赠预算管理。公司总部根据年度需要预留准备金，公司所属各单位可按照不超过捐赠预算总额 5% 预留准备金。	《中国南方电网有限责任公司捐赠管理规定》（Q/CSG 2121001—2022） 第二条、第四条、第五条、第六条

续表

序号	履职主体	业务领域	业务事项	应知应会知识点		
				来源	重点内容	重点条款
283	外部董事	外部董事监事履职重点	外部董事监事议案审议履职提示（重大财务事项）	内部规章制度	（四）依规组织做好捐赠预算实施。公司所属各单位捐赠支出应严格按公司批复的计划预算方案执行。对因重大自然灾害等紧急情况或者其他特殊事项需超出计划预算范围的捐赠支出事项，需履行计划预算调整及项目决策程序后实施。 第六条　捐赠实施审批 / 审核管理 对已纳入年度计划预算范围内的捐赠事项，由各级捐赠管理业务部门提出项目申请，经计划与财务部门审核后，履行相应审批 / 审核程序后实施。 （一）公司总部审批 / 审核管理 1. 公司总部、分公司单笔（或因同一事项）账面价值 1000 万元（含）以上的预算内捐赠事项，由公司董事会授权董事长审批；预算内 100 万（含）至 1000 万元的，授权总经理审批；预算内低于 100 万元的，公司总部由公司分管领导审批，分公司自行决策。 2. 子公司单笔（或因同一事项）账面价值 1000 万元（含）以上的预算内捐赠事项，由公司董事会授权董事长审核，由子公司董事会（或未设董事会的经理层）决定实施；预算内 100 万（含）至 1000 万元的，授权总经理审核，由子公司董事会（或未设董事会的经理层）决定实施；预算内低于 100 万元的，子公司自行决策。 3. 公司总部、分公司预算外捐赠事项，由公司党组前置研究讨论、董事会决定。子公司的预算外捐赠事项，经公司党组前置研究讨论、董事会审核后，由子公司董事会（或未设董事会的经理层）决定实施。在发生不可抗力或重大危机情形，无法及时召开会议的紧急情况下，由公司董事长依据公司章程临时决定，事后及时向公司党组、董事会报告，并按程序要求予以追认。 4. 另外，单笔（或因同一事项）账面价值 3000 万元（含）以上的捐赠，履行相应审批程序后，由公司计划与财务部门报国务院国资委备案后实施。	《中国南方电网有限责任公司捐赠管理规定》（Q/CSG 2121001—2022）第二条、第四条、第五条、第六条

续表

序号	履职主体	业务领域	业务事项	应知应会知识点		
				来源	重点内容	重点条款
283	外部董事	外部董事监事履职重点	外部董事监事议案审议履职提示（重大财务事项）	内部规章制度	（二）分、子公司审批 / 审核管理 1. 子公司本部的预算内捐赠事项，由本单位党组织前置研究讨论、董事会（或未设董事会的经理层）决定后实施，可结合本单位捐赠发生频次和风险等因素，采用分层分级管控，由董事会授权董事长或总经理决定后实施。其中，单笔（或因同一事项）资产账面价值超过100万元（含）的预算内捐赠事项，在董事会（或未设董事会的经理层）决定前，需先履行公司总部审核程序。分公司本部100万（含）以上的预算内捐赠事项，由公司总部审批；低于100万元的预算内捐赠事项，由本单位党组织前置研究讨论、经理层决定后实施。 2. 分、子公司所属子公司单笔（或因同一事项）账面价值超过100万元（含）的预算内捐赠事项，在其董事会（或未设董事会的经理层）决定前，需先分别履行公司总部及分、子公司审核程序； 10万元（含）至100万元的，需先履行分、子公司审核程序；低于10万元的，由分、子公司所属子公司自行决策。分、子公司所属分公司单笔（或因同一事项）账面价值超过100万元（含）的预算内捐赠事项，由公司总部及分、子公司审批；10万元（含）至100万元的，由分、子公司审批；低于10万元的，由分、子公司所属分公司自行决策。 3. 分公司本部的预算外捐赠事项，由公司总部审批；子公司本部的预算外捐赠事项，由子公司董事会（或未设董事会的经理层）决定实施前，先履行公司总部审核程序。分、子公司所属分公司的预算外捐赠事项，在分、子公司预算内的由分、子公司审批；在分、子公司预算外的，由公司总部及分、子公司审批。分、子公司所属子公司的预算外捐赠事项，在分、子公司预算外的，由其董事会（或未设董事会的经理层）决定实施前，需先履行公司总部及分、子公司审核程序；在分、子公司预算内的，由其董事会（或未设董事会的经理层）决定实施前，需先履行分、子公司审核程序	《中国南方电网有限责任公司捐赠管理规定》（Q/CSG 2121001—2022） 第二条、第四条、第五条、第六条

续表

序号	履职主体	业务领域	业务事项	应知应会知识点		
				来源	重点内容	重点条款
284	外部董事	外部董事监事履职重点	外部董事监事议案审议履职提示（重大财务事项）	内部规章制度	第二条　本细则适用于公司总部及经公司总部批准从事金融衍生业务的相关单位，其他单位未经批准不得擅自开展金融衍生业务。如有相关业务需要各分子公司可参照制定承接制度。 第六条　各操作主体应当制定金融衍生业务年度计划，年度计划应纳入本单位计划预算方案，按照计划预算管理规定履行相关程序后执行。金融衍生业务年度计划应当包括年度实货经营规模、年度保值规模、套期保值策略、资金占用规模、时点最大净持仓规模、止损限额或亏损预警线等内容。对场外业务要进行严格审核和风险评估。年度计划应当与各操作主体财务承受能力、年度经营计划相匹配。	《中国南方电网有限责任公司金融衍生业务管理细则》（Q/CSG 2133006—2023）第二条、第六条
285	外部董事	外部董事监事履职重点	外部董事监事议案审议履职提示（重大财务事项）	内部规章制度	第三条　拟开展金融衍生业务的相关单位，应对业务可行性进行充分论证，金融衍生业务资质申请经本单位决策机构审议通过后，逐级上报至公司总部，由公司董事会负责核准业务资质。 金融衍生业务资质申请应包括但不限于以下内容：开展衍生业务的客观需求和必要性说明；拟开展衍生业务操作的类型，具体的交易场所、品种、工具等；机构及岗位设置、人员配置、财务承受能力等情况说明；衍生业务管理相关制度、内控体系及风险管理体系等相关文件资料。	《中国南方电网有限责任公司金融衍生业务管理细则》（Q/CSG 2133006—2023）第三条
286	外部董事	外部董事监事履职重点	外部董事监事议案审议履职提示（重大财务事项）	内部规章制度	附录 B　二、计划预算管理原则 （一）坚持战略引领、考核约束的原则，主要是贯彻党中央重大决策部署，落实公司发展战略纲要，承接分解发展规划的指标目标、重点任务、规划项目，通过计划预算、工作要点的安排及实施，推动战略规划落实落地。以完成国资委任期和年度经营业绩考核目标为硬约束，逐级层层分解，统筹安排经营目标。 （二）坚持统筹兼顾、远近结合的原则，主要是统筹各业务板块的发展布局和规模，兼顾公司经营活动各专业领域，实现公司各业务协同发展。平衡长远发展与短期目标，按照“看三年定一年”，滚动分析预测企业未来三年的计划预算关键指标变化趋势，据此提出年度计划预算安排。	《中国南方电网有限责任公司计划预算管理规定》（Q/CSG 2121005—2022）附录 B

续表

序号	履职主体	业务领域	业务事项	应知应会知识点		
				来源	重点内容	重点条款
286	外部董事	外部董事监事履职重点	外部董事监事议案审议履职提示（重大财务事项）	内部规章制度	（三）坚持价值导向、抓实风控的原则，主要是以全要素价值创造为纲，以投入产出机制建设为核心，建立精准投资管控体系，实施最优成本管控策略，推动资源要素集中投向生产经营的关键环节和重点领域，实现企业价值最大化。坚持量入为出，综合平衡发展需求和资源投入能力，统筹安排发展的节奏和力度，确保不发生重大经营风险，不发生重大违规经营投资损失事件。 （四）坚持统一管理、分类管控的原则，主要是公司所有生产经营活动纳入计划预算管理，实现统一编制、统一上报、统一下达、统一调整、统一考核。依据公司总部和子企业权责清单实施分类管控，管制业务以满足监管规定下的价值最大化为核心，实施经营型管控；非管制业务以效益贡献和价值创造为核心，实施差异化战略型管控	《中国南方电网有限责任公司计划预算管理规定》（Q/CSG 2121005—2022）附录B
287	外部董事	外部董事监事履职重点	外部董事监事议案审议履职提示（重大财务事项）	其他	58条　外部董事重点关注计划预算议案①内容、形式等是否符合《会计法》《会计准则》等有关规定；②预算的科学性与可行性、合理性与合规性、全面性与完整性，重点关注预算的全面性以及经营预算、资本预算和财务预算之间的协同性；③预算编制、预算执行、预算考核之间的一致性以及预算组织、制度、机制的有效性；④预算与公司发展战略（发展规划）、年度经营目标和计划的协调性、契合度、匹配度，重点关注确定的预算是否足以支撑公司关键战略（规划）实施、拟投资项目、经营方针计划等顺利进行；⑤是否符合公司风险收益平衡性	《国有企业外部董事履职实务百问》（上海国有资本运营研究院有限公司出品）58条
288	外部董事	外部董事监事履职重点	外部董事监事议案审议履职提示（重大财务事项）	其他	60条　外部董事应当重点关注：①内容、形式等是否符合《会计法》《会计准则》等有关规定；②当期的主要财务与经营指标的实现情况，重点关注异常指标的变化情况；③决算报告所披露提请企业需要关注和解决的问题；④公司当年的非经常损益项目和金额，特别是其他营业外收入和支出项；⑤当期会计政策与会计估计的变更，当期的或有事项、或有债务、预计负债等；⑥决算报告期内公司是否存在重大会计差错更正情况、有无重大遗漏信息补充情况以及公司业绩预告修正情况等	《国有企业外部董事履职实务百问》（上海国有资本运营研究院有限公司出品）60条

续表

序号	履职主体	业务领域	业务事项	应知应会知识点		
				来源	重点内容	重点条款
289	外部董事	外部董事监事履职重点	外部董事监事议案审议履职提示（重大财务事项）	外部法律法规	第三条　企业清产核资中清查出的各项资产损失，依据《国有企业清产核资办法》及本规则规定进行核实和认定。 第六条　在清产核资工作中，企业需要申报认定的各项资产损失，均应提供合法证据，包括：具有法律效力的外部证据、社会中介机构的经济鉴证证明和特定事项的企业内部证据。 第七条　具有法律效力的外部证据，是指企业收集到的司法机关、公安机关、行政部门、专业技术鉴定部门等依法出具的与本企业资产损失相关的具有法律效力的书面文件，主要包括： （一）司法机关的判决或者裁定； （二）公安机关的立案结案证明、回复； （三）工商管理部门出具的注销、吊销及停业证明； （四）企业的破产清算公告及清偿文件； （五）政府部门的公文及明令禁止的文件； （六）国家及授权专业技术鉴定部门的鉴定报告； （七）保险公司对投保资产出具的出险调查单，理赔计算单等； （八）符合法律条件的其他证据。 第九条　特定事项的企业内部证据，是指本企业在财产清查过程中，对涉及财产盘盈、盘亏或者实物资产报废、毁损及相关资金挂账等情况的内部证明和内部鉴定意见书等，主要包括： （一）会计核算有关资料和原始凭证； （二）资产盘点表； （三）相关经济行为的业务合同； （四）企业内部技术鉴定小组或内部专业技术部门的鉴定文件或资料（数额较大、影响较大的资产损失项目，应当聘请行业内专家参加技术鉴定和论证）； （五）企业的内部核批文件及有关情况说明； （六）由于经营管理责任造成的损失，要有对责任人的责任认定及赔偿情况说明。 第十二条　企业对清产核资中清查出的各项资产损失，应当积极组织力量逐户逐项进行认真清理和核对，取得足以说明损失事实的合法证据，并对损失的资产项目及金额按规定的工作程序和工作要求进行核实和认定。	《关于印发国有企业资产损失认定工作规则的通知》（国资评价〔2003〕72号）第三条、第六条、第七条、第九条、第十二条、第十三条

续表

序号	履职主体	业务领域	业务事项	应知应会知识点		
				来源	重点内容	重点条款
289	外部董事	外部董事监事履职重点	外部董事监事议案审议履职提示（重大财务事项）	外部法律法规	对数额较大、影响较大的资产损失项目，企业应当逐项作出专项说明，承担专项财务审计业务的中介机构应当重点予以核实。 第十三条　企业对清产核资中清查出的各项资产损失，虽取得外部法律效力证明，但其损失金额无法根据证据确定的，或者难以取得外部具有法律效力证明的有关资产损失，应当由社会中介机构进行经济鉴证后出具鉴证意见书	《关于印发国有企业资产损失认定工作规则的通知》（国资评价〔2003〕72 号）第三条、第六条、第七条、第九条、第十二条、第十三条
290	外部董事	外部董事监事履职重点	外部董事监事议案审议履职提示（重大财务事项）	内部规章制度	附录 M 资产损失二、认定证据 一般包括：具有法律效力的外部门证据和特定事项的单位内部证据。 1. 具有法律效力的外部门证据是指司法机关、公安机关、行政部门、专业技术鉴定部门等依法出具的与本单位资产损失相关的具有法律效力的书面文件，主要包括： （1）司法机关的判决或者裁定； （2）公安机关的立案结案证明、回复； （3）工商管理部门出具的注销、吊销及停业证明； （4）单位的破产清算相关文件； （5）行政机关的公文； （6）国家及授权专业技术鉴定部门的鉴定报告； （7）具有法定资质的中介机构的经济鉴定证明； （8）经济仲裁机构的仲裁文书； （9）保险公司对投保资产出具的出险调查单，理赔计算单等； （10）符合法律条件的其他证据。 2. 特定事项的单位内部证据是指根据各项资产发生毁损、报废、盘亏、变质等情况出具的内部证明或承担责任的声明，主要包括： （1）会计核算有关资料和原始凭证； （2）资产盘点表； （3）相关经济行为的业务合同； （4）内部技术鉴定小组或内部专业技术部门的鉴定文件或资料； （5）内部核批文件及有关情况说明； （6）对责任人由于经营管理责任造成损失的责任认定及赔偿情况说明；	《中国南方电网有限责任公司资产价值管理办法》（Q/CSG 2132007—2023）附录 M 资产损失二、认定证据

续表

序号	履职主体	业务领域	业务事项	应知应会知识点		
				来源	重点内容	重点条款
290	外部董事	外部董事监事履职重点	外部董事监事议案审议履职提示（重大财务事项）	内部规章制度	（7）法定代表人、企业负责人和企业财务负责人对特定事项真实性承担法律责任的声明。 3. 在逾期不能收回的应收款项中，逾期 1 年以上，且单笔数额小于 5 万元、不足以弥补清收成本的，由企业作出专项说明，经社会中介机构进行职业推断和客观评判后出具经济鉴证证明，认定为损失。 4. 逾期 3 年以上的应收款项，企业有依法催收磋商记录，确认债务人已资不抵债、连续三年亏损或连续停止经营三年以上的，并能认定在最近三年内没有任何业务往来，由社会中介机构进行职业推断和客观评判后出具鉴证证明，认定为损失	《中国南方电网有限责任公司资产价值管理办法》（Q/CSG 2132007—2023）附录 M 资产损失二、认定证据
291	外部董事	外部董事监事履职重点	外部董事监事议案审议履职提示（重大财务事项）	外部法律法规	第六条　中央企业债券发行实行年度计划管理。中央企业制订年度财务预算时，综合考虑发展战略、投资计划、资金需求、资产负债水平、融资成本等因素，确定集团公司及所属子企业年度债券发行计划。中央企业年度债券发行计划主要包括集团公司及所属子企业存量债券情况、年度债券发行额度（包括一年期以内的短期债券净融资额、中长期债券发行总额、权益类债券发行总额）、募集资金用途、债券偿付计划等内容。 第七条　中央企业集团公司年度债券发行计划由国资委审核批准。股权多元化中央企业股东会（股东大会）审议集团公司年度债券发行计划时，应当将相关材料报送包括国资委在内的全体股东，国资委出具意见后，由其股东代表在股东会（股东大会）上行使表决权。中央企业应当于每年年初向国资委报送以下材料： （一）集团公司年度债券发行计划的请示。 （二）集团公司年度债券发行计划表。 （三）可行性研究报告，包括宏观经济环境、债券市场环境、企业所处行业状况、同行业企业近期债券发行情况；企业生产经营情况、财务状况、债券余额；	《中央企业债券发行管理办法》（国资发产权规〔2023〕34 号）第六条、第七条

续表

序号	履职主体	业务领域	业务事项	应知应会知识点		
				来源	重点内容	重点条款
291	外部董事	外部董事监事履职重点	外部董事监事议案审议履职提示（重大财务事项）	外部法律法规	年度债券发行计划，包括发行规模、品种、期限、利率，募集资金用途和效益预测，拟投资项目纳入年度投资计划情况；债券发行金额对企业财务状况和经营业绩的影响，企业偿债能力分析，债券发行计划纳入年度预算情况、符合相关法律法规和国资委债券管理相关规定情况；风险防控机制和流程，可能出现的风险及应对方案。 （四）董事会决策文件。 （五）其他必要文件	《中央企业债券发行管理办法》（国资发产权规〔2023〕34号）第六条、第七条
292	外部董事	外部董事监事履职重点	外部董事监事议案审议履职提示（重大财务事项）	内部规章制度	第八条　计划预算编制的主要内容包括（1）计划预算议案要件清单。 ①计划预算关键指标；②资源配置方案；③业务计划；④资金预算；⑤财务预算；⑥其他必要文件	《中国南方电网有限责任公司计划预算管理规定》（Q/CSG 2121005—2022）第八条
293	外部董事	外部董事监事履职重点	外部董事监事议案审议履职提示（重大财务事项）	内部规章制度	年度财务决算报告包括年度财务决算报表、会计报表附注、财务情况说明书、其他生产经营管理有关资料、会计师事务所出具的审计报告。 编制财务决算报告应当遵循会计全面性、完整性原则，并符合下列规定： a. 财务决算报告应当以经营年度内发生的全部经济业务事项及会计账簿为基础进行编制，全面、完整反映企业各项经济业务的收入、成本（费用）以及现金流入（出）等状况，不得漏报。b. 不得存有未反映在财务决算报告中的财务、会计事项，不得有账外资产或设立账外账，不得以任何理由设立“小金库”。c. 各单位应当按规定将各级子企业全部纳入年度财务决算报告编制范围，以全面反映企业的财务状况。d. 各单位所属经营性事业单位应当按照规定要求执行统一的企业会计制度。e. 各单位所属基建项目应当按照规定纳入合并报表范围；暂未并账的，应当将基建项目的相关财务决算内容一并纳入企业财务决算合并范围，以完整反映企业的资产状况。	《中国南方电网有限责任公司会计核算管理细则》（Q/CSG 2123001—2023）附录F 二、年度财务决算报告，（五）（六）（七）（八）

续表

序号	履职主体	业务领域	业务事项	应知应会知识点		
				来源	重点内容	重点条款
293	外部董事	外部董事监事履职重点	外部董事监事议案审议履职提示（重大财务事项）	内部规章制度	编制财务决算报告应当遵循会计真实性、准确性原则，并符合下列规定：a. 财务决算报告应当以经过核对无误的相关会计账簿进行编制，做到账实相符、账证相符、账账相符、账表相符。b. 编制财务决算报告应当根据真实的交易事项、会计记录等资料，按照规定的会计核算原则及具体会计处理方法，对各项会计要素进行合理确认和计量。c. 应当严格遵守会计核算规定，不得应提不提、应摊不摊或者多提多摊成本（费用），造成企业经营成果不实，影响企业财务决算报告的真实性。d. 不得采取利用会计政策、会计估计变更，以及减值准备计提、转回等方式，人为掩饰企业真实经营状况；不得计提秘密减值准备，影响企业财务决算报告的真实性。e. 应当客观地反映实际发生的资产损失，以保证财务决算报告的真实、可靠。各单位应当遵循会计稳健性原则，按有关资产减值准备计提的标准和方法，合理预计各项资产可能发生的损失，定期对计提的各项资产减值准备逐项进行认定、计算。 各单位编制财务决算报告应当遵循会计可比性原则，编制基础、编制原则、编制依据和编制方法及各项财务指标口径应当保持前、后各期一致，各年度期间财务决算数据保持衔接，如实反映年度间企业财务状况、经营成果的变动情况。年度会计报表至少应当反映两个年度或者相关两个期间的比较数据。 除国家另有规定外，各单位所执行的会计制度应当按照国家和公司有关规定和要求保持一致，因特殊情形不能保持一致的，应事先报公司备案，并陈述相关理由。 各单位各项会计政策、会计估计一经确定，不得随意变更。因特殊情形发生较大变更的，应当事先报公司备案，并陈述相关理由	《中国南方电网有限责任公司会计核算管理细则》（Q/CSG 2123001—2023）附录F二、年度财务决算报告，（五）（六）（七）（八）

续表

序号	履职主体	业务领域	业务事项	应知应会知识点		
				来源	重点内容	重点条款
294	外部董事	外部董事监事履职重点	外部董事监事议案审议履职提示（重大财务事项）	外部法律法规	第七条　中央企业集团公司年度债券发行计划由国资委审核批准。股权多元化中央企业股东会（股东大会）审议集团公司年度债券发行计划时，应当将相关材料报送包括国资委在内的全体股东，国资委出具意见后，由其股东代表在股东会（股东大会）上行使表决权。中央企业应当于每年年初向国资委报送以下材料： （一）集团公司年度债券发行计划的请示。 （二）集团公司年度债券发行计划表。 （三）可行性研究报告，包括宏观经济环境、债券市场环境、企业所处行业状况、同行业企业近期债券发行情况；企业生产经营情况、财务状况、债券余额；年度债券发行计划，包括发行规模、品种、期限、利率，募集资金用途和效益预测，拟投资项目纳入年度投资计划情况；债券发行金额对企业财务状况和经营业绩的影响，企业偿债能力分析，债券发行计划纳入年度预算情况、符合相关法律法规和国资委债券管理相关规定情况；风险防控机制和流程，可能出现的风险及应对方案。 （四）董事会决策文件。 （五）其他必要文件。2-《企业债券管理条例（2011 修订）》第十四条　企业申请发行企业债券，应当向审批机关报送下列文件： （一）发行企业债券的申请书； （二）营业执照； （三）发行章程； （四）经会计师事务所审计的企业近 3 年的财务报告； （五）审批机关要求提供的其他材料	《中央企业债券发行管理办法》（国资发产权规〔2023〕34 号）第七条
295	外部董事	外部董事监事履职重点	外部董事监事议案审议履职提示（重大财务事项）	内部规章制度	附录 D：担保申请标准 各单位提出担保申请，必须按下列要求提供相关资料： 一、担保申请书 （一）担保原因、合法性及必要性； （二）担保金额； （三）担保期限； （四）拟采取的担保方式； （五）被担保单位与本单位的关联关系；	《中国南方电网有限责任公司担保管理规定》（Q/CSG 2121004—2022）附录 D：担保申请标准

续表

序号	履职主体	业务领域	业务事项	应知应会知识点		
				来源	重点内容	重点条款
295	外部董事	外部董事监事履职重点	外部董事监事议案审议履职提示（重大财务事项）	内部规章制度	（六）担保可行性，包括对被担保人还款能力、资产债务等财务状况分析，经营情况、信用情况、市场及行业前景分析； （七）被担保人的还款计划、方式及资金来源； （八）担保风险评估； （九）担保风险防范措施，如反担保、担保费用等。 二、被担保单位营业执照、机构信用代码证、法人代表身份证等复印件并加盖公章。 三、被担保单位最近一期审计报告。 四、被担保项目的主债权债务合同及其他有关文件。 五、能证明反担保人资信与履约能力的相关证明文件。 六、《法律意见书》《法律尽职调查报告》（或有）。 七、其他重要资料	《中国南方电网有限责任公司担保管理规定》（Q/CSG 2121004—2022）附录D：担保申请标准
296	外部董事	外部董事监事履职重点	外部董事监事议案审议履职提示（重大财务事项）	内部规章制度	第五条　捐赠计划预算管理 （一）捐赠支出纳入年度计划预算管理。公司所属各单位捐赠预算应由相关业务部门结合年度计划预算方案一并提出，报本单位计划与财务部门审查、本单位计划与预算管理委员会研究审议，经本单位党委会前置研究讨论后，董事会制订、股东会决定后下达	《中国南方电网有限责任公司捐赠管理规定》（Q/CSG 2121001—2022）第五条
297	外部董事	外部董事监事履职重点	外部董事监事议案审议履职提示（重大财务事项）	内部规章制度	第三条（内容同上）	《中国南方电网有限责任公司金融衍生业务管理细则》（Q/CSG 2133006—2023）第三条

续表

序号	履职主体	业务领域	业务事项	应知应会知识点		
				来源	重点内容	重点条款
298	外部董事	外部董事监事履职重点	外部董事监事议案审议履职提示（基金管理）	内部规章制度	第六条　公司所属基金管理公司发起设立基金，在额度授权范围内的，自行决策并报公司备案；在额度授权范围外的，应逐级上报公司总部决策。 第七条　二级单位及其所属单位进行基金投资，在年度投资计划内的，在额度授权范围内自行决策，并报公司备案；年度投资计划外的，需相应调整计划预算，超过额度授权范围的，需逐级上报总部决策。 第八条　并表基金进行项目投资，决策程序按一般控股企业管理	《中国南方电网有限责任公司基金投资管理细则》（Q/CSG 2043071—2020）第六条、第七条
299	外部董事	外部董事监事履职重点	外部董事监事议案审议履职提示（基金管理）	内部规章制度	第十二条　基金投资应符合国家宏观政策、产业政策和监管政策，符合公司发展战略和中长期规划。 第十三条　开展基金投资业务应当严格遵守国家有关法律法规，符合国家有关部门关于基金投资的规定，并按照相关法律法规履行备案程序。 第十四条　基金投资应严格控制投资风险，严格执行公司投资项目负面清单，谨慎参与政府基金和其他央企基金，原则上不参与其他外部机构发起设立的基金。 第十八条　基金投资应当有效实施风险隔离。各级单位不得违规提供担保或承担其他形式的连带责任，不得替基金其他出资人垫资，不得承诺回购原出资人的份额	《中国南方电网有限责任公司基金投资管理细则》（Q/CSG 2043071—2020）第十二条、第十三条、第十四条、第十八条
300	外部董事	外部董事监事履职重点	外部董事监事议案审议履职提示（重大风险管理）	外部法律法规	第四条　本指引所称全面风险管理，指企业围绕总体经营目标，通过在企业管理的各个环节和经营过程中执行风险管理的基本流程，培育良好的风险管理文化，建立健全全面风险管理体系，包括风险管理策略、风险理财措施、风险管理的组织职能体系、风险管理信息系统和内部控制系统，从而为实现风险管理的总体目标提供合理保证的过程和方法	《中央企业全面风险管理指引》（国资发改革〔2006〕10号）第四条

续表

序号	履职主体	业务领域	业务事项	应知应会知识点		
				来源	重点内容	重点条款
301	外部董事	外部董事监事履职重点	外部董事监事议案审议履职提示（重大风险管理）	外部法律法规	第二十六条　本指引所称风险管理策略，指企业根据自身条件和外部环境，围绕企业发展战略，确定风险偏好、风险承受度、风险管理有效性标准，选择风险承担、风险规避、风险转移、风险转换、风险对冲、风险补偿、风险控制等适合的风险管理工具的总体策略，并确定风险管理所需人力和财力资源的配置原则。 第四十五条　董事会就全面风险管理工作的有效性对股东会负责。董事会在全面风险管理方面主要履行以下职责： （一）审议并向股东会提交企业全面风险管理年度工作报告； （二）确定企业风险管理总体目标、风险偏好、风险承受度，批准风险管理策略和重大风险管理解决方案； （三）了解和掌握企业面临的各项重大风险及其风险管理现状，做出有效控制风险的决策； （四）批准重大决策、重大风险、重大事件和重要业务流程的判断标准或判断机制； （五）批准重大决策的风险评估报告； （六）批准内部审计部门提交的风险管理监督评价审计报告； （七）批准风险管理组织机构设置及其职责方案； （八）批准风险管理措施，纠正和处理任何组织或个人超越风险管理制度做出的风险性决定的行为； （九）督导企业风险管理文化的培育； （十）全面风险管理其他重大事项	《中央企业全面风险管理指引》（国资发改革〔2006〕108号）第二十六条、第四十五条
302	外部董事	外部董事监事履职重点	外部董事监事议案审议履职提示（重大风险管理）	外部法律法规	（七）健全重大风险防控机制。积极采取措施强化企业防范化解重大风险全过程管控，加强经济运行动态、大宗商品价格以及资本市场指标变化监测，提高对经营环境变化、发展趋势的预判能力，同时结合内控体系监督评价工作中发现的经营管理缺陷和问题，综合评估企业内外部风险水平，有针对性地制定风险应对方案，并根据原有风险的变化情况及应对方案的执行效果，有效做好企业间风险隔离，防止风险由“点”扩“面”，避免发生系统性、颠覆性重大经营风险	关于印发《关于加强中央企业内部控制体系建设与监督工作的实施意见》的通知（国资发监督规〔2019〕101号）二、强化内控体系执行，提高重大风险防控能力

续表

序号	履职主体	业务领域	业务事项	应知应会知识点		
				来源	重点内容	重点条款
303	外部董事	外部董事监事履职重点	外部董事监事议案审议履职提示（重大风险管理）	外部法律法规	第五条　本指引所称风险管理基本流程包括以下主要工作： （一）收集风险管理初始信息； （二）进行风险评估； （三）制定风险管理策略； （四）提出和实施风险管理解决方案； （五）风险管理的监督与改进	《中央企业全面风险管理指引》（国资发改革〔2006〕108号）第五条
304	外部董事	外部董事监事履职重点	外部董事监事议案审议履职提示（重大风险管理）	外部法律法规	第十条　企业开展全面风险管理工作应与其他管理工作紧密结合，把风险管理的各项要求融入企业管理和业务流程中。具备条件的企业可建立风险管理三道防线，即各有关职能部门和业务单位为第一道防线；风险管理职能部门和董事会下设的风险管理委员会为第二道防线；内部审计部门和董事会下设的审计委员会为第三道防线	《中央企业全面风险管理指引》（国资发改革〔2006〕108号）第十条
305	外部董事	外部董事监事履职重点	外部董事监事议案审议履职提示（重大风险管理）	外部法律法规	第三条　本办法所称合规，是指企业经营管理行为和员工履职行为符合国家法律法规、监管规定、行业准则和国际条约、规则，以及公司章程、相关规章制度等要求。本办法所称合规风险，是指企业及其员工在经营管理过程中因违规行为引发法律责任、造成经济或者声誉损失以及其他负面影响的可能性。本办法所称合规管理，是指企业以有效防控合规风险为目的，以提升依法合规经营管理水平为导向，以企业经营管理行为和员工履职行为为对象，开展的包括建立合规制度、完善运行机制、培育合规文化、强化监督问责等有组织、有计划的管理活动	《中央企业合规管理办法》（国务院国有资产监督管理委员会令第42号）第三条

续表

序号	履职主体	业务领域	业务事项	应知应会知识点		
				来源	重点内容	重点条款
306	外部董事	外部董事监事履职重点	外部董事监事议案审议履职提示（重大风险管理）	外部法律法规	第五条　中央企业合规管理工作应当遵循以下原则：坚持党的领导。充分发挥企业党委（党组）领导作用，落实全面依法治国战略部署有关要求，把党的领导贯穿合规管理全过程。坚持全面覆盖。将合规要求嵌入经营管理各领域各环节，贯穿决策、执行、监督全过程，落实到各部门、各单位和全体员工，实现多方联动、上下贯通。坚持权责清晰。按照"管业务必须管合规"要求，明确业务及职能部门、合规管理部门和监督部门职责，严格落实员工合规责任，对违规行为严肃问责。坚持务实高效。建立健全符合企业实际的合规管理体系，突出对重点领域、关键环节和重要人员的管理，充分利用大数据等信息化手段，切实提高管理效能	《中央企业合规管理办法》（国务院国有资产监督管理委员会令第42号）第五条
307	外部董事	外部董事监事履职重点	外部董事监事议案审议履职提示（重大风险管理）	外部法律法规	第三条　本办法所称合规管理，是指企业以有效防控合规风险为目的，以提升依法合规经营管理水平为导向，以企业经营管理行为和员工履职行为为对象，开展的包括建立合规制度、完善运行机制、培育合规文化、强化监督问责等有组织、有计划的管理活动。 第十六条　中央企业应当建立健全合规管理制度，根据适用范围、效力层级等，构建分级分类的合规管理制度体系。 第二十条　中央企业应当建立合规风险识别评估预警机制，全面梳理经营管理活动中的合规风险，建立并定期更新合规风险数据库，对风险发生的可能性、影响程度、潜在后果等进行分析，对典型性、普遍性或者可能产生严重后果的风险及时预警。 第二十一条　中央企业应当将合规审查作为必经程序嵌入经营管理流程，重大决策事项的合规审查意见应当由首席合规官签字，对决策事项的合规性提出明确意见。业务及职能部门、合规管理部门依据职责权限完善审查标准、流程、重点等，定期对审查情况开展后评估。	《中央企业合规管理办法》（国务院国有资产监督管理委员会令第42号）第三条至第二十八条

续表

序号	履职主体	业务领域	业务事项	应知应会知识点		
				来源	重点内容	重点条款
307	外部董事	外部董事监事履职重点	外部董事监事议案审议履职提示（重大风险管理）	外部法律法规	第二十二条　中央企业发生合规风险，相关业务及职能部门应当及时采取应对措施，并按照规定向合规管理部门报告。中央企业因违规行为引发重大法律纠纷案件、重大行政处罚、刑事案件，或者被国际组织制裁等重大合规风险事件，造成或者可能造成企业重大资产损失或者严重不良影响的，应当由首席合规官牵头，合规管理部门统筹协调，相关部门协同配合，及时采取措施妥善应对。中央企业发生重大合规风险事件，应当按照相关规定及时向国资委报告。 第二十三条　中央企业应当建立违规问题整改机制，通过健全规章制度、优化业务流程等，堵塞管理漏洞，提升依法合规经营管理水平。 第二十七条　中央企业应当定期开展合规管理体系有效性评价，针对重点业务合规管理情况适时开展专项评价，强化评价结果运用。 第二十八条　中央企业应当将合规管理作为法治建设重要内容，纳入对所属单位的考核评价	《中央企业合规管理办法》（国务院国有资产监督管理委员会令第 42 号）第三条至第二十八条
308	外部董事	外部董事监事履职重点	外部董事监事议案审议履职提示（重大风险管理）	外部法律法规	一、建立健全内控体系，进一步提升管控效能 （一）优化内控体系。建立健全以风险管理为导向、合规管理监督为重点，严格、规范、全面、有效的内控体系。进一步树立和强化管理制度化、制度流程化、流程信息化的内控理念，通过“强监管、严问责”和加强信息化管理，严格落实各项规章制度，将风险管理和合规管理要求嵌入业务流程，促使企业依法合规开展各项经营活动，实现“强内控、防风险、促合规”的管控目标，形成全面、全员、全过程、全体系的风险防控机制，切实全面提升内控体系有效性，加快实现高质量发展。 （四）健全监督评价体系。统筹推进内控、风险和合规管理的监督评价工作，将风险、合规管理制度建设及实施情况纳入内控体系监督评价范畴，制定定性与定量相结合的内控缺陷认定标准、风险评估标准和合规评价标准，不断规范监督评价工作程序、标准和方式方法	关于印发《关于加强中央企业内部控制体系建设与监督工作的实施意见》的通知（国资发监督规〔2019〕101 号）一、建立健全内控体系，进一步提升管控效能

续表

序号	履职主体	业务领域	业务事项	应知应会知识点		
				来源	重点内容	重点条款
309	外部董事	外部董事监事履职重点	外部董事监事议案审议履职提示（重大风险管理）	外部法律法规	二、强化统一管控能力，进一步完善内部审计领导和管理体制机制 （三）不断完善集团统一管控的内部审计管理体制。强化集团总部对内部审计工作统一管控，统一制定审计计划、确定审计标准、调配审计资源，加快形成“上审下”的内部审计管理体制。推动所属二级子企业及二级以下重要子企业设置内部审计机构，未设置内部审计机构的子企业内部审计工作由上一级审计机构负责。所属子企业户数多、分布广或人员力量薄弱的企业，需设立审计中心或区域审计中心，规范开展集中审计或区域集中审计。各级内部审计机构审计计划、审计报告、审计发现问题、整改落实情况以及违规违纪违法问题线索移送等事项，在向本级党委（党组）及董事会报告的同时，应向上一级内部审计机构报告，审计发现的重大损失、重要事件和重大风险应及时向集团总部报告。 三、有效履行工作职责，全面提升内部审计监督效能 （七）加快推动内部审计信息化建设与应用 五、突出关键环节，强化对重点领域的监督力度 （十二）围绕提质增效稳增长开展全面监督。 （十三）突出主责主业专项监督。 （十四）对混合所有制改革全过程进行审计监督。 （十五）强化大额资金管控监督。 （十六）加强对赌模式并购投资监督。 （十七）加大对高风险金融业务的监督力度。加大对金融业务领域贯彻中央重大决策部署、执行国家宏观调控和经济金融政策等方面审计力度，重点关注脱离主业盲目发展金融业务、脱实向虚、风险隐患较大业务清理整顿，以及投机开展金融衍生业务、“一把手”越权操作、超授权交易等内容。对重点金融子企业和信托、债券、金融衍生品等高风险金融业务每年至少开展1次专项审计，切实防止风险交叉传导。	关于印发《关于深化中央企业内部审计监督工作的实施意见》的通知（国资发监督规〔2020〕60号）二、强化统一管控能力，进一步完善内部审计领导和管理体制机制、三、有效履行工作职责，全面提升内部审计监督效能、五、突出关键环节，强化对重点领域的监督力度

续表

序号	履职主体	业务领域	业务事项	应知应会知识点		
				来源	重点内容	重点条款
309	外部董事	外部董事监事履职重点	外部董事监事议案审议履职提示（重大风险管理）	外部法律法规	（十八）落实对“三重一大”事项的跟踪审计。 六、强化境外内部审计，有力保障境外国有资产安全完整 （十九）加大境外企业内部审计监督力度。三、有效履行工作职责，全面提升内部审计监督效能（六）积极推动内部审计监督无死角、全覆盖。坚持应审尽审、凡审必严，在贯彻执行党和国家重大方针政策、国资监管工作要求、完成国企改革重点任务、领导人员履行经济责任以及管理、使用和运营国有资本情况等方面全面规范开展各类审计监督，重点关注深化国有企业改革进程中的苗头性、倾向性、典型性问题。对所属子企业确保每 5 年至少轮审 1 次；对重大投资项目、重大风险领域和重要子企业实施重点审计，确保每年至少 1 次。企业可以根据审计工作需要，规范购买社会审计服务开展相关工作	关于印发《关于深化中央企业内部审计监督工作的实施意见》的通知（国资发监督规〔2020〕60 号）二、强化统一管控能力，进一步完善内部审计领导和管理体制机制、三、有效履行工作职责，全面提升内部审计监督效能五、突出关键环节，强化对重点领域的监督力度
310	外部董事	外部董事监事履职重点	外部董事监事议案审议履职提示（重大风险管理）	外部法律法规	第三十六条　企业应以重大风险、重大事件和重大决策、重要管理及业务流程为重点，对风险管理初始信息、风险评估、风险管理策略、关键控制活动及风险管理解决方案的实施情况进行监督，采用压力测试、返回测试、穿行测试以及风险控制自我评估等方法对风险管理的有效性进行检验，根据变化情况和存在的缺陷及时加以改进。 第四十一条　企业可聘请有资质、信誉好、风险管理专业能力强的中介机构对企业全面风险管理工作进行评价，出具风险管理评估和建议专项报告。报告一般应包括以下几方面的实施情况、存在缺陷和改进建议： （一）风险管理基本流程与风险管理策略； （二）企业重大风险、重大事件和重要管理及业务流程的风险管理及内部控制系统的建设； （三）风险管理组织体系与信息系统； （四）全面风险管理总体目标	《中央企业全面风险管理指引》（国资发改革〔2006〕108 号）第三十六条、第四十一条

续表

序号	履职主体	业务领域	业务事项	应知应会知识点		
				来源	重点内容	重点条款
311	外部董事	外部董事监事履职重点	外部董事监事议案审议履职提示（重大风险管理）	外部法律法规	一、加强组织领导，着力健全内控管理体制机制。一是进一步完善党的领导融入公司治理的运行机制，加强党委（党组）对内控管理工作的全面领导，对企业内控与风险管理工作，以及存在的重大内控缺陷和风险隐患等情况，要定期向党委（党组）报告并抄送企业纪检监察机构。二是落实董事会对内控体系的监管责任，明确审计与风险管理等专门委员会推进内控体系建设与监督工作的职责，董事会要定期听取和审议内控职能部门工作情况报告	关于做好2023年中央企业内部控制体系建设与监督工作有关事项的通知（国务院国有资产监督管理委员会办公厅国资厅监督〔2023〕8号）一、加强组织领导，着力健全内控管理体制机制
312	外部董事	外部董事监事履职重点	外部董事监事议案审议履职提示（重大风险管理）	外部法律法规	第四十五条　董事会就全面风险管理工作的有效性对股东会负责。董事会在全面风险管理方面主要履行以下职责： （一）审议并向股东会提交企业全面风险管理年度工作报告； （二）确定企业风险管理总体目标、风险偏好、风险承受度，批准风险管理策略和重大风险管理解决方案； （三）了解和掌握企业面临的各项重大风险及其风险管理现状，做出有效控制风险的决策； （四）批准重大决策、重大风险、重大事件和重要业务流程的判断标准或判断机制； （五）批准重大决策的风险评估报告； （六）批准内部审计部门提交的风险管理监督评价审计报告； （七）批准风险管理组织机构设置及其职责方案； （八）批准风险管理措施，纠正和处理任何组织或个人超越风险管理制度做出的风险性决定的行为； （九）督导企业风险管理文化的培育； （十）全面风险管理其他重大事项	《中央企业全面风险管理指引》（国资发改革〔2006〕108号）第四十五条
313	外部董事	外部董事监事履职重点	外部董事监事议案审议履职提示（重大风险管理）	内部规章制度	第二条　公司内控风险合规体系高度融合，发挥全面风险管理统领全局的功能，始终以风险管理为导向，确保经营目标实现；发挥内部控制的强基固本功能，遵循“内控就是业务”理念，基于流程体系建设，将控制措施嵌入业务流程、岗位职责，保证业务依法合规、资金资产人员安全、经营效率效益优秀；发挥合规管理的监督问责功能，守住合规底线	中国南方电网有限责任公司内控风险合规管理规定（Q/CSG 2221005—2023）第二条

续表

序号	履职主体	业务领域	业务事项	应知应会知识点		
				来源	重点内容	重点条款
314	外部董事	外部董事监事履职重点	外部董事监事议案审议履职提示（重大风险管理）	内部规章制度	第六条　内控风险合规管理组织体系包括公司治理层，专业委员会、（首席）合规官，以及由业务部门、内控风险合规管理部门、监督部门组成的“三道防线”（见附录A）。 一、公司治理层对内控风险合规体系的有效性负责。 （一）公司党委（党组）发挥把方向、管大局、保落实的领导作用，推动党内法规制度在本企业得到严格遵循和落实，不断提升依法合规经营管理水平。 （二）董事会发挥定战略、作决策、防风险作用，主要履行以下职责： 1. 审议批准基本制度、体系建设方案和年度报告等。 2. 研究决定内控风险合规管理重大事项。 3. 推动完善内控风险合规体系并对其有效性进行评价。 4. 决定内控风险合规管理部门设置及职责。 董事会审计与风险委员会指导企业内控风险合规管理体系建设。 （三）经理层发挥谋经营、抓落实、强管理作用，主要履行以下职责： 1. 拟订内控风险合规体系建设方案，经董事会批准后组织实施。 2. 拟订内控风险合规管理基本制度，批准年度计划等，组织制定内控风险合规管理具体制度。 3. 组织应对重大风险事件。 4. 指导监督各部门和所属单位内控风险合规管理工作	中国南方电网有限责任公司内控风险合规管理规定（Q/CSG 2221005—2023）第六条、附录A职责和分工第一点
315	外部董事	外部董事监事履职重点	外部董事监事议案审议履职提示（重大风险管理）	内部规章制度	第七条　内控风险合规体系建设以“三融”（融入业务、融入流程、融入岗位）为主线，以“三重”（重点领域、重点流程、重点人员）为抓手，在“三全”（全级次、全业务、全体员工）基础上，切实防范风险	中国南方电网有限责任公司内控风险合规管理规定（Q/CSG 2221005—2023）第七条

续表

序号	履职主体	业务领域	业务事项	应知应会知识点		
				来源	重点内容	重点条款
316	外部董事	外部董事监事履职重点	外部董事监事议案审议履职提示（重大风险管理）	内部规章制度	第十二条　内控风险合规管理工作流程主要包括计划制定、风险评估、控制活动、信息与沟通、监督评价五个环节（见附录C）	中国南方电网有限责任公司内控风险合规管理规定（Q/CSG 2221005—2023）第十二条
317	外部董事	外部董事监事履职重点	外部董事监事议案审议履职提示（重大风险管理）	内部规章制度	第十三条　各单位、各部门应将内控风险合规管理任务纳入年度工作计划。 第十四条　各单位定期组织风险评估工作，通过对流程风险以及外部风险因素予以全面识别，运用定性与定量相结合的方法，自下而上评估出年度重大风险。分为流程风险识别、重大风险评估两个步骤： （一）流程风险识别。基于月度岗位内控合规自评、季度部门内控合规自查、年度单位内控合规自评，定期识别流程关键风险点，纳入《流程关键风险库》统一管理；对应控制措施固化至制度流程、信息系统的，该规则出库。通过流程关键风险的出入库管理，确保内控设计有效。 1. 月度岗位内控合规自评。内控合规岗位人员每月参加自评，对照检查违规问题并自行整改。 2. 季度部门内控合规自查。业务部门每季度参考岗位自评结果，依据《内控管理手册》选取重点流程和岗位组织部门自查，识别审批权限、岗位设置等方面的内控设计或执行缺陷。 3. 年度单位内控合规自评。每年年底，内控风险合规管理部门参考月度自评和季度自查结果，组织单位年度自评，将自评结果、整改措施等记录于《内控评价手册》，作为流程风险识别的重要依据。同时，参考法律法规、监管要求、公司制度等变化，上年度缺陷整改及风险应对情况，监督发现问题，风控数智化平台识别的违规行为等，结合业务架构修编《内控管理手册》等内控管理工具，报上级内控风险合规管理部门备案	中国南方电网有限责任公司内控风险合规管理规定（Q/CSG 2221005—2023）第十三、十四条（一）

续表

序号	履职主体	业务领域	业务事项	应知应会知识点		
				来源	重点内容	重点条款
318	外部董事	外部董事监事履职重点	外部董事监事议案审议履职提示（重大风险管理）	内部规章制度	第十四条（二）重大风险评估，包括年度重大风险评估、季度重大风险跟踪两项工作。 1. 年度重大风险评估。每年年底，先由业务部门综合流程风险识别结果和外部风险因素，从风险的影响程度、发生可能性两个维度，参考《风险分类清单》评出本领域下年度排名前三的三、四级风险；再由内控风险合规管理部门通过专题研讨会、问卷调查等方式，综合评出排名前五的二级风险，作为下年度本单位重大风险。 2. 季度重大风险跟踪。每季度，业务部门跟进年度重大风险应对情况，识别法律法规、监管政策等变化情况及经营管理中的新增风险，与季度部门内控合规自查识别的流程风险一并报内控风险合规管理部门，形成本单位《季度风险监测报告》。 第十五条　合规审查作为必经程序嵌入规章制度制定、经济合同签订、重大决策等经营管理流程。业务及职能部门、内控风险合规管理部门依据职责权限完善审查标准、流程、重点等，定期对审查情况开展后评估。 第十六条　重大经营决策事项由业务部门负责具体项目合规风险评估。涉及下列事项的，提交法律管理部门进行法律合规审核，并由（首席）合规官签字，对决策事项的合规性提出明确意见。应设范围内（首席）合规官暂未到位的，由法治建设第一责任人签字： （一）对外投资、融资； （二）对外担保或重大资产处置； （三）产权、股权变动或处置； （四）重组改制、上市； （五）发行债券； （六）企业设立、合并、分立、破产、解散、清算或变更公司形式； （七）增加或减少注册资本； （八）制定或修改公司章程； （九）其他法律法规、公司章程或治理主体权责清单规定应提交股东会或董事会表决的对企业发展有重大影响的经营决策事项。	中国南方电网有限责任公司内控风险合规管理规定（Q/CSG 2221005—2023）第十四条（二）、十五、十六条

续表

序号	履职主体	业务领域	业务事项	应知应会知识点		
				来源	重点内容	重点条款
318	外部董事	外部董事监事履职重点	外部董事监事议案审议履职提示（重大风险管理）	内部规章制度	第（一）–（六）项所列事项，法律管理部门应当组织业务部门开展法律风险尽职调查，出具《法律风险尽职调查报告》和《法律意见书》。第（七）–（九）项所列事项，应出具《法律意见书》。其中，第（九）项涉及的治理主体权责清单规定的治理体系、采购管理、法律案件等事项，按需出具法律审核工作成果。 治理主体应充分考虑风险评估结论和管理建议，对超出企业风险承受能力或风险应对措施不到位的事项不得决策并组织实施	中国南方电网有限责任公司内控风险合规管理规定（Q/CSG 2221005—2023）第十四条（二）、第十五条、第十六条
319	外部董事	外部董事监事履职重点	外部董事监事议案审议履职提示（重大风险管理）	内部规章制度	第十七条　流程主人针对流程风险，运用完整性控制、顺序性控制、符合性控制、限定性控制、关联性控制、不相容职责分离控制等控制类型，并将其嵌入制度、流程、信息系统，通过业务系统升级建设，推动手工控制向系统自动控制转变，减少人为违规操纵因素，降低业务活动中的风险，逐步实现基于业务流程的系统控制全覆盖。 第十八条　业务部门针对系统性、整体性的重大风险，选择规避风险、降低风险、转移风险、接受风险等风险应对策略，制定专项应对方案。 第十九条　业务部门针对重大经营决策中识别的具体项目风险，按照“三重一大”事项决策程序，牵头组织编制风险评估报告（可行性分析报告），制定风险管控措施、落实责任部门，并提出管理建议。 第二十条　业务部门针对法律合规审核中识别的日常运营风险，制定风险控制措施，并纳入制度、合同条款或重大经营决策方案。	中国南方电网有限责任公司内控风险合规管理规定（Q/CSG 2221005—2023）第十七条、第十八条、第十九条、第二十条
320	外部董事	外部董事监事履职重点	外部董事监事议案审议履职提示（重大风险管理）	内部规章制度	第二十二条　公司及员工在经营管理和履职过程中，对公司的战略目标、运营效率、资产安全、合法合规、企业声誉等产生或可能产生重大影响的重大风险事件，事件发生单位应在3个工作日内报告公司内控风险合规管理部门（模板见附录D）。其中，涉及资产损失、法律合规、国际业务、舆情等四个方面的重大经营风险事件，按照《中国南方电网有限责任公司重大经营风险事件报告管理细则》报告或备案。	《中国南方电网有限责任公司重大经营风险事件报告管理细则》（Q/CSG 2213004—2022）第五、六、七、八、九条中国南方电网有限责任公司内控风险合规管理规定（Q/CSG 2221005—2023）第二十二条

续表

序号	履职主体	业务领域	业务事项	应知应会知识点		
				来源	重点内容	重点条款
320	外部董事	外部董事监事履职重点	外部董事监事议案审议履职提示（重大风险管理）	内部规章制度	风险事件的涉事单位应当制定应急预案、明确责任人员、规范处置程序，确保突发事件得到及时妥善处理。 第五条　公司各单位在生产经营管理过程中，有下列情形之一的，属于重大经营风险事件应当及时报告： （一）由于承担担保责任、重大资产处置不当、投资（含固定资产和股权投资）决策失误、土地使用权处置不当、应收电费款项无法收回、固定资产损失、工程项目非正常损失、重大物资非正常损失等原因，可能对公司资产、负债、权益和经营成果产生重大影响，影响金额占南方电网公司年度净利润目标值的10%以上，或者预计损失金额超过5000万元的事件。 （二）银行账户、存货物资、生产设备、房屋和建筑物、土地等主要资产被司法机关或监管机构查封、扣押、冻结，涉及金额在5000万元以上或占本单位资产总额10%以上的事件；被省级及以上监管机构作出吊销营业执照或许可证、责令停产停业等行政处罚、被采取市场准入限制、信用惩戒措施等监管措施的事件；涉嫌单位犯罪、被司法机关立案侦查的事件。 （三）可能被境外国家、地区或国际组织列入经济制裁、出口管制等名单的事件；因触犯反海外腐败、反洗钱、知识产权保护等规定，被境外国家、地区政府处罚或调查的事件；因境外工程建设或项目经营违规操作，被境外国家、地区政府介入或通报引发不良影响的事件。 （四）对监测发现的舆情，按照《中国南方电网有限责任公司舆情工作管理办法》，从事件性质、影响层级、出现平台、网民参与度、时间背景等五个维度进行评估，经研判为一级舆情的事件。 （五）其他可能导致公司生产经营条件和市场环境发生特别重大变化，影响公司可持续发展的事件。 第六条　公司各单位在生产经营管理过程中，有下列情形之一的，应当及时报备：	《中国南方电网有限责任公司重大经营风险事件报告管理细则》（Q/CSG 2213004—2022）第五、六、七、八、九条中国南方电网有限责任公司内控风险合规管理规定（Q/CSG 2221005—2023）第二十二条

续表

序号	履职主体	业务领域	业务事项	应知应会知识点		
				来源	重点内容	重点条款
320	外部董事	外部董事监事履职重点	外部董事监事议案审议履职提示（重大风险管理）	内部规章制度	（一）由于承担担保责任、重大资产处置不当、投资（含固定资产和股权投资）决策失误、土地使用权处置不当、应收电费款项无法收回、固定资产损失、工程项目非正常损失、重大物资非正常损失等原因，可能对公司资产、负债、权益和经营成果产生重大影响，影响金额占南方电网公司年度净利润目标值的 5% 以上、不满 10%，或损失额在 1000 万元以上、不满 5000 万元的事件。 （二）银行账户、存货物资、生产设备、房屋和建筑物、土地等主要资产被司法机关或监管机构查封、扣押、冻结，涉及金额在 1000 万元以上、不满 5000 万元，或占本单位资产总额 5% 以上、不满 10% 的事件；被省级以下监管机构作出吊销营业执照或许可证、责令停产停业等行政处罚的事件。 （三）对监测发现的舆情，按照《中国南方电网有限责任公司舆情工作管理办法》，从事件性质、影响层级、出现平台、网民参与度、时间背景等五个维度进行评估，经研判为二级舆情的事件。 （四）认为应该报告的其他重大经营风险事件。 第七条　报告责任 重大经营风险事件报告工作实行领导人员负责制。各单位主要领导人员是报告工作第一责任人，负责组织建立健全报告工作机制，对报告的真实性、及时性负责。分管内控管理工作的领导人员负责推动内控管理与业务管理等相关部门加强工作配合和信息共享，建立上下贯通、横向协同的报送机制，保障报告工作体系有效高效运行。 第八条　报告类重大经营风险事件，按照事件发生的不同阶段，分为首报、续报和终报等三种方式。 （一）首报应当在事件发生后 1 个工作日内，分子公司将相关情况（见附录 D）书面报告总部法律管理部门（特别紧急的重大经营风险事件，应第一时间以电话等方式报告总部法律管理部门），同时按相关制度要求报送业务部门，法律管理部门会同业务部门审核后，在 2 个工作日内书面报告国资委。	《中国南方电网有限责任公司重大经营风险事件报告管理细则》（Q/CSG 2213004—2022）第五、六、七、八、九条中国南方电网有限责任公司内控风险合规管理规定（Q/CSG 2221005—2023）第二十二条

续表

序号	履职主体	业务领域	业务事项	应知应会知识点		
				来源	重点内容	重点条款
320	外部董事	外部董事监事履职重点	外部董事监事议案审议履职提示（重大风险管理）	内部规章制度	（二）续报应当在事件发生后3个工作日内，分子公司将详细情况（见附录E）报告总部法律管理部门，法律管理部门会同业务部门审核后，在5个工作日内书面报告国资委。 对于应对处置或整改落实时间超过一个月的，应当纳入重大经营风险事件季度监测台账（见附录F），每季度结束5个工作日内报告事件处置进展情况。 （二）终报应当在事件处置或整改工作结束后7个工作日内，分子公司将事件处置情况（见附录G）报告总部法律管理部门，法律管理部门会同业务部门审核后，在10个工作日内书面报告国资委。 第九条 备案类重大经营风险事件，采用首报和终报的销号方式。 （一）首报应当在事件发生后5个工作日内，分子公司将事件情况（见附录D）报公司法律管理部门备案。 （二）终报应当在事件处置或整改工作结束后7个工作日内，分子公司将事件处置情况（见附录G）报公司法律管理部门备案	《中国南方电网有限责任公司重大经营风险事件报告管理细则》（Q/CSG 2213004—2022）第五、六、七、八、九条中国南方电网有限责任公司内控风险合规管理规定（Q/CSG 2221005—2023）第二十二条
321	外部董事	外部董事监事履职重点	外部董事监事议案审议履职提示（重大风险管理）	内部规章制度	第二十四条 每年组织开展“上对下”内控监督评价工作并形成评估报告，确保每3年覆盖全部全资和控股子公司。 （一）内控风险合规管理部门采取穿行测试等方式，围绕重点业务、重点流程和重要岗位，每年对各部门、所属分子公司内控风险合规体系建设运行有效性、自评整改效果进行抽查评价。评定为体系失效的，纳入《公司处分清单》管理应用。 （二）根据评价结果，提交合规委员会审议确定年度内控述职的流程主人名单，述职内容包括违规原因剖析、制定改进措施等，推动流程控制措施持续优化。 （三）按要求编制年度报告，经治理主体审议通过后印发，并报上级内控风险合规管理部门备案	中国南方电网有限责任公司内控风险合规管理规定（Q/CSG 2221005—2023）第二十四条

续表

序号	履职主体	业务领域	业务事项	应知应会知识点		
				来源	重点内容	重点条款
322	外部董事	外部董事监事履职重点	外部董事监事议案审议履职提示（重大风险管理）	内部规章制度	第五条　相关分子公司应建立境外项目风险评估流程，结合开展的境外项目类型，建立境外项目风险库，至少覆盖附录D中境外项目重点风险领域。 第六条　相关分子公司应结合风险库和风险评估标准（附录E），对开展的境外项目进行风险识别和评估。对评估出的重大风险应形成清单、建立管理台账，并上报公司。 （一）相关分子公司每年结合公司总部重大风险评估工作统一安排，对境外项目重大风险开展年度评估，形成各单位年度境外项目重大风险清单。 （二）相关分子公司每季度末前完成本单位境外项目风险评估滚动更新工作，对新增的重大风险及时上报公司。 （三）相关分子公司按照重大经营风险事件报告的管理要求，上报的报告类和备案类境外项目重大经营风险事件，应纳入本单位境外项目重大风险清单管理。 第七条　公司国际业务管理部门根据分子公司上报的重大风险情况，组织评估公司境外项目重大风险，制定和滚动更新境外项目重大风险清单。 第十一条　相关分子公司应每年编制年度风险管理报告，对境外项目风险管理情况进行回顾，总结上年度风险管理工作成效经验，分析当年度风险管理内外部形势，开展当年度重大风险评估，形成年度重点工作安排和本单位境外项目重大风险清单。 国际业务平台公司需编制境外项目风险管理年度报告（模板参考附录G），其他相关分子公司需编制报告附件材料，每年年底前向公司报送。 第十二条　公司国际业务管理部门基于相关分子公司报送材料，编制印发公司境外项目风险管理年度报告，形成公司年度重点工作安排和公司境外项目重大风险清单	《中国南方电网有限责任公司境外项目风险管理细则》（Q/CSG 2213001—2022）第五条、第六条、第七条、第十一条、第十二条

续表

序号	履职主体	业务领域	业务事项	应知应会知识点		
				来源	重点内容	重点条款
323	外部董事	外部董事监事履职重点	外部董事监事议案审议履职提示（重大风险管理）	内部规章制度	第四条　各级审计机构应当在所在单位党组织、董事会（或者主要负责人）直接领导下开展内部审计工作，向其负责并报告工作。 第十三条　定期向所在单位党组织、董事会汇报内部审计工作，重点事项包括党和国家关于审计工作部署要求的落实情况、内部审计工作规划、年度审计计划、审计发现问题整改及成果运用、年度审计工作报告、审计资源配备及队伍建设等。每年应向所在单位党组织、董事会全面汇报一次内部审计工作。每年按要求将年度审计计划报所在单位监督委员会办公室	《中国南方电网有限责任公司内部审计工作管理规定》（Q/CSG 2211004—2023）第四条、第十三条
324	外部董事	外部董事监事履职重点	外部董事监事议案审议履职提示（重大风险管理）	内部规章制度	第二条　本规定所称责任追究，是指公司各级责任追究主体对违反党内法规、国家法律法规、监管规定、行业准则、国际条约规则、公司章程和规章制度的单位和个人，根据责任追究对象、行为性质或行为后果，分别给予纪律处分、党内问责、组织处理、政务处分、公司处分。 第二十三条　单位受到公司处分的，对直接责任人和主管责任人按照本规定设定的员工处分种类进行处分。 直接责任人，是指在工作（岗位）职责范围内，未履行或者未正确履行职责，对造成的损失或者其他不良后果起直接作用的人员。必要时，可分为主要责任、次要责任及扩大责任。 主管责任人，是指在主管、应管及参与决定的工作范围内，未履行或未正确履行审核、审查、决定等管理职责，对造成的损失或其他不良后果起决定、批准、授意、纵容、指挥等作用的人员。必要时，可分为领导责任和管理责任。 国家法律法规、部门规章对上述责任人员有其他规定的，按其规定执行。01-NK-012 经营风险管控失职。 有下列行为之一的： 1. 未落实重大风险防控措施； 2. 未按要求设置、变更或执行不相容岗位和职责权限；	《中国南方电网有限责任公司责任追究管理规定》（Q/CSG 2211005—2023）第二、二十三《公司处分清单》01-NK-012、02-TY-047

续表

序号	履职主体	业务领域	业务事项	应知应会知识点		
				来源	重点内容	重点条款
324	外部董事	外部董事监事履职重点	外部董事监事议案审议履职提示（重大风险管理）	内部规章制度	3. 发生经营风险事件后，消极应对、长期搁置、回避经营风险事件处置。 02-TY-047 失职渎职 有下列行为之一的： 1. 不履行或者不正确履行工作职责，滥用职权，玩忽职守，贻误工作； 2. 违背公平公正原则，工作中有弄虚作假，误导、欺骗，徇私舞弊行为； 3. 利用职务便利设置门槛，故意刁难，制造障碍	《中国南方电网有限责任公司责任追究管理规定》（Q/CSG 2211005—2023）第二、二十三《公司处分清单》01-NK-012、02-TY-047
325	外部董事	外部董事监事履职重点	外部董事监事议案审议履职提示（重大风险管理）	外部法律法规	（六）加强重要岗位授权管理和权力制衡。按照不相容职务分离控制、授权审批控制等内控体系管控要求，严格规范重要岗位和关键人员在授权、审批、执行、报告等方面的权责，实现可行性研究与决策审批、决策审批与执行、执行与监督检查等岗位职责的分离。不断优化完善管理要求，重点强化采购、销售、投资管理、资金管理和工程项目、产权（资产）交易流转等业务领域各岗位的职责权限和审批程序，形成相互衔接、相互制衡、相互监督的内控体系工作机制。 （十）加强集团监督评价。要在子企业全面自评的基础上，制定年度监督评价方案，围绕重点业务、关键环节和重要岗位，组织对所属企业内控体系有效性进行监督评价，确保每 3 年覆盖全部子企业。要将海外资产纳入监督评价范围，重点对海外项目的重大决策、重大项目安排、大额资金运作以及境外子企业公司治理等进行监督评价	关于印发《关于加强中央企业内部控制体系建设与监督工作的实施意见》的通知（国资发监督规〔2019〕101 号）（六）、（十）
326	外部董事	外部董事监事履职重点	外部董事监事议案审议履职提示（重大风险管理）	其他	77 条　主要是通过董事会和审计委员会对企业内部控制的评价来参与。重点关注：企业内控实施措施的有效性；内控机制的有效性，董事会、监事会、管理层在决策、执行和监督等方面的分工和制衡现状；国资委等监管机构对企业内控的评价意见，以及整改情况等	《国有企业外部董事履职百问》（上海国有资本运营研究院有限公司出品）77 条

续表

序号	履职主体	业务领域	业务事项	应知应会知识点		
				来源	重点内容	重点条款
327	外部董事	外部董事监事履职重点	外部董事监事议案审议履职提示（重大风险管理）	其他	78条　①全面性原则。包括内部控制的设计和运行，涵盖企业及所属企业的各种业务和事项； ②重要性原则。在全面评价的基础上，关注重要业务单位、重大业务事项、可能存在的高风险领域、环节和事项； ③客观性原则。应当准确解释经营管理的风险状况，如实反映内部控制设计与运营的有效性	《国有企业外部董事履职百问》（上海国有资本运营研究院有限公司出品）78条
328	外部董事	外部董事监事履职重点	外部董事监事议案审议履职提示（重大风险管理）	其他	79条　①设计全面评价指标。围绕内部环境、风险评估、控制活动、信息与沟通、内部监督等要素，对内部控制制度设计与运行情况进行全面评价； ②组织开展内部环境评价。对内部环境的设计及实际运行情况进行认定和评价； ③组织开展风险评估机制评价。对经营过程中的风险识别、风险分析、应对策略等进行认定和评价； ④组织开展控制活动评价。对相关控制措施的设计和运行情况进行认定和评价； ⑤组织开展信息与沟通评价，对信息收集，处理、传递的及时性、反舞弊机制的健全性、财务报告的真实性、信息系统的安全性，利用信息系统实施内部控制的有效性进行认定和评价； ⑥组织开展内部监督评价。对内部监督机制的有效性进行认定和评价，重点关注监事会、审计委员会、内部审计机构等是否在内部控制设计和运行中有效发挥监督作用； ⑦内部控制评价工作应当形成工作底稿。做到评价工作底稿设计合理、证据充分简便易行、便于操作	《国有企业外部董事履职百问》（上海国有资本运营研究院有限公司出品）79条
329	外部董事	外部董事监事履职重点	外部董事监事议案审议履职提示（重大风险管理）	其他	80条　内部控制评价程序一般包括： ①制定内控评价控制方案。明确评价范围、工作任务、人员组织、进度安排和费用预算等相关内容，报经董事会审批后实施； ②组织评价工作组。评价工作组应当吸收企业内部相关机构熟悉情况的业务骨干参加。评价工作组成员对本部门的内部控制评价工作应当实行回避制度。企业可以委托中介机构实施内部控制评价；	《国有企业外部董事履职百问》（上海国有资本运营研究院有限公司出品）80条

续表

序号	履职主体	业务领域	业务事项	应知应会知识点		
				来源	重点内容	重点条款
329	外部董事	外部董事监事履职重点	外部董事监事议案审议履职提示（重大风险管理）	其他	③实施评价工作与测试。对被评价单位进行现场测试，充分收集被评价单位内部控制设计和运行是否有效的证据，按照评价的具体内容，如实填写评价工作底稿，研究分析内部控制缺陷； ④初步认定控制缺陷。评价工作组根据现场测试获取的证据，对内部控制缺陷进行初步认定，按其影响程度分为重大、重要和一般缺陷，经交叉复核确认后，提交企业内控评价部门； ⑤汇总评价结果。最终认定内控缺陷。编制内部控制缺陷认定汇总表，由内控评价部门进行综合分析后提出认定意见，企业应按照规定的权限和程序进行审核后予以最终认定。重大缺陷由董事会予以最终认定； ⑥编报内控评价报告。根据企业内部控制评价报告编制程序和要求，按照规定的权限报经批准后对外报出等	《国有企业外部董事履职百问》（上海国有资本运营研究院有限公司出品）80 条
330	外部董事	外部董事监事履职重点	外部董事监事议案审议履职提示（重大风险管理）	其他	81 条 ①董事会对内部控制报告真实性的声明。董事会及全体董事对报告内容的真实性、准确性、完整性承担个别及连带责任，保证报告内容不存在任何虚假记载、误导性陈述或重大遗漏； ②总体评价情况。明确评价工作的组织、领导体制、进度安排等； ③内控评价依据。说明开展评价工作所依据的法律法规和规章制度； ④内控评价范围。体现评价所涵盖的被评价单位，以及纳入评价范围的业务事项，及重点关注的高风险领域； ⑤内控评价的程序和方法。描述评价工作遵循的基本流程，以及评价过程中采用的主要方法； ⑥内控缺陷及其认定情况。描述适用本企业的内部控制缺陷具体认定标准，并声明与以前年度保持一致或做出的调整及相应原因，确定评价期末存在的重大缺陷、重要缺陷和一般缺陷； ⑦内控缺陷的整改情况及重大缺陷拟采取的整改措施。针对评价期末存在的内部控制缺陷，公司拟采取的整改措施及预期效果； ⑧内控评价有效性的结论。董事会出具评价期末内控有效性与否的结论	《国有企业外部董事履职百问》（上海国有资本运营研究院有限公司出品）81 条

续表

序号	履职主体	业务领域	业务事项	应知应会知识点		
				来源	重点内容	重点条款
331	外部董事	外部董事监事履职重点	外部董事监事议案审议履职提示（重大风险管理）	其他	82条　外部董事可通过学习国务院国资委出台的《中央企业全面风险管理指引》，熟悉了解《指引》对中央企业开展全面风险管理工作的总体原则、基本流程、组织体系、风险评估、风险管理策略、风险管理解决方案、监督与改进、风险管理文化、风险管理信息系统等方面内容，结合实际有效贯彻执行	《国有企业外部董事履职百问》（上海国有资本运营研究院有限公司出品）82条
332	外部董事	外部董事监事履职重点	外部董事监事议案审议履职提示（重大风险管理）	其他	83条　①参与董事会并推动完善企业的风险管理体系建设； ②了解风险管理组织架构中各组织机构和部门的风险管理职责和作用，按照国务院国资委《中央企业全面风险管理指引》中列出的董事会10项职责，关注并督促各组织机构和部门履行职责，发挥作用； ③了解和掌握企业面临的各项重大风险及其风险管理现状，关注有效控制风险的决策和措施； ④关注风险管理体系的有效实施，参与检查监督； ⑤关注重大决策风险评估报告等	《国有企业外部董事履职百问》（上海国有资本运营研究院有限公司出品）83条
333	外部董事	外部董事监事履职重点	外部董事监事议案审议履职提示（重大风险管理）	其他	84条　①外部董事应发挥预警作用。关注董事会定期会议是否把审议风险管控类议案作为年度或季度定期会议的内容；提交董事会审议的投资类、内控类对相关风险管控的描述是否到位（主要体现在：风险识别，风险偏好，风险预判，风险评估等）并提示提醒预警。 ②外部董事应发挥专家作用。一是把经验和体会传授给企业管理层；二是帮现系统性风险。 ③外部董事应发挥助推作用。一是对已经认识到的风险，了解其相应的管控落实情况，二是对无法预知的风险，帮助企业建立突发重大风险应急管理制度和流程	《国有企业外部董事履职百问》（上海国有资本运营研究院有限公司出品）84条

续表

序号	履职主体	业务领域	业务事项	应知应会知识点		
				来源	重点内容	重点条款
334	外部董事	外部董事监事履职重点	外部董事监事议案审议履职提示（重大风险管理）	其他	85条 评估企业风险管控体系主要包括：制度健全；组织落实；措施到位等三方面。 ①关注的是风险管控体系所涉及的制度是否健全和完善，尤其是制度是否有操作流程相配套； ②关注风险管控的组织机构是否健全，其权威性如何？是否建立了网格化组织机构，权责明确，责任清晰； ③开展经常性培训和典型案例研讨，本单位、同行业间交流等是否形成氛围和制度等	《国有企业外部董事履职百问》（上海国有资本运营研究院有限公司出品）85条
335	外部董事	外部董事监事履职重点	外部董事监事议案审议履职提示（重大风险管理）	其他	86条 ①了解国资委对企业合规体系建立的要求，国资委提供外部董事有关文件； ②外部董事担任主任委员会（与合规管理相关专门委员会）主任委员或委员，应当定期研究组织开展与合规管理相关事项的讨论，并与内控管理、风险管理相结合； ③外部董事应当与企业董事会和管理层分享合规管理的典型案例，帮助企业完善合规体系的制度建设，在企业内形成合规管理的基本理念和文化	《国有企业外部董事履职百问》（上海国有资本运营研究院有限公司出品）86条
336	外部董事	外部董事监事履职重点	外部董事监事议案审议履职提示（重大风险管理）	其他	87条 学习熟悉国务院国资委《中央企业合规管理指引（试行）》文件要点，了解出资人对企业合规管理的要求，从明确合规管理职责、关注合规管理重点、重视合规管理运行、建立合规管理保障等方面并运用自身的专业特长指导企业开展合规管理。主要可关注以下几方面内容： ①董事会是否明确企业合规管理体系建设的监督责任，合规经营理念在企业章程中是否写入，企业文化中是否体现诚信合规的价值观； ②企业发展战略中是否纳入合规战略，监督企业合规管理建设是否纳入预算； ③是否将合规管理负责人向董事会汇报方式及汇报频率进行制度化，确保企业合规管理负责人工作的独立性；	《国有企业外部董事履职百问》（上海国有资本运营研究院有限公司出品）87条

续表

序号	履职主体	业务领域	业务事项	应知应会知识点		
				来源	重点内容	重点条款
336	外部董事	外部董事监事履职重点	外部董事监事议案审议履职提示（重大风险管理）	其他	④重点关注海外投资经营行为的合规管理，是否明确海外投资经营行为的红线、底线；是否健全海外合规经营的制度、体系、流程，重视开展项目的合规论证和尽职调查，加强对境外机构的管控，是否建立定期排查梳理海外投资经营业务的风险状况； ⑤重点关注重大决策、重大合同、大额资金管控和境外子企业公司治理等方面存在的合规风险，是否及时报告，防止扩大蔓延	《国有企业外部董事履职百问》（上海国有资本运营研究院有限公司出品）87条
337	外部董事	外部董事监事履职重点	外部董事监事议案审议履职提示（高级管理人员业绩考核与薪酬管理）	外部法律法规	（四）依法落实董事会职权。在董事会规范运作的基础上，落实《中华人民共和国公司法》和公司章程载明的董事会各项权利，主要包括中长期发展决策权、经理层成员选聘权、经理层成员业绩考核权、经理层成员薪酬管理权、职工工资分配管理权、重大财务事项管理权等6项职权。根据国资委有关工作安排，率先在重要子企业开展落实董事会职权工作	关于中央企业加强子企业董事会建设有关事项的通知（国资厅发改革〔2021〕25号）三、积极履行股东职责第（四）
338	外部董事	外部董事监事履职重点	外部董事监事议案审议履职提示（高级管理人员业绩考核与薪酬管理）	外部法律法规	第三点　经理层成员业绩考核坚持服务企业高质量发展的正确导向，突出质量效益、服务国家战略、创新驱动和深化改革；定量考核与定性评价相结合，年度考核与任期考核相结合，考核结果与薪酬、奖惩、聘任相挂钩。 一是制定经营业绩考核办法。子企业董事会根据集团公司的经营业绩考核导向，围绕企业发展战略和中长期发展规划，制定符合本企业特点的经理层成员经营业绩考核办法，建立健全差异化考核机制，报上级单位备案。 二是签订年度和任期经营业绩责任书。每个年度和任期之初，子企业董事会依据经营业绩考核办法，结合上级单位与子企业董事会授权代表签订的经营业绩	关于中央企业落实子企业董事会职权有关事项的通知（国资厅发改革〔2021〕32号）附件中央企业落实子企业董事会职权操作指引第三点

续表

序号	履职主体	业务领域	业务事项	应知应会知识点		
				来源	重点内容	重点条款
338	外部董事	外部董事监事履职重点	外部董事监事议案审议履职提示（高级管理人员业绩考核与薪酬管理）	外部法律法规	责任书，与总经理签订年度和任期经营业绩责任书，明确经理层经营业绩总体目标；授权总经理与其他经理层成员逐人签订经营业绩责任书，合理分解落实经营业绩总体目标，确保考核目标合理衔接、经营业绩有效支撑。经营业绩责任书内容主要包括业绩考核周期、关键业绩指标及其目标值、考核计分方法、等级评定标准及奖罚等条款。经营业绩责任书签订后，报上级单位备案。 三是科学合理确定经理层成员业绩考核结果。年度和任期结束后，子企业董事会依据经审计的财务决算数据等，对经理层成员考核内容及指标的完成情况进行考核，决定总经理业绩考核结果；结合总经理建议，核定其他经理层成员业绩考核结果。经理层成员业绩考核结果，报上级单位备案	关于中央企业落实子企业董事会职权有关事项的通知（国资厅发改革〔2021〕32号）附件中央企业落实子企业董事会职权操作指引第三点
339	外部董事	外部董事监事履职重点	外部董事监事议案审议履职提示（高级管理人员业绩考核与薪酬管理）	外部法律法规	第四点　经理层成员薪酬管理坚持依法合规与市场调节相结合，探索完善中长期激励机制，建立与经理层成员选任方式相匹配、分类管理相适应的差异化薪酬分配体系；坚持激励与约束相统一，经理层成员薪酬水平要同经营责任、经营风险相适应，与经营业绩密切挂钩，充分调动经理层成员的工作积极性。 一是制定薪酬管理办法。子企业董事会根据国家和中央企业关于薪酬管理相关政策，参考境内市场同类可比人员薪酬价位，统筹考虑企业发展战略、经营目标及成效、薪酬策略等因素，制定经理层成员薪酬管理办法，决定经理层成员的薪酬结构和水平，报上级单位备案。 二是制定薪酬分配方案。子企业董事会根据薪酬管理办法，制定经理层成员薪酬分配方案。根据业绩考核结果，决定经理层成员薪酬分配事项，合理拉开差距。薪酬分配方案和薪酬分配事项，报上级单位备案。 三是建立健全约束机制。子企业董事会应当在遵循国家有关政策基础上，健全与经理层成员激励相配套的约束机制，建立薪酬扣减、追索扣回等制度	关于中央企业落实子企业董事会职权有关事项的通知（国资厅发改革〔2021〕32号）附件中央企业落实子企业董事会职权操作指引第四点

续表

序号	履职主体	业务领域	业务事项	应知应会知识点		
				来源	重点内容	重点条款
340	外部董事	外部董事监事履职重点	外部董事监事议案审议履职提示（高级管理人员业绩考核与薪酬管理）	外部法律法规	第十一条 根据国有资本的战略定位和发展目标，结合企业实际，对不同功能和类别的企业，突出不同考核重点，合理设置经营业绩考核指标及权重，确定差异化考核标准，实施分类考核。 第十二条 对主业处于充分竞争行业和领域的商业类企业，以增强国有经济活力、放大国有资本功能、实现国有资本保值增值为导向，重点考核企业经济效益、资本回报水平和市场竞争能力，引导企业优化资本布局，提高资本运营效率，提升价值创造能力。 第十三条 对主业处于关系国家安全、国民经济命脉的重要行业和关键领域、主要承担重大专项任务的商业类企业，以支持企业可持续发展和服务国家战略为导向，在保证合理回报和国有资本保值增值的基础上，加强对服务国家战略、保障国家安全和国民经济运行、发展前瞻性战略性产业情况的考核。适度降低经济效益指标和国有资本保值增值率指标考核权重，合理确定经济增加值指标的资本成本率。承担国家安全、行业共性技术或国家重大专项任务完成情况较差的企业，无特殊客观原因的，在业绩考核中予以扣分或降级处理。 第十四条 对公益类企业，以支持企业更好地保障民生、服务社会、提供公共产品和服务为导向，坚持经济效益和社会效益相结合，把社会效益放在首位，重点考核产品服务质量、成本控制、营运效率和保障能力。根据不同企业特点，有区别地将经济增加值和国有资本保值增值率指标纳入年度和任期考核，适当降低考核权重和回报要求。对社会效益指标引入第三方评价，评价结果较差的企业，根据具体情况，在业绩考核中予以扣分或降级处理。 第十五条 对国有资本投资、运营公司，加强落实国有资本布局和结构优化目标、提升国有资本运营效率以及国有资本保值增值等情况的考核。	《中央企业负责人经营业绩考核办法》（国务院国有资产监督管理委员会令第40号）第十一条至二十二条

续表

序号	履职主体	业务领域	业务事项	应知应会知识点		
				来源	重点内容	重点条款
340	外部董事	外部董事监事履职重点	外部董事监事议案审议履职提示（高级管理人员业绩考核与薪酬管理）	外部法律法规	第十六条　对科技进步要求高的企业，重点关注自主创新能力的提升，加强研发投入、科技成果产出和转化等指标的考核。在计算经济效益指标时，可将研发投入视同利润加回。 第十七条　对结构调整任务重的企业，重点关注供给侧结构性改革、主业转型升级、新产业新业态新模式发展，加强相关任务阶段性成果的考核。 第十八条　对国际化经营要求高的企业，加强国际资源配置能力、国际化经营水平等指标的考核。 第十九条　对资产负债水平较高的企业，加强资产负债率、经营性现金流、资本成本率等指标的考核。 第二十条　对节能环保重点类和关注类企业，加强反映企业行业特点的综合性能耗、主要污染物排放等指标的考核。 第二十一条　对具备条件的企业，运用国际对标行业对标，确定短板指标纳入年度或任期考核。 第二十二条　建立健全业绩考核特殊事项清单管理制度。将企业承担的保障国家安全、提供公共服务等事项列入管理清单，对当期经营业绩产生重大影响的特殊事项，在考核时予以适当处理	《中央企业负责人经营业绩考核办法》（国务院国有资产监督管理委员会令第40号）第十一条至二十二条
341	外部董事	外部董事监事履职重点	外部董事监事议案审议履职提示（高级管理人员业绩考核与薪酬管理）	外部法律法规	第三十六条　落实董事会对经理层的经营业绩考核职权。 （一）授权董事会考核经理层的企业，国资委与董事会授权代表签订年度和任期经营业绩责任书，董事会依据国资委考核要求并结合本企业实际对经理层实施经营业绩考核。 （二）国资委根据签订的经营业绩责任书和企业考核目标完成情况，确定企业主要负责人年度和任期经营业绩考核结果。 （三）董事会根据国资委确定的经营业绩考核结果，结合经理层个人履职绩效，确定经理层业绩考核结果和薪酬分配方案。 第三十七条　董事会应根据国资委经营业绩考核导向和要求，制订、完善企业内部的经营业绩考核办法，报国资委备案	《中央企业负责人经营业绩考核办法》（国务院国有资产监督管理委员会令第40号）第三十六条、三十七条

续表

序号	履职主体	业务领域	业务事项	应知应会知识点		
				来源	重点内容	重点条款
342	外部董事	外部董事监事履职重点	外部董事监事议案审议履职提示（高级管理人员业绩考核与薪酬管理）	外部法律法规	第三点　一是制定经营业绩考核办法。子企业董事会根据集团公司的经营业绩考核导向，围绕企业发展战略和中长期发展规划，制定符合本企业特点的经理层成员经营业绩考核办法，建立健全差异化考核机制，报上级单位备案。 二是签订年度和任期经营业绩责任书。每个年度和任期之初，子企业董事会依据经营业绩考核办法，结合上级单位与子企业董事会授权代表签订的经营业绩责任书，与总经理签订年度和任期经营业绩责任书，明确经理层经营业绩总体目标；授权总经理与其他经理层成员逐人签订经营业绩责任书，合理分解落实经营业绩总体目标，确保考核目标合理衔接、经营业绩有效支撑。经营业绩责任书内容主要包括业绩考核周期、关键业绩指标及其目标值、考核计分方法、等级评定标准及奖罚等条款。经营业绩责任书签订后，报上级单位备案。 三是科学合理确定经理层成员业绩考核结果。年度和任期结束后，子企业董事会依据经审计的财务决算数据等，对经理层成员考核内容及指标的完成情况进行考核，决定总经理业绩考核结果；结合总经理建议，核定其他经理层成员业绩考核结果。经理层成员业绩考核结果，报上级单位备案	关于中央企业落实子企业董事会职权有关事项的通知（国资厅发改革〔2021〕32号）附件中央企业落实子企业董事会职权操作指引第三点
343	外部董事	外部董事监事履职重点	外部董事监事议案审议履职提示（高级管理人员业绩考核与薪酬管理）	外部法律法规	第四点　③经理层成员薪酬管理权。经理层成员薪酬管理坚持依法合规与市场调节相结合，探索完善中长期激励机制，建立与经理层成员选任方式相匹配、分类管理相适应的差异化薪酬分配体系；坚持激励与约束相统一，经理层成员薪酬水平要同经营责任、经营风险相适应，与经营业绩密切挂钩，充分调动经理层成员的工作积极性。 一是制定薪酬管理办法。子企业董事会根据国家和中央企业关于薪酬管理相关政策，参考境内市场同类可比人员薪酬价位，统筹考虑企业发展战略、经营目标及成效、薪酬策略等因素，制定经理层成员薪酬管理办法，决定经理层成员的薪酬结构和水平，报上级单位备案。	关于中央企业落实子企业董事会职权有关事项的通知（国资厅发改革〔2021〕32号）附件中央企业落实子企业董事会职权操作指引第四点

续表

序号	履职主体	业务领域	业务事项	应知应会知识点		
				来源	重点内容	重点条款
343	外部董事	外部董事监事履职重点	外部董事监事议案审议履职提示（高级管理人员业绩考核与薪酬管理）	外部法律法规	二是制定薪酬分配方案。子企业董事会根据薪酬管理办法，制定经理层成员薪酬分配方案。根据业绩考核结果，决定经理层成员薪酬分配事项，合理拉开差距。薪酬分配方案和薪酬分配事项，报上级单位备案。 三是建立健全约束机制。子企业董事会应当在遵循国家有关政策基础上，健全与经理层成员激励相配套的约束机制，建立薪酬扣减、追索扣回等制度	关于中央企业落实子企业董事会职权有关事项的通知（国资厅发改革〔2021〕32号）附件中央企业落实子企业董事会职权操作指引第四点
344	外部董事	外部董事监事履职重点	外部董事监事议案审议履职提示（高级管理人员业绩考核与薪酬管理）	内部规章制度	第四条　制定方案。分公司党委、子公司董事会结合实际，组织制定本公司经理层成员任期制和契约化管理工作方案，方案一般包括任期制和契约化管理以及监督管理的主要举措、组织保障和进度安排等内容。分公司方案由党委审定，子公司方案由党委审议、董事会审定，报公司人力资源部门备案后实施	《中国南方电网有限责任公司分子公司经理层成员任期制和契约化管理办法（2022年版）（Q/CSG 2112071—2022）》第四条
345	外部董事	外部董事监事履职重点	外部董事监事议案审议履职提示（高级管理人员业绩考核与薪酬管理）	内部规章制度	第五条　完善权责管控机制。分子公司应明确经理层成员的岗位职责及工作分工，合理划分权责界面，确保权责明确、运转高效。可以采用岗位说明书等方式，明确经理层成员的岗位职责和任职资格；采用制定权责清单等方式，合理界定各治理主体权责界面，规范子公司董事会与经理层、总经理与其他经理层成员之间的权责关系	《中国南方电网有限责任公司分子公司经理层成员任期制和契约化管理办法（2022年版）（Q/CSG 2112071—2022）》第五条

续表

序号	履职主体	业务领域	业务事项	应知应会知识点		
				来源	重点内容	重点条款
346	外部董事	外部董事监事履职重点	外部董事监事议案审议履职提示（高级管理人员业绩考核与薪酬管理）	内部规章制度	第六条　签订岗位聘任协议。经公司授权，分公司企业负责人代表企业与经理层成员签订岗位任职协议；子公司董事长代表董事会与经理层成员签订岗位聘任协议，明确经理层成员任期期限、岗位职责、权利义务、薪酬待遇、退出规定、责任追究等内容。岗位聘任（任职）协议一般自经理层成员任职之日起一个月内完成签订	《中国南方电网有限责任公司分子公司经理层成员任期制和契约化管理办法（2022 年版）（Q/CSG 2112071—2022）》第六条
347	外部董事	外部董事监事履职重点	外部董事监事议案审议履职提示（高级管理人员业绩考核与薪酬管理）	内部规章制度	第七条　明确任期期限。经理层成员的任期期限一般为 3 年，从任职或其董事会聘任之日起算。在同一单位担任总经理满 6 年的，原则上应当交流；担任经理层副职满 6 年的，应当交流或轮岗。任期期限一经确定，不得随意延长。 分子公司经理层成员任期期满，满足续聘条件的，应重新履行聘任程序并签订岗位聘任协议。未能续聘的，自然免职（解聘），其在任职企业的其他职务原则上应一并免除	《中国南方电网有限责任公司分子公司经理层成员任期制和契约化管理办法（2022 年版）（Q/CSG 2112071—2022）》第七条
348	外部董事	外部董事监事履职重点	外部董事监事议案审议履职提示（高级管理人员业绩考核与薪酬管理）	内部规章制度	第八条　签订经营业绩责任书。根据岗位聘任（任职）协议，签订年度和任期经营业绩责任书，经营业绩责任书一般包括双方基本信息、考核内容及指标、考核指标的目标值和确定方法及计分规则、考核实施与奖惩、其他需要约定的事项等内容。 经公司授权，分公司企业负责人代表企业与总经理签订经营业绩责任书；子公司董事会授权董事长与总经理签订。分子公司均可授权总经理与经理层副职签订。	《中国南方电网有限责任公司分子公司经理层成员任期制和契约化管理办法（2022 年版）（Q/CSG 2112071—2022）》第八条

续表

序号	履职主体	业务领域	业务事项	应知应会知识点		
				来源	重点内容	重点条款
348	外部董事	外部董事监事履职重点	外部董事监事议案审议履职提示（高级管理人员业绩考核与薪酬管理）	内部规章制度	自经理层成员任职之日起1个月内或公司下达分子公司经营指标后1个月内，签订当年年度和任期经营业绩责任书。经理层任期中，发生经理层成员分工调整、经营业绩指标调整、生产经营情况变化等情况，可以根据实际情况对岗位聘任（任职）协议、经营业绩责任书进行调整，履行相关程序后重新签订。任期内一般应保持经理层成员岗位稳定，如发生变动，新聘任的经理层成员应当重新签订岗位聘任协议和经营业绩责任书，原则上考核内容、指标和目标值等不作调整。经理层成员岗位聘任（任职）协议以及经营业绩责任书签订后，应于10个工作日内报公司人力资源部门备案	《中国南方电网有限责任公司分子公司经理层成员任期制和契约化管理办法（2022年版）（Q/CSG 2112071—2022）》第八条
349	外部董事	外部董事监事履职重点	外部董事监事议案审议履职提示（高级管理人员业绩考核与薪酬管理）	内部规章制度	第九条　确定考核内容及指标。按照定量与定性相结合、以定量为主的导向，根据每位经理层成员的岗位职责和工作分工，结合实际确定考核内容及指标。年度和任期经营业绩考核内容及指标应当适当区分、有效衔接。分公司由公司确定，子公司由其董事会确定。 考核指标的目标值应科学合理、具有一定挑战性，一般根据企业发展战略、经营预算、历史数据、行业对标情况等设置，其中承接公司下达的经营指标的，需参照公司下达的分子公司年度、任期经营业绩责任制考核方案相关内容	《中国南方电网有限责任公司分子公司经理层成员任期制和契约化管理办法（2022年版）（Q/CSG 2112071—2022）》第九条
350	外部董事	外部董事监事履职重点	外部董事监事议案审议履职提示（高级管理人员业绩考核与薪酬管理）	内部规章制度	第十条　考核实施。年度经营业绩考核以年度为周期进行考核，一般在当年年末至次年年初进行。任期经营业绩考核在任期期满后进行。考核期末，公司对分公司总经理年度和任期经营业绩责任书履行情况进行考核；子公司董事会对子公司总经理年度和任期经营业绩责任书履行情况进行考核。经授权后分子公司总经理牵头组织对经理层副职年度和任期经营业绩责任书履行情况进行考核。考核结果报公司人力资源部门备案	《中国南方电网有限责任公司分子公司经理层成员任期制和契约化管理办法（2022年版）（Q/CSG 2112071—2022）》第十条

续表

序号	履职主体	业务领域	业务事项	应知应会知识点		
				来源	重点内容	重点条款
351	外部董事	外部董事监事履职重点	外部董事监事议案审议履职提示（高级管理人员业绩考核与薪酬管理）	内部规章制度	第十一条　结果反馈。分公司党委、子公司董事会应组织开展经营业绩考核结果反馈工作，将考核结果向被考核人和总经理反馈，对经营业绩考核结果未达到目标要求的应指出问题和不足，限期改进。被考核人对考核结果有异议的，可以及时反映。最终确认的经营业绩考核结果可以在一定范围内公开	《中国南方电网有限责任公司分子公司经理层成员任期制和契约化管理办法（2022 年版）（Q/CSG 2112071—2022）》第十一条
352	外部董事	外部董事监事履职重点	外部董事监事议案审议履职提示（高级管理人员业绩考核与薪酬管理）	内部规章制度	第十二条　建立以岗位职责为基础、与经营业绩紧密挂钩的薪酬激励机制。 （一）薪酬结构。经理层成员薪酬结构一般由基薪、绩效薪金和任期激励收入三部分组成。基薪是年度基本收入，按月发放；绩效薪金是浮动收入，与经理层成员年度经营业绩考核结果挂钩，原则上占年度薪酬（基薪与绩效薪金之和）的比例不低于 60%；任期激励是与经理层成员任期经营业绩考核结果挂钩的收入，根据任期经营业绩考核结果于任期结束后兑现。 鼓励有条件的分子公司探索建立经理层成员中长期激励机制，条件成熟的可以实施股权和分红激励等。 （二）薪酬兑现。应根据经营业绩考核结果，合理拉开经理层成员薪酬差距。年度考核不合格的，扣减全部绩效薪金；任期考核不合格的，扣减全部任期激励。应建立健全薪酬追索扣回或延期支付制度，在岗位聘任协议中予以明确并严格执行。薪酬兑现方案报公司人力资源部门备案后实施	《中国南方电网有限责任公司分子公司经理层成员任期制和契约化管理办法（2022 年版）（Q/CSG 2112071—2022）》第十二条

序号	履职主体	业务领域	业务事项	应知应会知识点		
				来源	重点内容	重点条款
353	外部董事	外部董事监事履职重点	外部董事监事议案审议履职提示（高级管理人员业绩考核与薪酬管理）	内部规章制度	第十三条　加强对经理层成员任期内的经营业绩考核和管理，经考核认定不适宜继续任职并履行相关审批程序的，应当中止任期、免去现职。一般包括以下情形： 1. 年度经营业绩考核结果未达到完成底线（按不低于百分制 70 分设置），或年度经营业绩考核主要指标未达到完成底线（按不低于完成率 70% 设置）的。 2. 连续两年年度经营业绩考核结果为不合格或任期经营业绩考核结果为不合格的（按不低于百分制 80 分设置）。 3. 经年度和任期综合考核评价认定不胜任或不适宜继续任职的。 4. 对违规经营投资造成国有资产损失负有责任的。 5. 因其他原因，公司党组、子公司董事会认为不适合在该岗位继续工作的。 第十四条　退出方式。对不胜任或不适宜担任现职的经理层成员，不得以任期未满为由继续留任，应当及时免职、解聘。 经理层成员主动提出辞职未批准前，应当继续履行职责。不再续聘、解聘、免职或者辞职后，继续对原岗位的商业秘密负有保密义务并应遵守竞业禁止要求。未能履行保密义务、违反竞业禁止要求的，分子公司应依法追究其责任	《中国南方电网有限责任公司分子公司经理层成员任期制和契约化管理办法（2022 年版）（Q/CSG 2112071—2022）》第十三、十四条
354	外部董事	外部董事监事履职重点	外部董事监事议案审议履职提示（高级管理人员业绩考核与薪酬管理）	内部规章制度	第十五条　履职监督。健全完善对经理层成员在经营管理过程中的事前预警、事中监督、事后评价的全方位监督体系，党组织、董事会、监事会等治理主体，以及纪检监督、巡视、审计等部门根据职能分工，做好履职监督工作。坚持以预防和事前监督为主，建立健全提醒、诫勉、函询等制度办法，及早发现和纠正其不良行为倾向	《中国南方电网有限责任公司分子公司经理层成员任期制和契约化管理办法（2022 年版）（Q/CSG 2112071—2022）》第十五条

续表

序号	履职主体	业务领域	业务事项	应知应会知识点		
				来源	重点内容	重点条款
355	外部董事	外部董事监事履职重点	外部董事监事议案审议履职提示（高级管理人员业绩考核与薪酬管理）	内部规章制度	第一条　全面承接中央企业负责人经营业绩考核有关规定和南方电网公司考核评价管理规定，充分发挥考核“指挥棒”作用，建立健全有效的激励约束机制，引导分子公司更好履行责任使命，不断提高企业核心竞争力和增强核心功能，推动公司发展战略落实落地，加快建成具有全球竞争力的世界一流企业，制定本办法	《中国南方电网有限责任公司分子公司负责人经营业绩考核管理办法》（Q/CSG 2032001—2023）第一条
356	外部董事	外部董事监事履职重点	外部董事监事议案审议履职提示（高级管理人员业绩考核与薪酬管理）	内部规章制度	第三条　年度经营业绩考核包括关键业绩指标、战略实施年度重点任务、加分事项、处分事项四部分。年度经营业绩考核综合得分 =(关键业绩指标得分 + 战略实施年度重点任务得分）× 年度经营业绩考核系数 + 奖励加分 - 处分扣分。原则上，管制类和市场竞争类单位关键业绩指标权重 65%、战略实施年度重点任务权重 35%，共享服务单位关键业务指标权重 40%-50%、战略实施年度重点任务权重 50%-60%，可结合“一企一策”考核要求进行适度优化。 第九条　任期经营业绩考核以三年为考核期，包括任期关键业绩指标、任期内年度经营业绩考核结果两部分。任期经营业绩考核综合得分 = 关键业绩指标得分 × 任期经营业绩考核系数 + 任期内年度经营业绩考核结果得分。其中，关键业绩指标考核权重 60%，任期内年度经营业绩考核结果权重 40%	《中国南方电网有限责任公司分子公司负责人经营业绩考核管理办法》（Q/CSG 2032001—2023）第三条、第九条
357	外部董事	外部董事监事履职重点	外部董事监事议案审议履职提示	内部规章制度	第二十一条　年度及任期经营业绩考核结果根据考核得分高低及排序分为 A、B、C、D 四个等级，原则上 A 级比例不超过 50%（四舍五入取整），B、C、D 级不作强制分布。若按考核得分排序评定为同等级的分子公司存在考核降级或等级受限事项，可结合实际情况由排序下一	《中国南方电网有限责任公司分子公司负责人经营业绩考核管理办法》（Q/CSG 2032001—2023）第二十一条、第二十二条、第二十三条

续表

序号	履职主体	业务领域	业务事项	应知应会知识点		
				来源	重点内容	重点条款
357	外部董事	外部董事监事履职重点	（高级管理人员业绩考核与薪酬管理）	内部规章制度	位替补。管制类、市场竞争类、共享服务类单位分类核定考核等级，南网总调、北京研究院根据考核得分情况确定考核评级，评为A级原则上分别不低于管制业务、共享业务单位平均分。 第二十二条　在基础性、前瞻性、颠覆性技术领域取得重大突破，经国资委认定给予公司经营业绩考核晋级奖励的，任务承担单位年度经营业绩考核直接评定为A级。 第二十三条　出现以下几种情况的单位，经营业绩考核结果等级受限： （一）剔除政策性因素影响后，出现经营亏损（利润总额或净利润为负），年度经营业绩考核不得评定为A级。 （二）党建工作考核结果为“一般”或“差”的，年度经营业绩考核不得评定为A级。 （三）剔除政策性因素影响后，国有资本保值增值率目标值低于100%的，任期经营业绩考核不得评定为A级。 （四）考核综合得分低于100分的，年度和任期经营业绩考核不得评定为A级。 第十九条　考核结果等次分为“好”“较好”“一般”“差”，评价为“较好”或以下等次的应当占一定比例。“好”对应等级“A”，“较好”“一般”对应等级“B”，“差”对应等级“C”	《中国南方电网有限责任公司党建工作责任制考核评价管理规定》（Q/CSG 2011001—2022）第十九条
358	外部董事	外部董事监事履职重点	外部董事监事议案审议履职提示（高级管理人员业绩考核与薪酬管理）	内部规章制度	第四条　年度工资按年薪方式进行管理，由基薪和绩效薪金两部分构成，其中：管制业务和共享平台企业负责人基薪占40%、绩效薪金占60%，新兴、国际、金融业务企业负责人基薪占30%、绩效薪金占70%。 第五条　出资企业主要负责人（非经理层成员，下同）年度工资水平管理 基薪＝公司员工平均工资水平 × 工资倍数 × 基薪占比 绩效薪金＝公司员工平均工资水平 × 工资倍数 × 绩效薪金占比 × 调节系数 × 业绩考核系数	《中国南方电网有限责任公司出资企业负责人薪酬管理办法》（Q/CSG 2112068—2021）第四条至第八条

续表

序号	履职主体	业务领域	业务事项	应知应会知识点		
				来源	重点内容	重点条款
358	外部董事	外部董事监事履职重点	外部董事监事议案审议履职提示（高级管理人员业绩考核与薪酬管理）	内部规章制度	（一）工资倍数由公司根据收入分配情况合理确定 （二）调节系数 综合考虑企业规模、非股东业务利润占比等因素后统筹确定。详见附录C。 （三）业绩考核系数 业绩考核系数 = 组织绩效系数 × 个人绩效系数。详见附录C。 （四）按副职级管理的出资企业，基薪在正职级出资企业主要负责人基薪水平上，按工资分配曲线确定的比例关系核定，绩效薪金按正职级出资企业主要负责人标准核定。 第六条　根据党建工作责任制考核结果，给予出资企业主要负责人一定比例的年度工资奖罚，具体如下： （一）考核结果为“好”的，按年度工资的3%给予奖励。 （二）考核结果为“较好”的，不予奖励。 （三）考核结果为“一般”的，给予年度工资的0.5%扣罚。 （四）考核结果为“差”的，给予年度工资的3%扣罚。 第七条　建立延期支付和薪酬追索机制，任期激励收入与任期组织及个人业绩考核情况挂钩。 任期激励收入 = 任期激励基数 × 任期调节系数 × 任期业绩考核系数 （一）任期激励基数按任期内全网年度人均工资水平的一定倍数确定。 （二）任期调节系数与绩效薪金调节系数一致，任期业绩考核系数与任期内组织、个人业绩考核结果相关。具体参照绩效薪金及业绩考核系数计算方法执行。 第八条　根据企业输配电收入、高质量发展对标、超额利润等完成情况，可实施年度专项奖励，奖励方案另行制定。根据年度重点工作任务及重要科技成果完成情况，经公司集体审议决策后，可实施特殊贡献奖励	《中国南方电网有限责任公司出资企业负责人薪酬管理办法》（Q/CSG 2112068—2021）第四条至第八条

续表

序号	履职主体	业务领域	业务事项	应知应会知识点		
				来源	重点内容	重点条款
359	外部董事	外部董事监事履职重点	外部董事监事议案审议履职提示（高级管理人员业绩考核与薪酬管理）	内部规章制度	第九条　总部部门负责人工资结构占比与管制业务企业保持一致，其年度工资、党建责任制奖励、任期激励收入计算办法参照管制业务出资企业主要负责人方式管理。 （一）公司总部部门主要负责人绩效薪金与部门绩效考核结果和个人综合考核评价结果挂钩，并根据支部工作考核评价结果调整，部门绩效系数、个人绩效系数和任期业绩考核系数计算办法参照出资企业主要负责人有关规定执行。 （二）公司总经理助理等总师级党组管理干部，基薪按总部部门主要负责人水平核定，绩效薪金和任期激励基数按总部部门主要负责人标准的1.05倍核定。 （三）公司副总工程师等副总师级党组管理干部，基薪按总部部门主要负责人水平核定，绩效薪金、任期激励基数按总部部门主要负责人标准的1.02倍核定。公司总部部门主要负责人同时担任公司总信息师、总审计师、安全总监等同类型职务的，其待遇参照执行。 （四）公司总部部门副职负责人基薪、绩效薪金、任期激励基数参照部门主要负责人管理，并根据工资分配曲线确定。 （五）公司总师级党组管理干部，组织绩效系数按协管或兼任部门绩效系数平均值计算，并根据所在党委（支部）考核结果调整。 （六）公司党组管理的专职董事、专职监事及相当于这一级别的其他人员，由公司党组管理干部平级转任的，年度工资维持原水平不变，组织绩效系数按所任职企业组织绩效系数平均值计算。 （七）管理类职员，基薪按同职级管理岗位人员水平核定，绩效薪金原则上可按同职级管理岗位人员和下一层级管理岗位人员薪点标准的均值确定	《中国南方电网有限责任公司出资企业负责人薪酬管理办法》（Q/CSG 2112068—2021）第九条

续表

序号	履职主体	业务领域	业务事项	应知应会知识点		
				来源	重点内容	重点条款
360	外部董事	外部董事监事履职重点	外部董事监事议案审议履职提示（高级管理人员业绩考核与薪酬管理）	内部规章制度	第十条　认真落实出资企业董事会职权，出资企业经理层成员及其他公司党组管理干部薪酬管理细则和年度薪酬兑现方案，由出资企业结合实际制定，报公司备案后实施。公司主要从以下方面审核出资企业分配方案： （一）薪酬结构和比例要与企业主要负责人保持总体一致，应建立健全延期支付和薪酬追索机制。 （二）基薪、绩效薪金、党建责任制奖励和任期激励收入等总体水平不超过公司统一核定的标准。 （三）经理层成员绩效薪金与任期制和契约化考核结果刚性挂钩，考核结果不合格的，要扣减全部绩效薪金；考核结果优秀的，绩效薪金水平原则上不低于平均水平的 1.2 倍。任期激励收入要根据其任职岗位、业绩考核结果、承担责任和风险等因素，合理拉开分配差距。 （四）管理类职员基薪和绩效薪金可参照公司总部执行，具体由所在企业董事会自主研究确定	《中国南方电网有限责任公司出资企业负责人薪酬管理办法》（Q/CSG 2112068—2021）第十条
361	外部董事	外部董事监事履职重点	外部董事监事议案审议履职提示（高级管理人员业绩考核与薪酬管理）	内部规章制度	第十三条　鼓励市场化业务成熟、内部协调运转机制健全、具备外部对标环境、实行市场化薪酬的出资企业，按照“市场化选聘、契约化管理、差异化薪酬、市场化退出”原则，制定职业经理人薪酬管理方案。 第十四条　职业经理人的薪酬结构一般由基薪、绩效薪金和任期激励收入三部分组成，报人力资源部门备案后执行。职业经理人薪酬水平管理应当符合有关要求，详见附件 D。 第十五条　出资企业应按照内部治理结构及各治理主体分工，充分发挥薪酬委员会等议事机构的职责，严格履行相关程序，加强对职业经理人薪酬管理。 第十六条　出资企业应当建立健全业绩考核管理制度，职业经理人因未完成目标任务、严重违纪违法等考核不合格的，不得兑现相应考核周期内的绩效薪金、任期激励和其他中长期激励收入	《中国南方电网有限责任公司出资企业负责人薪酬管理办法》（Q/CSG 2112068—2021）第十三条、第十四条、第十五条、第十六条

续表

序号	履职主体	业务领域	业务事项	应知应会知识点		
				来源	重点内容	重点条款
362	外部董事	外部董事监事履职重点	外部董事监事议案审议履职提示（高级管理人员业绩考核与薪酬管理）	内部规章制度	第九条　确定考核内容及指标。按照定量与定性相结合、以定量为主的导向，根据每位经理层成员的岗位职责和工作分工，结合实际确定考核内容及指标。年度和任期经营业绩考核内容及指标应当适当区分、有效衔接。分公司由公司确定，子公司由其董事会确定。考核指标的目标值应科学合理、具有一定挑战性，一般根据企业发展战略、经营预算、历史数据、行业对标情况等设置，其中承接公司下达的经营指标的，需参照公司下达的分子公司年度、任期经营业绩责任制考核方案相关内容	《中国南方电网有限责任公司分子公司经理层成员任期制和契约化管理办法（2022 年版）（Q/CSG 2112071—2022）》第九条
363	外部董事	外部董事监事履职重点	外部董事监事议案审议履职提示（高级管理人员业绩考核与薪酬管理）	内部规章制度	第十三条　按照与高质量发展要求相适应、与分子公司行业发展定位相匹配、与中长期战略规划及年度计划预算相衔接的原则，科学合理确定企业经营业绩总体目标	《中国南方电网有限责任公司党建工作责任制考核评价管理规定》（Q/CSG 2011001—2022）第十三条
364	外部董事	外部董事监事履职重点	外部董事监事议案审议履职提示（高级管理人员业绩考核与薪酬管理）	内部规章制度	第十二条　建立以岗位职责为基础、与经营业绩紧密挂钩的薪酬激励机制。 （一）薪酬结构。经理层成员薪酬结构一般由基薪、绩效薪金和任期激励收入三部分组成。基薪是年度基本收入，按月发放；绩效薪金是浮动收入，与经理层成员年度经营业绩考核结果挂钩，原则上占年度薪酬（基薪与绩效薪金之和）的比例不低于 60%；任期激励是与经理层成员任期经营业绩考核结果挂钩的收入，根据任期经营业绩考核结果于任期结束后兑现。	《中国南方电网有限责任公司分子公司经理层成员任期制和契约化管理办法（2022 年版）（Q/CSG 2112071—2022）》第十二条

续表

序号	履职主体	业务领域	业务事项	应知应会知识点		
				来源	重点内容	重点条款
364	外部董事	外部董事监事履职重点	外部董事监事议案审议履职提示（高级管理人员业绩考核与薪酬管理）	内部规章制度	鼓励有条件的分子公司探索建立经理层成员中长期激励机制，条件成熟的可以实施股权和分红激励等。 （二）薪酬兑现。应根据经营业绩考核结果，合理拉开经理层成员薪酬差距。年度考核不合格的，扣减全部绩效薪金；任期考核不合格的，扣减全部任期激励。应建立健全薪酬追索扣回或延期支付制度，在岗位聘任协议中予以明确并严格执行。薪酬兑现方案报公司人力资源部门备案后实施	《中国南方电网有限责任公司分子公司经理层成员任期制和契约化管理办法（2022 年版）（Q/CSG 2112071—2022）》第十二条
365	外部董事	外部董事监事履职重点	外部董事监事议案审议履职提示（高级管理人员业绩考核与薪酬管理）	内部规章制度	第十条　认真落实出资企业董事会职权，出资企业经理层成员及其他公司党组管理干部薪酬管理细则和年度薪酬兑现方案，由出资企业结合实际制定，报公司备案后实施。公司主要从以下方面审核出资企业分配方案： （一）薪酬结构和比例要与企业主要负责人保持总体一致，应建立健全延期支付和薪酬追索机制。 （二）基薪、绩效薪金、党建责任制奖励和任期激励收入等总体水平不超过公司统一核定的标准。 （三）经理层成员绩效薪金与任期制和契约化考核结果刚性挂钩，考核结果不合格的，要扣减全部绩效薪金；考核结果优秀的，绩效薪金水平原则上不低于平均水平的 1.2 倍。任期激励收入要根据其任职岗位、业绩考核结果、承担责任和风险等因素，合理拉开分配差距。 （四）管理类职员基薪和绩效薪金可参照公司总部执行，具体由所在企业董事会自主研究确定	《中国南方电网有限责任公司出资企业负责人薪酬管理办法》（Q/CSG 2112068—2021）第十条

续表

序号	履职主体	业务领域	业务事项	应知应会知识点		
				来源	重点内容	重点条款
366	外部董事	外部董事监事履职重点	外部董事监事议案审议履职提示（高级管理人员业绩考核与薪酬管理）	内部规章制度	第四条　制定方案。分公司党委、子公司董事会结合实际，组织制定本公司经理层成员任期制和契约化管理工作方案，方案一般包括任期制和契约化管理以及监督管理的主要举措、组织保障和进度安排等内容。分公司方案由党委审定，子公司方案由党委审议、董事会审定，报公司人力资源部门备案后实施。 第六条　签订岗位聘任协议。经公司授权，分公司企业负责人代表企业与经理层成员签订岗位任职协议；子公司董事长代表董事会与经理层成员签订岗位聘任协议，明确经理层成员任期期限、岗位职责、权利义务、薪酬待遇、退出规定、责任追究等内容。岗位聘任（任职）协议一般自经理层成员任职之日起一个月内完成签订。 第七条　明确任期期限。经理层成员的任期期限一般为3年，从任职或其董事会聘任之日起算。在同一单位担任总经理满6年的，原则上应当交流；担任经理层副职满6年的，应当交流或轮岗。任期期限一经确定，不得随意延长。 分子公司经理层成员任期期满，满足续聘条件的，应重新履行聘任程序并签订岗位聘任协议。未能续聘的，自然免职（解聘），其在任职企业的其他职务原则上应一并免除。 第十一条　结果反馈。分公司党委、子公司董事会应组织开展经营业绩考核结果反馈工作，将考核结果向被考核人和总经理反馈，对经营业绩考核结果未达到目标要求的应指出问题和不足，限期改进。被考核人对考核结果有异议的，可以及时反映。最终确认的经营业绩考核结果可以在一定范围内公开。 第十二条　建立以岗位职责为基础、与经营业绩紧密挂钩的薪酬激励机制	《中国南方电网有限责任公司分子公司经理层成员任期制和契约化管理办法（2022年版）（Q/CSG 2112071—2022）》第四条、第六条、第七条、第十一条、第十二条

续表

序号	履职主体	业务领域	业务事项	应知应会知识点		
				来源	重点内容	重点条款
367	外部董事	外部董事监事履职重点	外部董事监事议案审议履职提示（高级管理人员业绩考核与薪酬管理）	内部规章制度	第十三条　鼓励市场化业务成熟、内部协调运转机制健全、具备外部对标环境、实行市场化薪酬的出资企业，按照“市场化选聘、契约化管理、差异化薪酬、市场化退出”原则，制定职业经理人薪酬管理方案。 第十四条　职业经理人的薪酬结构一般由基薪、绩效薪金和任期激励收入三部分组成，报人力资源部门备案后执行。职业经理人薪酬水平管理应当符合有关要求，详见附件D。 第十五条　出资企业应按照内部治理结构及各治理主体分工，充分发挥薪酬委员会等议事机构的职责，严格履行相关程序，加强对职业经理人薪酬管理。 第十六条　出资企业应当建立健全业绩考核管理制度，职业经理人因未完成目标任务、严重违纪违法等考核不合格的，不得兑现相应考核周期内的绩效薪金、任期激励和其他中长期激励收入	《中国南方电网有限责任公司出资企业负责人薪酬管理办法》（Q/CSG 2112068—2021）第十三条至第十六条
368	外部董事	外部董事监事履职重点	外部董事监事议案审议履职提示（工资收入分配）	外部法律法规	第五点　①职工工资分配管理权。职工工资分配管理坚持从企业发展战略和人才竞争需要出发，积极探索建立更加市场化的收入分配管理方式，进一步深化企业内部收入分配制度改革，提高企业人工成本的竞争力。 一是制订工资总额管理办法。子企业董事会按照中央企业工资总额管理要求，根据企业发展战略和薪酬策略，制订符合本企业特点的工资总额管理办法，报上级单位审定。 二是明确工资总额决定机制。按照工资总额管理办法要求，强化考核分配联动，结合所在地区职工平均工资水平、同行业企业职工平均工资水平等因素，子企业董事会研究提出工资总额年度预算方案，并确定年度工资总额清算结果，报上级单位备案。	关于中央企业落实子企业董事会职权有关事项的通知（国资厅发改革〔2021〕32号）附件中央企业落实子企业董事会职权操作指引第五点

续表

序号	履职主体	业务领域	业务事项	应知应会知识点		
				来源	重点内容	重点条款
368	外部董事	外部董事监事履职重点	外部董事监事议案审议履职提示（工资收入分配）	外部法律法规	三是动态监测职工工资有关指标执行情况。子企业董事会督促指导经理层合理安排职工年度工资总额预算支出，建立职工工资总额预算动态监控制度，对工资总额发放情况、人工成本投入产出等主要指标执行情况进行跟踪监测和预警提醒，确保工资管理各项制度规定得到有效落实。 四是统筹推进企业内部收入分配制度改革。子企业董事会督促经理层持续深化企业内部收入分配制度改革，构建以岗位价值为基础、以绩效贡献为依据的薪酬管理制度，以岗定薪、按绩取酬、岗变薪变，切实实现职工收入能增能减	关于中央企业落实子企业董事会职权有关事项的通知（国资厅发改革〔2021〕32号）附件中央企业落实子企业董事会职权操作指引第五点
369	外部董事	外部董事监事履职重点	外部董事监事议案审议履职提示（工资收入分配）	外部法律法规	第三条　本办法所称工资总额，是指由企业在一个会计年度内直接支付给与本企业建立劳动关系的全部职工的劳动报酬总额，包括工资、奖金、津贴、补贴、加班加点工资、特殊情况下支付的工资等。 第四条：中央企业工资总额实行预算管理。企业每年度围绕发展战略，按照国家工资收入分配宏观政策要求，依据生产经营目标、经济效益情况和人力资源管理要求，对工资总额的确定、发放和职工工资水平的调整，作出预算安排，并且进行有效控制和监督	《中央企业工资总额管理办法》（国务院国有资产监督管理委员会令第39号）第三条、第四条
370	外部董事	外部董事监事履职重点	外部董事监事议案审议履职提示（工资收入分配）	外部法律法规	第六条：国资委依据有关法律法规履行出资人职责，制定中央企业工资总额管理制度，根据企业功能定位、公司治理、人力资源管理市场化程度等情况，对企业工资总额预算实行备案制或者核准制管理。 第七条：实行工资总额预算备案制管理的中央企业，根据国资委管理制度和调控要求，结合实际制定本企业工资总额管理办法，报经国资委同意后，依照办法科学编制职工年度工资总额预算方案并组织实施，国资委对其年度工资总额预算进行备案管理。 第八条：实行工资总额预算核准制管理的中央企业，根据国资委有关制度要求，科学编制职工年度工资总额预算方案，报国资委核准后实施。	《中央企业工资总额管理办法》（国务院国有资产监督管理委员会令第39号）第六条、第七条、第八条、第九条、第十一条、第十二条、第十三条、第十四条

续表

序号	履职主体	业务领域	业务事项	应知应会知识点		
				来源	重点内容	重点条款
370	外部董事	外部董事监事履职重点	外部董事监事议案审议履职提示（工资收入分配）	外部法律法规	第九条：工资总额预算经国资委备案或者核准后，由中央企业根据所属企业功能定位、行业特点和经营性质，按照内部绩效考核和薪酬分配制度要求，完善本企业工资总额预算管理体系，并且组织开展预算编制、执行以及内部监督、评价工作。 第十一条：主业处于充分竞争行业和领域的商业类中央企业原则上实行工资总额预算备案制管理。职工工资总额主要与企业利润总额、净利润、经济增加值、净资产增长率、净资产收益率等反映经济效益、国有资本保值增值和市场竞争能力的指标挂钩。职工工资水平根据企业经济效益和市场竞争力，结合市场或者行业对标科学合理确定。 第十二条：主业处于关系国家安全、国民经济命脉的重要行业和关键领域、主要承担重大专项任务的商业类中央企业原则上实行工资总额预算核准制管理。职工工资总额在主要与反映经济效益和国有资本保值增值指标挂钩的同时，可以根据实际增加营业收入、任务完成率等体现服务国家战略、保障国家安全和国民经济运行、发展前瞻性战略性产业以及完成特殊任务等情况的指标。职工工资水平根据企业在国民经济中的作用、贡献和经济效益，结合所处行业职工平均工资水平等因素合理确定。上述企业中，法人治理结构健全、三项制度改革到位、收入分配管理规范的，经国资委同意后，工资总额预算可以探索实行备案制管理。 第十三条：公益类中央企业实行工资总额预算核准制管理。职工工资总额主要与反映成本控制、产品服务质量、营运效率和保障能力等情况的指标挂钩，兼顾体现经济效益和国有资本保值增值情况的指标。职工工资水平根据公益性业务的质量和企业经济效益状况，结合收入分配现状、所处行业平均工资等因素合理确定。 第十四条：开展国有资本投资、运营公司或者混合所有制改革等试点的中央企业，按照国家收入分配政策要求，根据改革推进情况，经国资委同意，可以探索实行更加灵活高效的工资总额管理方式	《中央企业工资总额管理办法》（国务院国有资产监督管理委员会令第 39 号）第六条、第七条、第八条、第九条、第十一条、第十二条、第十三条、第十四条

续表

序号	履职主体	业务领域	业务事项	应知应会知识点		
				来源	重点内容	重点条款
371	外部董事	外部董事监事履职重点	外部董事监事议案审议履职提示（工资收入分配）	外部法律法规	第十五条　中央企业以上年度工资总额清算额为基础，根据企业功能定位以及当年经济效益和劳动生产率的预算情况，参考劳动力市场价位，分类确定决定机制，合理编制年度工资总额预算。 第十六条　工资总额预算与利润总额等经济效益指标的业绩考核目标值挂钩，并且根据目标值的先进程度（一般设置为三档）确定不同的预算水平。（一）企业经济效益增长，目标值为第一档的，工资总额增长可以与经济效益增幅保持同步；目标值为第二档的，工资总额增长应当低于经济效益增幅。（二）企业经济效益下降，目标值为第二档的，工资总额可以适度少降；目标值为第三档的，工资总额应当下降。（三）企业受政策调整、不可抗力等非经营性因素影响的，可以合理调整工资总额预算。（四）企业未实现国有资产保值增值的，工资总额不得增长或者适度下降。 第十七条　工资总额预算在按照经济效益决定的基础上，还应当根据劳动生产率、人工成本投入产出效率的对标情况合理调整。企业当年经济效益增长但劳动生产率未提高的，工资总额应当适当少增。企业劳动生产率以及其他人工成本投入产出指标与同行业水平对标差距较大的，应当合理控制工资总额预算。 第十八条　主业处于关系国家安全、国民经济命脉的重要行业和关键领域、主要承担重大专项任务的商业类中央企业和公益类中央企业可以探索将工资总额划分为保障性和效益性工资总额两部分，国资委根据企业功能定位、行业特点等情况，合理确定其保障性和效益性工资总额比重，比重原则上三年内保持不变。（一）保障性工资总额的增长主要根据企业所承担的重大专项任务、公益性业务、营业收入等指标完成情况，结合居民消费价格指数以及企业职工工资水平对标情况综合确定，原则上不超过挂钩指标增长幅度。（二）效益性工资总额增长原则上参照本办法第十六、十七条确定。	《中央企业工资总额管理办法》（国务院国有资产监督管理委员会令第39号）第十五条至二十一条

续表

序号	履职主体	业务领域	业务事项	应知应会知识点		
				来源	重点内容	重点条款
371	外部董事	外部董事监事履职重点	外部董事监事议案审议履职提示（工资收入分配）	外部法律法规	第十九条　工资总额在预算范围不发生变化的情况下，原则上增人不增工资总额、减人不减工资总额，但发生兼并重组、新设企业或者机构等情况的，可以合理增加或者减少工资总额。 第二十条　国资委按照国家有关部门发布的工资指导线、非竞争类国有企业职工平均工资调控水平和工资增长调控目标，根据中央企业职工工资分配现状，适度调控部分企业工资总额增幅。对中央企业承担重大专项任务、重大科技创新项目等特殊事项的，国资委合理认定后，予以适度支持。 第二十一条　中央企业应当制定完善集团总部职工工资总额管理制度，根据人员结构及工资水平的对标情况，总部职工平均工资增幅原则上在低于当年集团职工平均工资增幅的范围内合理确定	《中央企业工资总额管理办法》（国务院国有资产监督管理委员会令第39号）第十五条至第二十一条
372	外部董事	外部董事监事履职重点	外部董事监事议案审议履职提示（工资收入分配）	外部法律法规	第二十二条　中央企业应当按照国家收入分配政策规定和国资委有关要求编制工资总额预算。工资总额预算方案履行企业内部决策程序后，于每年一季度报国资委备案或者核准。 第二十三条　国资委建立中央企业工资总额预算动态监控制度，对中央企业工资总额发放情况、人工成本投入产出等主要指标执行情况进行跟踪监测，定期发布监测结果，督促中央企业加强预算执行情况的监督和控制。 第二十四条　中央企业应当严格执行经国资委备案或者核准的工资总额预算方案，在执行过程中出现以下情形之一，导致预算编制基础发生重大变化的，可以申请对工资总额预算进行调整：（一）国家宏观经济政策发生重大调整。（二）市场环境发生重大变化。（三）企业发生分立、合并等重大资产重组行为。（四）其他特殊情况。 第二十五条　中央企业工资总额预算调整情况经履行企业内部决策程序后，于每年10月报国资委复核或者重新备案。	《中央企业工资总额管理办法》（国务院国有资产监督管理委员会令第39号）第二十二条至第二十六条

续表

序号	履职主体	业务领域	业务事项	应知应会知识点		
				来源	重点内容	重点条款
372	外部董事	外部董事监事履职重点	外部董事监事议案审议履职提示（工资收入分配）	外部法律法规	第二十六条　中央企业应当于每年4月向国资委提交上年工资总额预算执行情况报告，国资委依据经审计的财务决算数据，参考企业经营业绩考核目标完成情况，对中央企业工资总额预算执行情况、执行国家有关收入分配政策等情况进行清算评价，并且出具清算评价意见	《中央企业工资总额管理办法》（国务院国有资产监督管理委员会令第39号）第二十二条至第二十六条
373	外部董事	外部董事监事履职重点	外部董事监事议案审议履职提示（工资收入分配）	外部法律法规	第二十七条　中央企业应当按照国家有关政策要求以及本办法规定，持续深化企业内部收入分配制度改革，不断完善职工工资能增能减机制。 第二十八条　中央企业应当建立健全职工薪酬市场对标体系，构建以岗位价值为基础、以绩效贡献为依据的薪酬管理制度，坚持按岗定薪、岗变薪变，强化全员业绩考核，合理确定各类人员薪酬水平，逐步提高关键岗位的薪酬市场竞争力，调整不合理收入分配差距。 第二十九条　坚持短期与中长期激励相结合，按照国家有关政策，对符合条件的核心骨干人才实行股权激励和分红激励等中长期激励措施。 第三十条　严格清理规范工资外收入，企业所有工资性支出应当按照有关财务会计制度规定，全部纳入工资总额核算，不得在工资总额之外列支任何工资性支出。 第三十一条　规范职工福利保障管理，严格执行国家关于社会保险、住房公积金、企业年金、福利费等政策规定，不得超标准、超范围列支。企业效益下降的，应当严格控制职工福利费支出。 第三十二条　加强企业人工成本监测预警，建立全口径人工成本预算管理制度，严格控制人工成本不合理增长，不断提高人工成本投入产出效率。 第三十三条　健全完善企业内部监督机制，企业内部收入分配制度、中长期激励计划以及实施方案等关系职工切身利益的重大分配事项应当履行必要的决策程序和民主程序。中央企业集团总部要将所属企业薪酬福利管理作为财务管理和年度审计的重要内容	《中央企业工资总额管理办法》（国务院国有资产监督管理委员会令第39号）第二十七条至第三十三条

续表

序号	履职主体	业务领域	业务事项	应知应会知识点		
				来源	重点内容	重点条款
374	外部董事	外部董事监事履职重点	外部董事监事议案审议履职提示（工资收入分配）	外部法律法规	二、明确企业年金实施条件 （三）具备相应的经济能力。中央企业实施企业年金应当以合并报表盈利、实现国有资产保值增值为前提，因经营性原因导致合并报表亏损或未实现国有资产保值增值的，集团总部以及亏损或未实现国有资产保值增值的所属企业，应当暂缓实施企业年金。 （四）人工成本承受能力较强。中央企业应当具有持续的企业年金缴费能力，年金缴费水平应当与企业人工成本承受能力相适应。人工成本投入产出效率在行业内处于较低水平的企业，应当暂缓实施企业年金。 （五）基础管理健全规范。中央企业应当建立完善的法人治理结构和有效的决策、监督制度，集体协商机制规范健全，企业和职工依法参加基本养老保险并履行缴费义务。 中央企业集团公司可以根据所属企业实际情况，对上述条款进行细化，提出切实可行的具体实施条件和要求	《关于中央企业规范实施企业年金的意见》（国资发考分〔2018〕76号）二、明确企业年金实施条件
375	外部董事	外部董事监事履职重点	外部董事监事议案审议履职提示（工资收入分配）	外部法律法规	二、试点企业条件 （一）主业处于充分竞争行业和领域的商业类企业。 （二）股权结构合理，非公有资本股东所持股份应达到一定比例，公司董事会中有非公有资本股东推荐的董事。 （三）公司治理结构健全，建立市场化的劳动人事分配制度和业绩考核评价体系，形成管理人员能上能下、员工能进能出、收入能增能减的市场化机制。 （四）营业收入和利润90%以上来源于所在企业集团外部市场。 三、企业员工入股 （一）员工范围。参与持股人员应为在关键岗位工作并对公司经营业绩和持续发展有直接或较大影响的科研人员、经营管理人员和业务骨干，且与本公司签订了劳动合同。党中央、国务院和地方党委、政府及其部门、机构任命的国有企业领导人员不得持股。外部董事、监事（含职工代表监事）不参与员工持股。如直系亲属多人在同一企业时，只能一人持股。	关于印发《关于国有控股混合所有制企业开展员工持股试点的意见》的通知（国资发改革〔2016〕133号）二、试点企业条件、三、企业员工入股、五、试点工作实施

续表

序号	履职主体	业务领域	业务事项	应知应会知识点		
				来源	重点内容	重点条款
375	外部董事	外部董事监事履职重点	外部董事监事议案审议履职提示（工资收入分配）	外部法律法规	（二）员工出资。员工入股应主要以货币出资，并按约定及时足额缴纳。按照国家有关法律法规，员工以科技成果出资入股的，应提供所有权属证明并依法评估作价，及时办理财产权转移手续。上市公司回购本公司股票实施员工持股，须执行有关规定。试点企业、国有股东不得向员工无偿赠与股份，不得向持股员工提供垫资、担保、借贷等财务资助。持股员工不得接受与试点企业有生产经营业务往来的其他企业的借款或融资帮助。 （六）持股方式。持股员工可以个人名义直接持股，也可通过公司制企业、合伙制企业、资产管理计划等持股平台持有股权。通过资产管理计划方式持股的，不得使用杠杆融资。持股平台不得从事除持股以外的任何经营活动。 五、试点工作实施。 （四）员工持股方案审批及备案。试点企业应通过职工代表大会等形式充分听取本企业职工对员工持股方案的意见，并由董事会提交股东会进行审议。地方试点企业的员工持股方案经股东会审议通过后，报履行出资人职责的机构备案，同时抄报省级人民政府国有资产监督管理机构；中央试点企业的员工持股方案经股东会审议通过后，报履行出资人职责的机构备案	关于印发《关于国有控股混合所有制企业开展员工持股试点的意见》的通知（国资发改革〔2016〕133号）二、试点企业条件、三、企业员工入股、五、试点工作实施
376	外部董事	外部董事监事履职重点	外部董事监事议案审议履职提示（工资收入分配）	外部法律法规	第九条　企业可以采取股权出售、股权奖励、股权期权等一种或多种方式对激励对象实施股权激励。 第二十六条　企业年度岗位分红激励总额不高于当年税后利润的15%。企业应当按照岗位在科技成果产业化中的重要性和贡献，确定不同岗位的分红标准。 第二十九条　企业实施分红激励所需支出计入工资总额，但不受当年本单位工资总额限制、不纳入本单位工资总额基数，不作为企业职工教育经费、工会经费、社会保险费、补充养老及补充医疗保险费、住房公积金等的计提依据。 第三十三条　企业内部决策机构拟订激励方案时，应当通过职工代表大会或者其他形式充分听取职工的意见和建议。	关于印发《国有科技型企业股权和分红激励暂行办法》的通知（财资〔2016〕4）第九、二十六、二十九、三十三、三十四条

续表

序号	履职主体	业务领域	业务事项	应知应会知识点		
				来源	重点内容	重点条款
376	外部董事	外部董事监事履职重点	外部董事监事议案审议履职提示（工资收入分配）	外部法律法规	第三十四条　企业内部决策机构应当将激励方案及听取职工意见情况，先行报履行出资人职责或国有资产监管职责的部门、机构、企业（以下简称审核单位）批准。 中央企业集团公司相关材料报履行出资人职责的部门或机构批准；中央企业集团公司所属子企业，相关材料报中央企业集团公司批准。履行出资人职责的国有资本投资、运营公司所属子企业，相关材料报国有资本投资、运营公司批准。 中央部门及事业单位所属企业，按国有资产管理权属，相关材料报中央主管部门或机构批准。 地方国有企业相关材料，按现行国有资产管理体制，报同级履行国有资产监管职责的部门或机构批准	关于印发《国有科技型企业股权和分红激励暂行办法》的通知（财资〔2016〕4）第九、二十六、二十九、三十三、三十四条
377	外部董事	外部董事监事履职重点	外部董事监事议案审议履职提示（工资收入分配）	外部法律法规	第十四条　股权激励对象应当聚焦核心骨干人才队伍，一般为上市公司董事、高级管理人员以及对上市公司经营业绩和持续发展有直接影响的管理、技术和业务骨干。 第十六条　上市公司国有控股股东或中央企业的管理人员在上市公司担任除监事以外职务的，可以参加上市公司股权激励计划，但只能参加一家任职上市公司的股权激励计划，应当根据所任职上市公司对控股股东公司的影响程度、在上市公司担任职务的关键程度决定优先参加其中一家所任职上市公司的股权激励计划。中央和国资委党委管理的中央企业负责人不参加上市公司股权激励。市场化选聘的职业经理人可以参加任职企业的股权激励。 第二十条　在股权激励计划有效期内，上市公司授予的权益总量应当结合公司股本规模大小、激励对象范围和股权激励水平等因素合理确定。上市公司全部在有效期内的股权激励计划所涉及标的股票总数累计不得超过公司股本总额的10%（科创板上市公司累计不超过股本总额的20%）。不得因实施股权激励导致国有控股股东失去实际控制权。	关于印发《中央企业控股上市公司实施股权激励工作指引》的通知（国资考分〔2020〕178号）第十四、十六、二十、二十一、三十四、六十六、七十条

续表

序号	履职主体	业务领域	业务事项	应知应会知识点		
				来源	重点内容	重点条款
377	外部董事	外部董事监事履职重点	外部董事监事议案审议履职提示（工资收入分配）	外部法律法规	第二十一条　上市公司首次实施股权激励计划授予的权益所涉及标的股票数量原则上应当控制在公司股本总额的1%以内。中小市值上市公司及科技创新型上市公司可以适当上浮首次实施股权激励计划授予的权益数量占股本总额的比例，原则上应当控制在3%以内。 第三十四条　上市公司应当根据授予激励对象权益的公允价值占其薪酬总水平的比重，合理确定授予激励对象的权益数量，科学设置激励对象薪酬结构。（一）董事、高级管理人员的权益授予价值，根据业绩目标确定情况，不高于授予时薪酬总水平的40%。（二）管理、技术和业务骨干等其他激励对象的权益授予价值，比照本条上款办法，由上市公司董事会合理确定。 第六十六条　国资委加强对中央企业控股上市公司规范实施股权激励进行指导和监督。中央企业控股上市公司股权激励计划，经中央企业集团公司审核同意，报国资委批准。国资委不再审核上市公司（不含主营业务整体上市公司）依据股权激励计划制定的分期实施方案。上市公司国有控股股东关于实施股权激励的相关政策，中央企业可以向国资委进行咨询。 第七十条　董事会审议通过股权激励计划草案后，上市公司国有控股股东应当在股东大会审议之前，将股权激励计划草案及相关申请文件按照公司治理和股权关系，报经中央企业集团公司审核同意、国资委批复后，提交上市公司股东大会审议	关于印发《中央企业控股上市公司实施股权激励工作指引》的通知（国资考分〔2020〕178号）第十四、十六、二十、二十一、三十四、六十六、七十条
378	外部董事	外部董事监事履职重点	外部董事监事议案审议履职提示（工资收入分配）	内部规章制度	第四条　工资总额预算管理范围 （一）各企业支付给员工（不含劳务派遣人员，下同）的岗位工资、绩效工资、辅助工资等工资性支出应当纳入工资总额预算管理范围。 （二）工资总额预算管理环节包括预算编制与申报、批准、执行与监控、清算与评价	《中国南方电网有限责任公司工资总额预算管理规定》（Q/CSG 2111003—2022）第四条

续表

序号	履职主体	业务领域	业务事项	应知应会知识点		
				来源	重点内容	重点条款
379	外部董事	外部董事监事履职重点	外部董事监事议案审议履职提示（工资收入分配）	内部规章制度	第五条　工资总额预算分类管理 （一）根据公司战略发展需要、产业布局以及各分子公司功能定位等情况，公司工资总额预算实行动态分类管理。 （二）管制业务及共享平台企业执行工资总额预算核准制。工资总额预算核准制是指公司依据企业经济效益情况和人力资源管理要求，按申报、预控、核准、清算方式进行全过程管理，并进行有效控制和监督的活动。 （三）新兴、国际、金融业务企业及“科改示范企业”可以申请执行工资总额预算备案制。工资总额预算备案制是指企业围绕本企业发展战略及规划，参照行业业绩与薪酬对标情况，自行安排工资总额预算，报公司备案同意，并接受公司进行制度预防、事中监控、事后问责的活动。 （四）申请执行工资总额预算备案制的企业应当同时满足以下条件： 1. 企业法人治理结构健全、三项制度改革到位、收入分配制度健全、管理规范，企业经济效益良好。 2. 严格执行公司有关管理制度要求，近 3 年未因财务、税收等违法违规行为受到行政、刑事处罚；未因内部薪酬管理问题，致使有关人员受到处分。 3. 企业所在行业市场竞争较为充分，且每年积极开展业绩与薪酬对标分析，企业典型岗位人员薪酬与经营业绩所处行业水平适应，不超过所处行业 75 分位水平	《中国南方电网有限责任公司工资总额预算管理规定》（Q/CSG 2111003—2022）第五条
380	外部董事	外部董事监事履职重点	外部董事监事议案审议履职提示（工资收入分配）	内部规章制度	第六条　工资总额预算主要内容 工资总额预算以上年度工资总额清算为基础，根据企业功能定位以及当年经济效益预计情况为基础进行编制。 （一）管制业务企业 坚持以电网高质量发展和效益效率为导向。工资总额预算主要包括工资总额基数、基本增量工资、效益工资、高质量发展工资及单列工资五大部分。建立工资总额基数动态调整机制，加大向收入水平相对偏低企业倾斜力度。详见附录 C。	《中国南方电网有限责任公司工资总额预算管理规定》（Q/CSG 2111003—2022）第六条

续表

序号	履职主体	业务领域	业务事项	应知应会知识点		
				来源	重点内容	重点条款
380	外部董事	外部董事监事履职重点	外部董事监事议案审议履职提示（工资收入分配）	内部规章制度	（二）新兴、国际、金融业务企业 严格执行效益决定机制，工资总额预算根据利润增长及对标情况确定。详见附录 D。 （三）共享平台企业 坚持体现支撑服务定位，参照管制业务企业管理，其中高质量发展考核指标实施“一企一策”，突出精准激励导向。 （四）“科改示范企业” 可以根据自身功能定位、发展情况，自主选择参照管制业务企业或新兴、国际、金融业务企业管理，一经确定原则上三年内保持不变	《中国南方电网有限责任公司工资总额预算管理规定》（Q/CSG 2111003—2022）第六条
381	外部董事	外部董事监事履职重点	外部董事监事议案审议履职提示（工资收入分配）	内部规章制度	第七条　工资总额预算编制与上报要求 1. 各企业应根据经济效益等有关指标编制工资总额预算，确保填报各项指标数据真实可靠，确保工资总额预算符合公司有关政策要求。 2. 各企业应根据公司计划预算时间安排，按照公司工资总额预算编制要求上报工资总额预算方案。 3. 各企业预算年度存在特殊事项需要说明的，应在上报预算编制方案时说明具体情况，提出测算依据。 4. 工资总额预算编制中使用的各项主要指标均为预算年度指标。 5. 企业有特殊情况的，经公司研究同意后，可实行“一事一议”	《中国南方电网有限责任公司工资总额预算管理规定》（Q/CSG 2111003—2022）第七条
382	外部董事	外部董事监事履职重点	外部董事监事议案审议履职提示（工资收入分配）	内部规章制度	第八条　工资总额预算批准 （一）执行工资总额预算备案制企业 1. 根据本企业战略规划和年度实施计划，结合企业经济承受能力、劳动力市场价格变化等实际情况，统筹编制年度工资总额预算，由本企业董事会（未设董事会的经理层）决定，于每年 9 月前报公司备案审核同意。 2. 因公司收入分配政策、经营业绩等发生变化，确需调整企业年度内工资总额预算的，经沟通协商一致，由本企业董事会（未设董事会的经理层）决定后，报公司备案同意执行。	《中国南方电网有限责任公司工资总额预算管理规定》（Q/CSG 2111003—2022）第八条

续表

序号	履职主体	业务领域	业务事项	应知应会知识点		
				来源	重点内容	重点条款
382	外部董事	外部董事监事履职重点	外部董事监事议案审议履职提示（工资收入分配）	内部规章制度	（二）执行工资总额预算核准制企业 1. 根据本企业战略规划和年度实施计划，结合企业经济承受能力、劳动力市场价格变化等实际情况，统筹编制年度工资总额预算，报公司核准，根据公司核准建议由本企业董事会（未设董事会的经理层）决定后执行。 2. 在国务院国资委未正式批复工资总额预算方案之前，公司根据国家有关政策统一确定工资总额预控数，各企业按照工资总额预控数进行管理，原则上优先用于安排岗位工资、辅助工资和月度绩效工资的支付。 3. 公司根据国务院国资委正式批复的工资总额预算，按分级管理原则，核准各企业当年工资总额预算。各企业应严格按照核准的工资总额预算数，逐级落实预算执行责任	《中国南方电网有限责任公司工资总额预算管理规定》（Q/CSG 2111003—2022）第八条
383	外部董事	外部董事监事履职重点	外部董事监事议案审议履职提示（工资收入分配）	内部规章制度	第十一条　工资总额预算清算与评价要求 1. 各分子公司要按照清算工作要求，于每年6月前上报清算资料。清算资料包括工资总额清算报告及相关表格，清算报告内容应与预算情况相对应。工资总额清算结果按照第八条有关程序确定。 2. 各分子公司依据清算结果、经审批的财务决算报告及经认定的经济效益指标，对所属企业工资总额预算进行综合分析评价，出具评价意见，确定清算结果。 3. 各企业应根据工作需要，开展工资性支出专项检查，监督工资总额预算执行情况	《中国南方电网有限责任公司工资总额预算管理规定》（Q/CSG 2111003—2022）第十一条
384	外部董事	外部董事监事履职重点	外部董事监事议案审议履职提示（工资收入分配）	内部规章制度	第五条　岗位工资 岗位工资占工资收入的30%至50%左右，按月支付，实行薪点制，共设30个岗级，每个岗级设9个薪级，详见附录D《岗位薪点标准表》。岗位工资计算公式如下： 岗位工资＝职工个人执行岗级、薪级对应薪点数 × 岗位工资点值。	《中国南方电网有限责任公司工资支付管理办法》（Q/CSG 2112067-2021）第五、六、七、八条

续表

序号	履职主体	业务领域	业务事项	应知应会知识点		
				来源	重点内容	重点条款
384	外部董事	外部董事监事履职重点	外部董事监事议案审议履职提示（工资收入分配）	内部规章制度	第六条　绩效工资 （一）绩效工资包括月度绩效工资、年度绩效工资和其他绩效工资，各单位各直线经理可根据自身实际情况，自主决定绩效工资基数和选择绩效工资分配方式。其中，各级管理人员绩效工资占比不低于工资收入的60%。 （二）各单位各直线经理可参照附录E方式根据自身实际情况自主制定绩效工资分配规则，直线经理本人绩效工资由其上级组织（直线经理）考核确定。按照分级管理原则，分子公司本部绩效工资分配规则需报公司备案，分子公司所属单位绩效工资分配规则的管理程序由分子公司确定。自主分配的绩效工资应遵循如下原则： 1. 坚持“多劳者多得、绩优者厚得”，切实做到收入能增能减，合理拉开同层级收入差距。 2. 绩效工资分配方案应获得本组织（单位、部门等）的广泛认同。 3. 绩效工资由人力资源部门负责兑现。 第七条　辅助工资 辅助工资主要包括反映职工工作经历的工资以及支付给职工的津补贴。 （一）反映职工工作经历的工资简称“资历工资”，按照职工每1年资历计2个薪点的办法计算薪点数，点值由公司统一确定，暂定为6元/薪点。资历工资按月发放。资历的计算由各分子公司根据实际情况确定。 资历工资 =（职工资历 ×2 薪点）× 资历工资点值 （二）原则上津补贴项目限于技术性津贴、境外工作补贴、特殊（额外）消耗津贴及符合公司分配政策导向的其他津补贴，具体详见附录F。各单位应合理设置津补贴项目，明确适用人员范围、标准，报上级单位审批后执行。 第八条　点值的确定与调整 职工的工资点值在工资总额预算控制范围内，由各单位根据经济效益和用人水平综合考虑确定。	《中国南方电网有限责任公司工资支付管理办法》（Q/CSG 2112067—2021）第四、五、六、七、八条

续表

序号	履职主体	业务领域	业务事项	应知应会知识点		
				来源	重点内容	重点条款
384	外部董事	外部董事监事履职重点	外部董事监事议案审议履职提示（工资收入分配）	内部规章制度	按照分级管理原则，分子公司所属单位点值确定与调整的管理程序由分子公司确定。 公司对公司总部、分子公司本部管理人员实行工资调控，分子公司本部各层级人员点值须报公司审定	《中国南方电网有限责任公司工资支付管理办法》（Q/CSG 2112067—2021）第四、五、六、七、八条
385	外部董事	外部董事监事履职重点	外部董事监事议案审议履职提示（工资收入分配）	内部规章制度	第十一条　新进人员（包括新招聘毕业生、新聘用复员或退伍军人、市场公开招聘人员、系统外调入人员等）工资支付应符合国家及地方法律法规要求，具体参照附录 H 执行。 第十二条　管理类职员、副职主持全面工作等人员的工资支付 （一）副职主持全面工作的人员，岗位工资按副职岗位岗级薪级执行（执行岗级高于岗位岗级的除外）。副职执行岗级薪级高于或等于正职岗位岗级 1 薪的，月度和年度绩效工资按副职执行岗级薪级执行；副职执行岗级低于正职岗位岗级的，月度和年度绩效工资按正职岗位岗级的 1 薪标准执行。岗位工资和绩效工资的执行岗级、薪级调整均按第三章有关规定执行。 （二）副职享受正职待遇的人员，其岗位工资按正职的岗位工资确定，绩效工资按正职绩效工资的 95% 确定。 （三）管理类职员的岗位工资按同级别管理人员的岗位工资确定，绩效工资可参照其同级别管理人员与下一级别人员（或下一岗级人员）薪点标准的均值确定，具体由分子公司结合实际确定，但原则上不得高于同级别管理人员绩效工资的 90%。因不适宜担任现职改任同职级职员的，绩效工资标准应当差异化设置。 被聘任为公司专业技术专家、技能专家的人员，聘任期间的工资标准根据相关规定确定。其中，超出其聘任专家期间所上岗位工资标准的部分作为专家激励收入，应当与年度及任期考核结果挂钩，具体由分子公司研究确定。	《中国南方电网有限责任公司工资支付管理办法》（Q/CSG 2112067—2021）第十一、十二、十三、三十、三十一、三十二条

续表

序号	履职主体	业务领域	业务事项	应知应会知识点		
				来源	重点内容	重点条款
385	外部董事	外部董事监事履职重点	外部董事监事议案审议履职提示（工资收入分配）	内部规章制度	第三十条　各单位支付给职工的工资须在本单位的工资总额中列支。 第三十一条　公司出资企业负责人和公司党组管理的其他干部工资支付同时按照《中国南方电网有限责任公司出资企业负责人薪酬管理办法》进行管理。 第三十二条　对核心骨干人才、稀缺人才、职业经理人等，可执行协议工资，工资兑现按照相关协议执行	《中国南方电网有限责任公司工资支付管理办法》（Q/CSG 2112067—2021）第十一、十二、十三、三十、三十一、三十二条
386	外部董事	外部董事监事履职重点	外部董事监事议案审议履职提示（工资收入分配）	内部规章制度	第三条　建立企业年金的基本条件 （一）依法参加基本养老保险并履行缴费义务； （二）具有相应的经济负担能力； （三）建立集体协商机制。 第四条　建立企业年金的基本原则 （一）量力、自愿的原则。企业年金的建立要与企业经济效益相适应，与企业人工成本承受能力相适应；建立企业年金应体现职工个人意愿，尊重职工的选择权与参与权。 （二）绩效优先、兼顾公平的原则。建立企业年金应体现即期激励作用，与职工个人贡献挂钩；坚持公平、公正、公开，合理确定年金保障水平，让职工共享企业改革发展的成果，体现年金的激励保障作用。 （三）统筹平衡原则。企业年金的缴费和分配应充分考虑各类人员薪酬福利保障水平的总体平衡，以企业利益和职工利益为本。 （四）规范化管理的原则。应按照年金市场化管理要求，建立、运行和发展企业年金，明晰委托代理关系，履行民主程序，完善工作机制，促进企业年金可持续发展。 第五条公司鼓励所属各单位建立企业年金，新注册成立企业、新接收企业需建立企业年金的，提交年金实施细则（方案）和资金预算方案，报经上级主管部门备案无异议后即可实施	《中国南方电网有限责任公司企业年金管理办法》（Q/CSG 2112060—2021）第三、四、五条

续表

序号	履职主体	业务领域	业务事项	应知应会知识点		
				来源	重点内容	重点条款
387	外部董事	外部董事监事履职重点	外部董事监事议案审议履职提示（工资收入分配）	内部规章制度	第八条　企业年金缴费由企业和职工个人按规定共同缴纳，包括企业缴费和职工个人缴费两部分。 第九条　企业缴费总额与企业经济效益挂钩。企业缴费总额按不超过本单位年度职工工资总额的 8% 计提，在成本中列支。企业因经营性原因导致合并报表亏损或未能实现国有资产保值增值的，应当中止缴费，有关规定详见附录 C。 第十条　企业缴费分配记账。职工企业缴费分配综合考虑职工贡献大小、工资水平、工龄长短等因素确定，按月记入企业年金个人账户。计算公式详见附录 C	《中国南方电网有限责任公司企业年金管理办法》（Q/CSG 2112060—2021）第八、九、十条
388	外部董事	外部董事监事履职重点	外部董事监事议案审议履职提示（工资收入分配）	内部规章制度	根据《企业年金基金管理办法》（人力资源和社会保障部第 11 号令，以下简称“11 号令”）等规定，从企业年金缴费归集完成起始，分别进行委托、受托、基金财产托管、基金投资运营等管理环节的运作，到年金投资收益分配至个人账户为止，形成一个完整年度的企业年金基金管理链条。企业年金基金管理的具体要求详见附录 D	《中国南方电网有限责任公司企业年金管理办法》（Q/CSG 2112060—2021）第二十条
389	外部董事	外部董事监事履职重点	外部董事监事议案审议履职提示（工资收入分配）	内部规章制度	第三条　以下类型科技型企业或职务科技成果转化项目可以优先开展分红激励： （一）符合国家科技创新规划战略布局和公司科技创新研发方向，承担国家科技创新重大专项、重大工程、国家重点研发计划的； （二）收入和利润来源于公司系统外部市场占比较高的； （三）符合公司建设世界一流企业战略目标方向的； （四）自主创新能力较强、成果技术水平较高、市场前景较好的	《中国南方电网有限责任公司科技成果分红激励管理细则》（Q/CSG 2113077—2021）第三条

续表

序号	履职主体	业务领域	业务事项	应知应会知识点		
				来源	重点内容	重点条款
390	外部董事	外部董事监事履职重点	外部董事监事议案审议履职提示（工资收入分配）	内部规章制度	第四条　激励方式 （一）科技型企业实施分红激励，激励方式包括岗位分红激励和项目收益分红激励。科技型企业应当结合自身实际，科学选择分红激励方式。原则上同一企业应当采取一种分红方式，对同一激励对象就同一职务科技成果或产业化项目，给予一次激励。（二）其他企业只能实施项目收益分红激励。 1. 鼓励向公司系统外单位转化科技成果。 2. 向公司系统内单位转化科技成果的，应当在项目实施后，由转化双方出具该项科技成果产生的经济效益、实施效果评估报告，并经公司认可同意。 第五条　实施条件 实施分红激励的企业应当制定明确的发展战略，主业突出、成长性好。内部治理结构健全并有效运转，管理制度完善，人事、劳动、分配制度改革取得积极进展。具有发展所需的关键技术、自主知识产权和持续创新能力	《中国南方电网有限责任公司科技成果分红激励管理细则》（Q/CSG 2113077—2021）第四、五条
391	外部董事	外部董事监事履职重点	外部董事监事议案审议履职提示（工资收入分配）	内部规章制度	激励方式包括：一是科技型企业实施分红激励，激励方式包括岗位分红激励和项目收益分红激励。科技型企业应当结合自身实际，科学选择分红激励方式。原则上同一企业应当采取一种分红方式，对同一激励对象就同一职务科技成果或产业化项目，给予一次激励。二是其他企业只能实施项目收益分红激励。鼓励向公司系统外单位转化科技成果。向公司系统内单位转化科技成果的，应当在项目实施后，由转化双方出具该项科技成果产生的经济效益、实施效果评估报告，并经公司认可同意。 实施条件包括：实施分红激励的企业应当制定明确的发展战略，主业突出、成长性好。内部治理结构健全并有效运转，管理制度完善，人事、劳动、分配制度改革取得积极进展。具有发展所需的关键技术、自主知识产权和持续创新能力。	《南方电网人资〔2022〕132号关于进一步建立健全中长期激励机制的通知》第（四）条

续表

序号	履职主体	业务领域	业务事项	应知应会知识点		
				来源	重点内容	重点条款
391	外部董事	外部董事监事履职重点	外部董事监事议案审议履职提示（工资收入分配）	内部规章制度	各单位要按照有关要求履行中长期激励计划的报批报备程序：企业实施科技型企业股权和分红激励，或新兴国际金融业务企业开展超额利润分享等激励资金单列的，激励方案须报公司审批；企业统筹工资总额预算开展虚拟项目收益分红和虚拟跟投的，实施方案可视同为专项工资分配方案，按有关规定履行决策程序	《南方电网人资〔2022〕132号关于进一步建立健全中长期激励机制的通知》第（四）条
392	外部董事	外部董事监事履职重点	外部董事监事议案审议履职提示（工资收入分配）	内部规章制度	第六条　激励对象 企业应当考虑职工岗位价值、实际贡献、承担风险和服务年限等因素确定分红激励对象，激励对象应当与本企业签订劳动合同，具体要求详见附录E。 第七条　激励额度 实施分红激励的企业，应当以推动科技成果转化、提升企业经营效益为目标，坚持增量激励、效益导向的原则，统筹考虑企业经营发展战略、自身效益状况以及人工成本承受能力等因素合理确定分红激励额度，具体要求详见附录F。 第八条　实施项目收益分红的企业，除遵循国家有关规定外，还应注意把握以下几点： （一）项目收益分红激励对象必须是项目参与人员。 （二）总体激励额度应当结合项目来源、项目级别、项目规模、发展阶段以及创新贡献等因素约定。对于国家立项、创新贡献较大的项目可以适当加大激励力度。对于项目所在企业成立时间不满3年或实施当年未盈利的，应当结合项目收益情况控制总体额度，或采取分批分次的方式兑现。 （三）激励分配方案由实施该科技成果转化工作的负责人组织编制，个人激励水平应当结合激励对象人数、薪酬水平、市场对标等因素，根据激励对象个人在职务成果完成和转化过程中的贡献以及绩效考核结果约定，激励对象应提供其在完成、转化科技成果中所做贡献的证明材料，具体要求由实施项目收益分红	《中国南方电网有限责任公司科技成果分红激励管理细则》（Q/CSG 2113077—2021）第六、七、八条

续表

序号	履职主体	业务领域	业务事项	应知应会知识点		
				来源	重点内容	重点条款
392	外部董事	外部董事监事履职重点	外部董事监事议案审议履职提示（工资收入分配）	内部规章制度	的单位提出。科技成果完成人员、科技成果转化技术人员参与项目收益分红比例原则上应不低于80%，对于关键科研任务、重大开发项目、主导产品或核心技术的主要完成人、负责人等可以适当提高分配比例。对于个人收入明显高于市场水平或同时参与多个项目激励的人员，应当合理控制个人激励标准或项目分红总收入。 （四）企业制定项目收益分红激励相关规定，应当充分听取技术人员的意见，有关规定或约定事项应当在本企业公开。出现实施激励当年项目所在企业处于亏损状态、项目分红激励总额偏大、单个激励对象水平偏高等特殊情况的，应当向公司报备。 （五）实施项目收益分红激励的企业未建立有效规定或未及时与重要技术人员约定的，按照《中华人民共和国促进科技成果转化法》等国家有关制度执行，并在激励方案有效期内制定相关制度，在实施下一期项目分红激励计划时从其约定	《中国南方电网有限责任公司科技成果分红激励管理细则》（Q/CSG 2113077—2021）第六、七、八条
393	外部董事	外部董事监事履职重点	外部董事监事议案审议履职提示（工资收入分配）	内部规章制度	第九条　岗位分红激励方案有效期原则上不超过3年（自制定方案当年起）。项目收益分红激励方案有效期应当结合职务科技成果转化方式合理确定，原则上最长不超过5年。 第十条　企业应当建立完善的业绩考核体系和考核办法，在激励方案中明确激励实施的有关考核指标，具体要求详见附录G。 第十一条　实施分红激励的企业应当同时建立健全与分红激励配套的员工绩效考核评价体系，全面、客观、准确地评价激励对象业绩贡献。 第十二条　实施分红激励的企业（或科技成果转化项目）的考核结果应当与分红激励总额度挂钩，个人绩效考核评价结果应当应用于个人分红激励兑现。 第十五条　公司负责制定总体工作方案和推进计划，统筹规划分红激励工作，并在实施前向国资委报备	《中国南方电网有限责任公司科技成果分红激励管理细则》（Q/CSG 2113077—2021）第九、十、十一、十二、十五条

续表

序号	履职主体	业务领域	业务事项	应知应会知识点		
				来源	重点内容	重点条款
394	外部董事	外部董事监事履职重点	外部董事监事议案审议履职提示（工资收入分配）	内部规章制度	第十八条　企业实施分红激励应当严格执行财务会计及税收处理等有关规定。激励方案涉及的财务数据和资产评估结果，应当经具有相关资质的会计师事务所审计和资产评估机构评估，并按有关规定办理核准和备案手续。 第十九条　分红激励纳入工资总额预算管理。实施分红激励的企业要按照有关规定申报年度分红激励预算，结合企业生产经营和科技创新实施情况进行预算调整，并根据财务决算结果兑现额度、开展预算执行情况清算评价工作。 第二十条　符合规定条件的科技型企业经公司审批同意实施分红激励且向国资委备案的，所需资金在工资总额预算中单列，不纳入本单位工资总额基数，不作为企业职工教育经费、工会经费、社会保险费、企业年金及补充医疗保险费、住房公积金等的计提依据。 第二十一条　其他企业经公司审批同意实施项目收益分红且向国资委备案的，所需资金可在公司奖励基金中统筹解决，不纳入本单位工资总额基数，不作为企业职工教育经费、工会经费、社会保险费、企业年金及补充医疗保险费、住房公积金等的计提依据	《中国南方电网有限责任公司科技成果分红激励管理细则》（Q/CSG 2113077—2021）第十八、十九、二十、二十一条
395	外部董事	外部董事监事履职重点	外部董事监事议案审议履职提示（工资收入分配）	内部规章制度	第四条　企业推行超额利润分享，一般应当具备以下条件：经营状况较好；企业战略清晰，中长期发展目标明确；实施超额利润分享当年已实现利润及年初未分配利润为正值；法人治理结构健全，人力资源管理基础完善；建立了规范的财务管理制度，明确市场化业务核算规则，近三年没有因财务、税收等违法违规行为受到行政、刑事处罚。 第五条　超额利润分享激励对象一般应当为与本企业签订劳动合同，在该岗位上连续工作 1 年以上，对企业经营业绩和持续发展有直接重要影响的管理、技术、营销、业务等核心骨干人才，且一般每一期激励人数不超过企业在岗职工总数的 30%。其中：	《中国南方电网有限责任公司新兴国际金融业务企业超额利润分享管理办法（试行）》（Q/CSG 2112005—2022）第四、五、六、七、八条

续表

序号	履职主体	业务领域	业务事项	应知应会知识点		
				来源	重点内容	重点条款
395	外部董事	外部董事监事履职重点	外部董事监事议案审议履职提示（工资收入分配）	内部规章制度	一是企业控股股东相关人员在本企业兼职的，按其主要履职的岗位职责、实际履职时间等因素综合确定是否可参与本企业超额利润分享，合乎条件的，仅可在一家企业参与。 二是企业外部董事、独立董事、监事不得参与超额利润分享。 三是企业在同一时期已经对核心骨干人员实施股权激励或岗位分红的，原则上不再实施超额利润分享。 四是实施超额利润分享的企业，同一时期不对同一对象开展分红激励等其他现金类中长期激励。 第六条　企业在设定目标利润时，应当与战略规划充分衔接，年度目标利润原则上不低于以下利润水平的孰高值：企业的利润考核目标；按照企业上一年净资产收益率计算的利润水平；企业近三年平均利润；企业设定目标利润时，可以根据实际情况选取净利润、归母净利润等指标。 第七条　年度超额利润为企业当年实际利润大于目标利润的部分。确定时应当考虑剔除以下因素影响：重大资产处置等行为导致的本年度非经营性收益；并购、重组等行为导致的本年度利润变化；会计政策和会计估计变更导致的本年度利润变化；外部政策性因素导致的本年度利润变化；公司认定的其他应当予以考虑剔除因素。计算超额利润时，当年研发投入增量可视同利润予以加回。企业完成当年利润目标，但净资产收益率出现以下情况的，对超额利润进行折算认定，包括：净资产收益率达不到行业 50 分位水平，原则上超额利润认定为 0；企业处于初创期，净资产收益率达不到行业 50 分位水平，但分位值同比上年有显著提升的，超额利润可根据分位值提升情况认定；净资产收益率达到行业 50 分位水平，但分位值同比上年下滑 10 分位以上的，超额利润按 80% 进行折算认定。	《中国南方电网有限责任公司新兴国际金融业务企业超额利润分享管理办法（试行）》（Q/CSG 2112005—2022）第四、五、六、七、八条

续表

序号	履职主体	业务领域	业务事项	应知应会知识点		
				来源	重点内容	重点条款
395	外部董事	外部董事监事履职重点	外部董事监事议案审议履职提示（工资收入分配）	内部规章制度	第八条　年度超额利润分享总额 = 超额利润 ×（市场利润占比 × 市场利润提取比例 + 股东利润占比 × 股东利润提取比例）其中：市场利润提取比例不超过20%，股东利润提取比例不超过5%。超额利润分享总额最高不得超过当年度实际发放工资总额的5%	《中国南方电网有限责任公司新兴国际金融业务企业超额利润分享管理办法（试行）》（Q/CSG 2112005—2022）第四条、第五条、第六条、第七条、第八条
396	外部董事	外部董事监事履职重点	外部董事监事议案审议履职提示（工资收入分配）	外部法律法规	第五条　工资总额管理应当遵循以下原则： （一）坚持市场化改革方向。实行与社会主义市场经济相适应的企业工资分配制度，发挥市场在资源配置中的决定性作用，逐步实现中央企业职工工资水平与劳动力市场价位相适应。 （二）坚持效益导向原则。按照质量第一、效益优先的要求，职工工资水平的确定以及增长应当与企业经济效益和劳动生产率的提高相联系，切实实现职工工资能增能减，充分调动职工创效主动性和积极性，不断优化人工成本投入产出效率，持续增强企业活力。 （三）坚持分级管理。完善出资人依法调控与企业自主分配相结合的中央企业工资总额分级管理体制，国资委以管资本为主调控中央企业工资分配总体水平，企业依法依规自主决定内部薪酬分配。 （四）坚持分类管理。根据中央企业功能定位、行业特点，分类实行差异化的工资总额管理方式和决定机制，引导中央企业落实国有资产保值增值责任，发挥在国民经济和社会发展中的骨干作用	《中央企业工资总额管理办法》（国务院国有资产监督管理委员会令第39号）第五条
397	外部董事	外部董事监事履职重点	外部董事监事议案审议履职提示（工资收入分配）	外部法律法规	职工工资分配管理权。职工工资分配管理坚持从企业发展战略和人才竞争需要出发，积极探索建立更加市场化的收入分配管理方式，进一步深化企业内部收入分配制度改革，提高企业人工成本的竞争力。	关于中央企业落实子企业董事会职权有关事项的通知（国资厅发改革〔2021〕32号）附件中央企业落实子企业董事会职权操作指引第五点

续表

序号	履职主体	业务领域	业务事项	应知应会知识点		
				来源	重点内容	重点条款
397	外部董事	外部董事监事履职重点	外部董事监事议案审议履职提示（工资收入分配）	外部法律法规	一是制订工资总额管理办法。子企业董事会按照中央企业工资总额管理要求，根据企业发展战略和薪酬策略，制订符合本企业特点的工资总额管理办法，报上级单位审定。 二是明确工资总额决定机制。按照工资总额管理办法要求，强化考核分配联动，结合所在地区职工平均工资水平、同行业企业职工平均工资水平等因素，子企业董事会研究提出工资总额年度预算方案，并确定年度工资总额清算结果，报上级单位备案。 三是动态监测职工工资有关指标执行情况。子企业董事会督促指导经理层合理安排职工年度工资总额预算支出，建立职工工资总额预算动态监控制度，对工资总额发放情况、人工成本投入产出等主要指标执行情况进行跟踪监测和预警提醒，确保工资管理各项制度规定得到有效落实。 四是统筹推进企业内部收入分配制度改革。子企业董事会督促经理层持续深化企业内部收入分配制度改革，构建以岗位价值为基础、以绩效贡献为依据的薪酬管理制度，以岗定薪、按绩取酬、岗变薪变，切实实现职工收入能增能减	关于中央企业落实子企业董事会职权有关事项的通知（国资厅发改革〔2021〕32号）附件中央企业落实子企业董事会职权操作指引第五点
398	外部董事	外部董事监事履职重点	外部董事监事议案审议履职提示（组织机构管理）	外部法律法规	第三十六条　董事会对股东会负责，行使下列职权：（七）制订公司合并、分立、解散或者变更公司形式的方案	《董事会试点中央企业董事会规范运作暂行办法》（国资发改革〔2009〕45号）第三十六条
399	外部董事	外部董事监事履职重点	外部董事监事议案审议履职提示（组织机构管理）	外部法律法规	第七十五条　负责组织拟订公司的利润分配方案和弥补亏损方案，公司增加或者减少注册资本的方案，公司合并、分立、解散或者变更公司形式的方案，以及董事会授权其拟订的其他方案，并提交董事会表决	《董事会试点中央企业董事会规范运作暂行办法》（国资发改革〔2009〕45号）第七章董事长的职责　第七十五条

续表

序号	履职主体	业务领域	业务事项	应知应会知识点		
				来源	重点内容	重点条款
400	外部董事	外部董事监事履职重点	外部董事监事议案审议履职提示（组织机构管理）	外部法律法规	股东会主要行使以下职权：（九）决定公司及重要子企业的新设、合并、分立、解散、清算、申请破产、变更公司形式等事宜	《国资委多元投资主体中央企业股东会工作规则（试行）》第十二条
401	外部董事	外部董事监事履职重点	外部董事监事议案审议履职提示（组织机构管理）	外部法律法规	第五十九条　股东会行使下列职权： （七）对公司合并、分立、解散、清算或者变更公司形式作出决议	《中华人民共和国公司法（2023修正）》第五十九条
402	外部董事	外部董事监事履职重点	外部董事监事议案审议履职提示（组织机构管理）	外部法律法规	企业重大经营管理事项，必须经党委（党组）前置研究讨论后，再按照相关规定由董事会、经理层作出决定。重大经营管理事项主要包括：10. 企业内部管理机构、分支机构的设置和调整方案	《中央企业党委（党组）前置研究讨论重大经营管理事项清单示范文本（试行）》（国资党发党建〔2021〕54号）

序号	履职主体	业务领域	业务事项	应知应会知识点		
				来源	重点内容	重点条款
403	外部董事	外部董事监事履职重点	外部董事监事议案审议履职提示（组织机构管理）	外部法律法规	第十四条　批准公司财务决算方案、利润分配方案和弥补亏损方案、增加或者减少注册资本方案、发行公司债券方案以及公司合并、分立、解散、清算或者变更公司形式的方案；其中，重要的国有独资公司合并、分立、解散、申请破产的，审核后报国务院批准	《董事会试点中央企业董事会规范运作暂行办法》（国资发改革〔2009〕45号）第二章　国资委的职责　第十四条
404	外部董事	外部董事监事履职重点	外部董事监事议案审议履职提示（组织机构管理）	外部法律法规	三十四条规定，重要的国有独资企业、国有独资公司、国有资本控股公司的合并、分立、解散、申请破产以及法律、行政法规和本级人民政府规定应当由履行出资人职责的机构报经本级人民政府批准的重大事项，履行出资人职责的机构在作出决定或者向其委派参加国有资本控股公司股东会会议、股东大会会议的股东代表作出指示前，应当报请本级人民政府批准。本法所称的重要的国有独资企业、国有独资公司和国有资本控股公司，按照国务院的规定确定	《企业国有资产法》中华人民共和国主席令（第五号）第三十四条
405	外部董事	外部董事监事履职重点	外部董事监事议案审议履职提示（组织机构管理）	内部规章制度	第四条　组织机构设立、调整或撤销的前提条件： （一）企业发展战略发生调整，或者企业内外部环境发生较大变化，现行组织机构难以支撑企业发展战略的有效实施。 （二）科技进步促使企业生产组织模式或生产方式发生较大变化，现行组织机构难以适应新技术发展的要求。 （三）所辖业务范围或管理规模等变动较大，现行组织机构难以适应企业正常生产经营发展需要。 （四）现行组织机构职责分工不清晰，内部运作不协调，或者人员结构不合理，组织运作效率低，影响组织目标的实现	《中国南方电网有限责任公司组织机构管理办法》（Q/CSG 2112003—2022）第四条

续表

序号	履职主体	业务领域	业务事项	应知应会知识点		
				来源	重点内容	重点条款
406	外部董事	外部董事监事履职重点	外部董事监事议案审议履职提示（组织机构管理）	内部规章制度	第六条　组织机构管理应坚持以下原则： （一）承接战略、适应发展原则：组织机构应能承接企业发展战略，适应企业持续发展的需要。 （二）精简效能、统一规范原则：组织机构应设置精简，层级扁平，运作高效；公司系统内同类型组织机构应尽量统一设置，规范管理。 （三）持续优化、协同高效原则：优化就是要科学合理、权责一致，协同就是要有统有分、有主有次，高效就是要履职到位、流程通畅。 （四）适应业务、快速反应原则：组织机构设置应积极主动服务业务发展，适应业务架构调整，快速应对市场变化，有效促进和引领业务变革	《中国南方电网有限责任公司组织机构管理办法》（Q/CSG 2112003—2022）第六条
407	外部董事	外部董事监事履职重点	外部董事监事议案审议履职提示（组织机构管理）	内部规章制度	第七条　组织机构管理应遵循以下要求： （一）科学设定机构职责和权限，原则上，一类事项由一个部门统筹、一件事情由一个部门负责。机构设置不要求“上下对口”，不搞“上下一般粗”。 （二）坚持将全员劳动生产率作为并购预期收益的重要评估指标，统筹好规模扩张与效率提升的关系，除输配电业务外，原则上不并购全员劳动生产率低于公司整体或行业平均水平的企业。 （三）非管制业务单位组织机构管理应以资本回报为约束，以创造价值为核心。对经营效益、人均利润、劳动生产率等指标低于预期的，要遵循市场化规律，采用积极有效的手段提升经营业绩；远低于预期的，要按照规定及时调整、撤销相应组织机构。 （四）从严管控内设机构层级、数量，科学配置管理人员职数，合理控制管理人员比例。 （五）组织机构的设立、调整或撤销，应按照有关规定履行相关程序，做好风险评估，确保设立、调整或撤销过程中各类风险可控，确保企业生产经营及员工队伍稳定	《中国南方电网有限责任公司组织机构管理办法》（Q/CSG 2112003—2022）第七条

续表

序号	履职主体	业务领域	业务事项	应知应会知识点		
				来源	重点内容	重点条款
408	外部董事	外部董事监事履职重点	外部董事监事议案审议履职提示（组织机构管理）	内部规章制度	第八条　二级单位的设立 （一）方案编制。组织编制建议草案（设立子公司应同时编制组建方案和章程，下同）。 （二）审核。人力资源管理部门对建议草案进行审核，并组织征求相关部门意见，形成建议方案。 （三）审定。人力资源管理部门组织履行审定程序，管制业务二级单位及重要子企业的设立，由公司党组前置研究、董事会决定；非管制业务二级单位（不含重要子企业）的设立，由公司党组前置研究、董事长专题会决定。 （四）发布。有关事项经审定批准后，由人力资源管理部门统一行文发布。对公司研究决定需成立筹备组的，由筹备组进一步开展筹备工作，形成设立建议草案，由人力资源管理部门组织履行审定程序后行文发布。 第九条　二级单位的调整或撤销 （一）方案编制。公司人力资源管理部门、有关业务对口部门或二级单位组织编制建议草案。 （二）审核。公司人力资源管理部门或有关业务对口部门牵头组织对建议草案进行审核，形成建议方案。 （三）审定。人力资源管理部门或有关业务对口部门组织履行审定程序。管制业务二级单位及重要子企业的调整或撤销，一般由公司党组前置研究、董事会决策；非管制业务二级单位（不含重要子企业）的调整或撤销，一般由公司党组前置研究、董事长专题会决策。仅涉及分公司更名或主要职责调整的，直接由公司领导审定；仅涉及子公司更名或主要职责调整的，按照公司章程管理规定履行相关审定程序。 （四）发布或答复。有关事项经审定批准后，由人力资源管理部门行文发布或由法规管理部门进行议案答复	《中国南方电网有限责任公司组织机构管理办法》（Q/CSG 2112003—2022）第八条、第九条

续表

序号	履职主体	业务领域	业务事项	应知应会知识点		
				来源	重点内容	重点条款
409	外部董事	外部董事监事履职重点	外部董事监事议案审议履职提示（组织机构管理）	内部规章制度	第十条　三、四级单位的设立、调整或撤销 （一）管制业务单位 1. 方案编制。二级单位组织编制建议草案，履行内部决策程序后上报公司。 2. 审核。公司人力资源管理部门或有关业务对口部门组织对建议草案进行审核，形成建议方案。 3. 审定。公司人力资源管理部门或有关业务对口部门组织履行审定程序。三级单位的设立、调整或撤销一般由公司党组前置研究、董事长专题会决策；四级单位的设立、调整或撤销一般由公司领导审定。 4. 批复或答复。有关事项经审定批准后，由人力资源管理部门行文批复或由法规管理部门进行议案答复。 对三、四级单位更名、职责调整的，由二级单位组织制定具体方案，履行内部决策程序后组织实施，并报公司备案。 （二）非管制业务单位 一般由二级单位组织制定具体方案，履行内部决策程序，报公司备案后组织实施。 对涉及到新增法人户数的，原则上应属于计划内新增法人，对于计划外的，需报公司政策研究部门审批，具体按照公司法人户数管理相关规定执行。对属于公司“三重一大”范围的，按照“三重一大”管理要求报公司审定。对收购、合并（含兼并）公司系统外企业的，按照管制业务三、四级单位设立程序报公司审定。 第十一条　机构调整涉及管理规格变化的，按下列程序办理：二级单位调整管理规格的，一般由公司人力资源管理部门提出具体方案，报公司党组决策。三级单位调整为按照二级副管理的，一般由二级单位履行内部决策程序后上报公司，由公司人力资源管理部门报公司党组决策。四级单位调整为按三级正（副）管理的，一般由二级单位履行内部决策程序后组织实施，并报公司备案。	《中国南方电网有限责任公司组织机构管理办法》（Q/CSG 2112001—2022）第十条至十四条

续表

序号	履职主体	业务领域	业务事项	应知应会知识点		
				来源	重点内容	重点条款
409	外部董事	外部董事监事履职重点	外部董事监事议案审议履职提示（组织机构管理）	内部规章制度	第十二条　涉及撤销独立法人单位的，在相应履行上述程序后，需按照《中华人民共和国公司法》中对公司破产、解散和清算的条款，办理相关手续。 第十三条　公司系统所有境外公司的设立、调整或撤销，按照管制业务单位履行相应审定程序。公司系统各单位境外代表处的设立、调整或撤销，须报公司领导审定。 第十四条　各单位因承担上级单位某专项工作，须以上级单位名义开展工作的，由上级单位有关职能管理部门制订方案，与人力资源管理部门达成一致意见后，由人力资源管理部门报本单位领导审定后实施。 2- 关于印发公司治理主体权责清单及授权清单（2022 年版）、公司法人层级权责清单（2022 年版）的通知	《中国南方电网有限责任公司组织机构管理办法》（Q/CSG 2112001—2022）第十条至十四条
410	外部董事	外部董事监事履职重点	外部董事监事议案审议履职提示（组织机构管理）	内部规章制度	第十七条　管制业务单位内设机构的设立、调整或撤销 （一）二级单位内设机构。一般由二级单位制定内设机构的设立、调整或撤销方案，履行内部决策程序后上报公司，由人力资源管理部门组织对方案进行审核，报公司领导审定后组织实施。 二级单位职能部门、直属机构调整（不涉及同类机构总数增加），以及内设科室（业务团队）的设立、调整或撤销，由二级单位履行内部决策程序后组织实施，并报公司备案。 三、四级单位内设机构二级单位按照公司机构管理有关原则和要求，明确三、四级单位内设机构设置	《中国南方电网有限责任公司组织机构管理办法》（Q/CSG 2112003—2022）第十七条
411	外部董事	外部董事监事履职重点	外部董事监事议案审议履职提示（组织机构管理）	内部规章制度	第十八条　非管制业务单位内设机构的设立、调整或撤销 （一）二级单位内设机构由二级单位制定内设机构的设立、调整或撤销方案，履行内部决策程序后组织实施，并报公司备案。 （二）三、四级单位内设机构由二级单位明确三、四级单位内设机构设立、调整或撤销的管理内容和方法，报公司备案。第十九条按照作业流程规范、管理规模适度、专业分工合理的原则，各分子公司应结合实际，规范各层级班组设立、调整或撤销管理流程	《中国南方电网有限责任公司组织机构管理办法》（Q/CSG 2112003—2022）第十八条

续表

序号	履职主体	业务领域	业务事项	应知应会知识点		
				来源	重点内容	重点条款
412	外部董事	外部董事监事履职重点	外部董事监事议案审议履职提示（组织机构管理）	内部规章制度	第六条　组织机构管理应坚持以下原则： （一）承接战略、适应发展原则：组织机构应能承接企业发展战略，适应企业持续发展的需要。 （二）精简效能、统一规范原则：组织机构应设置精简，层级扁平，运作高效；公司系统内同类型组织机构应尽量统一设置，规范管理。 （三）持续优化、协同高效原则：优化就是要科学合理、权责一致，协同就是要有统有分、有主有次，高效就是要履职到位、流程通畅。 （四）适应业务、快速反应原则：组织机构设置应积极主动服务业务发展，适应业务架构调整，快速应对市场变化，有效促进和引领业务变革。 第七条　组织机构管理应遵循以下要求： （一）科学设定机构职责和权限，原则上，一类事项由一个部门统筹、一件事情由一个部门负责。机构设置不要求“上下对口”，不搞“上下一般粗”。 （二）坚持将全员劳动生产率作为并购预期收益的重要评估指标，统筹好规模扩张与效率提升的关系，除输配电业务外，原则上不并购全员劳动生产率低于公司整体或行业平均水平的企业。 （三）非管制业务单位组织机构管理应以资本回报为约束，以创造价值为核心。对经营效益、人均利润、劳动生产率等指标低于预期的，要遵循市场化规律，采用积极有效的手段提升经营业绩；远低于预期的，要按照规定及时调整、撤销相应组织机构。 （四）从严管控内设机构层级、数量，科学配置管理人员职数，合理控制管理人员比例。 （五）组织机构的设立、调整或撤销，应按照有关规定履行相关程序，做好风险评估，确保设立、调整或撤销过程中各类风险可控，确保企业生产经营及员工队伍稳定	《中国南方电网有限责任公司组织机构管理办法》（Q/CSG 2112003—2022）第六条、第七条

续表

序号	履职主体	业务领域	业务事项	应知应会知识点		
				来源	重点内容	重点条款
413	外部董事	外部董事监事履职重点	外部董事监事议案审议履职提示（组织机构管理）	外部法律法规	第二百二十条　公司合并，应当由合并各方签订合并协议，并编制资产负债表及财产清单。公司应当自作出合并决议之日起十日内通知债权人，并于三十日内在报纸上或者国家企业信用信息公示系统公告。债权人自接到通知之日起三十日内，未接到通知的自公告之日起四十五日内，可以要求公司清偿债务或者提供相应的担保。 第二百二十一条　公司合并时，合并各方的债权、债务，应当由合并后存续的公司或者新设的公司承继。 第二百二十二条　公司分立，其财产作相应的分割。 公司分立，应当编制资产负债表及财产清单。公司应当自作出分立决议之日起十日内通知债权人，并于三十日内在报纸上或者国家企业信用信息公示系统公告。 第二百三十五条　清算组应当自成立之日起十日内通知债权人，并于六十日内在报纸上或者国家企业信用信息公示系统公告。债权人应当自接到通知之日起三十日内，未接到通知的自公告之日起四十五日内，向清算组申报其债权。 债权人申报债权，应当说明债权的有关事项，并提供证明材料。清算组应当对债权进行登记。 在申报债权期间，清算组不得对债权人进行清偿。 第二百三十六条　清算组在清理公司财产、编制资产负债表和财产清单后，发现公司财产不足清偿债务的，应当依法向人民法院申请破产清算	《中华人民共和国公司法》（2023修订）（中华人民共和国主席令第15号）第二百二十条、第二百二十一条、第二百二十二条、第二百三十五条、第二百三十七条
414	外部董事	外部董事监事履职重点	外部董事监事议案审议履职提示（章程管理）	外部法律法规	（五）坚持党的领导，发挥政治优势 1. 坚持党的领导、加强党的建设是国有企业的独特优势。要明确党组织在国有企业法人治理结构中的法定地位，将党建工作总体要求纳入国有企业章程，明确党组织在企业决策、执行、监督各环节的权责和工作方式，使党组织成为企业法人治理结构的有机组成部分。要充分发挥党组织的领导核心和政治核心作用，领导企业思想政治工作，支持董事会、监事会、经理层依法履行职责，保证党和国家方针政策的贯彻执行	《关于进一步完善国有企业法人治理结构的指导意见（国办发〔2017〕36号）》

续表

序号	履职主体	业务领域	业务事项	应知应会知识点		
				来源	重点内容	重点条款
415	外部董事	外部董事监事履职重点	外部董事监事议案审议履职提示（章程管理）	外部法律法规	各省、自治区、直辖市党委组织部、国资委党委，各副省级城市党委组织部、国资委党委，中央和国家机关各部委、各人民团体组织人事部门、新疆生产建设兵团党委组织部、国资委党委，各中管金融企业党委、部分国有重要骨干企业党组（党委）： 全国国有企业党的建设工作会议明确提出，把党建工作要求写入国有企业公司章程。这是落实党组织在公司法人治理结构中的法定地位的重要制度安排，是把加强党的领导和完善公司治理统一起来、建设中国特色现代国有企业制度的重要举措。为扎实做好这项工作，现就有关事项通知如下： 一、着力抓好国有独资、全资和国有资本绝对控股企业党建工作要求写入章程。国有独资、全资和国有资本绝对控股企业要带头落实中央部署，带头将党建工作要求写入公司章程，为党组织有效开展工作、发挥作用提供制度保障。要根据党章、公司法和中央有关规定，在公司章程中明确党建工作总体要求，写明党组织的设置形式、地位作用、职责权限，写明党务工作机构及人员配备、党建工作经费保障等内容和要求，明确党委（党组）研究讨论企业重大问题的运行机制，一般应就党组织单设一章，使党建工作要求在公司章程中得到充分体现。对于境外上市的，要注意防范相关法律风险，妥善做好工作。 二、稳步推进国有资本相对控股的混合所有制企业章程修改工作。这类企业资本构成多元、管理模式多样、党建工作发展不平衡，要指导推动企业高度重视党的建设工作，建立健全党的组织、积极开展党的工作，并结合企业股权结构、经营管理实际，区分上市公司和非上市公司不同情况，把党建工作基本要求写入公司章程，防止简单化、一刀切。要注意听取其他股东包括机构投资者的意见，做好释疑解惑工作，使章程修改过程成为宣传贯彻党的路线方针政策的过程，成为凝聚共同愿景、汇聚各方力量	《关于扎实推动国有企业党建工作要求写入公司章程的通知》（组通字〔2017〕11号）

续表

序号	履职主体	业务领域	业务事项	应知应会知识点		
				来源	重点内容	重点条款
415	外部董事	外部董事监事履职重点	外部董事监事议案审议履职提示（章程管理）	外部法律法规	的过程。要通过章程修改，推动企业党建工作制度化、规范化，促进党组织围绕生产经营开展活动、发挥作用。 三、强化责任落实，加强工作指导。这项工作政治性、政策性很强，各地区各部门各单位要高度重视，加强分类指导。党委组织部门要发挥牵头抓好作用，抓好统筹协调，督促检查进展情况，及时研究解决问题。国有资产监管机构党组织要严格审核把关，一家一家做好工作，对国有独资、全资和国有资本绝对控股企业要提出公司章程修改指导文本，对国有资本相对控股的混合所有制企业可推荐参考范本。企业党组织要认真履行主体责任，把工作做深做细，把好方案制定、文本审核、信息发布等关键环节，同时对下属企业要逐个分析研判、分步实施。对工作中的风险点要加强排查、做好预案、注意正面引导，防止舆论炒作，重要情况要及时请示报告	《关于扎实推动国有企业党建工作要求写入公司章程的通知》（组通字〔2017〕11号）
416	外部董事	外部董事监事履职重点	外部董事监事议案审议履职提示（章程管理）	外部法律法规	第十五条　国有企业重大经营管理事项必须经党委（党组）研究讨论后，再由董事会或者经理层作出决定	《中国共产党国有企业基层组织工作条例》（2019）第十五条
417	外部董事	外部董事监事履职重点	外部董事监事议案审议履职提示（章程管理）	外部法律法规	第八条　出资人机构或股东、股东会条款应当按照《中华人民共和国公司法》《企业国有资产法》等有关法律法规及相关规定表述，载明出资方式，明确出资人机构或股东、股东会的职权范围。 第九条　公司党组织条款应当按照《中国共产党章程》《中国共产党国有企业基层组织工作条例（试行）》等有关规定，写明党委（党组）或党支部（党总支）的职责权限、机构设置、运行机制等重要事项。明确党组织研究讨论是董事会、经理层决策重大问题的前置程序。	《国有企业公司章程制定管理办法》（国资发改革规〔2020〕86号）第八条、第九条

续表

序号	履职主体	业务领域	业务事项	应知应会知识点		
				来源	重点内容	重点条款
417	外部董事	外部董事监事履职重点	外部董事监事议案审议履职提示（章程管理）	外部法律法规	设立公司党委（党组）的国有企业应当明确党委（党组）发挥领导作用，把方向、管大局、保落实，依照规定讨论和决定企业重大事项；明确坚持和完善“双向进入、交叉任职”领导体制及有关要求。设立公司党支部（党总支）的国有企业应当明确公司党支部（党总支）围绕生产经营开展工作，发挥战斗堡垒作用；具有人财物重大事项决策权的企业党支部（党总支），明确一般由企业党员负责人担任书记和委员，由党支部（党总支）对企业重大事项进行集体研究把关。 对于国有相对控股企业的党建工作，需结合企业股权结构、经营管理等实际，充分听取其他股东包括机构投资者的意见，参照有关规定和本条款的内容把党建工作基本要求写入公司章程	《国有企业公司章程制定管理办法》（国资发改革规〔2020〕86号）第八条、第九条
418	外部董事	外部董事监事履职重点	外部董事监事议案审议履职提示（章程管理）	外部法律法规	第三十二条　重大经营管理事项须经党委（党组）前置研究讨论后，再由董事会按照职权和规定程序作出决定。 第三十三条　坚持和完善“双向进入、交叉任职”领导体制，符合条件的党委（党组）班子成员可以通过法定程序进入董事会、监事会、经理层，董事会、监事会、经理层成员中符合条件的党员可以依照有关规定和程序进入党委（党组）。 党委（党组）书记、董事长由一人担任，党员总经理担任党委（党组）副书记。党委（党组）配备专责抓党建工作的专职副书记，专职副书记进入董事会且不在经理层任职	《中央企业公司章程指引》（2021年版）第三十二条、第三十三条
419	外部董事	外部董事监事履职重点	外部董事监事议案审议履职提示（章程管理）	外部法律法规	第十条　董事会条款应当明确：董事会定战略、作决策、防风险的职责定位和董事会组织结构、议事规则；载明出资人机构或股东会对董事会授予的权利事项；明确董事的权利义务、董事长职责；明确总经理、副总经理、财务负责人、总法律顾问、董事会秘书由董事会聘任；明确董事会向出资人机构（股东会）报告、审计部门向董事会负责、重大决策合法合规性审查、董事会决议跟踪落实以及后评估、违规经营投资责任追究等机制。	《国有企业公司章程制定管理办法》（国资发改革规〔2020〕86号）第十条、第十一条、第十二条、第十三条

续表

序号	履职主体	业务领域	业务事项	应知应会知识点		
				来源	重点内容	重点条款
419	外部董事	外部董事监事履职重点	外部董事监事议案审议履职提示（章程管理）	外部法律法规	国有独资公司、国有全资公司应当明确由出资人机构或相关股东推荐派出的外部董事人数超过董事会全体成员的半数。 第十一条　经理层条款应当明确：经理层谋经营、抓落实、强管理的职责定位；明确设置总经理、副总经理、财务负责人的有关要求，如设置董事会秘书、总法律顾问，应当明确为高级管理人员；载明总经理职责；明确总经理对董事会负责，依法行使管理生产经营、组织实施董事会决议等职权，向董事会报告工作。 第十二条　监事（会）条款应当明确：设立监事会的国有企业，在监事会条款中明确监事会组成、职责和议事规则。不设监事会仅设监事的国有企业，明确监事人数和职责。 第十三条　财务、会计制度相关条款应当符合国家通用的企业财务制度和国家统一的会计制度。	《国有企业公司章程制定管理办法》（国资发改革规〔2020〕86号）第十条、第十一条、第十二条、第十三条
420	外部董事	外部董事监事履职重点	外部董事监事议案审议履职提示（章程管理）	外部法律法规	第十六条　国有独资公司章程由出资人机构负责制定，或者由董事会制订报出资人机构批准。出资人机构可以授权新设、重组、改制企业的筹备机构等其他决策机构制订公司章程草案，报出资人机构批准。 第十七条　发生下列情形之一时，应当依法制定国有独资公司章程：a. 新设国有独资公司的；b. 通过合并、分立等重组方式新产生国有独资公司的；c. 国有独资企业改制为国有独资公司的；d. 发生应当制定公司章程的其他情形。 第二十六条　国有全资公司、国有控股公司设立时，股东共同制定公司章程	《国有企业公司章程制定管理办法》（国资发改革规〔2020〕86号）第十六条、第十七条、第二十六条
421	外部董事	外部董事监事履职重点	外部董事监事议案审议履职提示（章程管理）	外部法律法规	第十八条　出资人机构负责修改国有独资公司章程。国有独资公司董事会可以根据企业实际情况，按照法律、行政法规制订公司章程修正案，报出资人机构批准。 第二十七条　国有全资公司、国有控股公司的股东会负责修改公司章程。国有全资公司、国有控股公司的董事会应当按照法律、行政法规及公司实际情况及时制订章程的修正案，经与出资人机构沟通后，报股东会审议。	《国有企业公司章程制定管理办法》（国资发改革规〔2020〕86号）第十八条、第二十七条、第二十八条

续表

序号	履职主体	业务领域	业务事项	应知应会知识点		
				来源	重点内容	重点条款
421	外部董事	外部董事监事履职重点	外部董事监事议案审议履职提示（章程管理）	外部法律法规	第二十八条　发生下列情形之一时，应当及时修改国有全资公司、国有控股公司章程：a. 公司章程规定的事项与现行法律、行政法规、规章及规范性文件相抵触的；b. 企业的实际情况发生变化，与公司章程记载不一致的；c. 股东会决定修改公司章程的；d. 发生应当修改公司章程的其他情形	《国有企业公司章程制定管理办法》（国资发改革规〔2020〕86号）第十八条、第二十七条、第二十八条
422	外部董事	外部董事监事履职重点	外部董事监事议案审议履职提示（章程管理）	外部法律法规	第三十三条　国有独资公司董事会，国有全资公司、国有控股公司中由出资人机构委派的董事（包括外部董事），应当在职责范围内对国有企业公司章程制定过程中向出资人机构报送材料的真实性、完整性、有效性、及时性负责，造成国有资产损失或其他严重不良后果的，依法承担相应法律责任	《国有企业公司章程制定管理办法》（国资发改革规〔2020〕86号）第三十三条
423	外部董事	外部董事监事履职重点	外部董事监事议案审议履职提示（章程管理）	内部规章制度	第二十二条　公司《公司章程示范文本》规范了章程各治理主体权责条款内容并对范本实施动态管理，各控股上市公司、保险等子公司应当根据《公司出资企业章程管理规定》规定，结合监管要求，参照《公司章程示范文本》制定或修改公司章程；其他子公司原则上应当严格按照《公司章程示范文本》制定或修改公司章程	《中国南方电网有限责任公司出资企业章程管理规定》（Q/CSG 2021001—2022）第二十二条
424	外部董事	外部董事监事履职重点	外部董事监事议案审议履职提示（章程管理）	内部规章制度	第二十六条　子公司完成章程制定草案征求意见及合法性审查后，应当按照《中华人民共和国公司法人层级权责清单》以及本单位《治理主体权责清单》的有关规定，履行章程制定预沟通、审核或审批程序： （一）全资子公司的章程制定草案经党委前置研究讨论后，依次履行提交章程制定议案、召开董事会、办理股东决定等程序； （二）参股、控股子公司的章程制定草案经党委前置研究讨论后，依次履行提交章程制定议案、召开董事会、召开股东会（股东大会）、签署股东决议等程序。	《中国南方电网有限责任公司出资企业章程管理规定》（Q/CSG 2021001—2022）第二十六条

续表

序号	履职主体	业务领域	业务事项	应知应会知识点		
				来源	重点内容	重点条款
424	外部董事	外部董事监事履职重点	外部董事监事议案审议履职提示（章程管理）	内部规章制度	子公司外部董事应当按照《中华人民共和国公司法人层级权责清单》《公司出资企业外部董事监事行权履职管理细则》的有关规定，履行章程制定所涉及的有关职责。 章程制定涉及预沟通的有关事项具体详见附录 E《出资企业章程审查标准》	《中国南方电网有限责任公司出资企业章程管理规定》（Q/CSG 2021001—2022）第二十六条
425	外部董事	外部董事监事履职重点	外部董事监事议案审议履职提示（章程管理）	内部规章制度	第三十一条　子公司完成章程修改草案征求意见及合法性审查后，应当按照《中华人民共和国公司法人层级权责清单》以及本单位《治理主体权责清单》的有关规定，履行章程修改预沟通、审核或审批程序： （一）全资子公司的章程修改草案经党委前置研究讨论后，依次履行提交章程修改议案、召开董事会、办理股东决定等程序； （二）参股、控股子公司的章程修改草案经党委前置研究讨论后，依次履行提交章程修改议案、召开董事会、召开股东会（股东大会）、签署股东决议等程序。 子公司外部董事应当按照《中华人民共和国公司法人层级权责清单》《公司出资企业外部董事监事行权履职管理细则》的有关规定，履行章程修改所涉及的有关职责。 章程修改涉及预沟通的有关事项具体详见附录 E《出资企业章程审核标准》	《中国南方电网有限责任公司出资企业章程管理规定》（Q/CSG 2021001—2022）第三十一条
426	外部董事	外部董事监事履职重点	外部董事监事议案审议履职提示（章程管理）	内部规章制度	第三十条　公司章程有下列情况的，应当修改： （一）章程规定的事项与现行的法律、行政法规相抵触； （二）公司生产经营状况（或实际情况）发生变化，与章程记载事项不一致； （三）股东决定修改章程； （四）发生应当修改公司章程的其他情况	《中国南方电网有限责任公司出资企业章程管理规定》（Q/CSG 2021001—2022）第三十条

续表

序号	履职主体	业务领域	业务事项	应知应会知识点		
				来源	重点内容	重点条款
427	外部董事	外部董事监事履职重点	外部董事监事议案审议履职提示（章程管理）	内部规章制度	独立董事有下列情形之一的，原则上应予以免职： 一、因身体健康等原因不适合继续担任独立董事，或者年满 70 周岁的。 二、履职过程中对所受聘企业有不诚信行为或者未尽到勤勉义务的。 三、独立董事年度评价结果为不称职，或连续 2 个年度评价结果为基本称职，且无股东会认可的正当理由的。 四、董事会决议严重违反法律法规、公司章程，或者明显损害所受聘企业、股东合法权益，本人未投反对票且不具有免责情形的。 五、法律法规、相关监管规定或者公司章程约定的其他原因需要免职的	《中国南方电网有限责任公司出资企业章程管理规定》（Q/CSG 2021001—2022）附录 E：南方电网公司出资企业章程审核标准
428	外部董事	外部董事监事履职重点	外部董事监事议案审议履职提示（章程管理）	内部规章制度	第八条　授权事项负面清单 董事会行使的法定职权、需提请股东会或者国资委决定的事项等不可授权，主要包括： （一）召集股东会会议，执行股东会的决议，向股东会报告工作； （二）制订公司发展战略纲要、中长期发展规划； （三）决定公司高风险投资等投资项目和方案； （四）制订公司年度计划预算方案、财务决算方案、利润分配方案和弥补亏损方案； （五）决定公司年度工资总额和预算与清算方案； （六）制订公司增加或者减少注册资本方案、发行公司债券方案； （七）制订公司合并、分立、解散或者变更公司形式的方案； （八）制订公司章程草案或者公司章程修改方案，制定公司基本管理制度（党的建设、纪检监督、干部管理、人才管理等基本制度除外）； （九）决定公司总部部门、直属机构的设立、撤销；	《中国南方电网有限责任公司董事会授权管理规定》（Q/CSG 2023002—2022）第八条

续表

序号	履职主体	业务领域	业务事项	应知应会知识点		
				来源	重点内容	重点条款
428	外部董事	外部董事监事履职重点	外部董事监事议案审议履职提示（章程管理）	内部规章制度	（十）聘任或者解聘公司总经理、副总经理、总会计师以及董事会秘书、总法律顾问等高级管理人员，制定经理层成员经营业绩考核和薪酬制度，组织实施经理层成员经营业绩考核，决定考核方案、考核结果和薪酬分配事项；实施经理层成员经营业绩考核，决定考核方案、考核结果和薪酬分配事项； （十一）批准公司担保事项； （十二）批准公司的风险管理体系、内部控制体系、合规管理体系和违规经营投资责任追究工作体系，聘任或者解聘公司内部审计机构的负责人，依法批准年度审计计划和重要审计报告； （十三）批准可开展的金融衍生业务类型； （十四）法律、行政法规、规章、规范性文件或者公司章程规定不得授权的其他事项； （十五）以上事项国资委另有规定的，从其规定	《中国南方电网有限责任公司董事会授权管理规定》（Q/CSG 2023002—2022）第八条
429	外部董事	外部董事监事履职重点	外部董事监事议案审议履职提示（章程管理）	内部规章制度	第二十七条　子公司向公司提交章程制定议案，应当按照《中华人民共和国公司法人层级权责清单》的有关规定，附上以下材料： （一）章程制定草案； （二）提交章程制定议案前，就章程制定应当履行的相关会议审议纪要； （三）章程制定草案与《公司章程示范文本》逐条对照表、外部董事关于章程制定事项的意见或建议汇总表； （四）公司章程管理部门认为应当提交的其他材料。 第三十二条　子公司向公司提交章程修改议案，应当按照《中华人民共和国公司法人层级权责清单》的有关规定，附以下材料： （一）章程修改草案； （二）提交章程修改议案前，就章程修改应当履行的相关会议审议纪要； （三）章程修改草案与原章程、《公司章程示范文本》逐条对照表、外部董事关于章程修改事项的意见或建议汇总表； （四）公司章程管理部门认为应当提交的其他材料	《中国南方电网有限责任公司出资企业章程管理规定》（Q/CSG 2021001—2022）第二十七条

续表

序号	履职主体	业务领域	业务事项	应知应会知识点		
				来源	重点内容	重点条款
430	外部董事	外部董事监事履职重点	外部董事监事议案审议履职提示（公司治理）	外部法律法规	二、规范主体权责。健全以公司章程为核心的企业制度体系，充分发挥公司章程在企业治理中的基础作用，依照法律法规和公司章程，严格规范履行出资人职责的机构（以下简称出资人机构）、股东会（包括股东大会，下同）、董事会、经理层、监事会、党组织和职工代表大会的权责，强化权利责任对等，保障有效履职，完善符合市场经济规律和我国国情的国有企业法人治理结构，进一步提升国有企业运行效率	《国务院办公厅关于进一步完善国有企业法人治理结构的指导意见》（国办发〔2017〕36号）二、规范主体权责
431	外部董事	外部董事监事履职重点	外部董事监事议案审议履职提示（公司治理）	外部法律法规	a. 股东会是公司的权力机构。股东会主要依据法律法规和公司章程，通过委派或更换董事、监事（不含职工代表），审核批准董事会、监事会年度工作报告，批准公司财务预决算、利润分配方案等方式，对董事会、监事会以及董事、监事的履职情况进行评价和监督。出资人机构根据本级人民政府授权对国家出资企业依法享有股东权利。 b. 国有独资公司不设股东会，由出资人机构依法行使股东会职权。以管资本为主改革国有资本授权经营体制，对直接出资的国有独资公司，出资人机构重点管好国有资本布局、规范资本运作、强化资本约束、提高资本回报、维护资本安全。对国有全资公司、国有控股企业，出资人机构主要依据股权份额通过参加股东会议、审核需由股东决定的事项、与其他股东协商作出决议等方式履行职责，除法律法规或公司章程另有规定外，不得干预企业自主经营活动。 c. 出资人机构依据法律法规和公司章程规定行使股东权利、履行股东义务，有关监管内容应依法纳入公司章程。按照以管资本为主的要求，出资人机构要转变工作职能、改进工作方式，加强公司章程管理，清理有关规章、规范性文件，研究提出出资人机构审批事项清单，建立对董事会重大决策的合规性审查机制，制定监事会建设、责任追究等具体措施，适时制定国有资本优先股和国家特殊管理股管理办法	《国务院办公厅关于进一步完善国有企业法人治理结构的指导意见》（国办发〔2017〕36号）二、规范主体权责（一）理顺出资人职责，转变监管方式

续表

序号	履职主体	业务领域	业务事项	应知应会知识点		
				来源	重点内容	重点条款
432	外部董事	外部董事监事履职重点	外部董事监事议案审议履职提示（公司治理）	外部法律法规	二、规范主体权责 （二）加强董事会建设，落实董事会职权 （三）维护经营自主权，激发经理层活力 （四）发挥监督作用，完善问责机制 （五）坚持党的领导，发挥政治优势	《国务院办公厅关于进一步完善国有企业法人治理结构的指导意见》（国办发〔2017〕36号）二、规范主体权责
433	外部董事	外部董事监事履职重点	外部董事监事议案审议履职提示（公司治理）	内部规章制度	一、总体要求 指导思想：坚持以习近平新时代中国特色社会主义思想为指导，紧紧围绕贯彻落实习近平总书记“两个一以贯之”重要论述，聚焦“四加强三推动”，抓重点、补短板、强弱项，促进公司治理重心从顶层设计向规范运行转变，进一步健全完善权责法定、权责透明、协调运转、有效制衡的公司治理机制，打造中国特色现代企业制度“南网样板”。 工作原则：坚持加强党的领导与完善公司治理相统一。坚持党的领导、加强党的建设，是国有企业的“根”和“魂”，要将党的领导落实到公司治理各环节，充分彰显中国特色现代企业制度优势。坚持遵从治理基本规则与尊重治理结构差异相结合。紧密结合不同业务单元、不同管理层级、不同治理结构特点和需要，差异化构建治理模式，避免上下一般粗、左右一个样、机械套用。坚持协调运转和有效制衡相衔接。明确各治理主体权责边界，要做到无缝衔接，高效协同运转，形成合力。各治理主体既不缺位失位，也不越位错位，形成权力约束和有效制衡。 主要目标：2025年前，中国特色现代企业制度成熟定型，基本实现公司治理体系和治理能力现代化；2030年前，中国特色现代企业制度优越性充分显现，全面实现公司治理体系和治理能力现代化	《关于印发南方电网公司进一步加强公司治理工作方案（2022年版）的通知》（南方电网法规〔2022〕14号）一、总体要求

续表

序号	履职主体	业务领域	业务事项	应知应会知识点		
				来源	重点内容	重点条款
434	外部董事	外部董事监事履职重点	外部董事监事议案审议履职提示（公司治理）	内部规章制度	（六）推动优化制度体系，固化公司治理机制。 26. 持续更新公司治理制度文件体系。根据应用情况和外部法律法规、政策文件变化情况，统筹做好公司治理主体权责清单、不同治理结构公司治理范本的修订工作。梳理公司治理系列文件，编制《中国特色现代企业制度文件汇编》《公司治理百问》，指导各分子公司加强学习应用。 27. 构建与公司股权结构相适应的治理体系。做好公司股权理顺后各项工作，高质量筹备首次股东会会议、新一届董事会第一次会议，以规范高效的治理推动企业高质量发展。加快构建总部股权多元化中央企业公司治理机制，完成章程等制度的修订。 28. 研究规范上市公司治理。全面梳理监管机构对上市公司治理的特殊要求，及时将监管要求固化进公司治理文件，形成上市公司治理范本。 29. 做好公司治理顶层设计前沿研究。构建国有企业差异化治理体系，完成国资委十大智库课题“中国特色现代企业制度下国有企业治理准则研究”。开展多元投资主体公司股权结构设计与治理机制研究，探索建立有别于国有独资公司的治理和管控机制	《关于印发南方电网公司进一步加强公司治理工作方案（2022年版）的通知》（南方电网法规〔2022〕14号）
435	外部董事	外部董事监事履职重点	外部董事监事议案审议履职提示（公司治理）	内部规章制度	董事会要坚决贯彻习近平总书记重要指示批示精神和党中央、国务院重大决策部署，把握好与党委的权责关系，支持企业党委充分发挥把方向、管大局、促落实的领导作用，推动党的领导党的建设政治优势与现代企业制度优势更好地结合起来。董事要自觉用习近平新时代中国特色社会主义思想武装头脑，把握“两个确立”决定性意义，不断增强“四个意识”、坚定“四个自信”、做到“两个维护”，牢记“国之大者”。 a. 完善“双向进入、交叉任职”领导机制。董事长、党委书记由一人担任的，要切实把两个岗位的职责都挑起来，推动实现管党治党与治企兴企的有机统一。	《关于印发南方电网公司进一步加强公司治理工作方案（2022年版）的通知》（南方电网法规〔2022〕14号）二、工作安排

续表

序号	履职主体	业务领域	业务事项	应知应会知识点		
				来源	重点内容	重点条款
435	外部董事	外部董事监事履职重点	外部董事监事议案审议履职提示（公司治理）	内部规章制度	进入董事会的党委班子成员在董事会会议前要与其他董事进行沟通，根据议题内容听取董事会专门委员会的意见，会议上要按照党委会形成的意见发表建议。完善分公司治理结构，科学配置党委和经理层成员，实现党委与经理层成员适度交叉、相对独立、配备科学。完善设党支部企业治理结构，一般由党员负责人担任书记和委员。 b. 厘清党组织决定和前置研究讨论事项范围。严格落实《中央企业党组（党委）前置研究讨论重大经营管理事项清单示范文本》，修订党组织权责清单。党的建设等重大事项由党组织决定，重大经营管理事项经党组织前置研究讨论后再由董事会等其他治理主体按照职权和规定程序作出决定。 c. 建立党组织前置研究讨论事项分类清单。综合运用制度审议、综合审议和一事一议三种前置研究讨论方式，建立分类清单，推动党组织更加聚焦谋大事、议重点。 d. 规范党组织议事程序及要求。党组织前置研究讨论时，重点把“四个是否”（“四个是否”指决策事项是否符合党的理论和路线方针政策，是否贯彻党中央决策部署和落实国家发展战略，是否有利于促进企业高质量发展、增强企业竞争实力、实现国有资产保值增值，是否有利于维护社会公众利益和职工群众合法权益）作为判断标准，上会材料应充分体现把关定向职能，避免党组织直接成为生产经营决策的指挥中心。完善前置研究讨论程序，明确党组织会议一般应由党组织班子成员汇报	《关于印发南方电网公司进一步加强公司治理工作方案（2022年版）的通知》（南方电网法规〔2022〕14号）二、工作安排
436	外部董事	外部董事监事履职重点	外部董事监事议案审议履职提示（公司治理）	内部规章制度	二、培育“忠实尽责、民主平等、开拓进取”的董事会文化 （一）把加强党的领导和完善公司治理统一起来。 （二）忠实勤勉履行受托责任。 （三）切实落实董事会职权。 （四）营造开放包容的沟通氛围。 （五）保护每位董事的独立性。	《关于加强子公司董事会文化建设和监事会作风建设的指导意见》（南方电网人资〔2022〕52号）

续表

序号	履职主体	业务领域	业务事项	应知应会知识点		
				来源	重点内容	重点条款
436	外部董事	外部董事监事履职重点	外部董事监事议案审议履职提示（公司治理）	内部规章制度	（六）处理好企业内外各方面的关系。 （七）不断提高规范化运作水平。 （八）加快提升治理水平和履职能力。 （九）积极推动企业改革发展	《关于加强子公司董事会文化建设和监事会作风建设的指导意见》（南方电网人资〔2022〕52号）
437	外部董事	外部董事监事履职重点	外部董事监事议案审议履职提示（公司治理）	内部规章制度	二、工作安排 （一）坚持和加强党的领导，将党的领导落实到公司治理各环节。 （二）加强董事会建设，推动更好发挥董事会经营决策主体作用。 （三）加强经理层行权履职，激发经理层活力动力。 （四）加强监督体系建设，提升监事会监督质效。 （五）推动提升外部董事监事履职能力，促进更好行权履职。 （六）推动优化制度体系，固化公司治理机制。 （七）推动治理范本落地实施，提升各层级公司治理水平	《关于印发南方电网公司进一步加强公司治理工作方案（2022年版）的通知》（南方电网法规〔2022〕14号）
438	外部董事	外部董事监事履职重点	外部董事监事议案审议履职提示（公司治理）	内部规章制度	二、培育“忠实尽责、民主平等、开拓进取”的董事会文化 （二）忠实勤勉履行受托责任。董事会要依法履行法定职权，执行出资人或股东会决定，维护出资人、企业利益和职工的合法权益。严格落实向出资人或股东会报告的要求，做到知情必报、及时报告，既要反映问题又要提出解决问题的办法，不得向出资人瞒报、延报有损出资人利益和企业合法权益的信息。董事要自觉践行契约精神，投入足够时间和精力履职，积极承担董事会及其专门委员会的工作，准确理解并表达出资人意图，自觉站在出资人立场决策，为董事会运作和企业运营提供有价值的建议。外部董事要积极沟通，重点对依托外部董事管控清单内事项做好汇报，严格按照出资人意见进行表决	《关于加强子公司董事会文化建设和监事会作风建设的指导意见》（南方电网人资〔2022〕52号）

续表

序号	履职主体	业务领域	业务事项	应知应会知识点		
				来源	重点内容	重点条款
439	外部董事	外部董事监事履职重点	外部董事监事议案审议履职提示（公司治理）	内部规章制度	（三）加强经理层行权履职，激发经理层活力动力。 13. 完善董事会向经理层的授权制度。进一步完善经理层权责清单，在符合“三重一大”制度的基础上，通过章程合理赋权、加大董事会授权，支持经理层发挥谋经营、抓落实、强管理的经营管理作用。 14. 理顺总经理拟订事项的管理规范。明确总经理拟订事项的范围，理顺总经理行使拟订职权的路径和流程。 15. 深化任期制和契约化管理。持续健全经理层抓落实的工作机制，完善任期制和契约化相关契约文本，引导经理层主动承担更大责任，相应赋予经理层更充分的自主权。对业绩目标分解、考核、分配结果事项要充分听取总经理意见，确保责任和压力层层传导。 16. 落实总经理报告制度。严格落实总经理对董事会负责的工作机制，至少每半年总经理向董事会报告工作，董事会闭会期间向董事长报告工作	《关于印发南方电网公司进一步加强公司治理工作方案（2022 年版）的通知》（南方电网法规〔2022〕14 号）二、工作安排
440	外部董事	外部董事监事履职重点	外部董事监事议案审议履职提示（公司治理）	内部规章制度	（七）推动治理范本落地实施，提升各层级公司治理水平。 30. 开展公司治理示范企业创建活动。建立季度通报机制，以不同治理结构公司治理范本落地应用为抓手，完成首批公司治理良好、优秀企业的评选及认定工作。 31. 推进治理型行权常态化运转。严格按照公司法人层级权责清单上报议案，原则上均采用协同办公系统决策会议模块议题上报功能进行议案报送，并提前与总部部门充分沟通，预留充足审核时间。 32. 推动公司治理信息化。健全完善决策会议模块，实现重大事项议案在系统中报送流转。研究建立总部董事会运行支持模块，实现外部董事监事办文阅文、资料查询、日常办公、会议服务等工作的线上办理。	《关于印发南方电网公司进一步加强公司治理工作方案（2022 年版）的通知》（南方电网法规〔2022〕14 号）二、工作安排

续表

序号	履职主体	业务领域	业务事项	应知应会知识点		
				来源	重点内容	重点条款
440	外部董事	外部董事监事履职重点	外部董事监事议案审议履职提示（公司治理）	内部规章制度	33. 做好因企施策精准授权。针对不同行业、不同层级、不同股权结构、不同发展阶段的子企业，进一步评估授权放权需求，修订公司法人层级权责清单，实施精准化授权放权，激发子企业发展活力	《关于印发南方电网公司进一步加强公司治理工作方案（2022 年版）的通知》（南方电网法规〔2022〕14 号）二、工作安排
441	外部董事	外部董事监事履职重点	外部董事监事议案审议履职提示（公司治理）	内部规章制度	坚持以习近平新时代中国特色社会主义思想为指导，紧紧围绕贯彻落实习近平总书记“两个一以贯之”重要论述，进一步健全完善权责法定、权责透明、协调运转、有效制衡的公司治理机制，打造中国特色现代企业制度“南网样板”。2025 年前，中国特色现代企业制度成熟定型，基本实现公司治理体系和治理能力现代化；2030 年前，中国特色现代企业制度优越性充分显现，全面实现公司治理体系和治理能力现代化	《关于印发南方电网公司进一步加强公司治理工作方案（2022 年版）的通知》（南方电网法规〔2022〕14 号）二、工作安排
442	外部董事	外部董事监事履职重点	外部董事监事议案审议履职提示（重大法律案件）	内部规章制度	一、隐患：潜藏在各业务领域中，可能会影响公司利益的不稳定因素。 二、纠纷：已经发生争议，但尚未进入诉讼程序的事件。 三、法律案件：是指以公司或所属单位作为当事人一方，由人民法院、仲裁机构或行政机关通过法定程序处理的各种争议，包括民事诉讼、劳动争议仲裁、行政复议或行政诉讼、民商事仲裁、生效法律文书执行等	《中国南方电网有限责任公司法律案件管理办法》（Q/CSG 2192002—2021）附录 B：术语和定义
443	外部董事	外部董事监事履职重点	外部董事监事议案审议履职提示（重大法律案件）	内部规章制度	四、法律案件的类别：根据法律案件的管辖法院层级、涉案金额和社会影响性等因素分为重大法律案件和一般法律案件。 重大法律案件是指具有以下情形之一的法律案件： （一）一审由高级及以上人民法院受理的案件； （二）涉案金额超过 1000 万元人民币（含本数）或等值外币的案件； （三）涉及 5 个以上单位或个人，且可能产生较大影响的群体性案件或系列案件；	《中国南方电网有限责任公司法律案件管理办法》（Q/CSG 2202003—2023）附录 B：术语和定义

续表

序号	履职主体	业务领域	业务事项	应知应会知识点		
				来源	重点内容	重点条款
443	外部董事	外部董事监事履职重点	外部董事监事议案审议履职提示（重大法律案件）	内部规章制度	（四）涉及单位犯罪的刑事案件； （五）其他涉及公司重大权益或具有重大影响的案件。 其中，以下重大法律案件由公司治理主体行权： （一）涉案金额超过5000万元人民币（含本数）或等值外币的案件； （二）涉及5个以上单位或个人，且可能产生较大影响的群体性案件或系列案件； （三）涉及单位犯罪的刑事案件； （四）其他涉及公司重大权益或具有重大影响的案件。 一般法律案件，是指除重大法律案件以外的法律案件	《中国南方电网有限责任公司法律案件管理办法》（Q/CSG 2202003—2023）附录B：术语和定义
444	外部董事	外部董事监事履职重点	外部董事监事议案审议履职提示（重大法律案件）	内部规章制度	第四条　各业务部门应定期开展风险隐患排查与评估，建立重大风险预警机制，落实消除隐患的各项措施，形成风险防控策略，积极维护本单位的合法权益。 第五条　各业务部门发现法律纠纷，应及时向法律管理部门进行备案。 第六条　业务部门牵头对纠纷情况进行评估，制定纠纷处理方案，采取按约履行、积极沟通、催告、谈判等方式解决纠纷，法律管理部门予以配合和支持。 第七条　各业务部门对无法自行协调处理的法律纠纷，应及时反馈法律管理部门。由法律管理部门根据需要，通过司法程序予以处理。 第八条　业务部门应当根据法律管理部门的要求，及时、真实、完整地提供法律纠纷的相关材料	《中国南方电网有限责任公司法律案件管理办法》（Q/CSG 2202003—2023）第四条至第八条
445	外部董事	外部董事监事履职重点	外部董事监事议案审议履职提示（重大法律案件）	内部规章制度	第十条　法律管理部门负责组织进行风险分析，评估法律案件的风险水平，法律管理部门负责会同业务部门制定起诉、应诉、和解方案。重大法律案件的起诉、应诉、和解方案，按照公司及本单位的“三重一大”决策管理制度要求，履行决策程序后方可实施。 第十一条　法律管理部门应当充分整合内外部资源，有效协调相关业务部门，合理利用法律中介机构。因案件办理需要要求相关部门协助的，相关部门应当予以配合。	《中国南方电网有限责任公司法律案件管理办法》（Q/CSG 2202003—2023）第十条、第十一条、第十二条、第十三条、第十五条

续表

序号	履职主体	业务领域	业务事项	应知应会知识点		
				来源	重点内容	重点条款
445	外部董事	外部董事监事履职重点	外部董事监事议案审议履职提示（重大法律案件）	内部规章制度	第十二条　需要委托社会法律服务机构代理案件的，由法律管理部门按有关规定办理。 第十三条　法律管理部门应当在法律案件形成后 3 个工作日内向上级单位备案。 第十五条　重大法律案件发生、重大进展和结案情况，各单位应当在 5 个工作日内向公司提交书面报告。重大法律案件的月度进展情况，应于次月 2 日前书面报告公司法律管理部门；对于案件办理过程中的重要信息（如变更诉讼请求、撤诉、法院判决等）应随时上报。 报告应当包括以下内容： （一）包括案由、当事人、涉案金额、主要事实等基本案情； （二）争议焦点、结果预判等法律分析意见； （三）采取的措施及诉讼策略； （四）下一步工作安排。 需由公司治理主体行权的重大法律案件，同时按照《公司治理主体权责清单及授权清单》的要求执行	《中国南方电网有限责任公司法律案件管理办法》（Q/CSG 2202003—2023）第十条、第十一条、第十二条、第十三条、第十五条
446	外部董事	外部董事监事履职重点	外部董事监事议案审议履职提示（重大法律案件）	内部规章制度	第十六条　案件处理应当遵循以事实为依据，以法律为准绳的原则，加强对案件处理全过程的管控。 第十七条　法律管理部门应当建立健全案件论证与协调机制，组建法律案件管理柔性团队，为案件办理提供专业支撑与帮助。 第十八条　对涉及专业性强、案情复杂或影响程度较大的法律案件，法律管理部门可以邀请相关领域的专家开展论证。 第十九条　对下列情形之一的一般法律案件，发案单位可报请上一级法律管理部门予以协助： （一）案情复杂，且法律规定不明确的； （二）当事方对案件争议较大的； （三）涉及较复杂技术问题的； （四）发案单位无法有效组织进行论证的； （五）其他确需上一级法律管理部门予以协助的情形。	《中国南方电网有限责任公司法律案件管理办法》（Q/CSG 2202003—2023）第十六条、第十七条、第十八条、第十九条、第二十六条、第二十七条、第二十八条、第二十九条

续表

序号	履职主体	业务领域	业务事项	应知应会知识点		
				来源	重点内容	重点条款
446	外部董事	外部董事监事履职重点	外部董事监事议案审议履职提示（重大法律案件）	内部规章制度	第二十六条　各单位应当做好案件协调工作，加强与司法机关、仲裁机构或行政机关的联系沟通。有下列情形之一的法律案件，可提请上级单位协调： （一）历史遗留或背景复杂的； （二）受到不正当干预的； （三）影响重大且通过上级单位协调有助于推动案件公正处理的； （四）其他有必要向上级单位申请协助的情况。 第二十七条　在案件责任明确以及维护公司合法权益前提下，法律管理部门可通过和解、调解等方式解决案件。和解、调解的过程和意见应按规定履行审批程序。处理结果应以书面形式确定，由人民法院或仲裁机构制作调解书或者裁决书。 第二十八条　法律管理部门应对裁判文书及相关资料进行研究，提出法律意见或建议。 决定提起上诉、再审或申请复议的法律案件，必须严格按照法定期限提起。 第二十九条　法律管理部门应对生效判决书、裁定书、调解书或裁决书进行审核，并向业务部门提出协助执行、暂缓执行、无法执行等法律意见，业务部门负责具体实施，法律管理部门协助。 对方当事人逾期不履行的，法律管理部门应在法定期限内申请强制执行	《中国南方电网有限责任公司法律案件管理办法》（Q/CSG 2202003—2023）第十六条、第十七条、第十八条、第十九条、第二十六条、第二十七条、第二十八条、第二十九条
447	外部董事	外部董事监事履职重点	外部董事监事议案审议履职提示（重大法律案件）	内部规章制度	第三十二条　法律管理部门应将收到的法律文书、制定的诉讼或仲裁方案、结案报告在3日内录入法律案件管理系统。 第三十三条　法律管理部门按照“一案一总结”的要求制作结案报告，对案件基本情况、案件焦点、处理过程及结果进行系统分析。 第三十四条　法律管理部门根据案件分析情况，针对存在的法律风险、经营管理薄弱环节、风险防控措施等以书面形式，向业务部门、所属单位提出建议或向公司领导报告。 第三十五条　业务部门应及时对法律管理部门提出的风险防控措施和管理改善建议等予以落实，并将落实情况及时反馈。	《中国南方电网有限责任公司法律案件管理办法》（Q/CSG 2202003—2023）第三十二条至第三十八条

续表

序号	履职主体	业务领域	业务事项	应知应会知识点		
				来源	重点内容	重点条款
447	外部董事	外部董事监事履职重点	外部董事监事议案审议履职提示（重大法律案件）	内部规章制度	法律管理部门应跟踪措施落实情况，对未及时落实相关措施的部门进行监督提醒。 第三十六条　法律管理部门每年根据法律案件发生及办理情况，统计分析案件发生的原因、发案规律及案件高发业务领域等，提出有针对性的处理方案，形成法律案件分析报告。 各分、子公司法律案件分析报告按季度编制，案件数据滚动统计，于每季度结束后的次月5日前报公司法律管理部门。 各分、子公司年度法律案件分析报告应于当年12月30日前报公司法律管理部门备案。 第三十七条　法律管理部门应当在结案后一个月内将法律案件材料交本单位档案管理部门归档。归档材料包括但不限于：法律文书、法律意见书、应诉方案、证据材料等。 第三十八法律案件管理情况纳入公司对各单位年度法治工作评价。	《中国南方电网有限责任公司法律案件管理办法》（Q/CSG 2202003—2023）第三十二条至第三十八条
448	外部董事	外部董事监事履职重点	外部董事监事议案审议履职提示（重大法律案件）	内部规章制度	第四十条　法律管理部门应建立健全案件管理激励机制，明确条件和标准，对在案件处理过程中避免或者挽回损失的集体和个人给予表彰和奖励。 法律案件相关当事人存在滥用诉权、恶意诉讼、虚假陈述、虚构事实等不诚信行为，给公司利益造成严重损害或不良影响的，法律管理部门应核实相关当事人信息，并及时向业务部门建议纳入诚信档案。 第四十一条　法律管理部门发现相关单位或人员对法律案件的发生及处理负有责任，且造成公司经济损失或不良影响的，应启动法律案件问责调查，并根据调查结果按公司相关制度处理。 根据司法机关、仲裁机构或行政机关的生效法律文书，认为因管理上的原因和过错应承担责任的案件，应当启动法律案件问责调查，但公司承担无过错责任的案件除外。 第四十二条　法律案件问责分为重大问责案件、较大问责案件、一般问责案件，重大问责案件由公司组织实施，较大问责案件由各分、子公司组织实施，一般问责案件由案件发生单位组织实施。	《中国南方电网有限责任公司法律案件管理办法》（Q/CSG 2202003—2023）第四十条至第四十八条

续表

序号	履职主体	业务领域	业务事项	应知应会知识点		
				来源	重点内容	重点条款
448	外部董事	外部董事监事履职重点	外部董事监事议案审议履职提示（重大法律案件）	内部规章制度	上级单位认为有必要时可提级或指定案件发生单位开展案件问责。 第四十三条　对案件发生负有责任的单位问责方式有责令整改、通报批评、取消评优和扣减绩效。 第四十四条　对案件发生负有责任的人员问责方式有通报批评、行政问责和经济问责。对于调离原工作岗位的人员，应当按原工作岗位的要求按本办法规定执行。 相关人员涉嫌违纪的，按有关规定移送纪检监察部门给予纪律处分；涉嫌违法犯罪的，依法移送司法机关处理。 相关单位或人员依据本办法之外的其他公司制度已就同一案件所负责任接受了问责或处分的，不再按本办法规定问责。 第四十五条　人员责任分为直接责任、管理责任、领导责任。 第四十六条　法律管理部门根据案件问责需要，组织财务管理部门、人力资源管理部门、纪检监察部门及相关部门成立调查小组，通过调查取证，查明案件基本情况、经济损失及造成影响、单位和个人是否负有责任及责任划分。 调查小组负责编制《法律案件问责调查建议书》，提出对负有责任的单位及个人问责建议，并将调查结果及问责依据告知拟问责的单位及人员，拟问责单位及人员应自告知之日起 10 日内作出陈述或申辩，调查小组应形成书面记录。 第四十七条　法律管理部门根据《法律案件问责调查建议书》，拟定调查及问责报告，提交本单位研究决定或转至案件发生单位研究决定。 涉及单位问责的，分、子公司的问责由公司研究决定，分、子公司下属单位的问责由分、子公司研究决定。涉及人员问责的，按照“谁管理、谁负责”的原则，按干部、员工管理权限由所在单位研究决定。	《中国南方电网有限责任公司法律案件管理办法》（Q/CSG 2202003—2023）第四十条至第四十八条

续表

序号	履职主体	业务领域	业务事项	应知应会知识点		
				来源	重点内容	重点条款
448	外部董事	外部董事监事履职重点	外部董事监事议案审议履职提示（重大法律案件）	内部规章制度	第四十八条　单位及人员问责决定作出后，由法律管理部门负责行文公布，并报送上级法律管理部门备案。其中对涉及员工惩处的内容，按照有关制度执行。 被问责主体自问责决定公布之日起，按规定时间完成问责决定的要求，并向问责主体上报落实情况报告。	《中国南方电网有限责任公司法律案件管理办法》（Q/CSG 2202003—2023）第四十条至第四十八条
449	外部董事	外部董事监事履职重点	外部董事监事议案审议履职提示（重大法律案件）	内部规章制度	法律案件：是指以公司或所属单位作为当事人一方，由法院、仲裁机构或行政机关通过法定程序处理的各种争议，包括民事诉讼、刑事诉讼、劳动争议仲裁、行政复议或行政诉讼、民商事仲裁、生效法律文书执行等。	《中国南方电网有限责任公司法律案件管理办法》（Q/CSG 2202003—2023）附录B：术语和定义
450	外部董事	外部董事监事履职重点	外部董事监事议案审议履职提示（重大法律案件）	内部规章制度	第十条　法律管理部门负责组织进行风险分析，评估法律案件的风险水平，法律管理部门负责会同业务部门制定起诉、应诉、和解方案。重大法律案件的起诉、应诉、和解方案，按照公司及本单位的“三重一大”决策管理制度要求，履行决策程序后方可实施。 第十六条　案件处理应当遵循以事实为依据，以法律为准绳的原则，加强对案件处理全过程的管控。 第十七条　法律管理部门应当建立健全案件论证与协调机制，组建法律案件管理柔性团队，为案件办理提供专业支撑与帮助。 第十八条　对涉及专业性强、案情复杂或影响程度较大的法律案件，法律管理部门可以邀请相关领域的专家开展论证。 第三十六条　法律管理部门每年根据法律案件发生及办理情况，统计分析案件发生的原因、发案规律及案件高发业务领域等，提出有针对性的处理方案，形成法律案件分析报告。	《中国南方电网有限责任公司法律案件管理办法》（Q/CSG 2202003—2023）第十条、第十六条、第十七条、第十八条、第三十六条、第四十一条

续表

序号	履职主体	业务领域	业务事项	应知应会知识点		
				来源	重点内容	重点条款
450	外部董事	外部董事监事履职重点	外部董事监事议案审议履职提示（重大法律案件）	内部规章制度	各分、子公司法律案件分析报告按季度编制，案件数据滚动统计，于每季度结束后的次月5日前报公司法律管理部门。 各分、子公司年度法律案件分析报告应于当年12月30日前报公司法律管理部门备案。 第四十一条　法律管理部门发现相关单位或人员对法律案件的发生及处理负有责任，且造成公司经济损失或不良影响的，应启动法律案件问责调查，并根据调查结果按公司相关制度处理。	《中国南方电网有限责任公司法律案件管理办法》（Q/CSG 2202003—2023）第十条、第十六条、第十七条、第十八条、第三十六条、第四十一条
451	外部董事	外部董事监事履职重点	外部董事监事议案审议履职提示（重大法律案件）	内部规章制度	第十条　法律管理部门负责组织进行风险分析，评估法律案件的风险水平，法律管理部门负责会同业务部门制定起诉、应诉、和解方案。重大法律案件的起诉、应诉、和解方案，按照公司及本单位的“三重一大”决策管理制度要求，履行决策程序后方可实施。 第十一条　法律管理部门应当充分整合内外部资源，有效协调相关业务部门，合理利用法律中介机构。因案件办理需要要求相关部门协助的，相关部门应当予以配合。 第十三条　法律管理部门应当在法律案件形成后3个工作日内向上级单位备案。 第十五条　重大法律案件发生、重大进展和结案情况，各单位应当在5个工作日内向公司提交书面报告。重大法律案件的月度进展情况，应于次月2日前书面报告公司法律管理部门；对于案件办理过程中的重要信息（如变更诉讼请求、撤诉、法院判决等）应随时上报。 报告应当包括以下内容： （一）包括案由、当事人、涉案金额、主要事实等基本案情； （二）争议焦点、结果预判等法律分析意见； （三）采取的措施及诉讼策略； （四）下一步工作安排。 需由公司治理主体行权的重大法律案件，同时按照《公司治理主体权责清单及授权清单》的要求执行。	《中国南方电网有限责任公司法律案件管理办法》（Q/CSG 2202003—2023）第十条、第十一条、第十三条、第十五条

续表

序号	履职主体	业务领域	业务事项	应知应会知识点		
				来源	重点内容	重点条款
452	外部监事	外部董事监事履职重点	外部董事监事议案审议履职提示（监事、监事会监督事项）	外部法律法规	第七十六条　有限责任公司设监事会，本法第六十九条、第八十三条另有规定的除外。 监事会成员为三人以上。监事会成员应当包括股东代表和适当比例的公司职工代表，其中职工代表的比例不得低于三分之一，具体比例由公司章程规定。监事会中的职工代表由公司职工通过职工代表大会、职工大会或者其他形式民主选举产生。 监事会设主席一人，由全体监事过半数选举产生。监事会主席召集和主持监事会会议；监事会主席不能履行职务或者不履行职务的，由过半数的监事共同推举一名监事召集和主持监事会会议。 董事、高级管理人员不得兼任监事。 第七十七条　监事的任期每届为三年。监事任期届满，连选可以连任。 监事任期届满未及时改选，或者监事在任期内辞任导致监事会成员低于法定人数的，在改选出的监事就任前，原监事仍应当依照法律、行政法规和公司章程的规定，履行监事职务。 第七十八条　监事会行使下列职权： （一）检查公司财务； （二）对董事、高级管理人员执行职务的行为进行监督，对违反法律、行政法规、公司章程或者股东会决议的董事、高级管理人员提出解任的建议； （三）当董事、高级管理人员的行为损害公司的利益时，要求董事、高级管理人员予以纠正； （四）提议召开临时股东会会议，在董事会不履行本法规定的召集和主持股东会会议职责时召集和主持股东会会议； （五）向股东会会议提出提案； （六）依照本法第一百八十九条的规定，对董事、高级管理人员提起诉讼； （七）公司章程规定的其他职权。 第七十九条　监事可以列席董事会会议，并对董事会决议事项提出质询或者建议。 监事会发现公司经营情况异常，可以进行调查；必要时，可以聘请会计师事务所等协助其工作，费用由公司承担。	《中华人民共和国公司法》第七十六至第八十三条

续表

序号	履职主体	业务领域	业务事项	应知应会知识点		
				来源	重点内容	重点条款
452	外部监事	外部董事监事履职重点	外部董事监事议案审议履职提示（监事、监事会监督事项）	外部法律法规	第八十条　监事会可以要求董事、高级管理人员提交执行职务的报告。 董事、高级管理人员应当如实向监事会提供有关情况和资料，不得妨碍监事会或者监事行使职权。 第八十一条　监事会每年度至少召开一次会议，监事可以提议召开临时监事会会议。 监事会的议事方式和表决程序，除本法有规定的外，由公司章程规定。 监事会决议应当经全体监事的过半数通过。 监事会决议的表决，应当一人一票。 监事会应当对所议事项的决定作成会议记录，出席会议的监事应当在会议记录上签名。 第八十二条　监事会行使职权所必需的费用，由公司承担。 第八十三条　规模较小或者股东人数较少的有限责任公司，可以不设监事会，设一名监事，行使本法规定的监事会的职权；经全体股东一致同意，也可以不设监事。	《中华人民共和国公司法》第七十六条至第八十三条
453	外部监事	外部董事监事履职重点	外部董事监事议案审议履职提示（监事、监事会监督事项）	外部法律法规	二、规范主体权责（一）理顺出资人职责，转变监管方式。1. 股东会是公司的权力机构。股东会主要依据法律法规和公司章程，通过委派或更换董事、监事（不含职工代表），审核批准董事会、监事会年度工作报告，批准公司财务预决算、利润分配方案等方式，对董事会、监事会以及董事、监事的履职情况进行评价和监督	《国务院办公厅关于进一步完善国有企业法人治理结构的指导意见》（国办发〔2017〕36号）二、规范主体权责

续表

序号	履职主体	业务领域	业务事项	应知应会知识点		
				来源	重点内容	重点条款
454	外部监事	外部董事监事履职重点	外部董事监事议案审议履职提示（监事、监事会监督事项）	外部法律法规	二、规范主体权责 （二）加强董事会建设，落实董事会职权。1. 董事会是公司的决策机构，要对股东会负责，执行股东会决定，依照法定程序和公司章程授权决定公司重大事项，接受股东会、监事会监督，认真履行决策把关、内部管理、防范风险、深化改革等职责。 （三）维护经营自主权，激发经理层活力。1. 经理层是公司的执行机构，依法由董事会聘任或解聘，接受董事会管理和监事会监督。总经理对董事会负责，依法行使管理生产经营、组织实施董事会决议等职权，向董事会报告工作，董事会闭会期间向董事长报告工作	《国务院办公厅关于进一步完善国有企业法人治理结构的指导意见》（国办发〔2017〕36号）二、规范主体权责
455	外部监事	外部董事监事履职重点	外部董事监事议案审议履职提示（监事、监事会监督事项）	外部法律法规	（四）发挥监督作用，完善问责机制。 1. 监事会是公司的监督机构，依照有关法律法规和公司章程设立，对董事会、经理层成员的职务行为进行监督。要提高专职监事比例，增强监事会的独立性和权威性。对国有资产监管机构所出资企业依法实行外派监事会制度。外派监事会由政府派出，负责检查企业财务，监督企业重大决策和关键环节以及董事会、经理层履职情况，不参与、不干预企业经营管理活动。 2. 健全以职工代表大会为基本形式的企业民主管理制度，支持和保证职工代表大会依法行使职权，加强职工民主管理与监督，维护职工合法权益。国有独资、全资公司的董事会、监事会中须有职工董事和职工监事。建立国有企业重大事项信息公开和对外披露制度。 3. 强化责任意识，明确权责边界，建立与治理主体履职相适应的责任追究制度。董事、监事、经理层成员应当遵守法律法规和公司章程，对公司负有忠实义务和勤勉义务；要将其信用记录纳入全国信用信息共享平台，违约失信的按规定在“信用中国”网站公开。董事应当出席董事会会议，对董事会决议承担责任；董事会决议违反法律法规或公司章程、股东会决议，致使公司遭受严重	《国务院办公厅关于进一步完善国有企业法人治理结构的指导意见》（国办发〔2017〕36号）二、规范主体权责

续表

序号	履职主体	业务领域	业务事项	应知应会知识点		
				来源	重点内容	重点条款
455	外部监事	外部董事监事履职重点	外部董事监事议案审议履职提示（监事、监事会监督事项）	外部法律法规	损失的，应依法追究有关董事责任。经理层成员违反法律法规或公司章程，致使公司遭受损失的，应依法追究有关经理层成员责任。执行董事和经理层成员未及时向董事会或国有股东报告重大经营问题和经营风险的，应依法追究相关人员责任。企业党组织成员履职过程中有重大失误和失职、渎职行为的，应按照党组织有关规定严格追究责任。按照“三个区分开来”的要求，建立必要的改革容错纠错机制，激励企业领导人员干事创业	《国务院办公厅关于进一步完善国有企业法人治理结构的指导意见》（国办发〔2017〕36号）二、规范主体权责
456	外部监事	外部董事监事履职重点	外部董事监事议案审议履职提示（监事、监事会监督事项）	内部规章制度	二、规范治理主体组成 （五）优化监事会组成。子公司监事会一般由3人组成，规模较小（少于150人）的子公司可不设监事会、只设1名监事。控股子公司其监事会人数由各股东按照有关法律法规协商确定，一般不超过5人。监事会中专职监事应占一定比例，职工监事不少于1/3并按规定通过职工代表大会、职工大会或者其他形式民主选举产生。除职工监事外的其他监事，均由相关股东派出	南方电网公司关于规范子公司董事会建设的意见（南方电网政研〔2019〕6号）二、规范治理主体组成
457	外部监事	外部董事监事履职重点	外部董事监事议案审议履职提示（监事、监事会监督事项）	内部规章制度	第八十条监事会行使下列职权： （一）检查公司财务； （二）对董事、高级管理人员执行公司职务的行为进行监督，对违反法律、行政法规、公司章程或者股东决定的董事、高级管理人员提出罢免的建议； （三）当董事、高级管理人员的行为损害公司利益时，要求董事、高级管理人员予以纠正； （四）向股东提出提案； （五）依照《中华人民共和国公司法》有关规定，对董事、高级管理人员提起诉讼； （六）制订监事会工作报告； （七）法律、行政法规和本章程规定的其他职权	《南方电网不同治理结构公司治理范本（2023年版）》（南方电网法规〔2023〕34号）设党委、董事会全资子公司章程范本第八十条

续表

序号	履职主体	业务领域	业务事项	应知应会知识点		
				来源	重点内容	重点条款
458	外部监事	外部董事监事履职重点	外部董事监事议案审议履职提示（监事、监事会监督事项）	内部规章制度	监事会行使下列职权： （一）检查公司财务； （二）对董事、高级管理人员执行公司职务的行为进行监督，对违反法律、行政法规、公司章程或者股东决定的董事、高级管理人员提出罢免的建议； （三）当董事、高级管理人员的行为损害公司利益时，要求董事、高级管理人员予以纠正； （四）向股东提出提案； （五）依照《中华人民共和国公司法》有关规定，对董事、高级管理人员提起诉讼； （六）制订监事会工作报告； （七）法律、行政法规和本章程规定的其他职权	《关于加强子公司董事会文化建设和监事会作风建设的指导意见》（南方电网人资〔2022〕52号）第一部分
459	外部监事	外部董事监事履职重点	外部董事监事议案审议履职提示（监事、监事会监督事项）	外部法律法规	监事会的合规管理职责主要包括： （一）监督董事会的决策与流程是否合规； （二）监督董事和高级管理人员合规管理职责履行情况； （三）对引发重大合规风险负有主要责任的董事、高级管理人员提出罢免建议； （四）向董事会提出撤换公司合规管理负责人的建议	国资委关于印发《中央企业合规管理指引（试行）》（国资发法规〔2018〕106号）的通知第六条
460	外部监事	外部董事监事履职重点	外部董事监事议案审议履职提示（监事、监事会监督事项）	内部规章制度	设党委、董事会子公司监事会议事规则第六条监事会会议由监事会主席召集和主持，每年至少召开1次，也可根据需要临时召开。监事可以提议召开临时监事会会议。监事会主席不能履行职务或者不履行职务的，由过半数监事共同推举一名监事召集和主持监事会会议。 第七条　召开监事会会议，应当提前X日通知全体监事并送达有关会议资料。 第八条　监事会会议以现场召开为原则。必要时，在保障监事充分表达意见的前提下，经召集人同意，也可以通过视频、电话、传真或者电子邮件表决等方式召开。监事会会议也可以采取现场与其他方式同时进行的方式召开。	《南方电网不同治理结构公司治理范本（2023年版）》（南方电网法规〔2023〕34号）设党委、董事会子公司监事会议事规则第六条至第十二条

续表

序号	履职主体	业务领域	业务事项	应知应会知识点		
				来源	重点内容	重点条款
460	外部监事	外部董事监事履职重点	外部董事监事议案审议履职提示（监事、监事会监督事项）	内部规章制度	第九条　监事会会议应当由过半数的监事出席方可举行。 第十条　监事会决议的表决，实行一人一票。监事因故不能出席，可以书面委托其他监事表决，委托书中应载明授权。不出席、也不委托其他监事表决的，视为弃权。监事会决议应当经过半数监事通过。 第十一条　监事会会议形成的有关决议，应当以书面形式予以记录，出席会议的监事应当在决议文件上签字。监事会决议应包括以下内容： （一）会议召开的时间、地点、参加人员。 （二）会议所议事项、表决结果及监事会成员对所议事项的意见。 （三）其他需要在决议中说明和记录的事项。 第十二条　监事会每一项决议均应指定监事执行或由监事会监督执行。被指定的监事应将决议的执行情况记录在案，并将最终执行结果报告监事会	《南方电网不同治理结构公司治理范本（2023年版）》（南方电网法规〔2023〕34号）设党委、董事会子公司监事会议事规则第六条至第十二条
461	外部监事	外部董事监事履职重点	外部董事监事议案审议履职提示（监事、监事会监督事项）	内部规章制度	1.（组织机构）监事会工作机构健全，为监事会有效、专业开展工作提供支撑。 2.（制度建设）监事会监督机制、工作规则健全完善，内容全面，操作性强，监事会工作开展有规可依。企业基本监督制度健全。 3.（会议管理）监事会依法合规履职，按规定召开监事会会议。监事会会议程序合规合法。不参与、不干预企业的经营决策和经营管理活动。监事会会议记录等详尽、真实。 4.（信息沟通）保持与董事会、经理层和党委的顺畅沟通，准确获取企业经营管理信息和重大决策执行情况，并及时、真实、完整地向出资人报告	《中国南方电网有限责任公司出资企业董事会和监事会评价管理办法》（Q/CSG 2022001—2023）附录C监事会评价指标、评价要点和标准

续表

序号	履职主体	业务领域	业务事项	应知应会知识点		
				来源	重点内容	重点条款
462	外部监事	外部董事监事履职重点	外部董事监事议案审议履职提示（监事、监事会监督事项）	内部规章制度	5.（决策监督）对董事会决策的合法性、合规性监督到位，对相关决策是否贯彻落实南方电网公司发展战略、治企理念和南方电网公司关于本企业改革发展各项决策部署情况监督到位，有效督促企业依法合规经营，保护出资人、企业、职工及其他利益相关者合法权益。6.（履职监督）对董事、经理层履职行为的合法性和妥当性进行监督，及时提醒、纠正履职不当的行为，督促董事和经理层依法合规履职。7.（财务监督）监督检查企业财务，通过查阅财务会计及经营管理活动中的有关资料，验证企业财务会计报告的真实性、合法性。8.（风险监督）有效评估企业内控制度合理性、执行情况以及风险管理情况，监督企业充分落实风险管理和防范等工作，推动企业内控体系的完善	《中国南方电网有限责任公司出资企业董事会和监事会评价管理办法》（Q/CSG 2022001—2023）附录C监事会评价指标、评价要点和标准
463	外部监事	外部董事监事履职重点	外部董事监事议案审议履职提示（监事、监事会监督事项）	内部规章制度	9.（作风建设）践行“坚持原则、敢于监督、依法行权”的工作理念，有效行使质询、建议和调查权，不越权、不缺位，切实发挥监督职能	《中国南方电网有限责任公司出资企业董事会和监事会评价管理办法》（Q/CSG 2022001—2023）附录C监事会评价指标、评价要点和标准
464	外部监事	外部董事监事履职重点	外部董事监事议案审议履职提示（监事、监事会监督事项）	外部规章制度	第六十二条　本办法下列用语的含义：（二）信息披露义务人，是指上市公司及其董事、监事、高级管理人员、股东、实际控制人，收购人，重大资产重组、再融资、重大交易有关各方等自然人、单位及其相关人员，破产管理人及其成员，以及法律、行政法规和中国证监会规定的其他承担信息披露义务的主体	证监会令【第182号】《上市公司信息披露管理办法》第六十二条

续表

序号	履职主体	业务领域	业务事项	应知应会知识点		
				来源	重点内容	重点条款
465	外部监事	外部董事监事履职重点	外部董事监事议案审议履职提示（监事、监事会监督事项）	外部规章制度	第三条　信息披露义务人应当及时依法履行信息披露义务，披露的信息应当真实、准确、完整，简明清晰、通俗易懂，不得有虚假记载、误导性陈述或者重大遗漏。 信息披露义务人披露的信息应当同时向所有投资者披露，不得提前向任何单位和个人泄露。但是，法律、行政法规另有规定的除外。 在内幕信息依法披露前，内幕信息的知情人和非法获取内幕信息的人不得公开或者泄露该信息，不得利用该信息进行内幕交易。任何单位和个人不得非法要求信息披露义务人提供依法需要披露但尚未披露的信息。 证券及其衍生品种同时在境内境外公开发行、交易的，其信息披露义务人在境外市场披露的信息，应当同时在境内市场披露。 第四条　上市公司的董事、监事、高级管理人员应当忠实、勤勉地履行职责，保证披露信息的真实、准确、完整，信息披露及时、公平	证监会令【第182号】《上市公司信息披露管理办法》第三条、第四条
466	外部监事	外部董事监事履职重点	外部董事监事议案审议履职提示（监事、监事会监督事项）	外部规章制度	第八条　依法披露的信息，应当在证券交易所的网站和符合中国证监会规定条件的媒体发布，同时将其置备于上市公司住所、证券交易所，供社会公众查阅。 信息披露文件的全文应当在证券交易所的网站和符合中国证监会规定条件的报刊依法开办的网站披露，定期报告、收购报告书等信息披露文件的摘要应当在证券交易所的网站和符合中国证监会规定条件的报刊披露。 信息披露义务人不得以新闻发布或者答记者问等任何形式代替应当履行的报告、公告义务，不得以定期报告形式代替应当履行的临时报告义务	证监会令【第182号】《上市公司信息披露管理办法》第八条

续表

序号	履职主体	业务领域	业务事项	应知应会知识点		
				来源	重点内容	重点条款
467	外部监事	外部董事监事履职重点	外部董事监事议案审议履职提示（监事、监事会监督事项）	外部规章制度	第六条　上市公司及其控股股东、实际控制人、董事、监事、高级管理人员等作出公开承诺的，应当披露。 第十二条　上市公司应当披露的定期报告包括年度报告、中期报告。凡是对投资者作出价值判断和投资决策有重大影响的信息，均应当披露。 年度报告中的财务会计报告应当经符合《中华人民共和国证券法》规定的会计师事务所审计。 第十三条　年度报告应当在每个会计年度结束之日起四个月内，中期报告应当在每个会计年度的上半年结束之日起两个月内编制完成并披露。 第十六条　定期报告内容应当经上市公司董事会审议通过。未经董事会审议通过的定期报告不得披露。 公司董事、高级管理人员应当对定期报告签署书面确认意见，说明董事会的编制和审议程序是否符合法律、行政法规和中国证监会的规定，报告的内容是否能够真实、准确、完整地反映上市公司的实际情况。 监事会应当对董事会编制的定期报告进行审核并提出书面审核意见。监事应当签署书面确认意见。监事会对定期报告出具的书面审核意见，应当说明董事会的编制和审议程序是否符合法律、行政法规和中国证监会的规定，报告的内容是否能够真实、准确、完整地反映上市公司的实际情况。 董事、监事无法保证定期报告内容的真实性、准确性、完整性或者有异议的，应当在董事会或者监事会审议、审核定期报告时投反对票或者弃权票。 董事、监事和高级管理人员无法保证定期报告内容的真实性、准确性、完整性或者有异议的，应当在书面确认意见中发表意见并陈述理由，上市公司应当披露。上市公司不予披露的，董事、监事和高级管理人员可以直接申请披露。 董事、监事和高级管理人员按照前款规定发表意见，应当遵循审慎原则，其保证定期报告内容的真实性、准确性、完整性的责任不仅因发表意见而当然免除。	证监会令【第182号】《上市公司信息披露管理办法》第六条、第十二条、第十三条、第十六条、第二十二条、第二十六条、第二十七条、第二十九条

续表

序号	履职主体	业务领域	业务事项	应知应会知识点		
				来源	重点内容	重点条款
467	外部监事	外部董事监事履职重点	外部董事监事议案审议履职提示（监事、监事会监督事项）	外部规章制度	第二十二条发生可能对上市公司证券及其衍生品种交易价格产生较大影响的重大事件，投资者尚未得知时，上市公司应当立即披露，说明事件的起因、目前的状态和可能产生的影响。 前款所称重大事件包括：（一）《中华人民共和国证券法》第八十条第二款规定的重大事件；（二）公司发生大额赔偿责任；（三）公司计提大额资产减值准备；（四）公司出现股东权益为负值；（五）公司主要债务人出现资不抵债或者进入破产程序，公司对相应债权未提取足额坏账准备；（六）新公布的法律、行政法规、规章、行业政策可能对公司产生重大影响；（七）公司开展股权激励、回购股份、重大资产重组、资产分拆上市或者挂牌；（八）法院裁决禁止控股股东转让其所持股份；任一股东所持公司百分之五以上股份被质押、冻结、司法拍卖、托管、设定信托或者被依法限制表决权等，或者出现被强制过户风险；（九）主要资产被查封、扣押或者冻结；主要银行账户被冻结；（十）上市公司预计经营业绩发生亏损或者发生大幅变动；（十一）主要或者全部业务陷入停顿；（十二）获得对当期损益产生重大影响的额外收益，可能对公司的资产、负债、权益或者经营成果产生重要影响；（十三）聘任或者解聘为公司审计的会计师事务所；（十四）会计政策、会计估计重大自主变更；（十五）因前期已披露的信息存在差错、未按规定披露或者虚假记载，被有关机关责令改正或者经董事会决定进行更正；（十六）公司或者其控股股东、实际控制人、董事、监事、高级管理人员受到刑事处罚，涉嫌违法违规被中国证监会立案调查或者受到中国证监会行政处罚，或者受到其他有权机关重大行政处罚；（十七）公司的控股股东、实际控制人、董事、监事、高级管理人员涉嫌严重违纪违法或者职务犯罪被纪检监察机关采取留置措施且影响其履行职责；（十八）除董事长或者经理外的公司其他董事、监事、高级管理人员	证监会令【第182号】《上市公司信息披露管理办法》第六条、第十二条、第十三条、第十六条、第二十二条、第二十六条、第二十七条、第二十九条

续表

序号	履职主体	业务领域	业务事项	应知应会知识点		
				来源	重点内容	重点条款
467	外部监事	外部董事监事履职重点	外部董事监事议案审议履职提示（监事、监事会监督事项）	外部规章制度	因身体、工作安排等原因无法正常履行职责达到或者预计达到三个月以上，或者因涉嫌违法违规被有权机关采取强制措施且影响其履行职责；（十九）中国证监会规定的其他事项。 上市公司的控股股东或者实际控制人对重大事件的发生、进展产生较大影响的，应当及时将其知悉的有关情况书面告知上市公司，并配合上市公司履行信息披露义务。 第二十六条　上市公司控股子公司发生本办法第二十二条规定的重大事件，可能对上市公司证券及其衍生品种交易价格产生较大影响的，上市公司应当履行信息披露义务。 上市公司参股公司发生可能对上市公司证券及其衍生品种交易价格产生较大影响的事件的，上市公司应当履行信息披露义务。 第二十七条　涉及上市公司的收购、合并、分立、发行股份、回购股份等行为导致上市公司股本总额、股东、实际控制人等发生重大变化的，信息披露义务人应当依法履行报告、公告义务，披露权益变动情况。 第二十九条　公司证券及其衍生品种交易被中国证监会或者证券交易所认定为异常交易的，上市公司应当及时了解造成证券及其衍生品种交易异常波动的影响因素，并及时披露	证监会令【第182号】《上市公司信息披露管理办法》第六条、第十二条、第十三条、第十六条、第二十二条、第二十六条、第二十七条、第二十九条
468	外部监事	外部董事监事履职重点	外部董事监事议案审议履职提示（监事、监事会监督事项）	外部规章制度	公司的控股股东或者实际控制人对重大事件的发生、进展产生较大影响的，应当及时将其知悉的有关情况书面告知公司，并配合公司履行信息披露义务	《中华人民共和国证券法》第八十条第二款

续表

序号	履职主体	业务领域	业务事项	应知应会知识点		
				来源	重点内容	重点条款
469	外部监事	外部董事监事履职重点	外部董事监事议案审议履职提示（监事、监事会监督事项）	外部规章制度	第三条第三款　在内幕信息依法披露前，内幕信息的知情人和非法获取内幕信息的人不得公开或者泄露该信息，不得利用该信息进行内幕交易。任何单位和个人不得非法要求信息披露义务人提供依法需要披露但尚未披露的信息。 第三十四条　上市公司通过业绩说明会、分析师会议、路演、接受投资者调研等形式就公司的经营情况、财务状况及其他事件与任何单位和个人进行沟通的，不得提供内幕信息。 第三十九条第二款　上市公司的股东、实际控制人不得滥用其股东权利、支配地位，不得要求上市公司向其提供内幕信息。 第四十八条　任何单位和个人不得非法获取、提供、传播上市公司的内幕信息，不得利用所获取的内幕信息买卖或者建议他人买卖公司证券及其衍生品种，不得在投资价值分析报告、研究报告等文件中使用内幕信息	证监会令【第182号】《上市公司信息披露管理办法》第三条第三款、第三十四条、第三十九条第二款、第四十八条
470	外部监事	外部董事监事履职重点	外部董事监事议案审议履职提示（监事、监事会监督事项）	外部规章制度	第五十三条　证券交易内幕信息的知情人和非法获取内幕信息的人，在内幕信息公开前，不得买卖该公司的证券，或者泄露该信息，或者建议他人买卖该证券。 持有或者通过协议、其他安排与他人共同持有公司百分之五以上股份的自然人、法人、非法人组织收购上市公司的股份，本法另有规定的，适用其规定。 内幕交易行为给投资者造成损失的，应当依法承担赔偿责任。 第八十四条　除依法需要披露的信息之外，信息披露义务人可以自愿披露与投资者作出价值判断和投资决策有关的信息，但不得与依法披露的信息相冲突，不得误导投资者。 发行人及其控股股东、实际控制人、董事、监事、高级管理人员等作出公开承诺的，应当披露。不履行承诺给投资者造成损失的，应当依法承担赔偿责任。	《中华人民共和国证券法》第五十三条、第八十四条、第八十五条

续表

序号	履职主体	业务领域	业务事项	应知应会知识点		
				来源	重点内容	重点条款
470	外部监事	外部董事监事履职重点	外部董事监事议案审议履职提示（监事、监事会监督事项）	外部规章制度	第八十五条　信息披露义务人未按照规定披露信息，或者公告的证券发行文件、定期报告、临时报告及其他信息披露资料存在虚假记载、误导性陈述或者重大遗漏，致使投资者在证券交易中遭受损失的，信息披露义务人应当承担赔偿责任；发行人的控股股东、实际控制人、董事、监事、高级管理人员和其他直接责任人员以及保荐人、承销的证券公司及其直接责任人员，应当与发行人承担连带赔偿责任，但是能够证明自己没有过错的除外	《中华人民共和国证券法》第五十三条、第八十四条、第八十五条
471	外部监事	外部董事监事履职重点	外部董事监事议案审议履职提示（监事、监事会监督事项）	外部规章制度	第五十二条　信息披露义务人及其董事、监事、高级管理人员违反本办法的，中国证监会为防范市场风险，维护市场秩序，可以采取以下监管措施：（一）责令改正；（二）监管谈话；（三）出具警示函；（四）责令公开说明；（五）责令定期报告；（六）责令暂停或者终止并购重组活动；（七）依法可以采取的其他监管措施	证监会令【第182号】《上市公司信息披露管理办法》第五十二条
472	外部监事	外部董事监事履职重点	外部董事监事议案审议履职提示（监事、监事会监督事项）	外部规章制度	第一百九十三条　违反本法第五十六条第一款、第三款的规定，编造、传播虚假信息或者误导性信息，扰乱证券市场的，没收违法所得，并处以违法所得一倍以上十倍以下的罚款；没有违法所得或者违法所得不足二十万元的，处以二十万元以上二百万元以下的罚款。 违反本法第五十六条第二款的规定，在证券交易活动中作出虚假陈述或者信息误导的，责令改正，处以二十万元以上二百万元以下的罚款；属于国家工作人员的，还应当依法给予处分。 传播媒介及其从事证券市场信息报道的工作人员违反本法第五十六条第三款的规定，从事与其工作职责发生利益冲突的证券买卖的，没收违法所得，并处以买卖证券等值以下的罚款。	《中华人民共和国证券法》第一百九十三条、第一百九十七条

续表

序号	履职主体	业务领域	业务事项	应知应会知识点		
				来源	重点内容	重点条款
472	外部监事	外部董事监事履职重点	外部董事监事议案审议履职提示（监事、监事会监督事项）	外部规章制度	第一百九十七条　信息披露义务人未按照本法规定报送有关报告或者履行信息披露义务的，责令改正，给予警告，并处以五十万元以上五百万元以下的罚款；对直接负责的主管人员和其他直接责任人员给予警告，并处以二十万元以上二百万元以下的罚款。发行人的控股股东、实际控制人组织、指使从事上述违法行为，或者隐瞒相关事项导致发生上述情形的，处以五十万元以上五百万元以下的罚款；对直接负责的主管人员和其他直接责任人员，处以二十万元以上二百万元以下的罚款。 信息披露义务人报送的报告或者披露的信息有虚假记载、误导性陈述或者重大遗漏的，责令改正，给予警告，并处以一百万元以上一千万元以下的罚款；对直接负责的主管人员和其他直接责任人员给予警告，并处以五十万元以上五百万元以下的罚款。发行人的控股股东、实际控制人组织、指使从事上述违法行为，或者隐瞒相关事项导致发生上述情形的，处以一百万元以上一千万元以下的罚款；对直接负责的主管人员和其他直接责任人员，处以五十万元以上五百万元以下的罚款	《中华人民共和国证券法》第一百九十三条、第一百九十七条
473	外部监事	外部董事监事履职重点	外部董事监事议案审议履职提示（监事、监事会监督事项）	外部规章制度	第一百六十一条【违规披露、不披露重要信息罪】依法负有信息披露义务的公司、企业向股东和社会公众提供虚假的或者隐瞒重要事实的财务会计报告，或者对依法应当披露的其他重要信息不按照规定披露，严重损害股东或者其他人利益，或者有其他严重情节的，对其直接负责的主管人员和其他直接责任人员，处五年以下有期徒刑或者拘役，并处或者单处罚金；情节特别严重的，处五年以上十年以下有期徒刑，并处罚金。 前款规定的公司、企业的控股股东、实际控制人实施或者组织、指使实施前款行为的，或者隐瞒相关事项导致前款规定的情形发生的，依照前款的规定处罚。 犯前款罪的控股股东、实际控制人是单位的，对单位判处罚金，并对其直接负责的主管人员和其他直接责任人员，依照第一款的规定处罚	《中华人民共和国刑法》第一百六十一条

续表

序号	履职主体	业务领域	业务事项	应知应会知识点		
				来源	重点内容	重点条款
474	独立董事、外部董事	上市公司独立董事、外部董事监事履职的特殊规定	上市公司信息披露	外部法律法规	第七十八条　发行人及法律、行政法规和国务院证券监督管理机构规定的其他信息披露义务人，应当及时依法履行信息披露义务。 信息披露义务人披露的信息，应当真实、准确、完整，简明清晰，通俗易懂，不得有虚假记载、误导性陈述或者重大遗漏。 证券同时在境内境外公开发行、交易的，其信息披露义务人在境外披露的信息，应当在境内同时披露	《中华人民共和国证券法》第七十八条
475	独立董事、外部董事	上市公司独立董事、外部董事监事履职的特殊规定	上市公司信息披露	外部法律法规	第八条　依法披露的信息，应当在证券交易所的网站和符合中国证监会规定条件的媒体发布，同时将其置备于上市公司住所、证券交易所，供社会公众查阅。 信息披露文件的全文应当在证券交易所的网站和符合中国证监会规定条件的报刊依法开办的网站披露，定期报告、收购报告书等信息披露文件的摘要应当在证券交易所的网站和符合中国证监会规定条件的报刊披露。 信息披露义务人不得以新闻发布或者答记者问等任何形式代替应当履行的报告、公告义务，不得以定期报告形式代替应当履行的临时报告义务	证监会令【第182号】《上市公司信息披露管理办法》第八条
476	独立董事、外部董事	上市公司独立董事、外部董事监事履职的特殊规定	上市公司信息披露	外部法律法规	第二十二条　发生可能对上市公司证券及其衍生品种交易价格产生较大影响的重大事件，投资者尚未得知时，上市公司应当立即披露，说明事件的起因、目前的状态和可能产生的影响。 前款所称重大事件包括： （1）《证券法》第八十条第二款规定的重大事件； （2）公司发生大额赔偿责任； （3）公司计提大额资产减值准备； （4）公司出现股东权益为负值； （5）公司主要债务人出现资不抵债或者进入破产程序，公司对相应债权未提取足额坏账准备； （6）新公布的法律、行政法规、规章、行业政策可能对公司产生重大影响； （7）公司开展股权激励、回购股份、重大资产重组、资产分拆上市或者挂牌；	证监会令【第182号】《上市公司信息披露管理办法》第二十二条、二十六条

续表

序号	履职主体	业务领域	业务事项	应知应会知识点		
				来源	重点内容	重点条款
476	独立董事、外部董事	上市公司独立董事、外部董事监事履职的特殊规定	上市公司信息披露	外部法律法规	（8）法院裁决禁止控股股东转让其所持股份；任一股东所持公司百分之五以上股份被质押、冻结、司法拍卖、托管、设定信托或者被依法限制表决权等，或者出现被强制过户风险； （9）主要资产被查封、扣押或者冻结；主要银行账户被冻结； （10）上市公司预计经营业绩发生亏损或者发生大幅变动； （11）主要或者全部业务陷入停顿； （12）获得对当期损益产生重大影响的额外收益，可能对公司的资产、负债、权益或者经营成果产生重要影响； （13）聘任或者解聘为公司审计的会计师事务所； （14）会计政策、会计估计重大自主变更； （15）因前期已披露的信息存在差错、未按规定披露或者虚假记载，被有关机关责令改正或者经董事会决定进行更正； （16）公司或者其控股股东、实际控制人、董事、监事、高级管理人员受到刑事处罚，涉嫌违法违规被中国证监会立案调查或者受到中国证监会行政处罚，或者受到其他有权机关重大行政处罚； （17）公司的控股股东、实际控制人、董事、监事、高级管理人员涉嫌严重违纪违法或者职务犯罪被纪检监察机关采取留置措施且影响其履行职责； （18）除董事长或者经理外的公司其他董事、监事、高级管理人员因身体、工作安排等原因无法正常履行职责达到或者预计达到三个月以上，或者因涉嫌违法违规被有权机关采取强制措施且影响其履行职责； （19）中国证监会规定的其他事项。 第二十六条上市公司控股子公司发生前述重大事件，可能对上市公司证券及其衍生品种交易价格产生较大影响的，上市公司应当履行信息披露义务	《上市公司信息披露管理办法》第二十二条、二十六条

续表

序号	履职主体	业务领域	业务事项	应知应会知识点		
				来源	重点内容	重点条款
477	独立董事、外部董事	上市公司独立董事、外部董事监事履职的特殊规定	重大交易事项	外部法律法规	6.1.9 上市公司提供财务资助，除应当经全体董事的过半数审议通过外，还应当经出席董事会会议的三分之二以上董事审议同意并作出决议，并及时对外披露。 财务资助事项属于下列情形之一的，应当在董事会审议通过后提交股东大会审议，本所另有规定的除外： （一）单笔财务资助金额超过上市公司最近一期经审计净资产的 10%； （二）被资助对象最近一期财务报表数据显示资产负债率超过 70%； （三）最近十二个月内财务资助金额累计计算超过上市公司最近一期经审计净资产的 10%； （四）本所或者公司章程规定的其他情形。公司提供资助对象为公司合并报表范围内且持股比例超过 50% 的控股子公司，且该控股子公司其他股东中不包含上市公司的控股股东、实际控制人及其关联人的，可以免于适用前两款规定	《深圳证券交易所股票上市规则》（深证上〔2023〕92 号）6.1.9
478	独立董事、外部董事	上市公司独立董事、外部董事监事履职的特殊规定	重大交易事项	外部法律法规	6.1.10 上市公司发生“提供担保”交易事项，除应当经全体董事的过半数审议通过外，还应当经出席董事会会议的三分之二以上董事审议通过，并及时披露。 担保事项属于下列情形之一的，还应当在董事会审议通过后提交股东大会审议： （一）单笔担保额超过上市公司最近一期经审计净资产 10% 的担保； （二）上市公司及其控股子公司对外提供的担保总额，超过上市公司最近一期经审计净资产 50% 以后提供的任何担保； （三）上市公司及其控股子公司对外提供的担保总额，超过上市公司最近一期经审计总资产 30% 以后提供的任何担保； （四）按照担保金额连续 12 个月内累计计算原则，超过上市公司最近一期经审计总资产 30% 的担保； （五）为资产负债率超过 70% 的担保对象提供的担保；	《上海证券交易所股票上市规则》（上证发〔2023〕127 号）6.1.10

续表

序号	履职主体	业务领域	业务事项	应知应会知识点		
				来源	重点内容	重点条款
478	独立董事、外部董事	上市公司独立董事、外部董事监事履职的特殊规定	重大交易事项	外部法律法规	（六）对股东、实际控制人及其关联人提供的担保； （七）本所或者公司章程规定的其他担保。 上市公司股东大会审议前款第（四）项担保时，应当经出席会议的股东所持表决权的三分之二以上通过	《上海证券交易所股票上市规则》（上证发〔2023〕127 号）6.1.10
479	独立董事、外部董事	上市公司独立董事、外部董事监事履职的特殊规定	重大交易事项	外部法律法规	上市公司提供担保，除应当经全体董事的过半数审议通过外，还应当经出席董事会会议的三分之二以上董事审议同意并作出决议，并及时对外披露。 上市公司提供担保属于下列情形之一的，还应当在董事会审议通过后提交股东大会审议： （一）单笔担保额超过上市公司最近一期经审计净资产 10%； （二）上市公司及其控股子公司对外提供的担保总额，超过上市公司最近一期经审计净资产 50% 以后提供的任何担保； （三）上市公司及其控股子公司对外提供的担保总额，超过上市公司最近一期经审计总资产 30% 以后提供的任何担保； （四）被担保对象最近一期财务报表数据显示资产负债率超过 70%； （五）最近十二个月内担保金额累计计算超过公司最近一期经审计总资产的 30%； （六）对股东、实际控制人及其关联人提供的担保； （七）本所或者公司章程规定的其他情形。 上市公司股东大会审议前款第（五）项担保事项时，应当经出席会议的股东所持表决权的三分之二以上通过	《深圳证券交易所股票上市规则》（深证上〔2023〕701 号）6.1.10

续表

序号	履职主体	业务领域	业务事项	应知应会知识点		
				来源	重点内容	重点条款
480	独立董事、外部董事	上市公司独立董事、外部董事监事履职的特殊规定	重大交易事项	外部法律法规	6.1.13　上市公司租入或租出资产的，应当以约定的全部租赁费用或者租赁收入适用本规则第6.1.2条、第6.1.3条的规定。 6.1.14　上市公司直接或者间接放弃对控股子公司或者控制的其他主体的优先购买或者认缴出资等权利，导致合并报表范围发生变更的，应当以放弃金额与该主体的相关财务指标，适用本规则第6.1.2条、第6.1.3条的规定。 上市公司放弃权利未导致上市公司合并报表范围发生变更，但相比于未放弃权利，所拥有该主体权益的比例下降的，应当以放弃金额与按权益变动比例计算的相关财务指标，适用本规则第6.1.2条、第6.1.3条的规定。 上市公司部分放弃权利的，还应当以前两款规定的金额和指标与实际受让或者出资金额，适用本规则第6.1.2条、第6.1.3条的规定	《上海证券交易所股票上市规则》（上证发〔2023〕127号）6.1.13、6.1.14
481	独立董事、外部董事	上市公司独立董事、外部董事监事履职的特殊规定	重大交易事项	外部法律法规	第二条　本办法适用于上市公司及其控股或者控制的公司在日常经营活动之外购买、出售资产或者通过其他方式进行资产交易达到规定的标准，导致上市公司的主营业务、资产、收入发生重大变化的资产交易行为（以下简称重大资产重组）。 上市公司发行股份购买资产应当符合本办法的规定。 上市公司按照经中国证券监督管理委员会（以下简称中国证监会）注册的证券发行申请所披露的募集资金用途，使用募集资金购买资产、对外投资的行为，不适用本办法。 第十一条　上市公司实施重大资产重组，应当就本次交易符合下列要求作出充分说明，并予以披露：（一）符合国家产业政策和有关环境保护、土地管理、反垄断、外商投资、对外投资等法律和行政法规的规定；（二）不会导致上市公司不符合股票上市条件；（三）重大资产重组所涉及的资产定价公允，不存在损害上市公司和股东合法权益的情形；（四）重大	《上市公司重大资产重组管理办法》（证监会令〔第214号〕）第二条、第十一条、第十二条、第二十条、第二十一条、第二十四条

续表

序号	履职主体	业务领域	业务事项	应知应会知识点		
				来源	重点内容	重点条款
481	独立董事、外部董事	上市公司独立董事、外部董事监事履职的特殊规定	重大交易事项	外部法律法规	资产重组所涉及的资产权属清晰，资产过户或者转移不存在法律障碍，相关债权债务处理合法；（五）有利于上市公司增强持续经营能力，不存在可能导致上市公司重组后主要资产为现金或者无具体经营业务的情形；（六）有利于上市公司在业务、资产、财务、人员、机构等方面与实际控制人及其关联人保持独立，符合中国证监会关于上市公司独立性的相关规定；（七）有利于上市公司形成或者保持健全有效的法人治理结构。 第十二条　上市公司及其控股或者控制的公司购买、出售资产，达到下列标准之一的，构成重大资产重组：（一）购买、出售的资产总额占上市公司最近一个会计年度经审计的合并财务会计报告期末资产总额的比例达到百分之五十以上；（二）购买、出售的资产在最近一个会计年度所产生的营业收入占上市公司同期经审计的合并财务会计报告营业收入的比例达到百分之五十以上，且超过五千万元人民币；（三）购买、出售的资产净额占上市公司最近一个会计年度经审计的合并财务会计报告期末净资产额的比例达到百分之五十以上，且超过五千万元人民币。购买、出售资产未达到前款规定标准，但中国证监会发现涉嫌违反国家产业政策、违反法律和行政法规、违反中国证监会的规定、可能损害上市公司或者投资者合法权益等重大问题的，可以根据审慎监管原则，责令上市公司暂停交易、按照本办法的规定补充披露相关信息、聘请符合《中华人民共和国证券法》规定的独立财务顾问或者其他证券服务机构补充核查并披露专业意见。 第二十条　重大资产重组中相关资产以资产评估结果作为定价依据的，资产评估机构应当按照资产评估相关准则和规范开展执业活动；上市公司董事会应当对评估机构的独立性、评估假设前提的合理性、评估方法与评估目的的相关性以及评估定价的公允性发表明确意见。	《上市公司重大资产重组管理办法》（证监会令〔第214号〕）第二条、第十一条、第十二条、第二十条、第二十一条、第二十四条

续表

序号	履职主体	业务领域	业务事项	应知应会知识点		
				来源	重点内容	重点条款
481	独立董事、外部董事	上市公司独立董事、外部董事监事履职的特殊规定	重大交易事项	外部法律法规	相关资产不以资产评估结果作为定价依据的，上市公司应当在重大资产重组报告书中详细分析说明相关资产的估值方法、参数及其他影响估值结果的指标和因素。上市公司董事会应当对估值机构的独立性、估值假设前提的合理性、估值方法与估值目的的相关性发表明确意见，并结合相关资产的市场可比交易价格、同行业上市公司的市盈率或者市净率等通行指标，在重大资产重组报告书中详细分析本次交易定价的公允性。 前两款情形中，评估机构、估值机构原则上应当采取两种以上的方法进行评估或者估值；上市公司独立董事应当出席董事会会议，对评估机构或者估值机构的独立性、评估或者估值假设前提的合理性和交易定价的公允性发表独立意见，并单独予以披露。 第二十一条　上市公司进行重大资产重组，应当由董事会依法作出决议，并提交股东大会批准。上市公司董事会应当就重大资产重组是否构成关联交易作出明确判断，并作为董事会决议事项予以披露。上市公司独立董事应当在充分了解相关信息的基础上，就重大资产重组发表独立意见。重大资产重组构成关联交易的，独立董事可以另行聘请独立财务顾问就本次交易对上市公司非关联股东的影响发表意见。上市公司应当积极配合独立董事调阅相关材料，并通过安排实地调查、组织证券服务机构汇报等方式，为独立董事履行职责提供必要的支持和便利。 第二十四条　上市公司股东大会就重大资产重组事项作出决议，必须经出席会议的股东所持表决权的三分之二以上通过。上市公司重大资产重组事宜与本公司股东或者其关联人存在关联关系的，股东大会就重大资产重组事项进行表决时，关联股东应当回避表决。交易对方已经与上市公司控股股东就受让上市公司股权或者向上市公司推荐董事达成协议或者合意，可能导致上市公司的实际控制权发生变化的，上市公司控股股东及其关联人应当回避表决	《上市公司重大资产重组管理办法》（证监会令〔第214号〕）第二条、第十一条、第十二条、第二十条、第二十一条、第二十四条

续表

序号	履职主体	业务领域	业务事项	应知应会知识点		
				来源	重点内容	重点条款
482	独立董事、外部董事	上市公司独立董事、外部董事监事履职的特殊规定	重大交易事项	外部法律法规	6.1.15　上市公司进行“提供担保”“提供财务资助”“委托理财”等之外的其他交易时，应当对相同交易类别下标的相关的各项交易，按照连续 12 个月内累计计算的原则，分别适用第 6.1.2 条、第 6.1.3 条的规定。已经按照第 6.1.2 条、6.1.3 条履行相关义务的，不再纳入相关的累计计算范围。 除前款规定外，公司发生“购买或者出售资产”交易，不论交易标的是否相关，若所涉及的资产总额或者成交金额在连续 12 个月内经累计计算超过公司最近一期经审计总资产 30% 的，除应当披露并参照第 6.1.6 条进行审计或者评估外，还应当提交股东大会审议，并经出席会议的股东所持表决权的三分之二以上通过	《上海证券交易所股票上市规则》（上证发〔2023〕127 号）6.1.13、6.1.15
483	独立董事、外部董事	上市公司独立董事、外部董事监事履职的特殊规定	产权变动	外部法律法规	第十二条　国有股东通过证券交易系统转让上市公司股份，按照国家出资企业内部决策程序决定，有以下情形之一的，应报国有资产监督管理机构审核批准： （一）国有控股股东转让上市公司股份可能导致持股比例低于合理持股比例的；（二）总股本不超过 10 亿股的上市公司，国有控股股东拟于一个会计年度内累计净转让（累计转让股份扣除累计增持股份后的余额，下同）达到总股本 5% 及以上的；总股本超过 10 亿股的上市公司，国有控股股东拟于一个会计年度内累计净转让数量达到 5000 万股及以上的； （三）国有参股股东拟于一个会计年度内累计净转让达到上市公司总股本 5% 及以上的。 第十六条　上市公司发布提示性公告后，国有股东应及时将转让方案、可行性研究报告、内部决策文件、拟发布的公开征集信息等内容通过管理信息系统报送国有资产监督管理机构。 第二十四条　国有股东与受让方签订协议后，属于本办法第七条规定情形的，由国家出资企业审核批准，其他情形由国有资产监督管理机构审核批准	《上市公司国有股权监督管理办法》（国资委　财政部证监会令〔第 36 号〕）第十二条、第十六条、第二十四条

续表

序号	履职主体	业务领域	业务事项	应知应会知识点		
				来源	重点内容	重点条款
484	独立董事、外部董事	上市公司独立董事、外部董事监事履职的特殊规定	产权变动	外部法律法规	第七条　国家出资企业负责管理以下事项: （一）国有股东通过证券交易系统转让所持上市公司股份，未达到本办法第十二条规定的比例或数量的事项; （二）国有股东所持上市公司股份在本企业集团内部进行的无偿划转、非公开协议转让事项; （三）国有控股股东所持上市公司股份公开征集转让、发行可交换公司债券及所控股上市公司发行证券，未导致其持股比例低于合理持股比例的事项；国有参股股东所持上市公司股份公开征集转让、发行可交换公司债券事项; （四）国有股东通过证券交易系统增持、协议受让、认购上市公司发行股票等未导致上市公司控股权转移的事项; （五）国有股东与所控股上市公司进行资产重组，不属于中国证监会规定的重大资产重组范围的事项。 第二十九条　符合以下情形之一的，国有股东可以非公开协议转让上市公司股份: （一）上市公司连续两年亏损并存在退市风险或严重财务危机，受让方提出重大资产重组计划及具体时间表的; （二）企业主业处于关系国家安全、国民经济命脉的重要行业和关键领域，主要承担重大专项任务，对受让方有特殊要求的; （三）为实施国有资源整合或资产重组，在国有股东、潜在国有股东（经本次国有资源整合或资产重组后成为上市公司国有股东的，以下统称国有股东）之间转让的; （四）上市公司回购股份涉及国有股东所持股份的; （五）国有股东因接受要约收购方式转让其所持上市公司股份的; （六）国有股东因解散、破产、减资、被依法责令关闭等原因转让其所持上市公司股份的; （七）国有股东以所持上市公司股份出资的。 第三十一条　国有股东与受让方签订协议后，属于本办法第七条规定情形的，由国家出资企业审核批准，其他情形由国有资产监督管理机构审核批准	《上市公司国有股权监督管理办法》（国资委　财政部证监会令〔第 36 号〕）第七条、第二十九条、第三十一条

续表

序号	履职主体	业务领域	业务事项	应知应会知识点		
				来源	重点内容	重点条款
485	独立董事、外部董事	上市公司独立董事、外部董事监事履职的特殊规定	产权变动	外部法律法规	第五十一条　国有股东发行可交换公司债券属于本办法第七条规定情形的，由国家出资企业审核批准，其他情形由国有资产监督管理机构审核批准。 第五十七条　本办法所称国有股东所控股上市公司吸收合并，是指国有控股上市公司之间或国有控股上市公司与非国有控股上市公司之间的吸收合并。 第六十条　国有股东应当在上市公司董事会审议吸收合并方案前，将该方案报国有资产监督管理机构审核批准	《上市公司国有股权监督管理办法》（国资委　财政部证监会令〔第36号〕）第五十一条、第五十七条、第六十条
486	独立董事、外部董事	上市公司独立董事、外部董事监事履职的特殊规定	产权变动	外部法律法规	第六十五条　本办法所称国有股东与上市公司进行资产重组是指国有股东向上市公司注入、购买或置换资产并涉及国有股东所持上市公司股份发生变化的情形。 第六十七条　国有股东与上市公司进行资产重组方案经上市公司董事会审议通过后，应当在上市公司股东大会召开前获得相应批准。属于本办法第七条规定情形的，由国家出资企业审核批准，其他情形由国有资产监督管理机构审核批准。 第六十九条　国有股东参股的非上市企业参与非国有控股上市公司的资产重组事项由国家出资企业按照内部决策程序自主决定	《上市公司国有股权监督管理办法》（国资委　财政部证监会令〔第36号〕）第六十五条、六十七、六十九条
487	独立董事、外部董事	上市公司独立董事、外部董事监事履职的特殊规定	产权变动	外部法律法规	第五十三条　本办法所称国有股东受让上市公司股份行为主要包括国有股东通过证券交易系统增持、协议受让、间接受让、要约收购上市公司股份和认购上市公司发行股票等。 第五十四条　国有股东受让上市公司股份属于本办法第七条规定情形的，由国家出资企业审核批准，其他情形由国有资产监督管理机构审核批准	《上市公司国有股权监督管理办法》（国资委　财政部证监会令〔第36号〕）第五十三条、第五十四条

续表

序号	履职主体	业务领域	业务事项	应知应会知识点		
				来源	重点内容	重点条款
488	独立董事、外部董事	上市公司独立董事、外部董事监事履职的特殊规定	产权变动	外部法律法规	5.3.1　上市公司应当积极回报股东，综合考虑所处行业特点、发展阶段、自身经营模式、盈利水平以及是否有重大资金支出安排等因素，科学、审慎决策，合理确定利润分配政策。 公司应当按照《中华人民共和国公司法》和公司章程的规定弥补亏损（如有），提取法定公积金、任意公积金，确定股本基数、分配比例、分配总额及资金来源。 公司派发股票股利、资本公积转增股本的，应当遵守法律法规、《企业会计准则》、本所相关规定及公司章程等，其股份送转比例应当与业绩增长相匹配。 公司派发现金红利同时派发股票股利的，应当结合公司发展阶段、成长性、每股净资产的摊薄和重大资金支出安排等因素，说明派发现金红利在本次利润分配中所占比例及其合理性。 5.3.2　上市公司制定利润分配方案时，应当以母公司报表中可供分配利润为依据。 5.3.3　上市公司在报告期结束后，至利润分配、资本公积金转增股本方案公布前股本总额发生变动的，应当以最新股本总额作为分配或者转增的股本基数。 公司董事会在审议利润分配、资本公积金转增股本方案时，应当明确在股本总额发生变动时的方案调整原则。 5.3.4　拟发行证券的公司存在利润分配、资本公积金转增股本方案尚未提交股东大会表决或者虽经股东大会表决通过但未实施的，应当在方案实施后发行。相关方案实施前，主承销商不得承销公司发行的证券。 5.3.5　上市公司应当在董事会审议通过利润分配或者资本公积金转增股本方案后，及时披露方案的具体内容，并说明该等方案是否符合公司章程规定的利润分配政策和公司已披露的股东回报规划等。 5.3.6　上市公司应当于实施方案的股权登记日前3至5个交易日内披露方案实施公告。 5.3.8　上市公司应当在股东大会审议通过方案后2个月内，完成利润分配及公积金转增股本事宜	《上海证券交易所股票上市规则》（上证发〔2023〕127号）5.3.1、5.3.2、5.3.3、5.3.4、5.3.5、5.3.6、5.3.8

续表

序号	履职主体	业务领域	业务事项	应知应会知识点		
				来源	重点内容	重点条款
489	独立董事、外部董事	上市公司独立董事、外部董事监事履职的特殊规定	关联交易	外部法律法规	6.3.1　上市公司应当保证关联交易的合法性、必要性、合理性和公允性，保持公司的独立性，不得利用关联交易调节财务指标，损害公司利益。交易各方不得隐瞒关联关系或者采取其他手段，规避公司的关联交易审议程序和信息披露义务。 6.3.8　上市公司董事会审议关联交易事项时，关联董事应当回避表决，也不得代理其他董事行使表决权。该董事会会议由过半数的非关联董事出席即可举行，董事会会议所作决议须经非关联董事过半数通过。出席董事会会议的非关联董事人数不足3人的，公司应当将交易提交股东大会审议。 前款所称关联董事包括下列董事或者具有下列情形之一的董事： （一）为交易对方； （二）拥有交易对方直接或者间接控制权的； （三）在交易对方任职，或者在能直接或间接控制该交易对方的法人或其他组织、该交易对方直接或者间接控制的法人或其他组织任职； （四）为交易对方或者其直接或者间接控制人的关系密切的家庭成员； （五）为交易对方或者其直接或者间接控制人的董事、监事或高级管理人员的关系密切的家庭成员； （六）中国证监会、本所或者上市公司基于实质重于形式原则认定的其独立商业判断可能受到影响的董事	《上海证券交易所股票上市规则》（上证发〔2023〕127号）6.3.1、6.3.8
490	独立董事、外部董事	上市公司独立董事、外部董事监事履职的特殊规定	关联交易	外部法律法规	6.3.17　上市公司与关联人发生本规则第632条第（二）项至第（六）项所列日常关联交易时，按照下述规定履行审议程序并披露： （一）已经股东大会或者董事会审议通过且正在执行的日常关联交易协议，如果执行过程中主要条款未发生重大变化的，公司应当在年度报告和半年度报告中按要求披露各协议的实际履行情况，并说明是否符合协议的规定；如果协议在执行过程中主要条款发生重大变化或者协议期满需要续签的，公司应当将新修订或者续签的日常关联交易协议，根据协议涉及的总交易金额提交董事会或者股东大会审议，协议没有具体总交易金额的，应当提交股东大会审议；	《上海证券交易所股票上市规则》（上证发〔2023〕127号）6.3.17

续表

序号	履职主体	业务领域	业务事项	应知应会知识点		
				来源	重点内容	重点条款
490	独立董事、外部董事	上市公司独立董事、外部董事监事履职的特殊规定	关联交易	外部法律法规	（二）首次发生的日常关联交易，公司应当根据协议涉及的总交易金额，履行审议程序并及时披露；协议没有具体总交易金额的，应当提交股东大会审议；如果协议在履行过程中主要条款发生重大变化或者协议期满需要续签的，按照本款前述规定处理； （三）公司可以按类别合理预计当年度日常关联交易金额，履行审议程序并披露；实际执行超出预计金额的，应当按照超出金额重新履行审议程序并披露； （四）公司年度报告和半年度报告应当分类汇总披露日常关联交易的实际履行情况； （五）公司与关联人签订的日常关联交易协议期限超过3年的，应当每3年根据本章的规定重新履行相关审议程序和披露义务	《上海证券交易所股票上市规则》（上证发〔2023〕127号）6.3.17
491	独立董事、外部董事	上市公司独立董事、外部董事监事履职的特殊规定	关联交易	外部法律法规	6.3.10 上市公司不得为本规则第6.3.3条规定的关联人提供财务资助，但向非由上市公司控股股东、实际控制人控制的关联参股公司提供财务资助，且该参股公司的其他股东按出资比例提供同等条件财务资助的情形除外。 公司向前款规定的关联参股公司提供财务资助的，除应当经全体非关联董事的过半数审议通过外，还应当经出席董事会会议的非关联董事的三分之二以上董事审议通过，并提交股东大会审议。 6.3.11 上市公司为关联人提供担保的，除应当经全体非关联董事的过半数审议通过外，还应当经出席董事会会议的非关联董事的三分之二以上董事审议同意并作出决议，并提交股东大会审议。公司为控股股东、实际控制人及其关联人提供担保的，控股股东、实际控制人及其关联人应当提供反担保。 公司因交易或者关联交易导致被担保方成为公司的关联人，在实施该交易或者关联交易的同时，应当就存续的关联担保履行相应审议程序和信息披露义务。 董事会或者股东大会未审议通过前款规定的关联担保事项的，交易各方应当采取提前终止担保等有效措施。	《上海证券交易所股票上市规则》（上证发〔2023〕127号）6.3.10、6.3.11、6.3.7

续表

序号	履职主体	业务领域	业务事项	应知应会知识点		
				来源	重点内容	重点条款
491	独立董事、外部董事	上市公司独立董事、外部董事监事履职的特殊规定	关联交易	外部法律法规	6.3.7 除本规则第6.3.11条的规定外，上市公司与关联人发生的交易金额（包括承担的债务和费用）在3000万元以上，且占上市公司最近一期经审计净资产绝对值5%以上的，应当按照本规则第6.1.6条的规定披露审计报告或者评估报告，并将该交易提交股东大会审议。 本规则第6.3.17条规定的日常关联交易可以不进行审计或者评估。 上市公司与关联人共同出资设立公司，上市公司出资额达到本条第一款规定的标准，如果所有出资方均全部以现金出资，且按照出资额比例确定各方在所设立公司的股权比例的，可以豁免适用提交股东大会审议的规定。 公司关联交易事项未达到本条第一款规定的标准，但中国证监会、本所根据审慎原则要求，或者公司按照其章程或者其他规定，以及自愿提交股东大会审议的，应当按照第一款规定履行审议程序和披露义务，并适用有关审计或者评估的要求	《上海证券交易所股票上市规则》（上证发〔2023〕127号）6.3.10、6.3.11、6.3.7
492	独立董事、外部董事	上市公司独立董事、外部董事监事履职的特殊规定	变更公司形式事项	外部法律法规	7.3.1 上市公司实施合并、分立、分拆上市的，应当遵守法律法规、本所相关规定，履行相应的审议程序和信息披露义务。 公司按照前款规定召开股东大会审议相关议案的，应当经出席股东大会的股东所持表决权的三分之二以上通过。分拆上市的，还应当经出席会议的除公司董事、监事和高级管理人员以及单独或者合计持有公司5%以上股份的股东以外的其他股东所持表决权的三分之二以上通过。 7.3.3 上市公司所属子公司拟首次公开发行股票并上市的，上市公司董事会应当就所属子公司本次股票发行的具体方案作出决议，并提请股东大会审议。 所属子公司拟重组上市的，上市公司董事会应当就本次重组上市的具体方案作出决议，并提请股东大会审议	《上海证券交易所股票上市规则》（上证发〔2023〕127号）7.3.1、7.3.3

续表

序号	履职主体	业务领域	业务事项	应知应会知识点		
				来源	重点内容	重点条款
493	独立董事、外部董事	上市公司独立董事、外部董事监事履职的特殊规定	变更公司形式事项	外部法律法规	9.4.1 上市公司出现下列情形之一的，本所对其股票实施退市风险警示： （一）因财务会计报告存在重大会计差错或者虚假记载，被中国证监会责令改正但公司未在规定期限内改正，公司股票及其衍生品种自前述期限届满的次一交易日起停牌，此后公司在股票及其衍生品种停牌2个月内仍未改正； （二）未在法定期限内披露半年度报告或者经审计的年度报告，公司股票及其衍生品种自前述期限届满的次一交易日起停牌，此后公司在股票及其衍生品种停牌2个月内仍未披露； （三）因半数以上董事无法保证公司所披露半年度报告或年度报告的真实性、准确性和完整性，且未在法定期限内改正，公司股票及其衍生品种自前述期限届满的次一交易日起停牌，此后公司在股票及其衍生品种停牌2个月内仍未改正； （四）因信息披露或者规范运作等方面存在重大缺陷，被本所要求限期改正但公司未在规定期限内改正，公司股票及其衍生品种自前述期限届满的次一交易日起停牌，此后公司在股票及其衍生品种停牌2个月内仍未改正； （五）因公司股本总额、股权分布发生变化，导致连续20个交易日不再具备上市条件，公司股票及其衍生品种自前述期限届满的次一交易日起停牌，此后公司在股票及其衍生品种停牌1个月内仍未解决； （六）公司可能被依法强制解散； （七）法院依法受理公司重整、和解和破产清算申请； （八）本所认定的其他情形	《上海证券交易所股票上市规则》（上证发〔2023〕127号）9.4.1

续表

序号	履职主体	业务领域	业务事项	应知应会知识点		
				来源	重点内容	重点条款
494	独立董事、外部董事	上市公司独立董事、外部董事监事履职的特殊规定	重大财务事项	外部法律法规	7.6.3 上市公司会计政策变更公告应当包含本次会计政策变更情况概述、会计政策变更对公司的影响、因会计政策变更对公司最近 2 年已披露的年度财务报告进行追溯调整导致已披露的报告年度出现盈亏性质改变的说明（如有）等。 公司自主变更会计政策的，除应当在董事会审议通过后及时按照前款规定披露外，还应当披露董事会、独立董事和监事会对会计政策变更是否符合相关规定的意见。需股东大会审议的，还应当披露会计师事务所出具的专项意见	《上海证券交易所股票上市规则》（上证发〔2023〕127 号）7.6.3
495	独立董事、外部董事	上市公司独立董事、外部董事监事履职的特殊规定	重大财务事项	外部法律法规	7.6.4 上市公司变更重要会计估计的，应当在变更生效当期的定期报告披露前将变更事项提交董事会审议，并在董事会审议通过后比照自主变更会计政策履行披露义务	《上海证券交易所股票上市规则》（上证发〔2023〕127 号）7.6.4
496	独立董事、外部董事	上市公司独立董事、外部董事监事履职的特殊规定	重大财务事项	外部法律法规	第三条 上市公司的董事、监事和高级管理人员应当勤勉尽责，督促上市公司规范使用募集资金，自觉维护上市公司募集资金安全，不得参与、协助或纵容上市公司擅自或变相改变募集资金用途。 第六条 上市公司募集资金应当按照招股说明书或者其他公开发行募集文件所列用途使用。上市公司改变招股说明书或者其他公开发行募集文件所列资金用途的，必须经股东大会作出决议。 第七条 上市公司募集资金原则上应当用于主营业务。除金融类企业外，募集资金投资项目不得为持有交易性金融资产和可供出售的金融资产、借予他人、委托理财等财务性投资，不得直接或间接投资于以买卖有价证券为主要业务的公司。科创板上市公司募集资金使用应符合国家产业政策和相关法律法规，并应当投资于科技创新领域。	《上市公司监管指引第 2 号——上市公司募集资金管理和使用的监管要求》第三条、第六条、第七条、第九条、第十条

续表

序号	履职主体	业务领域	业务事项	应知应会知识点		
				来源	重点内容	重点条款
497	独立董事、外部董事	上市公司独立董事、外部董事监事履职的特殊规定	重大财务事项	外部法律法规	第九条　暂时闲置的募集资金可暂时用于补充流动资金。暂时补充流动资金，仅限于与主营业务相关的生产经营使用，不得通过直接或间接安排用于新股配售、申购，或用于股票及其衍生品种、可转换公司债券等的交易。使用闲置募集资金投资产品或暂时用于补充流动资金的，应当经上市公司董事会审议通过，独立董事、监事会、保荐机构发表明确同意意见并披露。单次补充流动资金最长不得超过十二个月。 第十条　上市公司实际募集资金净额超过计划募集资金金额的部分（下称超募资金）可用于永久补充流动资金和归还银行借款，每十二个月内累计金额不得超过超募资金总额的百分之三十。超募资金用于永久补充流动资金和归还银行借款的，应当经上市公司股东大会审议批准，并提供网络投票表决方式，独立董事、保荐机构应当发表明确同意意见并披露。上市公司应当承诺在补充流动资金后的十二个月内不进行高风险投资以及为他人提供财务资助并披露	《上市公司监管指引第 2 号——上市公司募集资金管理和使用的监管要求》第三条、第六条、第七条、第九条、第十条
498	独立董事、外部董事	上市公司独立董事、外部董事监事履职的特殊规定	重大财务事项	外部法律法规	第三条　上市公司发行证券，可以向不特定对象发行，也可以向特定对象发行。向不特定对象发行证券包括上市公司向原股东配售股份、向不特定对象募集股份和向不特定对象发行可转债。向特定对象发行证券包括上市公司向特定对象发行股票、向特定对象发行可转债。 第十七条　董事会在编制本次发行方案的论证分析报告时，应当结合上市公司所处行业和发展阶段、融资规划、财务状况、资金需求等情况进行论证分析，独立董事应当发表专项意见。论证分析报告应当包括下列内容：（一）本次发行证券及其品种选择的必要性；（二）本次发行对象的选择范围、数量和标准的适当性；（三）本次发行定价的原则、依据、方法和程序的合理性；（四）本次发行方式的可行性；（五）本次发行方案的公平性、合理性；（六）本次发行对原股东权益或者即期回报摊薄的影响以及填补的具体措施。	《上市公司证券发行注册管理办法》（证监会令〔第 206 号〕）第三条、第十七条、第二十条

续表

序号	履职主体	业务领域	业务事项	应知应会知识点		
				来源	重点内容	重点条款
498	独立董事、外部董事	上市公司独立董事、外部董事监事履职的特殊规定	重大财务事项	外部法律法规	第二十条　股东大会就发行证券事项作出决议，必须经出席会议的股东所持表决权的三分之二以上通过，中小投资者表决情况应当单独计票。向本公司特定的股东及其关联人发行证券的，股东大会就发行方案进行表决时，关联股东应当回避。股东大会对引入战略投资者议案作出决议的，应当就每名战略投资者单独表决	《上市公司证券发行注册管理办法》（证监会令〔第206号〕）第三条、第十七条、第二十条
499	独立董事、外部董事	上市公司独立董事、外部董事监事履职的特殊规定	重大财务事项	外部法律法规	第六条　具有下列情形之一的，上市公司大股东不得减持股份：（一）上市公司或者大股东因涉嫌证券期货违法犯罪，在被中国证监会立案调查或者被司法机关立案侦查期间，以及在行政处罚决定、刑事判决作出之后未满6个月的。（二）大股东因违反证券交易所规则，被证券交易所公开谴责未满3个月的。（三）中国证监会规定的其他情形。 第七条　具有下列情形之一的，上市公司董监高不得减持股份：（一）董监高因涉嫌证券期货违法犯罪，在被中国证监会立案调查或者被司法机关立案侦查期间，以及在行政处罚决定、刑事判决作出之后未满6个月的。（二）董监高因违反证券交易所规则，被证券交易所公开谴责未满3个月的。（三）中国证监会规定的其他情形。 第九条　上市公司大股东在3个月内通过证券交易所集中竞价交易减持股份的总数，不得超过公司股份总数的1%	《上市公司股东、董监高减持股份的若干规定》（中国证券监督管理委员会公告〔2017〕9号）第六条、第七条、第九条
500	独立董事、外部董事	上市公司独立董事、外部董事监事履职的特殊规定	重大财务事项	外部法律法规	上市公司实行股权激励，应当符合法律、行政法规、监管规定和公司章程的规定，有利于上市公司的持续发展，不得损害上市公司利益。上市公司的董事、监事和高级管理人员在实行股权激励中应当诚实守信，勤勉尽责，维护公司和全体股东的利益	《上市公司股权激励管理办法》（证监会令〔第126号〕）第三条

续表

序号	履职主体	业务领域	业务事项	应知应会知识点		
				来源	重点内容	重点条款
501	独立董事、外部董事	上市公司独立董事、外部董事监事履职的特殊规定	重大财务事项	外部法律法规	第五条　实施股权激励的上市公司应具备以下条件：1. 公司治理结构规范，股东会、董事会、经理层组织健全，职责明确，外部董事（含独立董事，下同）占董事会成员半数以上；2. 薪酬委员会由外部董事构成，且薪酬委员会制度健全，议事规则完善，运行规范；3. 内部控制制度和绩效考核体系健全，基础管理制度规范，建立了符合市场经济和现代企业制度要求的劳动用工、薪酬福利制度及绩效考核体系；4. 发展战略明确，资产质量和财务状况良好，经营业绩稳健；近三年无财务违法违规行为和不良记录；5. 证券监管部门规定的其他条件	《国有控股上市公司（境内）实施股权激励试行办法》（国资发分配〔2006〕175 号）第五条
502	独立董事、外部董事	上市公司独立董事、外部董事监事履职的特殊规定	重大财务事项	外部法律法规	第七条　上市公司具有下列情形之一的，不得实行股权激励：（一）最近一个会计年度财务会计报告被注册会计师出具否定意见或者无法表示意见的审计报告；（二）最近一个会计年度财务报告内部控制被注册会计师出具否定意见或无法表示意见的审计报告；（三）上市后最近 36 个月内出现过未按法律法规、公司章程、公开承诺进行利润分配的情形；（四）法律法规规定不得实行股权激励的；（五）中国证监会认定的其他情形	《上市公司股权激励管理办法》（证监会令〔第 148 号〕）第七条
503	独立董事、外部董事	上市公司独立董事、外部董事监事履职的特殊规定	重大财务事项	外部法律法规	第八条　激励对象可以包括上市公司的董事、高级管理人员、核心技术人员或者核心业务人员，以及公司认为应当激励的对公司经营业绩和未来发展有直接影响的其他员工，但不应当包括独立董事和监事。外籍员工任职上市公司董事、高级管理人员、核心技术人员或者核心业务人员的，可以成为激励对象。单独或合计持有上市公司 5% 以上股份的股东或实际控制人及其配偶、父母、子女，不得成为激励对象。下列人员也不得成为激励对象：（一）最近 12 个月内被证券交易所认定为不适当人选；（二）最近 12 个月内被中国证监会及其派出机构认定为不适当人选；（三）最近 12 个月内因重大违法违规行为被中国证监会及其派出机构行政处罚或者采取市	《上市公司股权激励管理办法》（证监会令〔第 126 号〕）第八条

续表

序号	履职主体	业务领域	业务事项	应知应会知识点		
				来源	重点内容	重点条款
503	独立董事、外部董事	上市公司独立董事、外部董事监事履职的特殊规定	重大财务事项	外部法律法规	场禁入措施；（四）具有《中华人民共和国公司法》规定的不得担任公司董事、高级管理人员情形的；（五）法律法规规定不得参与上市公司股权激励的；（六）中国证监会认定的其他情形	《上市公司股权激励管理办法》（证监会令〔第126号〕）第八条
504	独立董事、外部董事	上市公司独立董事、外部董事监事履职的特殊规定	重大财务事项	外部法律法规	第十一条　股权激励对象原则上限于上市公司董事、高级管理人员以及对上市公司整体业绩和持续发展有直接影响的核心技术人员和管理骨干。上市公司监事、独立董事以及由上市公司控股公司以外的人员担任的外部董事，暂不纳入股权激励计划。证券监管部门规定的不得成为激励对象的人员，不得参与股权激励计划	《国有控股上市公司（境内）实施股权激励试行办法》（国资发分配〔2006〕175号）第十一条
505	独立董事、外部董事	上市公司独立董事、外部董事监事履职的特殊规定	重大财务事项	外部法律法规	四、进一步强化股权激励计划的管理，科学规范实施股权激励 （二）严格股权激励对象范围，规范股权激励对象离职、退休等行为的处理方法。上市公司股权激励的重点应是对公司经营业绩和未来发展有直接影响的高级管理人员和核心技术骨干，不得随意扩大范围。未在上市公司任职、不属于上市公司的人员（包括控股股东公司的员工）不得参与上市公司股权激励计划。境内、境外上市公司监事不得成为股权激励的对象。股权激励对象正常调动、退休、死亡、丧失民事行为能力时，授予的股权当年已达到可行使时间限制和业绩考核条件的，可行使的部分可在离职之日起的半年内行使，尚未达到可行使时间限制和业绩考核条件的不再行使。股权激励对象辞职、被解雇时，尚未行使的股权不再行使	《关于规范国有控股上市公司实施股权激励制度有关问题的通知》（国资发分配〔2008〕171号）四（二）

续表

序号	履职主体	业务领域	业务事项	应知应会知识点		
				来源	重点内容	重点条款
506	独立董事、外部董事	上市公司独立董事、外部董事监事履职的特殊规定	重大财务事项	外部法律法规	第十四条　上市公司可以同时实行多期股权激励计划。同时实行多期股权激励计划的，各期激励计划设立的公司业绩指标应当保持可比性，后期激励计划的公司业绩指标低于前期激励计划的，上市公司应当充分说明其原因与合理性。上市公司全部在有效期内的股权激励计划所涉及的标的股票总数累计不得超过公司股本总额的 10%。非经股东大会特别决议批准，任何一名激励对象通过全部在有效期内的股权激励计划获授的本公司股票，累计不得超过公司股本总额的 1%。本条第二款所称股本总额是指股东大会批准最近一次股权激励计划时公司已发行的股本总额	《上市公司股权激励管理办法》（证监会令〔第 126 号〕）第十四条
507	独立董事、外部董事	上市公司独立董事、外部董事监事履职的特殊规定	重大财务事项	外部法律法规	第十四条　在股权激励计划有效期内授予的股权总量，应结合上市公司股本规模的大小和股权激励对象的范围、股权激励水平等因素，在 0.1%–10% 之间合理确定。但上市公司全部有效的股权激励计划所涉及的标的股票总数累计不得超过公司股本总额的 10%。 上市公司首次实施股权激励计划授予的股权数量原则上应控制在上市公司股本总额的 1% 以内。 第十五条　上市公司任何一名激励对象通过全部有效的股权激励计划获授的本公司股权，累计不得超过公司股本总额的 1%，经股东大会特别决议批准的除外	《国有控股上市公司（境内）实施股权激励试行办法》（国资发分配〔2006〕175 号）第十四条、第十五条
508	独立董事、外部董事	上市公司独立董事、外部董事监事履职的特殊规定	重大财务事项	外部法律法规	第三十三条　上市公司董事会下设的薪酬与考核委员会负责拟订股权激励计划草案。 第三十四条　上市公司实行股权激励，董事会应当依法对股权激励计划草案作出决议，拟作为激励对象的董事或与其存在关联关系的董事应当回避表决。董事会审议本办法第四十六条、第四十七条、第四十八条、第四十九条、第五十条、第五十一条规定中有关股权激励计划实施的事项时，拟作为激励对象的董事或与其存在关联关系的董事应当回避表决。董事会应当在依照本办法第三十七条、第五十四条的规定履行公示、公告程序后，将股权激励计划提交股东大会审议。	《上市公司股权激励管理办法》（证监会令〔第 126 号〕）第三十三条、第三十四条、第三十五条、第四十一条

续表

序号	履职主体	业务领域	业务事项	应知应会知识点		
				来源	重点内容	重点条款
508	独立董事、外部董事	上市公司独立董事、外部董事监事履职的特殊规定	重大财务事项	外部法律法规	第三十五条　独立董事及监事会应当就股权激励计划草案是否有利于上市公司的持续发展，是否存在明显损害上市公司及全体股东利益的情形发表意见。独立董事或监事会认为有必要的，可以建议上市公司聘请独立财务顾问，对股权激励计划的可行性、是否有利于上市公司的持续发展、是否损害上市公司利益以及对股东利益的影响发表专业意见。上市公司未按照建议聘请独立财务顾问的，应当就此事项作特别说明。 第四十一条　股东大会应当对本办法第九条规定的股权激励计划内容进行表决，并经出席会议的股东所持表决权的2/3以上通过。除上市公司董事、监事、高级管理人员、单独或合计持有上市公司5%以上股份的股东以外，其他股东的投票情况应当单独统计并予以披露。 上市公司股东大会审议股权激励计划时，拟为激励对象的股东或者与激励对象存在关联关系的股东，应当回避表决	《上市公司股权激励管理办法》（证监会令〔第148号〕）第三十三条、第三十四条、第三十五条、第四十一条
509	独立董事、外部董事	上市公司独立董事、外部董事监事履职的特殊规定	重大财务事项	外部法律法规	第二十五条　上市公司国有控股股东在股东大会审议批准股权激励计划之前，应将上市公司拟实施的股权激励计划报履行国有资产出资人职责的机构或部门审核（控股股东为集团公司的由集团公司申报），经审核同意后提请股东大会审议。 第二十六条　国有控股股东申报的股权激励报告应包括以下内容： （一）上市公司简要情况，包括公司薪酬管理制度、薪酬水平等情况； （二）股权激励计划和股权激励管理办法等应由股东大会审议的事项及其相关说明； （三）选择的期权定价模型及股票期权的公平市场价值的测算、限制性股票的预期收益等情况的说明； （四）上市公司绩效考核评价制度及发展战略和实施计划的说明等。绩效考核评价制度应当包括岗位职责核定、绩效考核评价指标和标准、年度及任期绩效考核目标、考核评价程序以及根据绩效考核评价办法对高管人员股权的授予和行权的相关规定。	《国有控股上市公司（境内）实施股权激励试行办法》（国资发分配〔2006〕175号）第二十五条、第二十六条、第二十七条

续表

序号	履职主体	业务领域	业务事项	应知应会知识点		
				来源	重点内容	重点条款
509	独立董事、外部董事	上市公司独立董事、外部董事监事履职的特殊规定	重大财务事项	外部法律法规	第二十七条　国有控股股东应将上市公司按股权激励计划实施的分期股权激励方案，事前报履行国有资产出资人职责的机构或部门备案	《国有控股上市公司（境内）实施股权激励试行办法》（国资发分配〔2006〕175号）第二十五条、第二十六条、第二十七条
510	独立董事、外部董事	上市公司独立董事、外部董事监事履职的特殊规定	重大财务事项	外部法律法规	（六）员工持股计划的持股期限和持股计划的规模：1. 每期员工持股计划的持股期限不得低于12个月，以非公开发行方式实施员工持股计划的，持股期限不得低于36个月，自上市公司公告标的股票过户至本期持股计划名下时起算；上市公司应当在员工持股计划届满前6个月公告到期计划持有的股票数量。2. 上市公司全部有效的员工持股计划所持有的股票总数累计不得超过公司股本总额的10%，单个员工所获股份权益对应的股票总数累计不得超过公司股本总额的1%。员工持股计划持有的股票总数不包括员工在公司首次公开发行股票上市前获得的股份、通过二级市场自行购买的股份及通过股权激励获得的股份。 （八）上市公司实施员工持股计划前，应当通过职工代表大会等组织充分征求员工意见。 （九）上市公司董事会提出员工持股计划草案并提交股东大会表决，员工持股计划草案至少应包含如下内容：1. 员工持股计划的参加对象及确定标准、资金、股票来源；2. 员工持股计划的存续期限、管理模式、持有人会议的召集及表决程序；3. 公司融资时员工持股计划的参与方式；4. 员工持股计划的变更、终止，员工发生不适合参加持股计划情况时所持股份权益的处置办法；5. 员工持股计划持有人代表或机构的选任程序；6. 员工持股计划管理机构的选任、管理协议的主要条款、管理费用的计提及支付方	《关于上市公司实施员工持股计划试点的指导意见》（证监会公告〔2014〕33号）（六）（八）（九）

续表

序号	履职主体	业务领域	业务事项	应知应会知识点		
				来源	重点内容	重点条款
510	独立董事、外部董事	上市公司独立董事、外部董事监事履职的特殊规定	重大财务事项	外部法律法规	式；7. 员工持股计划期满后员工所持有股份的处置办法；8. 其他重要事项。非金融类国有控股上市公司实施员工持股计划应当符合相关国有资产监督管理机构关于混合所有制企业员工持股的有关要求。金融类国有控股上市公司实施员工持股计划应当符合财政部关于金融类国有控股上市公司员工持股的规定	《关于上市公司实施员工持股计划试点的指导意见》（证监会公告〔2014〕33号）（六）（八）（九）
511	独立董事、外部董事	上市公司独立董事、外部董事监事履职的特殊规定	重大财务事项	外部法律法规	第二条　本规则所称上市公司回购股份，是指上市公司因下列情形之一收购本公司股份的行为：（一）减少公司注册资本；（二）将股份用于员工持股计划或者股权激励；（三）将股份用于转换上市公司发行的可转换为股票的公司债券；（四）为维护公司价值及股东权益所必需。 前款第（四）项所指情形，应当符合以下条件之一：（一）公司股票收盘价格低于最近一期每股净资产；（二）连续二十个交易日内公司股票收盘价格跌幅累计达到百分之二十；（三）公司股票收盘价格低于最近一年股票最高收盘价格的百分之五十；（四）中国证监会规定的其他条件。 第八条　上市公司回购股份应当同时符合以下条件：（一）公司股票上市已满六个月；（二）公司最近一年无重大违法行为；（三）回购股份后，上市公司具备持续经营能力和债务履行能力；（四）回购股份后，上市公司的股权分布原则上应当符合上市条件；公司拟通过回购股份终止其股票上市交易的，应当符合证券交易所的相关规定；（五）中国证监会、证券交易所规定的其他条件。上市公司因本规则第二条第一款第（四）项回购股份并减少注册资本的，不适用前款第（一）项	《上市公司股份回购规则》（证监会公告〔2023〕63号）第二条、第八条

续表

序号	履职主体	业务领域	业务事项	应知应会知识点		
				来源	重点内容	重点条款
512	独立董事、外部董事	上市公司独立董事、外部董事监事履职的特殊规定	重大财务事项	外部法律法规	第三条　上市公司制定利润分配政策时，应当履行公司章程规定的决策程序。董事会应当就股东回报事宜进行专项研究论证，制定明确、清晰的股东回报规划，并详细说明规划安排的理由等情况。上市公司应当在公司章程中载明以下内容： （一）公司董事会、股东大会对利润分配尤其是现金分红事项的决策程序和机制，对既定利润分配政策尤其是现金分红政策作出调整的具体条件、决策程序和机制，以及为充分听取独立董事和中小股东意见所采取的措施； （二）公司的利润分配政策尤其是现金分红政策的具体内容，利润分配的形式，利润分配尤其是现金分红的期间间隔，现金分红的具体条件，发放股票股利的条件，各期现金分红最低金额或比例（如有）等。鼓励上市公司在符合利润分配的条件下增加现金分红频次，稳定投资者分红预期。 第四条　上市公司应当在章程中明确现金分红相对于股票股利在利润分配方式中的优先顺序。具备现金分红条件的，应当采用现金分红进行利润分配。采用股票股利进行利润分配的，应当具有公司成长性、每股净资产的摊薄等真实合理因素。 第七条　上市公司应当严格执行公司章程确定的现金分红政策以及股东大会审议批准的现金分红具体方案。确有必要对公司章程确定的现金分红政策进行调整或者变更的，应当满足公司章程规定的条件，经过详细论证后，履行相应的决策程序，并经出席股东大会的股东所持表决权的三分之二以上通过	《上市公司监管指引第3号——上市公司现金分红》第三条、第四条、第七条
513	独立董事、外部董事	上市公司独立董事、外部董事监事履职的特殊规定	重大财务事项	外部法律法规	第六条　上市公司在制定现金分红具体方案时，董事会应当认真研究和论证公司现金分红的时机、条件和最低比例、调整的条件及其决策程序要求等事宜，独立董事应当发表明确意见。独立董事可以征集中小股东的意见，提出分红提案，并直接提交董事会审议。股东大会对现金分红具体方案进行审议前，上市公司应当通过多种渠道主动与股东特别是中小股东进行沟通和交流，充分听取中小股东的意见和诉求，及时答复中小股东关心的问题	《上市公司监管指引第3号——上市公司现金分红》第六条

续表

序号	履职主体	业务领域	业务事项	应知应会知识点		
				来源	重点内容	重点条款
514	独立董事、外部董事	上市公司独立董事、外部董事监事履职的特殊规定	定期报告	外部法律法规	5.1.1 上市公司预计年度经营业绩和财务状况将出现下列情形之一的，应当在会计年度结束后 1 个月内进行预告： （一）净利润为负值； （二）净利润实现扭亏为盈； （三）实现盈利，且净利润与上年同期相比上升或者下降 50% 以上； （四）扣除非经常性损益前后的净利润孰低者为负值，且扣除与主营业务无关的业务收入和不具备商业实质的收入后的营业收入低于 1 亿元； （五）期末净资产为负值； （六）本所认定的其他情形。 公司预计半年度经营业绩将出现前款第（一）项至第（三）项情形之一的，应当在半年度结束后 15 日内进行预告	《上海证券交易所股票上市规则》（上证发〔2023〕127 号）5.1.1
515	独立董事、外部董事	上市公司独立董事、外部董事监事履职的特殊规定	定期报告	外部法律法规	5.1.6 上市公司可以在定期报告公告前披露业绩快报。出现下列情形之一的，公司应当及时披露业绩快报： （一）在定期报告披露前向有关机关报送未公开的定期财务数据，预计无法保密的； （二）在定期报告披露前出现业绩泄露，或者因业绩传闻导致公司股票及其衍生品种交易异常波动的； （三）拟披露第一季度业绩，但上年度年度报告尚未披露。 出现前款第（三）项情形的，公司应当在不晚于第一季度业绩相关公告发布时披露上一年度的业绩快报。 5.1.7 上市公司披露业绩快报的，业绩快报应当包括公司本期及上年同期营业收入、营业利润、利润总额、净利润、扣除非经常性损益后的净利润、总资产、净资产、每股收益、每股净资产和净资产收益率等数据和指标。 5.1.8 上市公司披露业绩快报后，如预计本期业绩或者财务状况与已披露的业绩快报数据和指标差异幅度达到 20% 以上，或者最新预计的报告期净利润、扣除非经常性损益后的净利润或者期末净资产与已披露的业绩快报发生方向性变化的，应当及时披露业绩快报更正公告，说明具体差异及造成差异的原因	《上海证券交易所股票上市规则》（上证发〔2023〕127 号）5.1.6、5.1.7、5.1.8

续表

序号	履职主体	业务领域	业务事项	应知应会知识点		
				来源	重点内容	重点条款
516	独立董事、外部董事	上市公司独立董事、外部董事监事履职的特殊规定	定期报告	外部法律法规	5.2.7　上市公司年度报告中的财务会计报告应当经会计师事务所审计。 公司半年度报告中的财务会计报告可以不经审计，但有下列情形之一的，应当经过审计： （一）拟依据半年度财务数据派发股票股利、进行公积金转增股本或者弥补亏损； （二）中国证监会或者本所认为应当进行审计的其他情形。 公司季度报告中的财务资料无须审计，但中国证监会或者本所另有规定的除外。 5.2.13　发行可转换公司债券的上市公司，其年度报告和半年度报告还应当包括以下内容： （一）转股价格历次调整、修正的情况，经调整、修正后的最新转股价格； （二）可转换公司债券发行后累计转股的情况； （三）前10名可转换公司债券持有人的名单和持有量； （四）担保人盈利能力、资产状况和信用状况发生重大变化的情况；（如适用） （五）公司的负债情况、资信变化情况以及在未来年度偿债的现金安排； （六）中国证监会和本所规定的其他内容	《上海证券交易所股票上市规则》（上证发〔2023〕127号）5.2.7、5.2.13
517	独立董事、外部董事	上市公司独立董事、外部董事监事履职的特殊规定	定期报告	外部法律法规	5.1.10　上市公司董事、监事和高级管理人员应当及时、全面了解和关注公司经营情况和财务信息，并和会计师事务所进行必要的沟通，审慎判断是否应当披露业绩预告。 公司及其董事、监事和高级管理人员应当对业绩预告及更正公告、业绩快报及更正公告、盈利预测及更正公告披露的准确性负责，确保披露情况与公司实际情况不存在重大差异。 5.2.4　上市公司董事会应当确保公司按时披露定期报告。	《上海证券交易所股票上市规则》（上证发〔2023〕127号）5.1.10、5.2.4、5.2.6

续表

序号	履职主体	业务领域	业务事项	应知应会知识点		
				来源	重点内容	重点条款
517	独立董事、外部董事	上市公司独立董事、外部董事监事履职的特殊规定	定期报告	外部法律法规	公司不得披露未经董事会审议通过的定期报告。半数以上的董事无法保证定期报告内容的真实性、准确性、完整性的，视为未审议通过。 定期报告未经董事会审议、审议未通过或者因故无法形成有关董事会决议的，公司应当披露相关情况，说明无法形成董事会决议的原因和存在的风险、董事会的专项说明以及独立董事意见。 5.2.6　上市公司董事、高级管理人员应当对定期报告签署书面确认意见，说明董事会的编制和审议程序是否符合法律法规、本所相关规定的要求，定期报告的内容是否能够真实、准确、完整地反映上市公司的实际情况。 公司监事会应当对董事会编制的定期报告进行审核并提出书面审核意见。监事应当签署书面确认意见。监事会对定期报告出具的书面审核意见，应当说明董事会的编制和审议程序是否符合法律法规、本所相关规定的要求，定期报告的内容是否能够真实、准确、完整地反映公司的实际情况。 公司董事、监事无法保证定期报告内容的真实性、准确性、完整性或者有异议的，应当在董事会或者监事会审议、审核定期报告时投反对票或者弃权票。 公司董事、监事和高级管理人员无法保证定期报告内容的真实性、准确性、完整性或者有异议的，应当在书面确认意见中发表意见并陈述理由，公司应当披露。公司不予披露的，董事、监事和高级管理人员可以直接申请披露。 公司董事、监事和高级管理人员发表的异议理由应当明确、具体，与定期报告披露内容具有相关性。公司董事、监事和高级管理人员按照前款规定发表意见，应当遵循审慎原则，其保证定期报告内容的真实性、准确性、完整性的责任不仅因发表意见而当然免除。 董事、监事和高级管理人员不得以任何理由拒绝对定期报告签署书面意见	《上海证券交易所股票上市规则》（上证发〔2023〕127号）5.1.10、5.2.4、5.2.6

续表

序号	履职主体	业务领域	业务事项	应知应会知识点		
				来源	重点内容	重点条款
518	独立董事、外部董事	上市公司独立董事、外部董事监事履职的特殊规定	独立董事的特别规定	内部规章制度	一、依法参加所受聘企业董事会会议和相关董事会专门委员会会议，就会议讨论决定事项独立、客观、公正发表意见，并为此承担相应责任。 二、主动持续了解政策法规、相关监管要求变化和所受聘企业经营管理情况，参与企业战略决策和运行监控，对决策的可行性、合理性、科学性进行监督，规避企业经营风险。对于可能损害所受聘企业合法权益的情况，及时向股东会报告。 三、关注所受聘企业长期发展目标与核心竞争力培育，积极发挥顾问和咨询作用。 四、督促所受聘企业建立权责法定、权责透明、协调运转、有效制衡的法人治理结构，推动中国特色现代企业制度建设。 五、法律法规和公司章程规定的其他职责	《中国南方电网有限责任公司出资企业独立董事管理细则》（Q/CSG 2113073—2021）附录 B
519	独立董事、外部董事	上市公司独立董事、外部董事监事履职的特殊规定	独立董事的特别规定	内部规章制度	第十四条　独立董事应对所受聘企业及其全体股东负有诚信、勤勉义务，应当按照国家法律法规、相关监管规定和公司章程有关要求，独立履行职责，客观、公正发表相关意见，不受与所受聘企业存在重大利害关系的单位或者个人的影响，维护所受聘企业合法权益。 第十五条　独立董事应当出席董事会会议和所任职董事会专门委员会会议，根据公司章程规定列席股东会。独立董事因故不能出席董事会会议的，应当书面委托其他独立董事代为出席。未出席董事会会议次数达到有关监管机构要求或公司章程规定的，视为不履行职责，由董事会提请股东会予以撤换。 第十六条　出资企业应当根据相关监管规定和企业实际，明确独立董事在所受聘企业的最低工作时间等履职要求及标准，确保独立董事投入足够的时间履行职责。独立董事每年在同一家所受聘企业履职时间一般不少于 15 个工作日。 第十七条　独立董事应当每年撰写尽职报告，并提交股东会	《中国南方电网有限责任公司出资企业独立董事管理细则》（Q/CSG 2113073—2021）第十四至第二十条

续表

序号	履职主体	业务领域	业务事项	应知应会知识点		
				来源	重点内容	重点条款
519	独立董事、外部董事	上市公司独立董事、外部董事监事履职的特殊规定	独立董事的特别规定	内部规章制度	第十八条　出资企业应当保证独立董事与其他董事同等的知情权，应当及时、完整地向独立董事提供参与决策的必要信息。应当为独立董事履行职责提供必需的工作条件，应当为发挥独立董事的决策、监督作用创造良好的内部环境，不得干预其独立行使职权。 第十九条　出资企业应当给予独立董事适当的津贴。津贴标准应当充分体现独立董事所承担的职责，津贴方案应充分考虑独立董事的履职情况和年度履职评价结果。除上述津贴外，独立董事不应从所受聘企业及其主要股东或有利害关系的机构和人员取得额外的其他利益。 第二十条　出资企业应按照有关规定组织独立董事参加监管机构组织或认可的独立董事培训，也可根据需要为独立董事组织有助于其履职的内部培训。独立董事参加以上培训的相关费用由所受聘企业承担	《中国南方电网有限责任公司出资企业独立董事管理细则》（Q/CSG 2113073—2021）第十四至第二十条
520	独立董事、外部董事	上市公司独立董事、外部董事监事履职的特殊规定	独立董事的特别规定	外部法律法规	3.5.15　独立董事履行下列职责： （一）参与董事会决策并对所议事项发表明确意见； （二）对本规则第2.2.8条、第2.2.13条、第2.2.14条、第3.5.16条所列上市公司与其控股股东、实际控制人、董事、高级管理人员之间的潜在重大利益冲突事项进行监督，促使董事会决策符合公司整体利益，保护中小股东的合法权益； （三）对上市公司经营发展提供专业、客观的建议，促进提升董事会决策水平； （四）法律法规、本所相关规定及公司章程规定的其他职责。 独立董事应当独立公正地履行职责，不受上市公司及其主要股东、实际控制人等单位或者个人的影响。如发现所审议事项存在影响其独立性的情况，应当向公司申明并实行回避。任职期间出现明显影响独立性情形的，应当及时通知公司，提出解决措施，必要时应当提出辞职。 3.5.16　下列事项应当经上市公司全体独立董事过半数同意后，提交董事会审议：	《上海证券交易所上市公司自律监管指引第1号——规范运作》3.5.15至3.5.17

续表

序号	履职主体	业务领域	业务事项	应知应会知识点		
				来源	重点内容	重点条款
520	独立董事、外部董事	上市公司独立董事、外部董事监事履职的特殊规定	独立董事的特别规定	外部法律法规	（一）应当披露的关联交易； （二）上市公司及相关方变更或者豁免承诺的方案； （三）被收购上市公司董事会针对收购所作出的决策及采取的措施； （四）法律法规、本所相关规定及公司章程规定的其他事项。 3.5.17　独立董事行使下列特别职权： （一）独立聘请中介机构，对上市公司具体事项进行审计、咨询或者核查； （二）向董事会提议召开临时股东大会； （三）提议召开董事会会议； （四）依法公开向股东征集股东权利； （五）对可能损害上市公司或者中小股东权益的事项发表独立意见； （六）法律法规、本所相关规定及公司章程规定的其他职权。 独立董事行使前款第（一）项至第（三）项职权的，应当经全体独立董事过半数同意。 独立董事行使本条第一款所列职权的，上市公司应当及时披露。上述职权不能正常行使的，上市公司应当披露具体情况和理由。 独立董事聘请中介机构的费用及其他行使职权时所需的费用由上市公司承担	《上海证券交易所上市公司自律监管指引第1号——规范运作》3.5.15至3.5.17
521	独立董事、外部董事	上市公司独立董事、外部董事监事履职的特殊规定	独立董事的特别规定	外部法律法规	十八条　独立董事行使下列特别职权： （一）独立聘请中介机构，对上市公司具体事项进行审计、咨询或者核查； （二）向董事会提议召开临时股东大会； （三）提议召开董事会会议； （四）依法公开向股东征集股东权利； （五）对可能损害上市公司或者中小股东权益的事项发表独立意见； （六）法律、行政法规、中国证监会规定和公司章程规定的其他职权。 独立董事行使前款第一项至第三项所列职权的，应当经全体独立董事过半数同意。 独立董事行使第一款所列职权的，上市公司应当及时披露。上述职权不能正常行使的，上市公司应当披露具体情况和理由。	《上市公司独立董事管理办法》（中国证券监督管理委员会令第220号）第十八条、第三十六条、第三十七条

续表

序号	履职主体	业务领域	业务事项	应知应会知识点		
				来源	重点内容	重点条款
521	独立董事、外部董事	上市公司独立董事、外部董事监事履职的特殊规定	独立董事的特别规定	外部法律法规	第三十六条　上市公司应当保障独立董事享有与其他董事同等的知情权。为保证独立董事有效行使职权，上市公司应当向独立董事定期通报公司运营情况，提供资料，组织或者配合独立董事开展实地考察等工作。 上市公司可以在董事会审议重大复杂事项前，组织独立董事参与研究论证等环节，充分听取独立董事意见，并及时向独立董事反馈意见采纳情况。 第三十七条　上市公司应当及时向独立董事发出董事会会议通知，不迟于法律、行政法规、中国证监会规定或者公司章程规定的董事会会议通知期限提供相关会议资料，并为独立董事提供有效沟通渠道；董事会专门委员会召开会议的，上市公司原则上应当不迟于专门委员会会议召开前三日提供相关资料和信息。上市公司应当保存上述会议资料至少十年。 两名及以上独立董事认为会议材料不完整、论证不充分或者提供不及时的，可以书面向董事会提出延期召开会议或者延期审议该事项，董事会应当予以采纳。 董事会及专门委员会会议以现场召开为原则。在保证全体参会董事能够充分沟通并表达意见的前提下，必要时可以依照程序采用视频、电话或者其他方式召开	《上市公司独立董事管理办法》（中国证券监督管理委员会令第 220 号）第十八条、第三十六条、第三十七条
522	独立董事、外部董事	上市公司独立董事、外部董事监事履职的特殊规定	独立董事的特别规定	内部规章制度	独立董事履职提示：一、独立董事除享有《中华人民共和国公司法》和其他法律法规、公司章程赋予董事的一般职权外，还应享有相关监管规定和公司章程约定授予的特别职权。特别职权一般包括：（一）对重大关联交易的公允性、内部审查程序执行情况等进行审查并出具书面意见，审查通过后提交董事会审议。独立董事作出判断前，认为有必要的可以聘请中介机构出具独立财务顾问报告，作为其判断依据；（二）向董事会提请召开临时股东会；（三）提议召开董事会；（四）独立聘请外部审计机构和咨询机构；（五）法律法规、有关监管规定和公司章程约定的其他职权。重大关联交易的界定及特别职权行使条件按照相关监管规定和公司章程有关约定执行	《中国南方电网有限责任公司出资企业独立董事管理细则》（Q/CSG 2113073—2021）附录 C

续表

序号	履职主体	业务领域	业务事项	应知应会知识点		
				来源	重点内容	重点条款
523	独立董事、外部董事	上市公司独立董事、外部董事监事履职的特殊规定	独立董事的特别规定	外部法律法规	第五十一条　上市公司董事、监事、高级管理人员、员工或者其所控制或者委托的法人或者其他组织，拟对本公司进行收购或者通过本办法第五章规定的方式取得本公司控制权（以下简称管理层收购）的，该上市公司应当具备健全且运行良好的组织机构以及有效的内部控制制度，公司董事会成员中独立董事的比例应当达到或者超过1/2。公司应当聘请符合《中华人民共和国证券法》规定的资产评估机构提供公司资产评估报告，本次收购应当经董事会非关联董事作出决议，且取得2/3以上的独立董事同意后，提交公司股东大会审议，经出席股东大会的非关联股东所持表决权过半数通过。独立董事发表意见前，应当聘请独立财务顾问就本次收购出具专业意见，独立董事及独立财务顾问的意见应当一并予以公告。上市公司董事、监事、高级管理人员存在《中华人民共和国公司法》第一百四十八条规定情形，或者最近3年有证券市场不良诚信记录的，不得收购本公司	《上市公司收购管理办法（2020年修正）》（证监会令〔第166号〕）第五十一条
524	独立董事、外部董事	上市公司独立董事、外部董事监事履职的特殊规定	独立董事的特别规定	外部法律法规	第三条　基金管理人的董事会及董事应当保证年度报告内容的真实性、准确性与完整性，承诺其中不存在虚假记载、误导性陈述或重大遗漏，并就其保证承担个别及连带责任。披露基金年度报告应经三分之二以上独立董事签字同意，并由董事长签发。如个别董事对年度报告内容的真实性、准确性、完整性无法保证或存在异议，应当单独陈述理由和发表意见。未参会董事应当单独列示其姓名。 基金托管人应当对基金年度报告中的财务指标、净值表现、收益分配情况、财务会计报告、投资组合报告等内容进行复核、审查，并出具意见，保证复核内容的真实性、准确性和完整性，承诺其中不存在虚假记载、误导性陈述或者重大遗漏	《证券投资基金信息披露内容与格式准则第2号——年度报告的内容与格式（2020年修订）》第三条

续表

序号	履职主体	业务领域	业务事项	应知应会知识点		
				来源	重点内容	重点条款
525	独立董事、外部董事	上市公司独立董事、外部董事监事履职的特殊规定	独立董事的特别规定	外部法律法规	第三十六条　基金管理公司的董事会审议下列事项，应当经过2/3以上的独立董事通过：公司及公募基金投资运作中的重大关联交易；公司和公募基金审计事务，聘请或者更换会计师事务所；公司管理的公募基金的中期报告和年度报告；法律、行政法规和公司章程规定的其他事项	《公开募集证券投资基金管理人监督管理办法》（证监会令〔第198号〕）第三十六条
526	独立董事、外部董事	上市公司独立董事、外部董事监事履职的特殊规定	独立董事的特别规定	外部法律法规	第十六条　就上市公司相关事项发表独立意见。需独立董事向上市公司董事会或股东大会发表独立意见的事项包括：（一）对外担保；（二）重大关联交易；（三）董事的提名、任免；（四）聘任或者解聘高级管理人员；（五）董事、高级管理人员的薪酬和股权激励计划；（六）变更募集资金用途；（七）超募资金用于永久补充流动资金和归还银行借款；（八）制定资本公积金转增股本预案；（九）制定利润分配政策、利润分配方案及现金分红方案；（十）因会计准则变更以外的原因作出会计政策、会计估计变更或重大会计差错更正；（十一）上市公司的财务会计报告被注册会计师出具非标准无保留审计意见；（十二）会计师事务所的聘用及解聘；（十三）管理层收购；（十四）重大资产重组；（十五）以集中竞价交易方式回购股份；（十六）内部控制评价报告；（十七）上市公司承诺相关方的承诺变更方案；（十八）优先股发行对公司各类股东权益的影响；（十九）法律、行政法规、部门规章、规范性文件、自律规则及公司章程规定的或中国证监会认定的其他事项；（二十）独立董事认为可能损害上市公司及其中小股东权益的其他事项。 第十七条　就上市公司主动退市发表独立意见。独立董事就上市公司主动退市事项发表独立意见前，应当就该事项是否有利于公司长远发展和全体股东利益充分征询中小股东意见，在此基础上形成的独立董事意见应当与股东大会召开通知一并公告	《上市公司独立董事履职指引》（中国上市公司协会—2020年修订版）第十六条、第十七条

续表

序号	履职主体	业务领域	业务事项	应知应会知识点		
				来源	重点内容	重点条款
527	独立董事、外部董事	上市公司独立董事、外部董事监事履职的特殊规定	独立董事的特别规定	内部规章制度	一、独立董事除享有《中华人民共和国公司法》和其他法律法规、公司章程赋予董事的一般职权外，还应享有相关监管规定和公司章程约定授予的特别职权。特别职权一般包括： （一）对重大关联交易的公允性、内部审查程序执行情况等进行审查并出具书面意见，审查通过后提交董事会审议。独立董事作出判断前，认为有必要的可以聘请中介机构出具独立财务顾问报告，作为其判断依据； （二）向董事会提请召开临时股东会； （三）提议召开董事会； （四）独立聘请外部审计机构和咨询机构； （五）法律法规、有关监管规定和公司章程约定的其他职权。 重大关联交易的界定及特别职权行使条件按照相关监管规定和公司章程有关约定执行。 二、独立董事在履职中应当重点关注所受聘企业以下事项并对此发表独立意见： （一）董事的提名、任免，以及高级管理人员的聘任和解聘； （二）董事和高级管理人员的薪酬； （三）利润分配方案； （四）可能造成所受聘企业重大损失的事项； （五）法律法规、相关监管规定和公司章程约定的其他事项。 独立董事应当就上述事项发表以下几类意见之一：同意；保留意见及其理由；反对意见及其理由；无法发表意见及其障碍。独立董事对上述事项投弃权或反对票的，或者认为发表意见存在障碍的，应当向股东会提交书面意见。 三、当独立董事履职期间出现对其独立性构成影响的情形时，独立董事应当主动向所受聘企业董事会申明，并同时申请表决回避。董事会在收到独立董事个人申明后，应当以会议决议方式对该独立董事是否符合独立性要求做出认定。董事会认定其不符合独立性要求的，独立董事应当主动提出辞职	《中国南方电网有限责任公司出资企业独立董事管理细则》（Q/CSG 2113073—2021）附录C：独立董事履职提示

续表

序号	履职主体	业务领域	业务事项	应知应会知识点		
				来源	重点内容	重点条款
528	独立董事、外部董事	上市公司独立董事、外部董事监事履职的特殊规定	独立董事的特别规定	内部规章制度	一、参加会议情况，包括未亲自出席董事会、董事会专门委员会等相关会议的次数及原因。 二、发表意见情况，包括投弃权或反对票的情况及原因，无法发表意见的情况及障碍。 三、为了解所受聘企业经营管理状况所做的工作，包括开展现场调研、专项调查、与经理层工作沟通等。 四、履职过程中存在的障碍，包括知情权未能得到保障的情况、履职受到干扰或阻碍的情况，以及向董事会和经理层提出工作意见和建议未被采纳的情况。 五、年度工作自我评价，包括是否持续保持独立性、是否存在未尽独立董事职责的自我评价，以及参加培训的情况等。 六、对董事会及经理层工作的评价。 七、独立董事认为应当提请股东会关注的其他事项	《中国南方电网有限责任公司出资企业独立董事管理细则》（Q/CSG 2113073—2021）附录D
529	独立董事、外部董事	上市公司独立董事、外部董事监事履职的特殊规定	董事会、股东大会特别决议事项	外部法律法规	第一百六十二条　公司不得收购本公司股份。但是，有下列情形之一的除外： （一）减少公司注册资本； （二）与持有本公司股份的其他公司合并； （三）将股份用于员工持股计划或者股权激励； （四）股东因对股东会作出的公司合并、分立决议持异议，要求公司收购其股份； （五）将股份用于转换公司发行的可转换为股票的公司债券； （六）上市公司为维护公司价值及股东权益所必需。 公司因前款第一项、第二项规定的情形收购本公司股份的，应当经股东会决议；公司因前款第三项、第五项、第六项规定的情形收购本公司股份的，可以按照公司章程或者股东会的授权，经三分之二以上董事出席的董事会会议决议。 公司依照本条第一款规定收购本公司股份后，属于第一项情形的，应当自收购之日起十日内注销；属于第二项、第	《中华人民共和国公司法（2023年修正）》第一百六十二条

续表

序号	履职主体	业务领域	业务事项	应知应会知识点		
				来源	重点内容	重点条款
529	独立董事、外部董事	上市公司独立董事、外部董事监事履职的特殊规定	董事会、股东大会特别决议事项	外部法律法规	四项情形的，应当在六个月内转让或者注销；属于第三项、第五项、第六项情形的，公司合计持有的本公司股份数不得超过本公司已发行股份总数的百分之十，并应当在三年内转让或者注销。 上市公司收购本公司股份的，应当依照《中华人民共和国证券法》的规定履行信息披露义务。上市公司因本条第一款第三项、第五项、第六项规定的情形收购本公司股份的，应当通过公开的集中交易方式进行。 公司不得接受本公司的股份作为质权的标的	《中华人民共和国公司法（2023年修正）》第一百六十二条
530	独立董事、外部董事	上市公司独立董事、外部董事监事履职的特殊规定	董事会、股东大会特别决议事项	外部法律法规	第十八条　上市公司因本规则第二条第一款第（一）项规定情形回购股份的，应当由董事会依法作出决议，并提交股东大会审议，经出席会议的股东所持表决权的三分之二以上通过；因第（二）项、第（三）项、第（四）项规定情形回购股份的，可以依照公司章程的规定或者股东大会的授权，经三分之二以上董事出席的董事会会议决议。 上市公司股东大会对董事会作出授权的，应当在决议中明确授权实施股份回购的具体情形和授权期限等内容	《上市公司股份回购规则》（证监会公告〔2022〕4号）第十八条
531	独立董事、外部董事	上市公司独立董事、外部董事监事履职的特殊规定	董事会、股东大会特别决议事项	外部法律法规	第二十四条　公司不得收购本公司股份。但是，有下列情形之一的除外： （一）减少公司注册资本； （二）与持有本公司股份的其他公司合并； （三）将股份用于员工持股计划或者股权激励； （四）股东因对股东大会作出的公司合并、分立决议持异议，要求公司收购其股份； （五）将股份用于转换公司发行的可转换为股票的公司债券； （六）公司为维护公司价值及股东权益所必需。 注释：发行优先股的公司，还应当在公司章程中对回购优先股的选择权由发行人或股东行使、回购的条件、价格和比例等作出具体规定。发行人按章程规定要求回购优先股的，必须完全支付所欠股息，但商业银行发行优先股补充资本的除外。	《上市公司章程指引》第二十四条、第二十六条

续表

序号	履职主体	业务领域	业务事项	应知应会知识点		
				来源	重点内容	重点条款
531	独立董事、外部董事	上市公司独立董事、外部董事监事履职的特殊规定	董事会、股东大会特别决议事项	外部法律法规	第二十六条　公司因本章程第二十四条第一款第（一）项、第（二）项规定的情形收购本公司股份的，应当经股东大会决议；公司因本章程第二十四条第一款第（三）项、第（五）项、第（六）项规定的情形收购本公司股份的，可以依照本章程的规定或者股东大会的授权，经三分之二以上董事出席的董事会会议决议。 公司依照本章程第二十四条第一款规定收购本公司股份后，属于第（一）项情形的，应当自收购之日起十日内注销；属于第（二）项、第（四）项情形的，应当在六个月内转让或者注销；属于第（三）项、第（五）项、第（六）项情形的，公司合计持有的本公司股份数不得超过本公司已发行股份总额的百分之十，并应当在三年内转让或者注销。 注释：公司按本条规定回购优先股后，应当相应减记发行在外的优先股股份总数	《上市公司章程指引》第二十四条、第二十六条
532	独立董事、外部董事	上市公司独立董事、外部董事监事履职的特殊规定	董事会、股东大会特别决议事项	外部法律法规	第十条　董事会审批的对外担保，必须经出席董事会的三分之二以上董事审议同意并做出决议	《上市公司监管指引第8号——上市公司资金往来、对外担保的监管要求》第十条
533	独立董事、外部董事	上市公司独立董事、外部董事监事履职的特殊规定	董事会、股东大会特别决议事项	外部法律法规	6.3.13　上市公司为关联人提供担保的，除应当经全体非关联董事的过半数审议通过外，还应当经出席董事会会议的非关联董事的三分之二以上董事审议同意并作出决议，并提交股东大会审议。公司为控股股东、实际控制人及其关联人提供担保的，控股股东、实际控制人及其关联人应当提供反担保。 公司因交易导致被担保方成为公司的关联人的，在实施该交易或者关联交易的同时，应当就存续的关联担保履行相应审议程序和信息披露义务。 董事会或者股东大会未审议通过前款规定的关联担保事项的，交易各方应当采取提前终止担保等有效措施	《深圳证券交易所股票上市规则》（深证上〔2023〕701号）6.3.13

续表

序号	履职主体	业务领域	业务事项	应知应会知识点		
				来源	重点内容	重点条款
534	独立董事、外部董事	上市公司独立董事、外部董事监事履职的特殊规定	董事会、股东大会特别决议事项	外部法律法规	6.3.11　上市公司为关联人提供担保的，除应当经全体非关联董事的过半数审议通过外，还应当经出席董事会会议的非关联董事的三分之二以上董事审议同意并作出决议，并提交股东大会审议。公司为控股股东、实际控制人及其关联人提供担保的，控股股东、实际控制人及其关联人应当提供反担保。 公司因交易或者关联交易导致被担保方成为公司的关联人，在实施该交易或者关联交易的同时，应当就存续的关联担保履行相应审议程序和信息披露义务。 董事会或者股东大会未审议通过前款规定的关联担保事项的，交易各方应当采取提前终止担保等有效措施	《上海证券交易所股票上市规则》(上证发〔2023〕127号) 6.3.11
535	独立董事、外部董事	上市公司独立董事、外部董事监事履职的特殊规定	董事会、股东大会特别决议事项	外部法律法规	6.1.9　上市公司提供财务资助，除应当经全体董事的过半数审议通过外，还应当经出席董事会会议的三分之二以上董事审议同意并作出决议，并及时对外披露。 财务资助事项属于下列情形之一的，应当在董事会审议通过后提交股东大会审议，本所另有规定的除外： （一）单笔财务资助金额超过上市公司最近一期经审计净资产的10%； （二）被资助对象最近一期财务报表数据显示资产负债率超过70%； （三）最近十二个月内财务资助金额累计计算超过上市公司最近一期经审计净资产的10%； （四）本所或者公司章程规定的其他情形。公司提供资助对象为公司合并报表范围内且持股比例超过50%的控股子公司，且该控股子公司其他股东中不包含上市公司的控股股东、实际控制人及其关联人的，可以免于适用前两款规定	《深圳证券交易所股票上市规则》(深证上〔2023〕701号) 6.1.9

续表

序号	履职主体	业务领域	业务事项	应知应会知识点		
				来源	重点内容	重点条款
536	独立董事、外部董事	上市公司独立董事、外部董事监事履职的特殊规定	董事会、股东大会特别决议事项	外部法律法规	6.1.9 上市公司发生“财务资助”交易事项，除应当经全体董事的过半数审议通过外，还应当经出席董事会会议的三分之二以上董事审议通过，并及时披露。 财务资助事项属于下列情形之一的，还应当在董事会审议通过后提交股东大会审议： （一）单笔财务资助金额超过上市公司最近一期经审计净资产的 10%； （二）被资助对象最近一期财务报表数据显示资产负债率超过 70%； （三）最近 12 个月内财务资助金额累计计算超过公司最近一期经审计净资产的 10%； （四）本所或者公司章程规定的其他情形。 资助对象为公司合并报表范围内的控股子公司，且该控股子公司其他股东中不包含上市公司的控股股东、实际控制人及其关联人的，可以免于适用前两款规定	《上海证券交易所股票上市规则》（上证发〔2023〕127 号）6.1.9
537	独立董事、外部董事	上市公司独立董事、外部董事监事履职的特殊规定	董事会、股东大会特别决议事项	外部法律法规	7.1.13 上市公司提供财务资助，应当经出席董事会会议的三分之二以上董事同意并作出决议，及时履行信息披露义务。 财务资助事项属于下列情形之一的，应当在董事会审议通过后提交股东大会审议： （一）被资助对象最近一期经审计的资产负债率超过 70%； （二）单次财务资助金额或者连续十二个月内提供财务资助累计发生金额超过公司最近一期经审计净资产的 10%； （三）本所或者公司章程规定的其他情形。 上市公司以对外提供借款、贷款等融资业务为其主营业务，或者资助对象为公司合并报表范围内且持股比例超过 50% 的控股子公司，免于适用前两款规定	《深圳证券交易所创业板股票上市规则》（深证上〔2023〕93 号）7.1.13

续表

序号	履职主体	业务领域	业务事项	应知应会知识点		
				来源	重点内容	重点条款
538	独立董事、外部董事	上市公司独立董事、外部董事监事履职的特殊规定	董事会、股东大会特别决议事项	外部法律法规	7.1.11　上市公司提供担保的，应当提交公司董事会审议并对外披露。董事会审议担保事项时，必须经出席董事会会议的三分之二以上董事审议同意。符合以下情形之一的，还应当提交公司股东大会审议：（一）单笔担保额超过上市公司最近一期经审计净资产 10% 的担保；（二）上市公司及其控股子公司提供担保的总额，超过上市公司最近一期经审计净资产 50%以后提供的任何担保；（三）为资产负债率超过 70%的担保对象提供的担保；（四）按照担保金额连续 12 个月累计计算原则，超过上市公司最近一期经审计总资产 30%的担保；（五）中国证监会、本所或者公司章程规定的其他担保。股东大会审议前款第四项担保事项时，必须经出席会议的股东所持表决权的三分之二以上通过	《北京证券交易所股票上市规则（试行）》（北证公告〔2021〕13 号）7.1.11
539	独立董事、外部董事	上市公司独立董事、外部董事监事履职的特殊规定	董事会、股东大会特别决议事项	外部法律法规	6.3.12　上市公司不得为本规则第 6.3.3 条规定的关联人提供财务资助，但向关联参股公司（不包括由上市公司控股股东、实际控制人控制的主体）提供财务资助，且该参股公司的其他股东按出资比例提供同等条件财务资助的情形除外。公司向前款规定的关联参股公司提供财务资助的，除应当经全体非关联董事的过半数审议通过外，还应当经出席董事会会议的非关联董事的三分之二以上董事审议通过，并提交股东大会审议。本条所称关联参股公司，是指由上市公司参股且属于本规则第 6.3.3 条规定的上市公司的关联法人（或者其他组织）	《深圳证券交易所股票上市规则》（深证上〔2023〕701 号）6.3.12
540	独立董事、外部董事	上市公司独立董事、外部董事监事履职的特殊规定	董事会、股东大会特别决议事项	外部法律法规	6.3.10　上市公司不得为本规则第 6.3.3 条规定的关联人提供财务资助，但向非由上市公司控股股东、实际控制人控制的关联参股公司提供财务资助，且该参股公司的其他股东按出资比例提供同等条件财务资助的情形除外。 公司向前款规定的关联参股公司提供财务资助的，除应当经全体非关联董事的过半数审议通过外，还应当经出席董事会会议的非关联董事的三分之二以上董事审议通过，并提交股东大会审议	《上海证券交易所股票上市规则》（上证发〔2023〕127 号）第 6.3.10 条。

续表

序号	履职主体	业务领域	业务事项	应知应会知识点		
				来源	重点内容	重点条款
541	独立董事、外部董事	上市公司独立董事、外部董事监事履职的特殊规定	董事会、股东大会特别决议事项	外部法律法规	6.1.5 上市公司不得为本所《股票上市规则》第6.3.3条规定的关联法人（或者其他组织）和关联自然人提供资金等财务资助。公司的关联参股公司（不包括上市公司控股股东、实际控制人及其关联人控制的主体）的其他股东按出资比例提供同等条件的财务资助的，上市公司可以向该关联参股公司提供财务资助，应当经全体非关联董事的过半数审议通过，还应当经出席董事会会议的非关联董事的三分之二以上董事审议通过，并提交股东大会审议。除前款规定情形外，上市公司对控股子公司、参股公司提供财务资助的，该公司的其他股东原则上应当按出资比例提供同等条件的财务资助。如其他股东未能以同等条件或者出资比例向该公司提供财务资助的，应当说明原因以及上市公司利益未受到损害的理由，上市公司是否已要求上述其他股东提供相应担保	《深圳证券交易所上市公司自律监管指引第1号——主板上市公司规范运作》6.1.5
542	独立董事、外部董事	上市公司独立董事、外部董事监事履职的特殊规定	董事会、股东大会特别决议事项	外部法律法规	7.1.5 上市公司进行投资者关系活动应建立完备的投资者关系管理档案制度，投资者关系管理档案至少应包括下列内容：（一）投资者关系活动参与人员、时间、地点；（二）投资者关系活动的交流内容；（三）未公开重大信息泄密的处理过程及责任追究情况（如有）；（四）其他内容。投资者关系管理档案应当按照投资者关系管理的方式进行分类，将相关记录、现场录音、演示文稿、活动中提供的文档（如有）等文件资料存档并妥善保管，保存期限不得少于3年	《深圳证券交易所上市公司自律监管指引第1号——主板上市公司规范运作》7.1.5
543	独立董事、外部董事	上市公司独立董事、外部董事监事履职的特殊规定	董事会、股东大会特别决议事项	外部法律法规	上市公司在任高级管理人员出现最近36个月内受到中国证监会行政处罚或最近36个月内受到证券交易所公开谴责或者2次以上通报批评规定情形的，董事会、监事会认为其继续担任高级管理人员职务对公司经营有重要作用的，可以提名其为下一届候选人，并应当充分披露提名理由。 前述高级管理人员提名的相关决议应当经董事会三分之二以上通过	《上海证券交易所上市公司自律监管指引第1号——规范运作》3.2.2、3.2.3

续表

序号	履职主体	业务领域	业务事项	应知应会知识点		
				来源	重点内容	重点条款
544	独立董事、外部董事	上市公司独立董事、外部董事监事履职的特殊规定	董事会、股东大会特别决议事项	外部法律法规	第一百一十六条　股东出席股东会会议，所持每一股份有一表决权，类别股股东除外。公司持有的本公司股份没有表决权。 股东会作出决议，应当经出席会议的股东所持表决权过半数通过。 股东会作出修改公司章程、增加或者减少注册资本的决议，以及公司合并、分立、解散或者变更公司形式的决议，应当经出席会议的股东所持表决权的三分之二以上通过	《中华人民共和国公司法（2023 年修正）》第一百一十六条
545	独立董事、外部董事	上市公司独立董事、外部董事监事履职的特殊规定	董事会、股东大会特别决议事项	外部法律法规	第一百三十五条　上市公司在一年内购买、出售重大资产或者向他人提供担保的金额超过公司资产总额百分之三十的，应当由股东会作出决议，并经出席会议的股东所持表决权的三分之二以上通过	《中华人民共和国公司法（2018 年修正）》第一百三十五条
546	独立董事、外部董事	上市公司独立董事、外部董事监事履职的特殊规定	董事会、股东大会特别决议事项	外部法律法规	第七十八条　下列事项由股东大会以特别决议通过： （一）公司增加或者减少注册资本； （二）公司的分立、分拆、合并、解散和清算； （三）本章程的修改； （四）公司在一年内购买、出售重大资产或者担保金额超过公司最近一期经审计总资产百分之三十的； （五）股权激励计划； （六）法律、行政法规或本章程规定的，以及股东大会以普通决议认定会对公司产生重大影响的、需要以特别决议通过的其他事项。 注释：股东大会就以下事项作出特别决议，除须经出席会议的普通股股东（含表决权恢复的优先股股东，包括股东代理人）所持表决权的三分之二以上通过之外，还须经出席会议的优先股股东（不含表决权恢复的优先股股东，包括	《上市公司章程指引（2022 年修订）》（证监会公告〔2022〕2 号）第七十八条

续表

序号	履职主体	业务领域	业务事项	应知应会知识点		
				来源	重点内容	重点条款
546	独立董事、外部董事	上市公司独立董事、外部董事监事履职的特殊规定	董事会、股东大会特别决议事项	外部法律法规	股东代理人）所持表决权的三分之二以上通过：（1）修改公司章程中与优先股相关的内容；（2）一次或累计减少公司注册资本超过百分之十；（3）公司合并、分立、解散或变更公司形式；（4）发行优先股；（5）公司章程规定的其他情形	《上市公司章程指引（2022年修订）》（证监会公告〔2022〕2号）第七十八条
547	独立董事、外部董事	上市公司独立董事、外部董事监事履职的特殊规定	董事会、股东大会特别决议事项	外部法律法规	第二十三条　股权登记日登记在册的所有普通股股东（含表决权恢复的优先股股东）或其代理人，均有权出席股东大会，公司和召集人不得以任何理由拒绝。优先股股东不出席股东大会会议，所持股份没有表决权，但出现以下情况之一的，公司召开股东大会会议应当通知优先股股东，并遵循《中华人民共和国公司法》及公司章程通知普通股股东的规定程序。优先股股东出席股东大会会议时，有权与普通股股东分类表决，其所持每一优先股有一表决权，但公司持有的本公司优先股没有表决权：（一）修改公司章程中与优先股相关的内容；（二）一次或累计减少公司注册资本超过百分之十；（三）公司合并、分立、解散或变更公司形式；（四）发行优先股；（五）公司章程规定的其他情形。上述事项的决议，除须经出席会议的普通股股东（含表决权恢复的优先股股东）所持表决权的三分之二以上通过之外，还须经出席会议的优先股股东（不含表决权恢复的优先股股东）所持表决权的三分之二以上通过	《上市公司股东大会规则》（证监会公告〔2022〕13号）第二十三条
548	独立董事、外部董事	上市公司独立董事、外部董事监事履职的特殊规定	董事会、股东大会特别决议事项	外部法律法规	2.1.18　以下事项必须经出席股东大会的股东所持表决权的三分之二以上通过：（一）修改公司章程及其附件（包括股东大会议事规则、董事会议事规则及监事会议事规则）；（二）增加或者减少注册资本；（三）公司合并、分立、解散或者变更公司形式；（四）分拆所属子公司上市；（五）《股票上市规则》第6.1.8条、6.1.10条规定的连续十二个月内购买、出售重大资产或者担保金额超过公司资产总额百分之三十；（六）发行股票、可转	《深圳证券交易所上市公司自律监管指引第1号—主板上市公司规范运作》2.1.18

续表

序号	履职主体	业务领域	业务事项	应知应会知识点		
				来源	重点内容	重点条款
548	独立董事、外部董事	上市公司独立董事、外部董事监事履职的特殊规定	董事会、股东大会特别决议事项	外部法律法规	换公司债券、优先股以及中国证监会认可的其他证券品种;(七)以减少注册资本为目的回购股份;(八)重大资产重组;(九)股权激励计划;(十)上市公司股东大会决议主动撤回其股票在本所上市交易、并决定不再在交易所交易或者转而申请在其他交易场所交易或转让;(十一)股东大会以普通决议认定会对公司产生重大影响、需要以特别决议通过的其他事项;(十二)法律法规、本所相关规定、公司章程或股东大会议事规则规定的其他需要以特别决议通过的事项。前款第(四)项、第(十)所述提案,除应当经出席股东大会的股东所持表决权的三分之二以上通过外,还应当经出席会议的除上市公司董事、监事、高级管理人员和单独或者合计持有上市公司百分之五以上股份的股东以外的其他股东所持表决权的三分之二以上通过。上市公司章程的相应条款应当符合前两款的规定	《深圳证券交易所上市公司自律监管指引第1号—主板上市公司规范运作》2.1.18
549	独立董事、外部董事	上市公司独立董事、外部董事监事履职的特殊规定	董事会、股东大会特别决议事项	外部法律法规	第四十五条　公司以减少注册资本为目的回购普通股公开发行优先股,以及以非公开发行优先股为支付手段向公司特定股东回购普通股的,股东大会就回购普通股作出决议,应当经出席会议的普通股股东(含表决权恢复的优先股股东)所持表决权的三分之二以上通过。公司应当在股东大会作出回购普通股决议后的次日公告该决议	《上市公司股东大会规则》(证监会公告〔2022〕13号)第四十五条
550	独立董事、外部董事	上市公司独立董事、外部董事监事履职的特殊规定	董事会、股东大会特别决议事项	外部法律法规	第七条　确有必要对公司章程确定的现金分红政策进行调整或者变更的,应当满足公司章程规定的条件,经过详细论证后,履行相应的决策程序,并经出席股东大会的股东所持表决权的三分之二以上通过	《上市公司监管指引第3号——上市公司现金分红(2022年修订)》第七条

续表

序号	履职主体	业务领域	业务事项	应知应会知识点		
				来源	重点内容	重点条款
551	独立董事、外部董事	上市公司独立董事、外部董事监事履职的特殊规定	董事会、股东大会特别决议事项	外部法律法规	6.5.5　公司在特殊情况下无法按照既定的现金分红政策或最低现金分红比例确定当年利润分配方案的，应当在年度报告中披露具体原因以及独立董事的明确意见。公司当年利润分配方案应当经出席股东大会的股东所持表决权的三分之二以上通过	《上海证券交易所上市公司自律监管指引第 1 号——规范运作》6.5.5
552	独立董事、外部董事	上市公司独立董事、外部董事监事履职的特殊规定	董事会、股东大会特别决议事项	外部法律法规	第二十条　股东大会就发行证券事项作出决议，必须经出席会议的股东所持表决权的三分之二以上通过，中小投资者表决情况应当单独计票。向本公司特定的股东及其关联人发行证券的，股东大会就发行方案进行表决时，关联股东应当回避。股东大会对引入战略投资者议案作出决议的，应当就每名战略投资者单独表决	《上市公司证券发行注册管理办法》（证监会令〔第 206 号〕）第二十条
553	独立董事、外部董事	上市公司独立董事、外部董事监事履职的特殊规定	董事会、股东大会特别决议事项	外部法律法规	第二十条　股东大会就发行证券事项作出决议，必须经出席会议的股东所持表决权的三分之二以上通过。上市公司应当对出席会议的持股比例在百分之五以下的中小股东表决情况单独计票并予以披露。 上市公司就发行证券事项召开股东大会，应当提供网络投票的方式，上市公司还可以通过其他方式为股东参加股东大会提供便利	《北京证券交易所上市公司证券发行注册管理办法》（证监会令〔第 211 号〕）第二十条

续表

序号	履职主体	业务领域	业务事项	应知应会知识点		
				来源	重点内容	重点条款
554	独立董事、外部董事	上市公司独立董事、外部董事监事履职的特殊规定	董事会、股东大会特别决议事项	外部法律法规	第十条　募集说明书应当约定转股价格调整的原则及方式。 发行可转债后，因配股、增发、送股、派息、分立、减资及其他原因引起发行人股份变动的，应当同时调整转股价格。 上市公司可转债募集说明书约定转股价格向下修正条款的，应当同时约定： （一）转股价格修正方案须提交发行人股东大会表决，且须经出席会议的股东所持表决权的三分之二以上同意，持有发行人可转债的股东应当回避； （二）修正后的转股价格不低于前项通过修正方案的股东大会召开日前二十个交易日该发行人股票交易均价和前一个交易日均价	《可转换公司债券管理办法》（证监会令〔第178号〕）第十条
555	独立董事、外部董事	上市公司独立董事、外部董事监事履职的特殊规定	董事会、股东大会特别决议事项	外部法律法规	6.2　上市公司股东大会对引入战略投资者议案作出决议，应当就每名战略投资者单独表决，且必须经出席会议的股东所持表决权三分之二以上通过，中小投资者的表决情况应当单独计票并披露	中国证券监督管理委员会公告〔2023〕15号——关于公布《〈上市公司证券发行注册管理办法〉第九条、第十条、第十一条、第十三条、第四十条、第五十七条、第六十条有关规定的适用意见——证券期货法律适用意见第18号》的公告6.2
556	独立董事、外部董事	上市公司独立董事、外部董事监事履职的特殊规定	董事会、股东大会特别决议事项	外部法律法规	6.1.10　上市公司提供担保，除应当经全体董事的过半数审议通过外，还应当经出席董事会会议的三分之二以上董事审议同意并作出决议，并及时对外披露。 上市公司提供担保属于下列情形之一的，还应当在董事会审议通过后提交股东大会审议： （一）单笔担保额超过上市公司最近一期经审计净资产10%； （二）上市公司及其控股子公司对外提供的担保总额，超过上市公司最近一期经审计净资产50%以后提供的任何担保； （三）上市公司及其控股子公司对外提供的担保总额，超过上市公司最近一期经审计总资产30%以后提供的任何担保；	《深圳证券交易所股票上市规则》（深证上〔2023〕701号）6.1.10

续表

序号	履职主体	业务领域	业务事项	应知应会知识点		
				来源	重点内容	重点条款
556	独立董事、外部董事	上市公司独立董事、外部董事监事履职的特殊规定	董事会、股东大会特别决议事项	外部法律法规	（四）被担保对象最近一期财务报表数据显示资产负债率超过70%； （五）最近十二个月内担保金额累计计算超过公司最近一期经审计总资产的30%； （六）对股东、实际控制人及其关联人提供的担保； （七）本所或者公司章程规定的其他情形。 上市公司股东大会审议前款第（五）项担保事项时，应当经出席会议的股东所持表决权的三分之二以上通过	《深圳证券交易所股票上市规则》（深证上〔2023〕701号）6.1.10
557	独立董事、外部董事	上市公司独立董事、外部董事监事履职的特殊规定	董事会、股东大会特别决议事项	外部法律法规	6.1.10　上市公司发生“提供担保”交易事项，除应当经全体董事的过半数审议通过外，还应当经出席董事会会议的三分之二以上董事审议通过，并及时披露。 担保事项属于下列情形之一的，还应当在董事会审议通过后提交股东大会审议： （一）单笔担保额超过上市公司最近一期经审计净资产10%的担保； （二）上市公司及其控股子公司对外提供的担保总额，超过上市公司最近一期经审计净资产50%以后提供的任何担保； （三）上市公司及其控股子公司对外提供的担保总额，超过上市公司最近一期经审计总资产30%以后提供的任何担保； （四）按照担保金额连续12个月内累计计算原则，超过上市公司最近一期经审计总资产30%的担保； （五）为资产负债率超过70%的担保对象提供的担保； （六）对股东、实际控制人及其关联人提供的担保； （七）本所或者公司章程规定的其他担保。上市公司股东大会审议前款第（四） 项担保时，应当经出席会议的股东所持表决权的三分之二以上通过	《上海证券交易所股票上市规则》（上证发〔2023〕127号）6.1.10

续表

序号	履职主体	业务领域	业务事项	应知应会知识点		
				来源	重点内容	重点条款
558	独立董事、外部董事	上市公司独立董事、外部董事监事履职的特殊规定	董事会、股东大会特别决议事项	外部法律法规	7.1.14　上市公司提供担保的，应当经董事会审议后及时对外披露。 担保事项属于下列情形之一的，应当在董事会审议通过后提交股东大会审议： （一）单笔担保额超过公司最近一期经审计净资产 10% 的担保； （二）公司及其控股子公司的提供担保总额，超过公司最近一期经审计净资产 50% 以后提供的任何担保； （三）为资产负债率超过 70% 的担保对象提供的担保； （四）连续十二个月内担保金额超过公司最近一期经审计净资产的 50% 且绝对金额超过 5000 万元； （五）连续十二个月内担保金额超过公司最近一期经审计总资产的 30%； （六）对股东、实际控制人及其关联人提供的担保； （七）本所或者公司章程规定的其他担保情形。 董事会审议担保事项时，必须经出席董事会会议的三分之二以上董事审议同意。股东大会审议前款第五项担保事项时，必须经出席会议的股东所持表决权的三分之二以上通过。 股东大会在审议为股东、实际控制人及其关联人提供的担保议案时，该股东或者受该实际控制人支配的股东，不得参与该项表决，该项表决由出席股东大会的其他股东所持表决权的半数以上通过	《深圳证券交易所创业板股票上市规则》（深证上〔2023〕93 号）7.1.14
559	独立董事、外部董事	上市公司独立董事、外部董事监事履职的特殊规定	董事会、股东大会特别决议事项	外部法律法规	7.1.16　上市公司提供担保的，应当提交董事会或者股东大会进行审议，并及时披露。 上市公司下列担保事项应当在董事会审议通过后提交股东大会审议： （一）单笔担保额超过公司最近一期经审计净资产 10%的担保； （二）公司及其控股子公司的对外担保总额，超过公司最近一期经审计净资产 50%以后提供的任何担保； （三）为资产负债率超过 70%的担保对象提供的担保；	《上海证券交易所科创板股票上市规则（2020 年 12 月修订）》（上证发〔2020〕101 号）7.1.16

续表

序号	履职主体	业务领域	业务事项	应知应会知识点		
				来源	重点内容	重点条款
559	独立董事、外部董事	上市公司独立董事、外部董事监事履职的特殊规定	董事会、股东大会特别决议事项	外部法律法规	（四）按照担保金额连续 12 个月累计计算原则，超过公司最近一期经审计总资产 30%的担保； （五）本所或者公司章程规定的其他担保。 对于董事会权限范围内的担保事项，除应当经全体董事的过半数通过外，还应当经出席董事会会议的三分之二以上董事同意；前款第四项担保，应当经出席股东大会的股东所持表决权的三分之二以上通过	《上海证券交易所科创板股票上市规则（2020 年 12 月修订）》（上证发〔2020〕101 号）7.1.16
560	独立董事、外部董事	上市公司独立董事、外部董事监事履职的特殊规定	董事会、股东大会特别决议事项	外部法律法规	7.1.11　上市公司提供担保的，应当提交公司董事会审议并对外披露。董事会审议担保事项时，必须经出席董事会会议的三分之二以上董事审议同意。符合以下情形之一的，还应当提交公司股东大会审议：（一）单笔担保额超过上市公司最近一期经审计净资产 10% 的担保；（二）上市公司及其控股子公司提供担保的总额，超过上市公司最近一期经审计净资产 50%以后提供的任何担保；（三）为资产负债率超过 70%的担保对象提供的担保；（四）按照担保金额连续 12 个月累计计算原则，超过上市公司最近一期经审计总资产 30% 的担保；（五）中国证监会、本所或者公司章程规定的其他担保。股东大会审议前款第四项担保事项时，必须经出席会议的股东所持表决权的三分之二以上通过	《北京证券交易所股票上市规则（试行）》（北证公告〔2021〕13 号）7.1.11
561	独立董事、外部董事	上市公司独立董事、外部董事监事履职的特殊规定	董事会、股东大会特别决议事项	外部法律法规	6.1.8　上市公司发生本规则第 6.1.1 条规定的购买资产或者出售资产时，应当以资产总额和成交金额中的较高者为准，按交易事项的类型在连续十二个月内累计计算。经累计计算金额超过上市公司最近一期经审计总资产 30% 的，公司应当及时披露相关交易事项以及符合本规则第 6.1.6 条要求的该交易标的审计报告或者评估报告，提交股东大会审议并经由出席会议的股东所持表决权的三分之二以上通过。 已按照前款规定履行相关义务的，不再纳入相关的累计计算范围	《深圳证券交易所股票上市规则》（深证上〔2023〕701 号）6.1.8

续表

序号	履职主体	业务领域	业务事项	应知应会知识点		
				来源	重点内容	重点条款
562	独立董事、外部董事	上市公司独立董事、外部董事监事履职的特殊规定	董事会、股东大会特别决议事项	外部法律法规	6.1.15　上市公司进行“提供担保”“提供财务资助”“委托理财”等之外的其他交易时，应当对相同交易类别下标的相关的各项交易，按照连续12个月内累计计算的原则，分别适用第6.1.2条、第6.1.3条的规定。已经按照第6.1.2条、6.1.3条履行相关义务的，不再纳入相关的累计计算范围。 除前款规定外，公司发生“购买或者出售资产”交易，不论交易标的是否相关，若所涉及的资产总额或者成交金额在连续12个月内经累计计算超过公司最近一期经审计总资产30%的，除应当披露并参照第6.1.6条进行审计或者评估外，还应当提交股东大会审议，并经出席会议的股东所持表决权的三分之二以上通过	《上海证券交易所股票上市规则》（上证发〔2023〕127号）6.1.15
563	独立董事、外部董事	上市公司独立董事、外部董事监事履职的特殊规定	董事会、股东大会特别决议事项	外部法律法规	7.1.11　上市公司购买、出售资产交易，应当以资产总额和成交金额中的较高者作为计算标准，按交易类型连续十二个月内累计金额达到最近一期经审计总资产30%的，除应当披露并参照第7.1.10条进行审计或者评估外，还应当提交股东大会审议，经出席会议的股东所持表决权的三分之二以上通过。 已按照前款规定履行相关义务的，不再纳入相关的累计计算范围	《深圳证券交易所创业板股票上市规则》（深证上〔2023〕93号）7.1.11
564	独立董事、外部董事	上市公司独立董事、外部董事监事履职的特殊规定	董事会、股东大会特别决议事项	外部法律法规	7.1.19　上市公司购买、出售资产交易，涉及资产总额或者成交金额连续12个月内累计计算超过公司最近一期经审计总资产30%的，除应当披露并参照第7.1.9条规定进行审计或者评估外，还应当提交股东大会审议，并经出席会议的股东所持表决权的三分之二以上通过	《上海证券交易所科创板股票上市规则（2020年12月修订）》（上证发〔2020〕101号）7.1.19

续表

序号	履职主体	业务领域	业务事项	应知应会知识点		
				来源	重点内容	重点条款
565	独立董事、外部董事	上市公司独立董事、外部董事监事履职的特殊规定	董事会、股东大会特别决议事项	外部法律法规	7.1.18　上市公司购买、出售资产交易，涉及资产总额或者成交金额连续 12 个月内累计计算超过上市公司最近一期经审计总资产 30% 的，应当比照本规则第 7.1.17 条的规定提供评估报告或者审计报告，并提交股东大会审议，经出席会议的股东所持表决权的三分之二以上通过。已按照前款规定履行相关义务的，不再纳入相关的累计计算范围	《北京证券交易所股票上市规则（试行）》（北证公告〔2021〕13 号）7.1.18
566	独立董事、外部董事	上市公司独立董事、外部董事监事履职的特殊规定	董事会、股东大会特别决议事项	外部法律法规	4.4.1　发行人首次公开发行上市前设置表决权差异安排的，应当经出席股东大会的股东所持表决权的三分之二以上通过。 发行人在首次公开发行上市前不具有表决权差异安排的，不得在首次公开发行上市后以任何方式设置此类安排	《深圳证券交易所创业板股票上市规则》（深证上〔2023〕93 号）4.4.1
567	独立董事、外部董事	上市公司独立董事、外部董事监事履职的特殊规定	董事会、股东大会特别决议事项	外部法律法规	4.5.2　发行人首次公开发行并上市前设置表决权差异安排的，应当经出席股东大会的股东所持三分之二以上的表决权通过。 发行人在首次公开发行并上市前不具有表决权差异安排的，不得在首次公开发行并上市后以任何方式设置此类安排	《上海证券交易所科创板股票上市规则（2020 年 12 月修订）》（上证发〔2020〕101 号）4.5.2
568	独立董事、外部董事	上市公司独立董事、外部董事监事履职的特殊规定	董事会、股东大会特别决议事项	外部法律法规	4.5.10　上市公司股东对下列事项行使表决权时，每一特别表决权股份享有的表决权数量应当与每一普通股份的表决权数量相同： （一）对公司章程作出修改； （二）改变特别表决权股份享有的表决权数量； （三）聘请或者解聘独立董事； （四）聘请或者解聘为上市公司定期报告出具审计意见的会计师事务所；	《上海证券交易所科创板股票上市规则（2020 年 12 月修订）》（上证发〔2020〕101 号）4.5.10

续表

序号	履职主体	业务领域	业务事项	应知应会知识点		
				来源	重点内容	重点条款
568	独立董事、外部董事	上市公司独立董事、外部董事监事履职的特殊规定	董事会、股东大会特别决议事项	外部法律法规	（五）公司合并、分立、解散或者变更公司形式。 上市公司章程应当规定，股东大会对前款第二项作出决议，应当经过不低于出席会议的股东所持表决权的三分之二以上通过，但根据第4.5.6条、第4.5.9条的规定，将相应数量特别表决权股份转换为普通股份的除外	《上海证券交易所科创板股票上市规则（2020年12月修订）》（上证发〔2020〕101号）4.5.10
569	独立董事、外部董事	上市公司独立董事、外部董事监事履职的特殊规定	董事会、股东大会特别决议事项	外部法律法规	4.4.9　上市公司股东对下列事项行使表决权时，每一特别表决权股份享有的表决权数量应当与每一普通股份的表决权数量相同： （一）修改公司章程； （二）改变特别表决权股份享有的表决权数量； （三）聘请或者解聘独立董事； （四）聘请或者解聘监事； （五）聘请或者解聘为上市公司定期报告出具审计意见的会计师事务所； （六）公司合并、分立、解散或者变更公司形式。 上市公司章程应当规定，股东大会对前款第一项、第二项、第六项事项作出决议，应当经出席会议的股东所持表决权的三分之二以上通过	《深圳证券交易所创业板股票上市规则》（深证上〔2023〕93号）4.4.9
570	独立董事、外部董事	上市公司独立董事、外部董事监事履职的特殊规定	董事会、股东大会特别决议事项	外部法律法规	2.5.1　股东大会审议关于变更表决权差异安排的相关议案时，应当经出席会议的股东所持表决权的三分之二以上通过。股东大会决议公告中应当包括中小股东单独计票结果	《北交所上市公司业务办理指南第5号——表决权差异安排》2.5.1

续表

序号	履职主体	业务领域	业务事项	应知应会知识点		
				来源	重点内容	重点条款
571	独立董事、外部董事	上市公司独立董事、外部董事监事履职的特殊规定	董事会、股东大会特别决议事项	外部法律法规	8.4.4　上市公司全部在有效期内的股权激励计划所涉及的标的股票总数，累计不得超过公司股本总额的 30%。经出席会议的股东所持表决权的三分之二以上通过，单个激励对象通过全部在有效期内的股权激励计划获授的本公司股票，累计可以超过公司股本总额的 1%	《北京证券交易所股票上市规则（试行）》（北证公告〔2021〕13 号）8.4.4
572	独立董事、外部董事	上市公司独立董事、外部董事监事履职的特殊规定	董事会、股东大会特别决议事项	外部法律法规	9.6.12　上市公司股票存在可能被强制退市情形，且公司已公告筹划重大资产重组事项的，公司董事会应当审慎评估并决定如被本所作出终止上市决定后是否进入整理期交易、是否继续推进该重大资产重组事项。不进入退市整理期继续推进重大资产重组的，应当及时召开股东大会，审议继续推进重大资产重组等重大事项且股票不进入退市整理期交易的议案；进入退市整理期不继续推进重大资产重组的，应当及时履行审议程序和披露义务。 公司董事会决定继续推进重大资产重组的，应当在相应股东大会通知中明确：公司如被本所作出终止上市决定，股东大会审议通过该议案的，将不再安排退市整理期交易，公司股票自本所公告终止上市决定之日起五个交易日内予以摘牌，公司股票终止上市；该议案未审议通过的，公司股票将自本所公告终止上市决定之日起五个交易日后的次一交易日复牌并进入退市整理期交易。 公司依据前款规定召开股东大会审议相关议案的，应当经出席会议的股东所持表决权的三分之二以上通过。公司应当对除单独或者合计持有上市公司 5% 以上股份的股东和上市公司董事、监事、高级管理人员以外的其他股东的投票情况单独统计并披露	《深圳证券交易所股票上市规则》（深证上〔2023〕701 号）9.6.12

续表

序号	履职主体	业务领域	业务事项	应知应会知识点		
				来源	重点内容	重点条款
573	独立董事、外部董事	上市公司独立董事、外部董事监事履职的特殊规定	董事会、股东大会特别决议事项	外部法律法规	9.6.13　上市公司董事会根据第9.6.12条规定召开股东大会的，应当选择下述议案之一提交股东大会审议： （一）公司股票被作出终止上市决定后进入退市整理期并终止重大资产重组事项； （二）公司股票被作出终止上市决定后不进入退市整理期并继续推进重大资产重组事项。 前述议案应当经出席会议股东所持表决权的三分之二以上通过。对于单独或者合计持有上市公司5%以下股份的股东表决情况，应当进行单独计票并披露。 上市公司应当在股东大会召开通知中充分披露前述议案通过或者不通过的后果、相关风险及后续安排。 选择本条第一款第（一）项议案的，上市公司董事会应当在股东大会通知中明确：如经股东大会审议通过该议案的，公司股票将在被作出终止上市决定后5个交易日届满的次一交易日进入退市整理期交易；如审议未通过的，公司股票将在被作出终止上市决定后5个交易日届满的次一交易日起，直接终止上市，不再进入退市整理期交易。 选择本条第一款第（二）项议案的，上市公司董事会应当在股东大会通知中明确：如经股东大会审议通过该议案的，公司股票将在被作出终止上市决定后5个交易日届满的次一交易日起，直接终止上市，不再进入退市整理期交易；如审议未通过的，公司股票将在被作出终止上市决定后5个交易日届满的次一交易日起，进入退市整理期交易	《上海证券交易所股票上市规则》（上证发〔2023〕127号）9.6.13
574	独立董事、外部董事	上市公司独立董事、外部董事监事履职的特殊规定	董事会、股东大会特别决议事项	外部法律法规	10.7.13　上市公司股票存在可能被强制退市情形，且公司已公告筹划重大资产重组事项的，公司董事会应当审慎评估并决定是否继续推进该重大资产重组事项。不进入退市整理期继续推进重大资产重组的，应当及时召开股东大会，审议继续推进重大资产重组等重大事项且股票不进入退市整理期交易的议案；进入退市整理期不继续推进重大资产重组的，应当及时履行审议程序和披露义务。	《深圳证券交易所创业板股票上市规则》（深证上〔2023〕93号）10.7.13

续表

序号	履职主体	业务领域	业务事项	应知应会知识点		
				来源	重点内容	重点条款
574	独立董事、外部董事	上市公司独立董事、外部董事监事履职的特殊规定	董事会、股东大会特别决议事项	外部法律法规	公司董事会决定继续推进重大资产重组的，应当在相应股东大会通知中明确：股东大会审议通过该议案的，不再安排退市整理期交易，公司股票自本所公告终止上市决定之日起十五个交易日内予以摘牌，公司股票终止上市；该议案未审议通过的，公司股票自公告终止上市决定之日起五个交易日后的次一交易日复牌并进入退市整理期交易。 公司依据前款规定召开股东大会审议相关议案的，应当经出席会议的股东所持表决权的三分之二以上通过。公司应当对除单独或者合计持有上市公司5%以上股份的股东和上市公司董事、监事、高级管理人员以外的其他股东的投票情况单独统计并披露	《深圳证券交易所创业板股票上市规则》（深证上〔2023〕93号）10.7.13
575	独立董事、外部董事	上市公司独立董事、外部董事监事履职的特殊规定	董事会、股东大会特别决议事项	外部法律法规	9.7.1　上市公司出现下列情形之一的，可以向本所申请主动终止其股票上市交易： （一）公司股东大会决议主动撤回其股票在本所上市交易，并决定不再在交易所交易； （二）公司股东大会决议主动撤回其股票在本所上市交易，并转而申请在其他交易场所交易或者转让； （三）公司股东大会决议解散； （四）公司因新设合并或者吸收合并，不再具有独立主体资格并被注销； （五）公司以终止公司股票上市为目的，向公司所有股东发出回购全部股份或者部分股份的要约，导致公司股本总额、股权分布等发生变化不再具备上市条件； （六）公司股东以终止公司股票上市为目的，向公司所有其他股东发出收购全部股份或者部分股份的要约，导致公司股本总额、股权分布等发生变化不再具备上市条件； （七）公司股东以外的其他收购人以终止公司股票上市为目的，向公司所有股东发出收购全部股份或者部分股份的要约，导致公司股本总额、股权分布等发生变化不再具备上市条件；	《深圳证券交易所股票上市规则》（深证上〔2023〕701号）9.7.2、9.7.1

续表

序号	履职主体	业务领域	业务事项	应知应会知识点		
				来源	重点内容	重点条款
575	独立董事、外部董事	上市公司独立董事、外部董事监事履职的特殊规定	董事会、股东大会特别决议事项	外部法律法规	（八）中国证监会或者本所认可的其他主动终止上市情形。 A 股股票和 B 股股票同时在本所上市交易的公司，依照前款规定申请主动终止上市的，原则上其 A 股股票和 B 股股票应当同时终止上市。 9.7.2　本规则第 9.7.1 条第一款第（一）项、第（二）项规定的股东大会决议事项，应当经出席会议的全体股东所持有效表决权的三分之二以上通过，且经出席会议的除单独或者合计持有上市公司 5% 以上股份的股东和上市公司董事、监事、高级管理人员以外的其他股东所持表决权的三分之二以上通过	《深圳证券交易所股票上市规则》（深证上〔2023〕701 号）9.7.2、9.7.1
576	独立董事、外部董事	上市公司独立董事、外部董事监事履职的特殊规定	董事会、股东大会特别决议事项	外部法律法规	9.7.1　上市公司出现下列情形之一的，可以向本所申请主动终止上市： （一）公司股东大会决议主动撤回其股票在本所的交易，并决定不再在本所交易； （二）公司股东大会决议主动撤回其股票在本所的交易，并转而申请在其他交易场所交易或转让； （三）公司向所有股东发出回购全部股份或部分股份的要约，导致公司股本总额、股权分布等发生变化不再具备上市条件； （四）公司股东向所有其他股东发出收购全部股份或部分股份的要约，导致公司股本总额、股权分布等发生变化不再具备上市条件； （五）除公司股东外的其他收购人向所有股东发出收购全部股份或部分股份的要约，导致公司股本总额、股权分布等发生变化不再具备上市条件； （六）公司因新设合并或者吸收合并，不再具有独立主体资格并被注销； （七）公司股东大会决议公司解散； （八）中国证监会和本所认可的其他主动终止上市情形。 已在本所发行 A 股和 B 股股票的上市公司，根据前款规定申请主动终止上市的，应当申请其 A、B 股股票同时终止上市，但存在特殊情况的除外。	《上海证券交易所股票上市规则》（上证发〔2023〕127 号）第 9.7.2、9.7.1

续表

序号	履职主体	业务领域	业务事项	应知应会知识点		
				来源	重点内容	重点条款
576	独立董事、外部董事	上市公司独立董事、外部董事监事履职的特殊规定	董事会、股东大会特别决议事项	外部法律法规	9.7.2　本规则第9.7.1条第一款第（一）项、第（二）项规定的股东大会决议事项，除须经出席会议的全体股东所持有效表决权的三分之二以上通过外，还须经出席会议的除下列股东以外的其他股东所持有效表决权的三分之二以上通过： （一）上市公司的董事、监事和高级管理人员； （二）单独或者合计持有上市公司5%以上股份的股东	《上海证券交易所股票上市规则》（上证发〔2023〕127号）第9.7.2、9.7.1
577	独立董事、外部董事	上市公司独立董事、外部董事监事履职的特殊规定	董事会、股东大会特别决议事项	外部法律法规	10.8.2　本规则第10.8.1条第一项、第二项规定的股东大会决议事项，除须经出席会议的全体股东所持有效表决权的三分之二以上通过外，还须经出席会议的除下列股东以外的其他股东所持有效表决权的三分之二以上通过： （一）上市公司的董事、监事、高级管理人员； （二）单独或者合计持有上市公司5%以上股份的股东	《深圳证券交易所创业板股票上市规则》（深证上〔2023〕93号）10.8.2
578	独立董事、外部董事	上市公司独立董事、外部董事监事履职的特殊规定	董事会、股东大会特别决议事项	外部法律法规	12.8.2　前条第一项、第二项规定的股东大会决议事项，除须经出席会议的全体股东所持有效表决权的三分之二以上通过外，还须经出席会议的除下列股东以外的其他股东所持有效表决权的三分之二以上通过： （一）上市公司的董事、监事、高级管理人员； （二）单独或者合计持有上市公司5%以上股份的股东	《上海证券交易所科创板股票上市规则（2020年12月修订）》（上证发〔2020〕101号）12.8.2

续表

序号	履职主体	业务领域	业务事项	应知应会知识点		
				来源	重点内容	重点条款
579	独立董事、外部董事	上市公司独立董事、外部董事监事履职的特殊规定	董事会、股东大会特别决议事项	外部法律法规	10.7.3 上市公司按照本规则第10.7.1条第一款的规定，向本所申请终止上市，应召开董事会、股东大会审议终止上市相关事项，股东大会除须经出席会议的全体股东所持有效表决权的三分之二以上通过外，还须经出席会议的中小股东所持有效表决权的三分之二以上通过。终止上市议案应当明确拟终止上市的具体原因、终止上市后的发展战略、异议股东保护措施、股票停复牌安排等。独立董事应当就终止上市是否有利于公司长远发展和全体股东利益充分征询中小股东意见，在此基础上发表独立意见，并与股东大会召开通知一并公告	《北京证券交易所股票上市规则（试行）》（北证公告〔2021〕13号）10.7.3
580	独立董事、外部董事	上市公司独立董事、外部董事监事履职的特殊规定	董事会、股东大会特别决议事项	外部法律法规	10.7.9 本所对申请材料进行确认，并于受理之日起20个交易日内作出是否同意股票终止上市的决定。本所作出决定前，上市公司申请撤回终止上市的，应当召开董事会、股东大会审议撤回终止上市相关事项，股东大会须经出席会议的股东所持表决权的三分之二以上通过	《北京证券交易所股票上市规则（试行）》（北证公告〔2021〕13号）10.7.9
581	独立董事、外部董事	上市公司独立董事、外部董事监事履职的特殊规定	董事会、股东大会特别决议事项	外部法律法规	10.2.6 公司申请其股票重新上市的，应当经公司董事会同意后提交股东大会审议。股东大会就该事项作出决议应当经出席会议的股东所持表决权三分之二以上通过	《深圳证券交易所股票上市规则》（深证上〔2023〕701号）10.2.6

续表

序号	履职主体	业务领域	业务事项	应知应会知识点		
				来源	重点内容	重点条款
582	独立董事、外部董事	上市公司独立董事、外部董事监事履职的特殊规定	董事会、股东大会特别决议事项	外部法律法规	10.2.5　退市公司拟申请重新上市的，应当召开董事会和股东大会，就申请重新上市事宜作出决议。股东大会决议须经出席会议的股东所持表决权的三分之二以上通过	《上海证券交易所股票上市规则》（上证发〔2023〕31号）10.2.5
583	独立董事、外部董事	上市公司独立董事、外部董事监事履职的特殊规定	董事会、股东大会特别决议事项	外部法律法规	第十六条　上市公司相关股东会议投票表决股权分置改革方案，须经参加表决的股东所持表决权的三分之二以上通过，并经参加表决的流通股股东所持表决权的三分之二以上通过	《上市公司股权分置改革管理办法》（证监发〔2005〕86号）第十六条

附　录

附录1　董事会会议－董事会议案材料（通用类）

关于 ×× 的议案（通用类）

202× 年 × 月 × 日

按照 ××× 要求，公司组织开展了 ××× 工作，提出了《关于 ××× 的议案》/ 形成了关于 ××× 的报告。现将有关情况汇报如下：

一、主要内容

包括背景介绍、概述议案材料主要内容等。有关财务预算、决算、利润分配、重大项目投资等议案内容编制参见附录 C 董事会议案专用类模板。

二、必要性分析（如有）

包括中央部署和国家战略、公司发展战略规划、社会经济发展需求、市场前景、社会责任和群众权益分析等。

三、可行性分析（如有）

包括技术、经济、商业模式、管理等方面可行性分析等。

四、风险分析及应对措施（如有）

包括议案合法合规性审查情况，有关法律风险、信访维稳风险等应对措施及责任要求。重大经营决策需按照《中国南方电网有限责任公司重大经营决策法律审核业务指导书》的规定进行合规审核。

五、提请董事会关注的事项

（一）党组会 / 党委会 / 党总支委员会 / 党支部委员会“四个是否”研判结果

【决策事项落实“四个是否”的情况写法示范：（1）党的理论和路线方针政策方面：本方案深入贯彻网省公司工作会议精神，以改革、创新、争先为引领，充分发挥 ×× 公司“中心、窗口、标杆”作用，推动 ×× 公司创建全国领先标杆供电局，实现高质量发展，制定考核方案。方案内容符合党的理论和路线方针政策，符合企业长远利益发展，符合上级党组织相关政策和规范。（2）党和国家的战略部署方面：本方案的考核原则及相关指标、任务都紧紧把握“符合党和国家的战略部署”的原则性要求制定。（3）提高企业经济效益、增强企业竞争力、实现国有企业资产保值增值方面：权重指标、约束性指标、重点任务考核内容充分考虑企业经济效益增长、竞争力增强、国有企业资产保值增值制定，目标值按照摸高原则设置，对安全等风险事件设立扣分项和红线事项。（4）维护社会公众利益和职工利益方面：本方案将质量效益、内部运营、客户服务、创新驱动指标纳入 ×× 公司考核内容考核，将“安全生产”“合规经营”等事项纳入扣分事项、红线事项进行考核，实现公司经济效益提升，国有资产保值增值，有效防范经营风险，维护社会公众利益和职工利益。】

（二）“四个研判”和“三个是否”分析结果

【决策事项落实“四个研判”的情况写法示范：（1）决策事项的合法合规性方面：在全面承接网公司考核方案基础上，为充分发挥 ×× 公司“中心、窗口、标杆”作用，推动 ×× 公司创建全国领先标杆供电局，组织各考核牵头部门编制 ×× 公司考核方案，并按照公司治理主体权责清单要求履行考核方案的决策流程。（2）与出资人要求的一致性方面：全面落实《南方电网公司关于印发分子公司 2023 年度经营业绩考核方案的通知》（南方电网计财〔2023〕28 号）的考核要求，制定 ×× 公司考核方案。（3）与企业发展战略的契合性方面：×× 公司考核方案紧紧围绕“一利五率”指标实现“一增一稳四提升”总体要求，突出高质量发展导向，切实提升 ×× 公司的资源投入效率、核心竞争力和长期价值创造能力，加快推动公司战略规划落实落地。（4）风险与收益的综合平衡性方面：考核方案质量效益指标权重 32%，且考核指标目标值按照摸高原则设置，同时对安全生产、合规经营等事项设置扣分项和红线事项，充分考虑了风险与收益的综合平衡。】

【决策事项落实“三个是否”的情况写法示范：（1）是否有利于提高企业核心竞争力和增强核心功能：本方案以改革、创新、争先为引领，充分发挥 ×× 公司“中心、窗口、标杆”作用，以创新型人才遴选为抓手，落实中央有关争创世界一流企业、打造原创技术“策源地”、能源产业链链长等方面要求，制定有利于提高公司核心竞争力和增强公司核心功能的考核方案。（2）是否有利于促进中央企业在建设现代产业体系、构建新发展格局中发挥科技创新、产业控制、安全支撑作用；权重指标、约束性指标、重点任务考核内容充分考虑人才的创新型、稳定性、可靠性，促进公司在建设现代产业体系、构建新发展格局中发挥科技创新、产业控制、安全支撑作用。（3）是否能够推动企业实现高质量发展：××公司考核方案突出科技创新导向，全面落实党的二十大关于加快构建新发展格局，切实提升××公司的资源投入效率、核心竞争力和长期价值创造能力，加快推动公司实现高质量发展。】

（三）其他需要说明的事项

1. 是否符合上级部委和属地专业管理要求（如有）

该事项属于×××（如：负面清单、特别监管类等），符合《×××》（如：国资委、发改委、地方政府等文件）要求。

2. 第三方机构/专家审查意见（如有）

根据工作需要，聘请有关机构或专家对重大投资和工程建设项目等经营管理事项进行咨询的意见建议。

3. 履行民主程序情况（如有）

涉及职工切身利益的重大事项应当听取工会的意见并通过职工代表大会或者其他形式听取职工群众的意见和建议。

4. 外部董事意见建议采纳情况（如有）

董事会前共收到外部董事意见××项，采纳××项，主要情况如下：

六、提请会议决策的事项

按《公司治理主体权责清单》第××项“××内容”有关规定，本议案（如：《××方案》《××规定》等）已经总经理办公会拟订/党组织前置研究讨论通过/董事会××专门委员会同意，现提交董事会决策。（董事会决定类议题，决策事项较简单的议案适用）

或：按《公司治理主体权责清单》第××项“××内容”有关规定，本议案已经总经理办公会拟订/党组织前置研究讨论通过/董事会××专门委员会同意，现提交董事会决策：

建议同意：

1. 具体事项……。

2. 具体事项……。

（董事会决定类议题，决策事项较复杂的议案适用）

或：按《公司治理主体权责清单》第 ×× 项“×× 内容”有关规定，本议案已经总经理办公会拟订 / 党组织前置研究讨论通过 / 董事会 ×× 专门委员会同意，现提交董事会审议：

1. 具体事项……。

2. 具体事项……。

建议同意提交股东会决定（股东会决定类议题适用）。

附录 2　董事会会议 – 董事会议案决策要素（通用类）

<table>
<tr><td colspan="4" rowspan="2">关于 ×× 的议案（通用类）</td><td>版次</td><td>2023 版</td></tr>
<tr><td>发布日期</td><td></td></tr>
<tr><td colspan="2">事项定义</td><td colspan="4">除专业类以外的议案</td></tr>
<tr><td colspan="2">主责部门</td><td colspan="2">议案主办部门</td><td>决策形式</td><td>（根据具体议案的形式要求确定）</td></tr>
<tr><td colspan="2">主要决策内容</td><td colspan="4">（根据议案的任务目的和内容确定）</td></tr>
<tr><td colspan="2">外部依据</td><td colspan="4">（根据具体议案，明确有关法律法规等议案编制依据）</td></tr>
<tr><td colspan="2">内部依据</td><td colspan="4">（根据具体议案，明确相应的内部依据）</td></tr>
<tr><td colspan="6">研判标准</td></tr>
<tr><td colspan="3">研判维度</td><td colspan="3">主要研判内容</td></tr>
<tr><td rowspan="4">四个研判</td><td colspan="2">决策事项的合法合规性</td><td colspan="3">主要判断是否符合国家相关法律法规、行政规章、监管要求、行业准则或道德规范；是否符合公司章程，相关治理主体议事规则以及“三重一大”决策制度；是否符合公司内控、合规、全面风险管理等制度要求（结合具体议案内容，进行分析研判，明确符合哪条哪款）</td></tr>
<tr><td colspan="2">与出资人要求的一致性</td><td colspan="3">主要判断是否符合上级主管部门对决策事项相关业务范畴的政策指导或业务要求；是否符合股东会、董事会的决策部署或工作要求，是否符合股东利益最大化（结合具体议案内容，进行分析研判）</td></tr>
<tr><td colspan="2">与企业发展战略的契合性</td><td colspan="3">主要判断决策事项是否与公司“十四五”发展规划、专项规划要等中长期规划内容有序衔接，是否符合中长期规划安排（结合具体议案内容，进行分析研判）</td></tr>
<tr><td colspan="2">风险与收益的综合平衡性</td><td colspan="3">针对涉及财务收支的投融资、资产处置、产权变动等决策事项，主要判断潜在的风险收益比；针对不涉及财务收支的决策事项，主要判断事项的预期执行效果（结合具体议案内容，进行分析研判）</td></tr>
</table>

续表

研判标准		
研判维度		主要研判内容
三个是否	是否有利于提高企业核心竞争力和增强核心功能	是否有利于提高企业核心竞争力； 是否有利于增强企业核心功能（结合具体议案内容，进行分析研判）
	是否有利于促进中央企业在建设现代产业体系、构建新发展格局中发挥科技创新、产业控制、安全支撑作用	是否有利于促进中央企业在建设现代产业体系、构建新发展格局中发挥科技创新作用； 是否有利于促进中央企业在建设现代产业体系、构建新发展格局中发挥产业控制作用； 是否有利于促进中央企业在建设现代产业体系、构建新发展格局中发挥安全支撑作用（结合具体议案内容，进行分析研判）
	是否能够推动企业实现高质量发展	是否能够推动企业实现高质量发展（结合具体议案内容，进行分析研判）
四个维度	质量维度	主要判断是否有助于促进公司高质量发展，是否有助于提高公司核心竞争能力，是否有助于掌握关键核心技术，是否有助于建设世界一流企业等（结合具体议案内容，进行分析研判）
	必要性维度	主要判断是否符合国家战略，是否符合公司的发展布局，是否有利于公司的长远利益，是否有利于公司做强做优做大（结合具体议案内容，进行分析研判）
	经济性维度	主要判断是否与公司资产经营规模、经营绩效、资产负债水平和实际筹资能力相适应，是否有利于公司预定经营目标的完成，是否具备经济性并开展相关论证；是否符合预算管理要求等（结合具体议案内容，进行分析研判）
	合规维度	主要判断是否符合公司规章制度要求；是否按要求开展合规审查；是否开展风险评估，风险是否可控等（结合具体议案内容，进行分析研判）
廉洁风险	辨识的廉洁风险点有哪些，采取了哪些防控措施	××××××

附录 3　董事会会议－董事会会议签到表

×× 公司 ×× 年第 × 次董事会会议签到表

会议时间：×× 年 × 月 × 日

地　　点：×× 会议室

出　席				
序　号	姓　名	职　务	签　名	备　注
1	×××	董事长		
2	×××	董事		
3	×××	董事		
4	×××	董事	电话参会 另行签到	
列　席				
序　号	姓　名	职　务	签　名	备　注
1	×××	监事会主席		
2	×××	监事	电话参会 另行签到	
3	×××	副总经理		
4	×××	纪委书记		

附录 4　董事会会议 – 董事会会议记录

×× 公司董事会会议记录

名称：×× 公司 ×× 年第 × 次董事会会议

时间：×× 年 × 月 × 日（周几）上午 / 下午

地点：××

主持：×××

参加：×××、×××

列席：×××、×××

记录：×××

董事签名：

××× ____________　　　　××× ____________

××× ____________　　　　××× ____________

××× ____________　　　　××× ____________

董事会秘书签名：××× ____________

×× 年 × 月 × 日

附录 5　董事会会议－董事会会议决议

×× 公司
×× 年第 ×× 次董事会会议决议

×× 公司（以下简称“公司”）×× 年第 × 次董事会会议于 ×× 年 × 月 × 日发出会议通知，×× 年 × 月 × 日发出会议内容变更的通知，于 ×× 年 × 月 × 日在 ×× 以现场结合电话（视频）方式召开，由 ×× 董事长主持。会议应出席董事 × 名，实际出席董事 × 名（×× 董事以电话方式出席会议，×× 董事请假委托 ××× 代为发表意见）。公司监事会成员、纪委书记、董事会秘书、总法律顾问列席了会议。本次会议的召集和召开，符合《中华人民共和国公司法》《×× 公司章程》的有关规定。

会议审议并表决了 × 项议案，具体情况如下：

一、董事会审议通过 / 不通过《关于 ××× 的议案》。表决结果：同意 × 票，反对 × 票，弃权 × 票。

二、董事会审议通过 / 不通过《关于 ××× 的议案》。表决结果：同意 × 票，反对 × 票，弃权 × 票。

三、……。

……

（以下无正文）

本页无正文，×× 电网有限责任公司董事会 ×× 年第 × 次会议决议的签署页。

董事签名：

×××____________　　　　×××____________

×××____________　　　　×××____________

×××____________　　　　×××____________

××年×月×日

附录6　董事会会议-董事会会议表决票

××公司
××年第×次董事会会议表决票

会议议案	表决结果			
	同意	反对	弃权	回避
（一）审议《关于×××的议案》				
（二）审议《关于×××的议案》				
……				
……				
意见陈述：				

董事签字：

××年×月××日

备注：

1. 请公司各位董事在每项议案所选择的表决结果栏中打“√”，并在表决票下方签名，若表决栏或董事签字处为空白则视为“弃权”；

2. 每项会议议案表决事项仅选择一项表决结果，不选视为“弃权”，多选无效。

附录 7　董事会会议 – 授权委托书

授权委托书

委托人:__________

委托人身份证号码:____

职　务:____________________

受托人:__________

受托人身份证号码:____

职　务:____________________

兹授权受托人__________代表本人出席______年______月______日召开的公司______年第______次董事会会议，并于董事会上代表本人依照下列指示就该等议案投票。

序号	表决内容	赞成	反对	弃权	回避
1	关于《〈××〉的议案》				

（受托人是否有权自行酌情投票：是□　否□）委托人请根据实际情况在上表对应栏内填入「○」号。如未有任何指示，则委托人需注明受托人是否有权自行酌情投票或放弃投票。

受托人授权范围内的行为后果由本人承担，本委托书有效期限自　　年　　月　　日至会议结束。

委托人签名:

受托人签名:

日期:____年____月____日

附录 8　董事会会议－独立董事对董事会审议议案的独立意见

×× 公司独立董事关于第 × 届董事会第 × 次会议相关议案的独立意见

根据《×× 公司章程》《×× 公司独立董事工作制度》的有关规定，作为公司独立董事，本着谨慎原则及独立判断的立场，于 ×× 年 ×× 月 ×× 日召开的 ×× 专门委员会上，对公司提交的相关资料、决策程序等进行核查，我们对第 × 届董事会第 × 次会议审议的相关议案发表如下独立意见：

一、关于《×××》的议案，……。

二、关于《×××》的议案，……。

三、关于《×××》的议案，……。

附录 9　董事会工作报告

×× 公司 ×× 年度董事会工作报告

一、董事会工作情况

（一）董事会规范性

1. 组织结构情况（应包含董事会规模设置、落实“双向进入、交叉任职”领导体制、董事会工作机构等情况）

2. 制度体系情况（应包含公司章程、“三重一大”制度、权责清单、授权制度、议事规则等情况）

3. 依规运作情况（应包含会议管理、外部董事履职保障、信息沟通等情况）

……

（二）董事会有效性

1. 定战略（应包含企业战略与国家战略、南方电网公司战略相符性，企业战略是否建立动态调整机制等情况）

2. 作决策（应包含落实“科学决策、民主决策、依法决策”决策原则、落实“四个研判”“三个是否”决策重点。研判决策事项的合法合规性、与出资人要求的一致性、与企业发展战略的契合性、风险与收益的综合平衡性；决策结果是否有利于提高企业核心竞争力和增强核心功能，是否有利于促进中央企业在建设现代产业体系、构建新发展格局中发挥科技创新、产业控制、安全支撑作用，是否能够推动企业实现高质量发展）

3. 防风险（平衡好国家长期利益和企业经营短期风险，应包含企业内控管理体系建设情况、重大风险防控情况、决策后评估等情况）

4. 改革发展成效（应包含企业经营业绩、公司治理效能等情况）

……

（三）董事会文化建设

应包含培育“忠实尽责、民主平等、开拓进取”董事会文化相关举措，营造开放包容的沟通氛围，保护董事独立性等情况。

（四）董事会红线事项

应包含董事会是否存在违规违法、落实公司发展战略和各项决策部署不力、决策失误、隐瞒重大事项及提供虚假信息、监管评级低、风险防控存在缺陷等情况。

……

二、下一年度工作安排

三、对规范董事会建设工作的意见、建议

附录 10　董事会年度工作报告汇总表

出资企业		
董事会人数	董事会成员（人）	
	其中：外部董事成员（人）	
	其中：内部董事成员（人）	
专委会情况	专委会数量	
	专委会名称	
董事会会议情况	会议次数	
	议题数量	
董事会决议执行情况	执行台账记录事项数量	
	执行台账完成事项数量	
董事会授权情况	董事会审议投资项目的金额（亿元）	
	治理主体审议投资项目总金额（亿元）	
	董事会审议投资项目的金额占治理主体审议投资项目总金额的比例（%）	
董事会亮点		

附录 11　外部董事履职工作报告

×× 公司 ×× 年度外部董事履职工作报告

一、所任职企业本年度生产经营管理基本情况

报告推动企业改革发展和经营管理水平提升情况。包括但不限于：所任职企业核心竞争力培育与提升情况、未来发展潜力与面临的主要风险等。

二、年度履职工作计划完成情况

对照《年度履职工作计划》，报告履职任务完成情况。包括但不限于：

（一）所任职企业工作基本情况。主要是推动董事会制度建设情况、参加董事会决策情况、专门委员会运作及发挥作用情况等；

（二）贯彻执行党和国家方针政策、战略部署，公司发展战略、治企理念和公司关于出资企业改革发展的各项决策部署落实情况。主要是参与所任职企业发展战略与规划的制订实施情况、公司年度重点工作任务目标完成情况、公司要求所任职企业董事会落实事项以及公司相关检查发现问题整改完成情况等；

（三）对所任职企业经理层成员考核激励情况。主要是对经理层成员经营业绩考核指标设定，业绩考核办法的制定及实施情况，以及激励、约束的实际效果等。

三、在任职企业实际履职的工作时间及具体履职情况

对照《履职工作日志》，报告集体和个人投入时间精力履职情况。包括但不限于：1 年内在同一任职企业的履职时间，出席董事会会议的次数，开展专题调研形成调研报告的次数，非外出履职期间在指定地点坐班的情况，（外部董事召集人）组织召开外部董事研讨会的情况，向董事会提出反对意见、警示或质询并向公司报告的情况等（如有）。

四、参加学习培训情况

报告集体和个人参加履职相关学习培训情况。包括但不限于：参加学习培训的时间地点、形式内容、能力提升等。

五、发现问题及相关意见建议

包括但不限于：所任职企业改革发展和经营管理等相关方面存在的问题，对所任职企业的有关意见建议以及下一步工作计划，履职中存在的困难及有关建议。

（备注：考虑到报告内容涉及同一企业任职的多位外部董事，可视需要在特定内容，如第三、第四部分，分别描述外部董事集体和个人的具体履职情况。成文时，请删除本段备注）

外部董事签名：

_______________	_______________
外部董事 1（召集人）	外部董事 2
_______________	_______________
外部董事 3	外部董事 4
_______________	_______________

××年××月××日

附录 12　外部董事不定期报告

×× 公司外部董事不定期报告

不定期报告内容包括但不限于：

一、所任职企业董事会违法违规决策情形；

二、董事会决议明显损害公司、所任职企业职工合法权益情形；

三、发现存在重大决策风险和生产经营重大问题，特别是可能发生的重大损失、重大经营危机等；

四、其他需向公司报告的内容。

签名：（外部董事姓名）

日期：×× 年 ×× 月 ×× 日

附录 13　董事调研方案

××公司董事调研方案

为了……，便于公司董事会董事及时了解相关信息，交流经验，……制定本方案。

一、调研目的

二、调研对象

三、调研形式

（一）资料查阅

（二）座谈研讨

（三）现场考察

四、调研阶段安排及内容

（一）调研的阶段安排

1. 准备阶段：组成调研组，围绕调研目的，结合实际情况，研究确定调研内容，拟定调研方案。

2. 实施阶段：按照调研方案，深入调研对象、查找问题，有针对性进行调研。

3. 形成调研成果阶段：在认真调查、研究、分析的基础上，形成高质量的调研报告等调研成果。

（二）调研内容

1. 资料审阅：……基本情况、财务报告、……

2. 座谈研讨：……

3. 现场考察：……

五、参加人员名单

六、调研的时间安排

七、组织机构及职责分工

（一）组织机构

（二）职责分工

序号	工作内容	负责人	联系电话
1			
2			
3			

附录 14　董事调研报告

××公司董事调研报告

一、企业概况

包括企业历史发展沿革、企业组织结构框架、企业资本结构、重要子企业及分支机构等。

二、行业发展情况

主要包括行业的发展阶段分析、竞争结构分析、供需分析、行业未来发展预测等。

三、企业经营情况

包括企业主要产品及工艺流程、技术水平、市场竞争分析、销售情况、供应情况等。

四、企业管理情况

包括决策程序及执行情况、内控制度及执行情况、组织管理和用人制度、人力资源开发管理、科技开发管理等。

五、财务状况及评价

包括企业具体的财务状况、财务变动情况及原因、对财务状况的评价、会计报表及其附注等。

六、未来发展战略及发展风险因素

七、综合评价

八、公司存在的问题及建议

九、重大或专题事项说明

附录 15　董事会会议—董事会提案

关于__________的提案

××公司董事会：

本人__________，为____________________公司（目前持有××公司【 】股份）派出董事。根据《公司章程》的规定，有权向公司董事会进行提案。

鉴于__________情况，我在此提议公司董事会审议以下事项：

1.……；

2.……；

3.……。

提案人：

××年××月××日

附录 16　董事建议函

×× 公司董事关于__________的建议函

根据 ×× 公司（以下简称“公司”）《公司章程》【可以补充公司其他制度】等规定和要求，我（们）作为公司的董事，现就公司事宜，基于独立判断，我（们）发表如下建议：

1.……；

2.……；

3.……。

×× 公司董事：

日期：×× 年 ×× 月 ×× 日

附录 17　董事质询书

×× 公司董事质询书

×× 公司【或部门】:

本人（我们）通过 ×× 渠道获悉，公司＿＿＿＿＿＿出现了如下问题:

1.……；

2.……；

3.……。

作为公司董事就以上问题提出质询，请于＿＿＿＿年＿＿月＿＿日就以上内容作出书面说明。

×× 公司董事:

日期：×× 年 ×× 月 ×× 日

附件 18　外部董事履职情况汇总表

××公司外部董事履职情况汇总表

<table>
<tr><td colspan="3">任职单位</td><td></td></tr>
<tr><td colspan="3">外部董事姓名</td><td></td></tr>
<tr><td rowspan="2">列席股东会
情况</td><td colspan="2">会议次数</td><td></td></tr>
<tr><td colspan="2">议题数量</td><td></td></tr>
<tr><td rowspan="5">出席董事会会议情况</td><td colspan="2">会议次数</td><td></td></tr>
<tr><td colspan="2">议题数量</td><td></td></tr>
<tr><td colspan="2">否决票数</td><td></td></tr>
<tr><td colspan="2">质询次数</td><td></td></tr>
<tr><td colspan="2">建议项数</td><td></td></tr>
<tr><td rowspan="10">出席董事会专门委员
会会议情况</td><td rowspan="2">战略发展委员会</td><td>会议次数</td><td rowspan="2"></td></tr>
<tr><td>议题数量</td></tr>
<tr><td rowspan="2">薪酬与考核委员会</td><td>会议次数</td><td></td></tr>
<tr><td>议题数量</td><td></td></tr>
<tr><td rowspan="2">审计与风险管理
委员会</td><td>会议次数</td><td></td></tr>
<tr><td>议题数量</td><td></td></tr>
<tr><td rowspan="2">提名委员会</td><td>会议次数</td><td></td></tr>
<tr><td>议题数量</td><td></td></tr>
<tr><td rowspan="2">×× 委员会</td><td>会议次数</td><td></td></tr>
<tr><td>议题数量</td><td></td></tr>
</table>

续表

出席或列席其他会议情况	出席或列席其他会议名称	
	出席或列席其他会议次数	
获取履职所需资料情况	获取资料份数	
	资料情况	
调研情况	调研次数（次）	
	调研报告（份）	
	调研内容及调研对象	
学习培训情况	学习培训次数	
	学习培训情况	
履职时间（工作日）		
外部董事工作亮点